이렇게
기막힌
적중률

정보처리기사
실기 최신문제집

"이" 한 권으로 합격의 "기적"을 경험하세요!

YoungJin.com Y.
영진닷컴

CONTENTS 차례

▶ **합격 강의 제공** 동영상 강의는 이기적 수험서 홈페이지(license.youngjin.com)에서 이용하실 수 있으며, 1판 1쇄 기준 2년간 유효합니다.

핵심이론 POINT 146선 ▶ 합격 강의 제공

요구사항 확인 ··· 9	SQL 응용 ··· 97
데이터 입출력 구현 ··· 29	소프트웨어 개발 보안 구축 ··· 111
통합 구현 ··· 59	프로그래밍 언어 활용 ··· 127
인터페이스 구현 ··· 75	응용 SW 기초 기술 활용 ··· 149
화면 설계 ··· 79	제품 소프트웨어 패키징 ··· 181
애플리케이션 테스트 관리 ··· 87	

최신 기출문제 ▶ 합격 강의 제공

- 최신 기출문제로 실력을 점검하고 부족한 부분을 보완할 수 있습니다.
- 중요✓ 표시가 있는 문제는 출제 빈도가 높은 문제입니다.
- 문제의 이해도에 따라 ○△✕ 체크하여 완벽하게 정리하세요.
- 동영상 강의가 제공되는 문제는 QR 코드를 스캔하여 동영상 강의를 이용하세요.

최신 기출문제 2024년 **02회**	192
최신 기출문제 2024년 **01회**	202
최신 기출문제 2023년 **03회**	211
최신 기출문제 2023년 **02회**	220
최신 기출문제 2023년 **01회**	230
최신 기출문제 2022년 **03회**	240
최신 기출문제 2022년 **02회**	249
최신 기출문제 2022년 **01회**	257
최신 기출문제 2021년 **03회**	265
최신 기출문제 2021년 **02회**	274

실전 모의고사 ▶ 합격 강의 제공

- 기출 유형의 모의고사로 실전에 철저히 대비하세요.
- 중요✓ 표시가 있는 문제는 출제 빈도가 높은 문제입니다.
- 문제의 이해도에 따라 ○△✕ 체크하여 완벽하게 정리하세요.
- 동영상 강의가 제공되는 문제는 QR 코드를 스캔하여 동영상 강의를 이용하세요.

실전 모의고사 **01회**	284
실전 모의고사 **02회**	291
실전 모의고사 **03회**	297
실전 모의고사 **04회**	303
실전 모의고사 **05회**	310
실전 모의고사 **06회**	316
실전 모의고사 **07회**	323
실전 모의고사 **08회**	329
실전 모의고사 **09회**	336
실전 모의고사 **10회**	343

STRUCTURES 이 책의 구성

핵심이론 POINT 146선

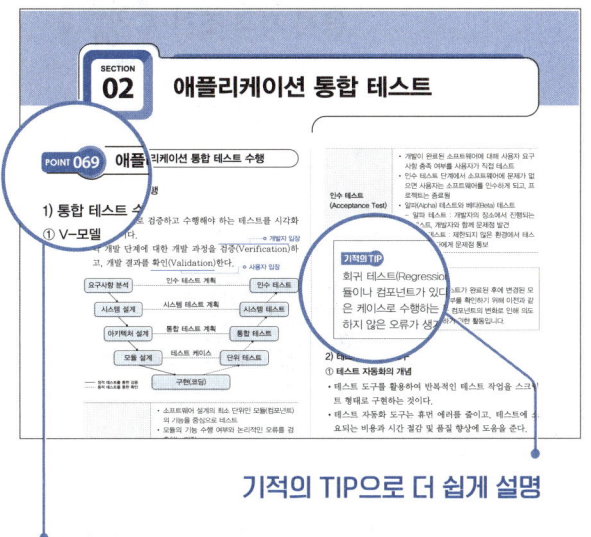

- 146개의 포인트로 빠르게 핵심이론 정리
- 기적의 TIP으로 더 쉽게 설명

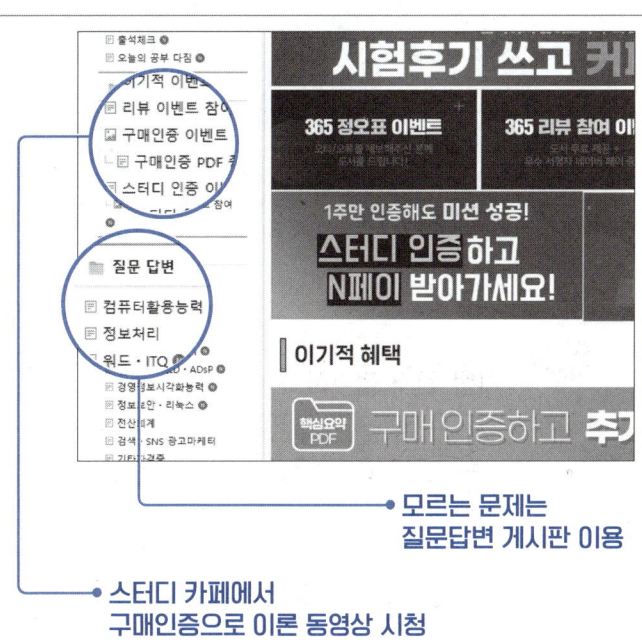

- 스터디 카페에서 구매인증으로 이론 동영상 시청
- 모르는 문제는 질문답변 게시판 이용

최신 기출문제

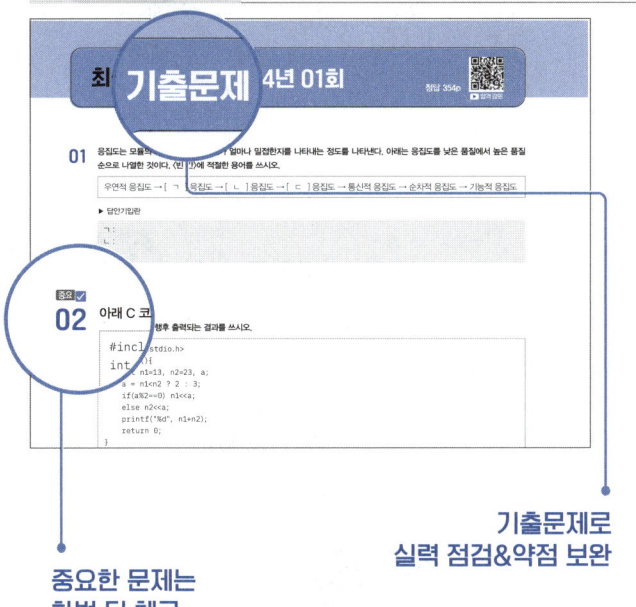

- 중요한 문제는 한번 더 체크
- 기출문제로 실력 점검&약점 보완

실전 모의고사

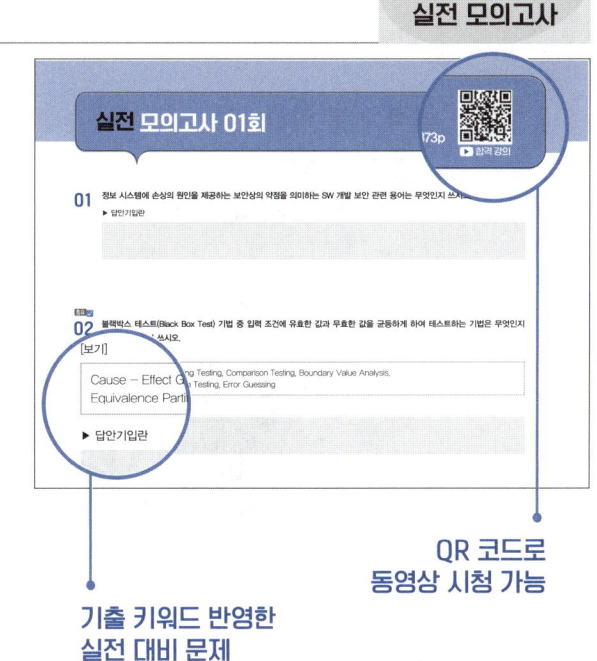

- 기출 키워드 반영한 실전 대비 문제
- QR 코드로 동영상 시청 가능

GUIDE 시험의 모든 것

자격검정 응시 절차 안내

시험 절차 및 내용은
반드시 시행처를 다시 한 번 확인하세요.

Step 01 응시 자격 조건

- 필기 시험 합격자
- 응시 자격 서류 제출자

Step 02 시험 원서 접수하기

- 큐넷(q-net.or.kr) 접수
- 정기 검정 : 시험 기간 조회 후 지정된 날짜와 시간에 응시

Step 03 시험 응시하기

수험표, 신분증을 지참하고 고사장에 30분 전에 입실

Step 04 합격 여부 확인하기

- 큐넷(q-net.or.kr)
- 발표일에 인터넷으로 합격 여부 확인

Step 05 자격증 신청

자격취득자가 직접 신청

※ 시험과 관련된 사항은 시행처를 다시 한 번 확인하세요.

01 자격명

정보처리기사

02 시행처

한국산업인력공단(q-net.or.kr)

03 수수료

실기 : 22,600원

04 시험 방법

- 검정 방법 : 필답형(2시간 30분)
- 합격 기준 : 100점 만점에 60점 이상

05 출제 기준

요구사항 확인	• 현행 시스템 분석하기 • 요구사항 확인하기 • 분석 모델 확인하기
데이터 입출력 구현	• 논리 데이터 저장소 확인하기 • 물리 데이터 저장소 확인하기 • 데이터 조작 프로시저 작성하기 • 데이터 조작 프로시저 최적화하기
통합 구현	• 연계 데이터 구성하기 • 연계 매커니즘 구성하기 • 내외부 연계 모듈 구현하기
서버 프로그램 구현	• 개발환경 구축하기 • 공통 모듈 구현하기 • 서버 프로그램 구현하기 • 배치 프로그램 구현하기
인터페이스 구현	• 인터페이스 설계서 확인하기 • 인터페이스 기능 구현하기 • 인터페이스 구현 검증하기
화면 설계	• UI 요구사항 확인하기 • UI 설계하기
애플리케이션 테스트 관리	• 애플리케이션 테스트케이스 설계하기 • 애플리케이션 통합 테스트하기 • 애플리케이션 성능 개선하기
SQL 응용	• 절차형 SQL 작성하기 • 응용 SQL 작성하기 소프트웨어 개발 보안 구축 • SW 개발 보안 설계하기 • SW 개발 보안 구현하기
프로그래밍 언어 활용	• 개발환경 구축하기 • 공통 모듈 구현하기 • 서버 프로그램 구현하기 • 배치 프로그램 구현하기
응용 SW 기초 기술 활용	• 운영체제 기초 활용하기 • 데이터베이스 기초 활용하기 • 네트워크 기초 활용하기 • 기본 개발환경 구축
제품 소프트웨어 패키징	• 제품 소프트웨어 패키징하기 • 제품 소프트웨어 매뉴얼 작성하기 • 제품 소프트웨어 버전관리하기

ANALYSIS 시험 출제 경향

정보처리기사 실기는 다양한 형태의 주관식으로 출제됩니다. 출제 범위는 필기와 거의 동일하므로 새로운 공부를 하는 것이 아닌, 복습을 통해 기존 지식을 확실히 다지는 느낌으로 접근하는 것이 좋습니다. 〈시험 출제 경향〉에서는 본격적인 실기 공부 전에 미리 알아두면 도움이 될 만한 요소들을 정리해두었으니, 본격적인 학습 전에 읽어본 후 학습 방향을 잡는 데 참고하시길 바랍니다.

01 만점 방지용 문제 출제

출제 비중이 굉장히 낮거나 어려운 문제가 반드시 1~2문제 출제됩니다.
이는 문제의 난이도 조절과 관련이 있으며, 대부분은 1문제 정도가 출제됩니다. 하지만 회차에 따라 2문제가 출제될 때도 있는데 이는 다른 문제들의 난이도가 비교적 쉽다는 것으로 해석하면 됩니다. 기출문제에 유별나게 어려운 문제가 발견되면, 여기에 매몰되지 말고 쿨하게 넘기는 것도 좋은 전략이 될 수 있습니다.

02 영어로 답을 쓰는 문제 증가

최근 들어 영어로 답을 적어내는 문제의 비중이 늘고 있습니다.
때문에 용어를 암기할 때, 한글과 영어를 함께 학습하는 것이 중요합니다. 영어로 답을 요구하는 대부분의 문제는 답에 대한 [보기]를 함께 제공하는 형태로, 영문 철자에 대한 스트레스를 완화하려는 방향으로 출제되고 있으니 학습에 참고하시기 바랍니다.

03 복잡한 반복보다는 어려운 문법을 묻는 프로그래밍 문제

최근 프로그래밍 문제들은 복잡한 반복 패턴을 분석하여 답을 도출하는 것보다는 언어들이 가지는 고유한 문법적 특성을 묻는 형태로 출제되고 있습니다.
코드는 훨씬 간결해졌지만, 해당 언어를 깊이 있게 공부하지 않으면 풀 수 없는 형태로 발전하고 있기 때문에 좀 더 깊은 수준의 프로그래밍 언어 학습이 필요한 상황입니다. 프로그래밍 언어는 반드시 별도의 추가 학습을 해야 하고, 스터디 카페의 질문답변 게시판도 적극 활용해주시기 바랍니다.

04 반드시 나오는 핵심 파트

실기에 자주 출제되는 파트를 우선적, 집중적으로 학습하는 것을 권장합니다.
기출문제를 보면 SQL, 프로그래밍, 테스트, 보안, SW 기초 기술 부분에서 70%를 넘는 출제 비중을 보입니다. 만점이 아닌 합격이 목표이니, 이러한 출제 비중을 참고하여 좀 더 효율적인 학습 전략을 구상하기 바랍니다. 참고로 이 중에서도 단연 높은 비중은 프로그래밍 관련 문제들입니다.

INFORMATION Q & A

QUESTION 정보처리기사는 어떤 식으로 공부하면 좋을까요?

우선 정보처리기사는 필기와 실기의 출제 범위가 90% 이상 동일하기 때문에 필기 시험이 끝나도 반복적으로 학습할 수 있어야 합니다. 먼저 전체 학습의 흐름과 핵심 키워드들을 먼저 파악한 후, 책의 이론 부분을 가볍게 훑어보세요. 모든 내용을 이해한다기보다는 내용별로 어떤 포인트들이 있는지 알 수 있을 정도면 됩니다. 이 과정이 끝나면 본격적으로 필기에서 공부했던 이론을 복습하며 공부하세요. 이론을 공부할 때는 이해를 위한 학습이 우선입니다.

QUESTION 비전공자인데 책의 내용만으로는 프로그래밍이 너무 어렵습니다

저희도 많은 고민을 한 부분입니다. 비전공자분들이 책만 보고 프로그래밍 언어를 활용할 수 있을 정도의 수준으로 집필을 하게 되면 책의 분량이 지금의 2배 정도가 되기 때문에 서로가 부담이 될 수밖에 없습니다. 어느 한 부분 이해가 안 되실 경우에는 질문 게시판과 비정기적으로 업로드되는 꿀팁 영상을 활용해 주세요. 이 밖에도 스터디 카페에 개선 의견 남겨주시면 최대한 도움을 드릴 수 있는 방법을 찾도록 하겠습니다.

QUESTION 책에서 못 본 내용이 시험에 나왔습니다. 어떻게 공부해야 하나요!?

대부분의 시험의 경우, 공식 출제 범위와 실제 출제 영역이 100% 완벽하게 일치하지는 않습니다. 출제 범위를 벗어난 출제율이 지극히 낮은 항목은 책에 수록되어 있지 않은 경우도 있습니다. 책이 출간된 이후의 출제 경향을 분석하여 추가 학습이 필요한 내용은 스터디 카페를 통해 지속적인 지원을 해드릴 예정이니 스터디 카페를 자주 방문하여 학습에 도움을 받으시기 바랍니다.

QUESTION 실기 문제들이 제가 풀었던 문제랑 다른 것 같아요!

원칙적으로 실기 문제는 공개가 되지 않습니다. 책에 수록된 기출문제는 수험생분들의 기억을 토대로 복원된 문제이기 때문에 원본과 다름이 있을 수 있다는 점을 이해해 주세요.

QUESTION 책에 오타(또는 잘못된 정보)가 있는 것 같아요!

책을 집필할 때 내부 3차, 외부 2차에 걸쳐 최선을 다해 오타 검수를 합니다. 그럼에도 오타가 발견되는 경우가 종종 있는데, 전문 용어들이 많다 보니 사람이 직접 검수를 해야 하는 부분들이 많아서 발생하는 휴먼에러입니다. 번거로우시겠지만 학습 전에 홈페이지나 스터디 카페 등을 통해 정오표 확인을 부탁드리며, 정오표에 없는 내용은 제보해 주시면 좀 더 나은 도서를 만드는 데 도움이 될 것 같습니다. 감사합니다.

실기 최신문제집

핵심이론

POINT 146선

CHAPTER

요구사항 확인	9p
데이터 입출력 구현	29p
통합 구현	59p
인터페이스 구현	75p
화면 설계	79p
애플리케이션 테스트 관리	87p
SQL 응용	97p
소프트웨어 개발 보안 구축	111p
프로그래밍 언어 활용	127p
응용 SW 기초 기술 활용	149p
제품 소프트웨어 패키징	181p

01

요구사항 확인

SECTION

소프트웨어 개발 방법론	10p
소프트웨어 개발 방법론 테일러링	16p
소프트웨어 개발 환경 분석	21p
요구사항 확인	23p
UML	27p

SECTION 01 소프트웨어 개발 방법론

POINT 001 소프트웨어

1) 상용 소프트웨어
- 상업적 목적이나 판매를 목적으로 개발되는 소프트웨어이다.
- 소프트웨어 개발에 사용된 소스 코드는 배포하지 않는다.
- 다양한 형태의 라이선스를 이용하여 배포되며 기술 지원을 보증한다.

▶ 상용 소프트웨어 분류

범용	시스템 SW, 미들웨어, 응용 SW 등
특화	자동차, 항공, 교육, 물류 등의 산업 전용

2) 응용 소프트웨어
- 특정 업무를 처리하기 위한 목적으로 작성된 소프트웨어이다.
- 애플리케이션, 응용 솔루션 및 서비스라고도 한다.

▶ 응용 소프트웨어 분류

	오피스웨어	워드, 엑셀, 그룹웨어 등의 일반 업무용
기업용	ERP	경영 활동 프로세스 통합 관리
	SCM	물류의 흐름 파악 및 지원
	BI	데이터를 활용하여 의사 결정 지원
	CRM	고객 특성에 맞는 마케팅 활동 지원
영상 처리		영상 인식, 스트리밍, 영상 편집 등
CG/VR		3D 스캐닝과 프린팅, 모델링, 가상현실, 홀로그램 등
콘텐츠 배포		콘텐츠 보호, 관리, 유통 등
자연어 처리		정보 검색과 질의응답, 의사 결정 지원, 언어 분석 등
음성 처리		음성 인식, 합성, 처리 등

3) 시스템 소프트웨어
- 사용자가 손쉽고 효율적으로 컴퓨터 시스템을 사용하도록 돕는 소프트웨어이다.
- 일반적으로 하드웨어 제작사에서 제공하며 운영체제와도 같은 의미를 가진다.

① 시스템의 정의(기본 요소 포함)
- 컴퓨터 시스템과 같은 의미로 쓰이며, 특정 업무를 수행하기 위해 중앙 처리 장치를 중심으로 구성된 하드웨어 및 소프트웨어의 총칭이다.

▶ 컴퓨터 시스템의 기능

입력(Input)	시스템 처리가 필요한 데이터, 제어 요소 등을 전달
처리(Process)	입력된 값을 정해진 방식에 맞게 처리하여 결과를 도출
출력(Output)	처리 결과를 출력장치(모니터, 프린터 등) 및 저장 장치로 전달
제어(Control)	데이터 처리를 위해 각 장치들의 기능 수행을 제어
피드백(Feedback)	기능 수행이 잘못된 경우 적절한 처리과정을 다시 반복

② 시스템의 성능평가 기준

처리능력(Throughput)	단위 시간 내 작업 처리량
반환 시간(Turnaround Time)	작업 의뢰부터 처리까지의 시간
사용 가능도(Availability)	필요할 때 즉시 사용 가능한 정도(가용성)
신뢰도(Reliability)	주어진 문제를 정확하게 해결하는 정도

③ 플랫폼(Flatform)
- 특정 시스템을 바탕으로 제공되는 운영체제 및 운영환경을 의미한다.

▶ 기준에 따른 플랫폼의 범위

응용 프로그램 관점에서의 플랫폼	윈도우즈, 안드로이드 등
카카오 서비스 이용자 관점에서의 플랫폼	카카오톡

▶ 플랫폼의 성능을 측정하는 기준

가용성(Availability)	필요할 때 즉시 사용 가능한 정도(사용 가능도)
응답 시간(Response Time)	명령에 반응하는 시간(처리 시간과 다름)
정확성(Accuracy)	처리 결과가 기대한 값과 비교해서 정확한지 측정
사용률(Utilization)	데이터 처리에 시스템 자원을 사용하는 정도

4) 소프트웨어 공학

① 정의
- 최소의 비용과 개발 기간을 통해 높은 품질의 소프트웨어를 도출하기 위한 모든 수단과 도구들의 총칭이다.
- 소프트웨어 개발의 품질과 생산성의 향상을 목표로 연구하는 학문이다.
- 소프트웨어 공학의 목적
  - 소프트웨어 개발에 필요한 비용과 기간의 예측
  - 하드웨어에 대한 소프트웨어의 상대적 비용 절감
  - 급속하게 발전하는 하드웨어, 소프트웨어 기술 반영

② 기본 원칙
- 현대적인 프로그래밍 기술을 지속적으로 적용한다.
- 소프트웨어 품질에 대해 지속적인 검증을 시행한다.
- 소프트웨어 개발 단계별 산출물에 대한 명확한 기록을 유지한다.

5) 소프트웨어 개발 프레임워크(Framework)

① 모듈(Module)
- 프로그램을 기능별로 분할하여 재사용이 가능하게끔 부품화한 것이다.
- 개발자가 프로그램의 기본 틀을 제공하고, 모듈을 활용하여 기능을 구체화한다.

② 라이브러리(Library)
- 툴킷이라고도 하며, 관련 있는 모듈들을 모아놓은 것이다.
- 라이브러리에 존재하는 각 모듈이 반드시 독립적인 것은 아니다.
  - 표준 라이브러리 : 프로그래밍 언어에 내장
  - 외부 라이브러리 : 별도의 설치를 통해 사용 가능

③ 디자인 패턴(Design Pattern)
- 특정 기능에 대한 문제해결을 위한 추상적인 가이드라인을 제시한 것이다.
- 프로그램의 세부적인 구현 방안을 위해 참조하는 해결 방식을 제시한 것이다.

④ 소프트웨어 개발 프레임워크(Framework)
- 디자인 패턴에 모듈의 장점 및 기능을 결합하여 실제적인 개발의 틀(Frame)을 제공한다.
- 프레임워크가 프로그램의 기본 틀을 제공하고, 개발자가 기능을 구체화하는 제어의 역 흐름이 발생한다.
- 프로그램의 기반과 구조를 잡아주는 코드의 모임이며 자연스럽게 특정 디자인 패턴을 유도한다.
- 이미 검증된 프레임워크를 사용함으로써 품질, 예산, 유지보수에 이점이 있다.
- 프로그램 구성의 복잡도가 감소하여 상호 운용성과 개발 및 변경이 용이해진다.

⑤ 소프트웨어 아키텍처(Architecture)
- 다수의 프레임워크를 체계적으로 구성하고 설명하는 구조체를 의미한다.
- 소프트웨어의 설계와 업그레이드를 통제하는 지침과 원칙을 제공한다.

⑥ 컴포넌트(Component)
- 모듈의 형태로 재사용 가능한 확장된 소프트웨어 블록이다.
- 일반적인 코딩을 벗어나 마치 레고(블록)를 쌓아 올리듯이 개발하는 기법이다.
- 프레임워크 및 아키텍처가 적용되어 있어 안정적이다.

▶ 협약에 의한 설계를 따를 경우에 포함되어야 할 조건

선행조건	컴포넌트 오퍼레이션 사용 전에 참이어야 하는 조건
결과조건	컴포넌트 오퍼레이션 사용 후에 참이어야 하는 조건
불변조건	컴포넌트 오퍼레이션 실행 중에 참이어야 하는 조건

프로그램 안에서 모듈끼리 어떤 값을 주고받는 행위에 대한 규칙이나 약속

⑦ 재사용 가능한 소프트웨어 요소
- 소프트웨어의 부분 또는 전체 영역
- 부분적인 코드뿐 아니라 응용된 지식과 데이터 구조
- 개발 이후의 테스트 계획, 문서화 방법 및 절차 등

⑧ 소프트웨어 재사용 방법

합성(Composition) 중심	모듈(블록)을 조립하여 소프트웨어를 완성시키는 블록 구성 방식
생성(Generation) 중심	추상적인 명세를 구체화하여 소프트웨어를 완성시키는 패턴 구성 방식

POINT 002 소프트웨어 개발 수명 주기

1) 소프트웨어 개발 수명 주기

① 폭포수(Waterfall) 모델 — 소프트웨어 개발 단계를 정의하는 방식
(소프트웨어 생명주기, 소프트웨어 공학 패러다임)

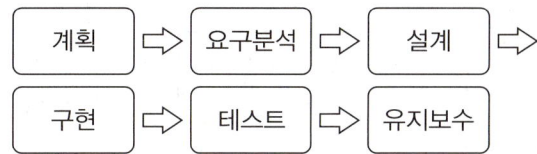

계획 ⇨ 요구분석 ⇨ 설계 ⇨ 구현 ⇨ 테스트 ⇨ 유지보수

- 정해진 단계를 한 번씩만 진행하며 이전 단계로 돌아갈 수 없다.

- 단계별로 결과물이 명확하게 산출되어야 다음 단계로 넘어간다.
- 제품의 기능 보완이 불가능하므로 매뉴얼 작성이 필수적이다.
- 문제를 발견해도 되돌릴 수 없다.

② 프로토타입(Prototype) 모델

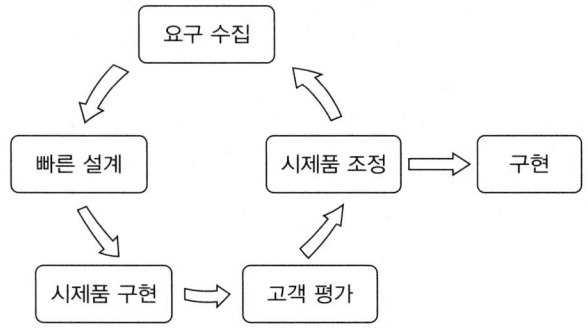

- 폭포수 모델의 단점을 보완한 모델로 시제품(Prototype)을 통해 최종 결과물을 예측할 수 있다.
- 시제품은 사용자와 시스템 사이의 인터페이스에 중점을 두어 개발한다. (상호작용 또는 그 기능)
- 시제품은 추후 최종 구현 단계에서 골격으로 사용된다.

③ 나선형(Spiral) 모델

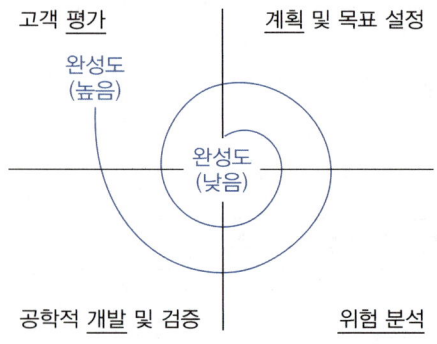

- 폭포수 모델과 프로토타입 모델의 장점에 위험 분석 기능을 더한 모델이다.
- 나선을 돌듯이 여러 번의 지속적인 개발 과정을 통해 점진적으로 개발하는 것이다. ○ 반복적인 개발 사이클을 통해 완성도가 점점 올라감
- 개발 중 발생할 수 있는 위험을 최소화하는 것이 목적이며 유지보수가 필요 없다.
- 누락 및 추가된 요구사항 반영이 가능하다.

④ 애자일(Agile) 모델
- 소프트웨어를 사용할 고객과의 소통에 중심을 둔 방법론들의 통칭이다.
- 짧은 개발 주기를 반복하면서 고객의 피드백을 소프트웨어에 반영한다.
- 고객과의 소통을 통해 작업의 우선순위를 지정하여 개발을 진행한다.
- 절차, 문서, 계획보다 소통, 협업, 변화 대응에 가치를 둔다.
- 개발 모델 : Scrum, XP, Kanban, crystal, FDD(기능주도 개발), ASD(적응형 소프트웨어 개발), DSDM(동적 시스템 개발) 등

2) 스크럼(Scrum) 모델

① 특징
- 스크럼(Scrum) 팀을 구성하여 팀을 중심으로 개발의 효율성을 높이는 개발 모델이다.
- 반복적인 스프린트를 통해 제품을 완성시켜 나간다.
- 확약, 전념, 정직, 존중, 용기 등에 가치를 둔다.
  - 스프린트(Sprint) : 2~4주 정도의 기간 내에서 하나의 task를 개발하는 과정
  - 태스크(Task) : 개발 요구사항(사용자 스토리)을 개발자(팀)별로 나눈 것

② 구성

제품 책임자 (Product Owner)	• 목표 제품에 대한 책임을 지고 의사를 결정하는 역할 • 이해관계자(Stakeholder)들의 의견을 종합하여 요구사항을 백로그(Backlog)에 작성하고 우선순위를 조정 • 팀원들은 백로그에 스토리 추가만 가능하고 우선순위 조정은 불가능
스크럼 마스터 (Scrum Master)	• 개발팀원들의 원활한 업무를 위한 가이드 역할 • 일일 스크럼 회의를 주관할 수 있으며 개발 과정에서 발생된 장애 요소를 공론화하여 해결할 수 있도록 처리 • 팀원들이 상황에 유연하게 대응할 수 있도록 조력하는 역할이며 통제의 권한은 없음
개발팀 (Development Team)	• 제품 책임자와 스크럼 마스터를 제외한 모든 개발에 참여하는 인원들 • 개발팀에는 개발자뿐 아니라 디자이너와 테스터 등도 포함 • 개발팀원들은 능동적으로 팀을 구성하고 문제를 해결할 수 있어야 함

기적의 TIP 백로그(Backlog)

제품 백로그	우선순위에 따라 개발에 필요한 사용자 스토리를 나열한 목록
스프린트 백로그	해당 스프린트에서 개발해야 할 태스크를 나열한 목록
사용자 스토리	사용자 요구사항을 단어의 나열이 아닌 이야기(시나리오)의 형태로 표현한 것
릴리즈 계획	제품 백로그에 작성된 사용자 스토리를 기반으로 전체 개발 일정 수립

③ 개발 프로세스

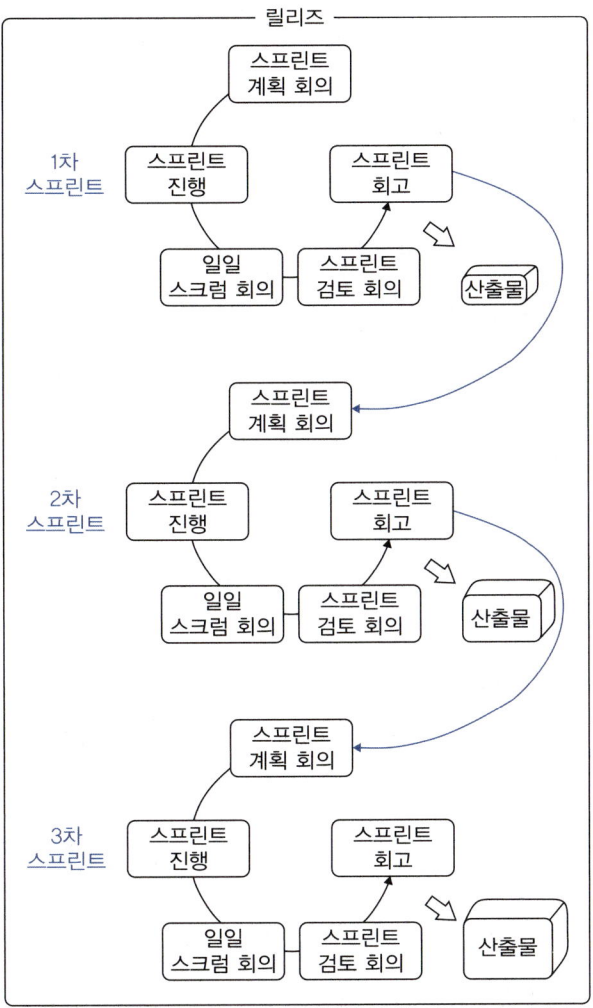

스프린트 계획 회의	스프린트 백로그 작성, 개발 일정 수립
스프린트 진행	백로그에 기록된 태스크를 담당 개발자에게 할당
일일 스크럼 회의	짧은 시간 동안 소멸차트를 통해 진행 상황 점검. 태스크 상황에 따라 할 일, 진행 중, 완료의 상태로 변경
스프린트 검토 회의	사용자와 함께 개발이 완료된 부분 또는 전체 제품을 테스트하고 피드백을 제품 백로그에 반영
스프린트 회고	스프린트 진행 자체의 문제점, 개선점 도출

3) XP(eXtreme Programming) 모델

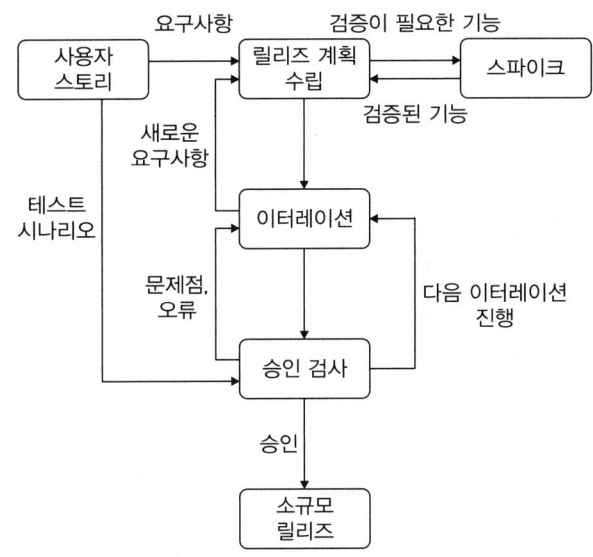

① 특징
- 고객의 참여와 짧은 개발 과정의 반복을 극대화하여 개발 생산성을 높이는 개발 모델이다.
- 소규모 인원으로 진행하는 프로젝트에 효과적이며 단계별 단순한 설계를 통해 개발 속도를 향상시킨다.
- 의사소통, 단순성, 용기, 존중, 피드백에 가치를 둔다.

② 개발 프로세스
- 사용자 스토리에 기록된 내용을 바탕으로 릴리즈 계획을 수립하고 분석된 스토리에 따라 스파이크 또는 이터레이션을 진행한다.
  - 스파이크 : 특정 기술의 확인을 위해 다른 모든 조건을 무시하고 간단하게 개발하는 프로그램
  - 이터레이션 : 하나의 릴리즈를 1~3주의 개발 기간으로 세분화한 단위
- 스파이크를 통해 기술이 검증되면 해당 부분을 이터레이션으로 전달한다.
- 이터레이션 진행 도중에서 새로운 스토리가 작성될 수 있다.
- 이터레이션을 통해 부분 완료된 제품을 고객이 직접 사용자 스토리에 포함된 테스트 사항을 통해 승인 검사를 수행한다.
- 테스트 과정에서 새로운 요구사항, 오류 등이 발견되면 다음 이터레이션에 반영한다.

③ 기본 원리

Planning Game	게임처럼 선수, 규칙, 목표 등을 설정하여 계획 수립
Small Releases	짧은 주기의 릴리즈로 고객의 피드백 최대화
System Metaphor	개발 과정에서 최종 목표 시스템의 구조를 조망
Simple Design	가능한 가장 단순한 설계
Test Driven Development	우선 단위 테스트 이후 실제 코드 작성
Design Improvement	기능을 유지하면서 코드 개선 작업 수행
Pair Programming	2명의 개발자가 코딩, 리뷰 공동 수행
Collective Ownership	시스템의 코드는 언제나 개발자 누구나 수정 가능
Continuous Intergration	항상 빌드 및 배포가 가능한 상태 유지
Sustainable Pace	주당 일정 시간 이상을 일하지 않도록 오버타임 지양
Whole Team	개발 효율을 위해 고객을 프로젝트 팀원으로 상주시킴
Coding Standards	원활한 의사소통 위해 표준화된 관례에 따라 코드 작성

POINT 003 소프트웨어 개발 방법론

1) 소프트웨어 개발 방법론
① 정의
- 소프트웨어 개발 전 과정에 지속적으로 적용할 수 있는 방법, 절차, 기법을 의미한다.
- 소프트웨어를 개발함에 있어 생산성과 소프트웨어 품질을 향상시킨다.
- 소프트웨어 공학에서 가장 많이 활용하는 방법론이다.

② 절차

분석	개발 준비, 시스템 요구사항 분석, 소프트웨어 요구사항 분석
설계	시스템 설계, 소프트웨어 구조 및 상세 설계
구현	소프트웨어 코딩 및 단위 시험
시험	소프트웨어와 시스템 통합 및 테스트, 소프트웨어 설치 및 인수 지원

③ 선정 과정
- 정형화된 소프트웨어 개발 방법론의 특징을 파악한다. *개발 절차에 따라 설정*
- 소프트웨어 개발 방법론의 특징을 고려하여 타당성과 적정성을 설정한다. *개발 단계별 산출물에 따라 설정*
- 개발 방법론 선정을 위한 계획서를 작성한다.
- 선정 계획서를 바탕으로 정성, 정량 평가를 진행하여 개발 방법론을 선정한다.

2) 종류
① 구조적 방법론

자료 흐름도(DFD) : 프로그램을 기능 단위별 데이터의 흐름으로 표현한 구조도
자료 사전(DD) : DFD에 표현된 자료 저장소를 구체화

- 구조적 분석을 통해 고객의 요구사항을 자료 흐름도(DFD)로 표현한다.
- 모듈 중심의 설계를 통해 모듈 간 결합도를 낮춰 독립성을 높인다.
- 순차, 선택, 반복의 논리 구조 구성으로 프로그램 복잡성을 최소화한다.
- 요구사항 분석 → 구조적 분석 → 구조적 설계 → 구조적 프로그래밍

② 정보공학 방법론
- 개발 단계별 정형화된 기법들을 통합 적용한 데이터 중심 방법론이다.
- 현행 업무 프로세스 및 시스템을 분석하여 정보전략계획을 수립한다. *모델링 도구 : 개체-관계 다이어그램(ERD)*
- 업무 영역 분석을 통해 개념적인 수준의 데이터와 프로세스를 설계한다. *모델링 도구 : 자료 흐름도, 프로세스 의존도(PDD), 프로세스 계층도(PHD)*
- ERD를 기반으로 분할 다이어그램, 액션 다이어그램, 의존 다이어그램 등을 활용해 실질적인 시스템을 설계한다.
- 정보 전략 계획 → 업무 영역 분석(데이터, 상관관계, 프로세스) → 업무 시스템 설계 → 업무 시스템 구축

③ 객체지향 방법론
- 실체(Entity)를 독립된 형태의 객체(Object)로 표현하고, 객체들 간 메시지 교환을 통해 상호작용하도록 프로그램을 개발하는 방법론이다.
- 데이터 객체를 저장하기 위해서 관계형 테이블로 변환하는 과정(Object-Relation Mapping)이 필요하다. *○=표*
- 요구분석 → 객체지향 분석 → 객체지향 설계 → 객체지향 구현 → 데이터 객체, 기능 객체

▶ 객체지향 방법론의 기본 원칙

캡슐화	데이터와 해당 데이터의 처리 기능을 하나로 묶음
정보은닉	다른 객체에게 자신의 정보를 숨김
추상화	객체의 공통적인 속성을 상위 객체로 도출
상속성	상위 객체의 속성을 하위 객체가 물려받아 사용
다형성	하나의 수행 방법으로 여러 형태의 기능 수행

④ 컴포넌트 기반(CBD) 방법론
○ Component Based Development

- 컴포넌트들을 조립해서 하나의 새로운 프로그램을 개발하는 방법론이다.
- 개발 생산성, 이식성 및 호환성, 신속성, 유연성, 표준화 등의 장점이 있다.
- 일반적으로 프로세스 설계 과정에서는 객체지향 방법론을, 데이터 설계 과정에서는 정보공학 방법론을 사용한다.
- 선행 투자 비용이 높고, 조립식 시스템에 따르는 책임 및 지적 재산권을 고려해야 한다.

▶ 컴포넌트 기반의 단계별 산출물

분석 단계	사용자 요구사항 정의서, 유스케이스 명세서, 요구사항 추적표 등
설계 단계	사용자 인터페이스 설계서, 컴포넌트 설계서, 인터페이스 설계서, 아키텍처 설계서, 총괄시험 계획서, 시스템시험 시나리오, 엔티티 관계 모형 기술서, 데이터베이스 설계서, 통합시험 시나리오, 단위시험 케이스, 데이터 전환 및 초기 데이터 설계서 등
구현 단계	프로그램 코드, 단위 시험 결과서, 데이터베이스 테이블 등
시험 단계	통합시험 결과서, 시스템시험 결과서, 사용자 지침서, 운영자 지침서, 시스템 설치 결과서, 인수시험 시나리오, 인수시험 결과서 등

⑤ 애자일 방법론
○ 애자일 모델

- 수시로 변하는 상황과 고객의 요구사항을 바로바로 반영하여 개발하는 방법론이다.

⑥ 제품 계열 방법론

- 특정 제품에 적용하고 싶은 공통된 기능을 개발하는 방법론이다.
- 임베디드 소프트웨어를 작성하는 데 유용하며 영역공학과 응용공학으로 구분된다.
  ○ 영역 분석, 영역 설계, 핵심 자산을 구현하는 영역
  ○ 제품 요구 분석, 제품 설계, 제품을 구현하는 영역
- 두 공학을 연계하기 위한 제품 요구사항, 제품 아키텍처, 제품의 조립생산이 필요하다.

3) 소프트웨어 보안 개발 방법론

① 정의
- 소프트웨어의 보안 취약점을 최소화하기 위한 지침 및 사례를 기반으로 개발하는 방법론이다.
- 시스템 환경에 따라 다양한 취약점이 발견되므로 다양한 보안 방법론들이 존재한다.

② 종류

MS-SDL	• 마이크로소프트사가 자체적으로 수립한 소프트웨어 개발 모델
Seven Touchpoints	• 실무적으로 검증된 소프트웨어 보안의 모범 사례 7가지를 개발 모델에 통합한 것 • 코드 검토(code review), 아키텍처 위험 분석(architectural risk analysis), 침투 테스트(penetration testing), 위험 기반 보안 테스트(risk-base security testing), 악용 사례(abuse cases), 보안 요구(security requirement), 보안 운영(security operation)
CLASP	• Comprehensive, Lightweight Application Security Process • 소프트웨어 개발 초기 단계의 보안을 강화하기 위한 정형화된 절차 • 활동 중심, 역할 기반의 프로세스로 구성되어 있으며 이미 운영 중인 시스템에 적용하기 좋음 • 개념, 역할 기반, 활동 평가, 활동 구현, 취약성의 5가지 관점에 따라 보안 절차 진행
CWE	• Common Weakness Enumeration • 소프트웨어 보안 취약점을 유발하는 원인을 7가지로 정리한 보안 개발 방법론 - 입력 데이터 검증 및 표현 : 입력값에 대한 잘못된 검증, 잘못된 형식 지정 - 보안 기능 : 부적절한 보안 기능 구현 - 시간 및 상태 : 병렬 시스템 환경에서 부적절한 시간 및 상태 관리 - 에러 처리 : 에러 처리가 미흡하거나 처리 과정에서 중요 정보 포함 - 코드 오류 : 인가되지 않은 사용자에게 데이터 유출 - 캡슐화 : 중요한 데이터 등을 충분히 캡슐화하지 않아 데이터 누출 - API 오용 : 보안에 취약한 API를 잘못된 방법으로 사용

SECTION 02 소프트웨어 개발 방법론 테일러링

POINT 004 소프트웨어 개발 방법론 테일러링

1) 개발 방법론 테일러링 개요

① 정의
- 개발 프로젝트의 특성 및 필요에 따라 기존의 소프트웨어 개발 모델을 최적화하는 활동이다.
- 기존 개발 모델의 절차, 활동, 산출물 등의 가공, 적용, 정제를 반복적으로 수행한다.

② 필요성
- 다양한 유형의 프로젝트를 하나의 정형화된 개발 모델만을 적용하기가 어렵다.
- 개발 모델을 선정하기 위한 내부적, 외부적 요건이 서로 충돌하는 경우가 많다.
- 테일러링의 필요성은 내부적, 외부적 요건으로 나누어 판단한다.

내부적 요건	목표 환경, 요구사항, 프로젝트 규모, 보유 기술 등
외부적 요건	법적 제약사항, 표준 품질 기준 등

법적인 가이드 라인과 규제를 제외하면 전부 내부적 요건

③ 프로세스

프로젝트 일정 및 자원현황 반영	개발 방법론에 프로젝트 일정과 비용, 목표 품질, 투입 자원, 위험관리 요소 반영
기반이 되는 개발 모델에 맞춰 개발 단계별 절차 수립	이해관계자들에게 반영된 결과를 설명하여 테일러링 확정
테일러링 완료된 개발 모델에 대한 매뉴얼 작성	확정된 개발 모델의 단계별 활동 목적과 작업 내용, 산출물에 대한 매뉴얼 작성

2) 소프트웨어 개발 프로젝트 개요

① 정의
- 미리 계획된 일정과 자원의 범위 안에서 정해진 목표를 달성하기 위한 모든 활동을 의미한다.
- 프로젝트는 업무마다 개발 방법이나 시간이 정해져 있으며 단계적으로 진행된다.

② 관리 요소
- 인적자원(People), 일정(Process), 문제인식(Problem)을 기반으로 관리된다.

- 총 5가지의 프로젝트 관리 요소를 개발 방법론에 반영한다.

일정	활동 순서, 활동 기간 산정, 일정 개발, 일정 통제
비용	원가 산정, 예산 편성, 원가 통제
투입 자원	팀 편성 및 관리, 자원 산정, 조직 정의, 자원 통제
위험	위험 식별, 위험 평가, 위험 대처, 위험 통제
품질	품질 계획, 품질 보증 수행, 품질 통제 수행

③ 계획 및 예측
- 개발 영역과 인력자원, 비용 및 일정 등을 고려하여 프로젝트 계획을 수립한다.
- 프로젝트 진행 중 발생하는 위험요소에 대해서는 예측이 불가능하다.
- 프로젝트의 규모를 우선적으로 파악하고 프로젝트의 복잡도 등을 파악한다.

POINT 005 프로젝트 일정 관리

1) 원칙
- 관리 가능한 여러 개의 작업으로 분할한다.
- 분할된 작업들의 의존성에 따라 상호관계 네트워크를 설정한다.
  - WBS(작업분해구조, Work Breakdown Structure) : 작업을 여러 개의 작은 단위로 분해하여 계층 구조로 표현하는 프로젝트 일정 관리 기법
- 작업별로 요구되는 시간을 설정한다.
- 개발자에게 적절한 시간을 할당한다.
- 프로젝트 참여 인원은 규모에 따라 프로젝트 시작 전에 결정한다.
  - Brooks의 법칙 : 프로젝트 진행 중에 새로운 인원을 투입할 경우 오히려 일정을 지연시킴

2) 프로젝트 일정 계획 방법론

PERT (Program Evaluation and Review Technique)	• 작업별 개발 기간이 불확실하여 개발 기간 내에 전체 프로젝트를 완료할 수 있을지에 대한 확률을 분석할 때 사용하는 방법 • 프로젝트를 구성하는 각 작업들을 낙관치, 기대치, 비관치로 구성하여 종료 시기를 예측 • 노드와 간선을 통해 작업의 완료시점(이벤트)과 해당 작업의 소요시간을 예측하여 표현

예측치 = (낙관치+(4×기대치)+비관치)/6

Critical Path=주공정 : 작업 소요시간이 가장 오래 걸리는 경로

CPM (Critical Path Method)	• 작업별 개발 기간이 확실한 경우에 사용하는 방법 (=임계 경로 기법)
	• 계획된 최단시간으로 전체 프로젝트를 완료하기 위한 주공정 경로와 소요 기간을 계산
	• 2가지 종류의 노드와 간선으로 구성
	  – 원형 노드 : 특정 작업의 완료 시점
	  – 박스 노드(이정표) : 해당 이정표에 종속된 모든 작업이 완료되어야 다음 작업 진행 가능
	• 임계 경로를 통해 개발 기간 결정

간트 차트 (Gantt Chart)	• 프로젝트 개발 일정을 기능별로 시간의 흐름에 따라 막대 그래프를 사용하여 표현한 일정표 • 작업 간의 의존성(선후관계) 및 작업의 문제 요인을 파악하기 어려움 • 상세한 정보를 표현하기 어려워 소규모 활동으로 이루어지는 프로젝트에 적합

POINT 006 프로젝트 비용 산정 모델

1) 소프트웨어 사업비 종류

정보 전략 계획 수립 비용	적정성 및 타당성 분석을 통해 프로젝트 계획을 수립하는 업무에 대한 비용
소프트웨어 개발 비용	소프트웨어 개발에 필요한 인원과 기간, 개발 도구 등에 대한 비용
소프트웨어 유지 보수 비용	제품 지원, 기술 지원, 사용자 지원 등의 서비스 제공 비용
소프트웨어 재개발 비용	개발된 소프트웨어의 일부를 다시 개발하는(유지 보수 범위를 초과하는) 비용
데이터베이스 구축 비용	소스 데이터를 이용자 친화적 형태로 가공하는 작업에 대한 비용
시스템 운영 환경 구축 비용	테스트 단계의 시험 환경 및 운영 환경을 설계, 구축하는 비용

2) 소프트웨어 비용 산정

① 정의
- 소프트웨어 개발에 필요한 여러가지 프로젝트 관리 요소를 기반으로 소프트웨어 프로젝트의 규모를 파악하여 개발에 필요한 비용을 미리 산정하는 활동이다.
- 비용이 너무 낮으면 개발자들의 부담이 커지고 곧 품질의 저하로 이어지므로 적정선을 잘 설정해야 한다.
- 정해진 산출법을 통해 개발 비용을 과학적이고 합리적으로 산정해야 한다.

- 대표적으로 하향식, 상향식 기법으로 나뉜다.

▶ 결정 요소

프로젝트	제품 복잡도, 시스템 크기, 요구 신뢰도
자원	인적 자원, 하드웨어 자원, 소프트웨어 자원
생산성	개발자 역량(지식, 경험, 이해도 등), 개발 기간

3) 상향식 비용 산정 기법

- 프로젝트의 세부적인 작업 단위별로 비용을 산정한 뒤 전체 비용을 산정하는 방식이다.

LOC (Line Of Code) 기법	• 각 기능의 소스 코드 라인 수의 비관치, 낙관치, 기대치를 통해 예측치를 계산하고 이를 기반으로 비용을 산정하는 기법
	• 측정이 용이하고 이해하기 쉬워서 많이 사용됨
	• LOC 기반 비용 산정 공식
	  – 노력 = 개발 기간×투입 인원 = LOC/인당 월평균 생산 코드 라인
	  – 개발 비용 = 노력×월 평균 인건비
	  – 개발 기간 = LOC/인당 월평균 생산 코드 라인/투입 인원
	  – 개발 기간 = LOC/(인당 월평균 생산 코드 라인×투입 인원)
	  – 생산성 = LOC/노력

단계별 노력(Effort Per Task) 기법	• 단순 코드 라인수만으로 측정하는 LOC 기법을 보완한 기법 • 각 기능들을 구현시키는 데 필요한 노력에 가중치를 별도로 반영하여 측정
수학적 산정 기법	COCOMO (COnstructive COst MOdel)	• 보헴(Boehm)이 제안한 LOC 기반 비용 산정 기법으로 비용 산정에 널리 통용됨 • LOC의 규모와 소프트웨어의 유형에 따라 Organic, Semi-Detached, Embedded로 나뉨 • COCOMO는 보다 상세하고 정확한 Basic, Intermediate, Detailed 모델로 구분
	Putnam	• 시간에 따른 함수로 표현되는 Rayleigh-Norden 곡선의 노력 분포도에 기반 • 소프트웨어 생명 주기의 전 과정 동안에 사용될 노력의 분포를 예측해주는 기법 • 생명 주기 예측 모형이라고도 불리며 대형 프로젝트의 노력 분포 산정에 이용 • 개발 기간이 늘어날수록 프로젝트 적용 인원의 노력이 감소 • Putnam 모델을 기초로 한 자동화 비용 측정 도구에는 SLIM이 있음
	기능 점수 (Function Point) 기법	• 알브레히트가 제안한 기법으로 소프트웨어 기능을 증대시키는 요인(비용 산정 요인별로 가중치를 부여하여 비용을 산정 • 요인별 가중치를 합산하여 총 기능점수를 산출하고 이를 이용하여 비용 산정 • FP 모델을 기초로 한 자동화 비용 측정 도구에는 ESTIMACS가 있음

입력, 출력, 사용자 질의, 데이터 파일, 인터페이스 등

4) 하향식 비용 산정 기법

- 과거의 유사한 개발 경험을 기반으로 비용을 산정하는 비과학적인 기법이다.
- 비용 산정에 대한 객관적인(과학적인) 근거가 없이 경험에 의해 비용이 산정된다.
- 소프트웨어의 전체 비용을 산정한 뒤 각 기능(작업)별로 세분화한다.

전문가 측정 기법	• 경험이 있는 둘 이상의 전문가들이 신속하게 비용 산정 • 개인적이고 주관적인 판단이 포함될 가능성이 높음
델파이(Delphi) 측정 기법	• 전문자 측정 기법의 단점을 보완한 기법으로 조정자(Coordinator)가 여러 전문가의 의견을 종합하여 비용 산정 • 전문가들은 측정 비용을 조정자에게 익명으로 제출하고 조정자는 서로 의견을 공유하고 조율하는 과정을 통해 어느 정도 일치되는 비용이 도출되면 개발 비용으로 선정

POINT 007 투입 인력 자원 구성

책임 프로그래머 팀 유형	• 중앙 집중형 팀 구성으로, 1인 책임 프로그래머를 위해 다수가 보조 역할을 담당하는 성(Star)형 구조 • 소규모 소프트웨어를 단기적으로 개발하는 데 적합한 구조 • 기능 구현의 분담이 필요 없는 단순한 난이도의 프로젝트에 적합 • 대부분의 개발 팀원들의 만족도가 낮고 이직률이 높음
민주주의식 팀 유형	• 분산형 팀 구성으로, 개개인의 담당 개발 영역이 독립적으로 존재하는 링(Ring)형 구조 • 대규모 소프트웨어를 장기적으로 개발하는 데 적합한 구조 • 기능 구현의 분담을 통해 복잡한 난이도의 프로젝트에 적합 • 대부분의 개발 팀원들의 만족도가 높고 이직률이 낮음

POINT 008 소프트웨어 품질 관리

1) 소프트웨어 개발 표준

① ISO/IEC 12207

- 국제표준화기구(ISO)에서 제정한 표준 소프트웨어 수명 주기 프로세스이다.

기본 생명 주기 프로세스	획득, 공급, 개발, 운영, 유지보수
지원 생명 주기 프로세스	문서화, 형상 관리, 문제 해결, 품질 보증, 검증, 확인, 합동 검토, 감리
조직 생명 주기 프로세스	관리, 기반 구조, 개선, 교육 훈련

② ISO/IEC 12119

- 패키지 소프트웨어의 제품 품질 요구사항 및 테스트를 위한 국제 표준이다.

③ ISO/IEC 29119

- 소프트웨어 테스트를 위한 국제 표준이다.

④ ISO/IEC 9126(25010)

- 소프트웨어 품질 특성 및 평가에 관한 표준으로, 2011년에 호환성과 보안성을 강화하여 25010으로 개정되었다.
- 품질의 측정과 관리에는 다양한 표준 측정 메트릭(Metrics)을 활용하도록 제시한다.
- 6가지 외부 품질 특성을 정의하고 있으며, 각 특성에는 세분화된 21가지 내부 평가 항목을 정의한다.

외부 품질 특성	내부 평가 항목
기능성(Functionality) : 명시된 요구사항을 만족하는 기능	적합성, 상호운용성, 보안성, 정확성, 준수성
신뢰성(Reliability) : 정의된 성능 수준을 유지하는 능력	고장허용성, 회복성, 성숙도, 준수성
사용성(Usability) : 사용자에 의해 이해, 학습, 사용, 선호되는 능력	학습성, 운영성, 이해도, 친밀성, 준수성
효율성(Efficiency) : 사용되는 자원에 따라 요구 성능을 제공하는 능력	반응시간, 지원특성, 준수성
유지보수성(Maintainability) : 제품이 수정, 개선, 개작될 수 있는 능력	분석성, 변경성, 안정성, 테스트 용이성, 준수성
이식성(Portability) : 서로 다른 환경으로 이식될 수 있는 능력	적용성, 설치성, 공존성, 교체성, 준수성

2) CMM(Capability Maturity Model)

① 특징
- 소프트웨어 개발 업체들의 업무능력평가 기준을 세우기 위한 평가 능력 성숙도 모델이다.
- 소프트웨어 개발 능력(기술적 측면) 측정 기준 및 개발 조직의 성숙도(인간적 측면)를 평가한다.
- 소프트웨어 제품 자체의 품질과는 직접 연관성이 없으며 소규모 업체에는 적용이 어렵고 비효율적이다.

② 단계별 프로세스 성숙도 평가 기준

초기(Initial)	개발 관리 프로세스의 부재
반복(Repeatable)	성공한 프로젝트의 프로세스를 반복
정의(Defined)	프로세스의 정의와 이해 가능
관리(Managed)	프로세스에 대한 성과를 측정, 분석, 개선 관리 가능
최적화(Optimizing)	지속적인 품질 개선 진행

③ 프로세스 관리 품질 평가 기준
○ 레벨이 오를수록 생산성과 품질이 높다.

레벨 1	혼돈적 관리	순서의 일관성 부재
레벨 2	경험적 관리	경험을 통한 관리
레벨 3	정성적 관리	경험의 공유 및 공식적인 관리
레벨 4	정량적 관리	조직적, 통계적 분석을 통한 관리
레벨 5	최적화 관리	위험 예측 및 최적화 도구 활용

3) CMMI(Capability Maturity Model Integration)

① 특징
- CMM을 발전시킨 것으로서, 소프트웨어와 시스템 공학의 역량 성숙도를 평가하기 위한 국제 공인 기준이다.
- CMMI의 프로세스 영역은 프로세스 관리, 프로젝트 관리, 엔지니어링, 지원으로 나뉜다.

② 기반 모델
- CMMI는 기반이 되는 3가지 CMM 모델이 통합(Integration)되어 있다.

SW – CMM	S/W 개발 및 유지보수에 관련된 성숙도 모델
SE – CMM	시스템 엔지니어링 능력 성숙도 모델
IPD – CMM	프로젝트 간 협동/통합프로젝트 개선 모델

③ 단계별 프로세스 성숙도

초기(Initial)	표준화된 프로세스 없이 프로젝트 수행결과 예측 곤란
관리(Managed)	기본적인 프로세스 구축에 의해 프로젝트 관리
정의(Defined)	세부 표준 프로세스 기반 프로젝트 통제
정량적 관리(Quantitatively Managed)	프로젝트 활동이 정량적으로 관리, 통제되고 성과 예측 가능
최적화(Optimizing)	지속적인 개선활동이 정착화되고 최적의 관리로 프로젝트 수행

4) SPICE

① 정의
○ Software Process Improvement and Capability dEtermination
- 소프트웨어 품질 및 생산성 향상을 위해 소프트웨어 프로세스를 평가하는 국제 표준(ISO/IEC 15504)이다.
- ISO/IEC 12207로부터 파생되었으며 CMM의 단점을 개선하기 위해 제정되었다.

② 목적
- 프로세스 개선을 위해 개발 기관 스스로 평가한다.
- 요구 조건 만족 여부를 개발 조직 스스로 평가한다.
- 계약을 위한 수탁 기관의 프로세스를 평가한다.

③ 단계별 프로세스 성숙도

레벨 0	불완전	프로세스가 구현되지 않거나 프로세스 목적을 달성하지 못함
레벨 1	수행	해당 프로세스의 목적은 달성하지만 계획되거나 추적되지 않음
레벨 2	관리	프로세스 수행이 계획되고 관리되어 작업 산출물이 규정된 표준과 요구에 부합
레벨 3	확립	표준 프로세스를 사용하여 계획되고 관리
레벨 4	예측 가능	표준 프로세스 능력에 대하여 정량적인 이해와 성능 예측
레벨 5	최적	정의된 프로세스와 표준 프로세스가 지속적으로 개선

5) CASE 도구

① 정의
○ Computer Aided Software Engineering
- 소프트웨어 개발 프로세스의 전 과정에서 자동화를 지원하는 소프트웨어 도구이다.
- 컴퓨터 지원 시스템 공학 도구라고도 하며 개발자의 반복적인 작업량을 줄이는 것을 목표로 한다.
- CASE의 원천 기술은 구조적 기법, 프로토타이핑, 자동 프로그래밍, 정보 저장소, 분산 처리 등이 있다.

② 목표
- 소프트웨어 품질 및 재활용성 수준을 향상시킨다.
- 개발의 전 과정을 자동화하고 점진적 개발을 지원한다.
- 표준화된 문서 생성과 정보 공유 및 협업 지원을 통해 유지 보수, 생산성을 향상시킨다.

③ 특징
- 소프트웨어 품질과 생산성, 신뢰성을 향상시키는 데 도움을 준다.
- 도구의 비용은 비싸지만 개발 비용과 기간은 절감된다.
- 명령어와 문법의 숙지가 필요하며, CASE 도구 간 호환성이 없다.

④ 계층적 분류

상위	요구 분석과 설계 단계 지원
하위	코드 작성과 테스트, 문서화, 유지보수 지원
통합	전체 과정을 지원하기 위한 도구 통합

⑤ 종류

SADT	• Structured Analysis and Design Technique • SoftTech 사에서 개발한 구조적 분석 및 설계 도구 • 블록 다이어그램을 채택한 자동화 도구
SREM	• Software Requirements Engineering Methodology • TRW 사에서 개발한 RSL과 REVS를 사용하는 요구 분석용 자동화 도구
TAGS	• Technology for Automated Generation of Systems • 시스템 공학 방법 응용에 대한 자동 접근 방법으로 개발 주기의 전 과정에 이용할 수 있는 통합 자동화 도구
PSL/PSA	• 미시간대학에서 개발한 PSL과 PSA를 사용하는 요구 분석용 자동화 도구

기적의 TIP

RSL	• Requirement Statement Language • 요소, 속성, 관계, 구조들을 기술하는 요구사항 기술 언어
REVS	• Requirement Engineering and Validation System • RSL 기술 요구사항 분석 명세서를 출력하는 분석 시스템
PSL	• Problem Statement Language • 문제(요구사항) 기술 언어
PSA	• Problem Statement Analyzer • PSL 기술 요구사항 분석 명세서를 출력하는 분석 시스템

POINT 009 프로젝트 형상 관리

1) 형상 관리
- 소프트웨어 개발 프로젝트의 모든 과정에서 발생하는 산출물들의 종합 및 변경 과정(Version)을 체계적으로 관리하고 유지하는 활동 및 기법이다.
- 여러 개발자가 같은 프로젝트를 개발하면서 발생하는 문제를 최소화한다.
- 불필요한 수정을 제한하고 버전 관리를 통해 변경 사항의 관리(Revision)가 가능하다.

2) 형상 관리 프로세스

형상 식별	• 형상 관리 대상을 식별하여 이름 및 관리번호를 부여하는 작업 • 수정 및 추적이 가능하도록 기준선(Baseline)을 정하는 활동
형상 통제	• 형상 항목의 변경 요구를 검토하고 승인하는 작업 • 변경 항목을 현재의 베이스라인에 성공적으로 반영하도록 제어 • 형상 변경은 별도 조직(형상통제위원회)의 승인을 통해 이루어져야 함
형상 상태 보고	• 형상 관리 작업의 결과를 기록하고 관리하는 작업 • 베이스라인의 상태 및 형상 반영 여부 관리
형상 감사	• 변경될 베이스라인의 무결성을 공식 승인하기 위해 검증하는 작업

SECTION 03 소프트웨어 개발 환경 분석

POINT 010 현행 시스템 파악

1) 개요

① 정의
- 목표 시스템의 개발 범위 및 방향성을 정하기 위해 현재 운행되는 시스템의 구성을 파악하는 활동이다.
- 제공 기능과 주고받는 정보뿐 아니라 소프트웨어, 하드웨어, 네트워크 구성 등도 파악한다.

② 절차

1단계 – 시스템	2단계 – 소프트웨어	3단계 – 하드웨어
구성 현황 파악	아키텍처 파악	하드웨어 파악
기능 파악	소프트웨어 구성 파악	네트워크 구성 파악
인터페이스 현황 파악		

2) 현행 시스템 구성 및 기능 파악

주요 업무 ○……
○주요 업무를 지원하는 업무

시스템 구성 현황 파악	• 현행 시스템을 기간 업무와 지원 업무로 구분 • 각 단위 업무 정보 시스템의 명칭과 주요 기능을 명시하여 조직 내 모든 정보 시스템의 현황 파악
시스템 기능 현황 파악	• 단위 업무 시스템이 현재 제공하고 있는 기능 파악 • 단위 업무 시스템에서 제공하는 기능들을 주요 기능과 세부 기능으로 구분하여 계층형으로 표현
시스템 인터페이스 파악	• 단위 업무 시스템들이 서로 주고 받는 데이터의 종류나 형식, 프로토콜, 연계 유형, 주기 등 파악

고정 포맷, 가변 포맷, JSON, XML 등 ○ ─── ○TCP/IP, X.25 등 ─── ○EAI, FEP 등

3) 현행 시스템 아키텍처 및 소프트웨어 파악

시스템 아키텍처 구성도 파악	• 기간 업무 수행을 위한 기술 요소들을 계층별로 구성한 도표 • 업무 시스템별로 아키텍처가 다른 경우에는 가장 핵심이 되는 기간 업무 처리 시스템을 기준으로 함
소프트웨어 구성도 파악	• 단위 업무 시스템의 업무 처리를 위해 설치되어 있는 소프트웨어들의 사양과 라이선스 방식, 개수 등 파악 • 시스템 구축 시 소프트웨어 비용이 적지 않기 때문에, 소프트웨어 라이선스 파악이 중요함

4) 현행 시스템 하드웨어 및 네트워크 파악

하드웨어 구성도 파악	• 단위 업무 시스템들의 물리적 위치와 주요 사양, 수량, 이중화 적용 여부 등 파악 • 이중화는 서비스 기간, 장애 대응 정책에 따라 결정되며, 현행 시스템에 이중화가 적용된 경우에는 목표 시스템에도 대부분 구축이 필요함 • 이중화를 적용할 경우 인프라 구축 기술 난이도 및 비용 증가의 가능성이 높아짐
네트워크 구성도 파악	• 단위 업무 시스템들의 네트워크 구성을 파악하여 그림으로 표현 • 서버의 위치 및 네트워크 연결 방식 파악을 통해 조직 내 서버들의 물리적인 위치 관계를 파악할 수 있음 • 조직 내 보안 취약성 분석 및 대응, 네트워크 장애 발생 추적 및 대응을 하기 위한 근거로 활용 가능

POINT 011 개발 기술 환경 식별

1) 운영체제

① 정의
- 사용자가 손쉽고 효율적으로 컴퓨터 시스템을 사용하도록 돕는 소프트웨어이다.
- 하드웨어와 소프트웨어 리소스를 관리하고 컴퓨터 프로그램을 위한 공통 서비스를 제공한다.

② 종류 및 특징

Microsoft Windows	다양한 라이선스 정책, 중소 규모 서버, 개인용 PC
UNIX	다양한 라이선스 정책, 대용량 처리, 안정성이 요구되는 서버
Linux	무료, 확장성, 다양한 버전 제공, 중대 규모 서버
iOS	유료, 하드웨어에 포함, 스마트폰, 태블릿 PC
Android	무료, 리눅스 기반, 스마트폰, 태블릿 PC

③ 운영체제 식별 시 고려사항

신뢰도	메모리 누수, 보안 취약점, 버그 등으로 인한 성능 저하 및 장애 발생 가능성
성능	대규모 작업 처리, 동시 사용자 요청 처리, 지원 가능 메모리 크기
기술 지원	공급 업체의 안정적인 기술 지원, 사용자 커뮤니티, 오픈 소스 여부
주변 기기	설치 가능 하드웨어, 주변 기기 지원 여부
구축 비용	하드웨어, 라이선스, 유지관리 비용

2) DBMS
① 정의
- 데이터베이스 관리 시스템(DataBase Management System)이다.
- 사용자, 애플리케이션, 데이터베이스와 상호 작용하여 데이터를 저장, 관리, 상호작용하는 시스템이다.

② 종류 및 특징

Oracle	유료, 대규모, 대량 데이터의 안정적인 처리
MS-SQL	유료, 중소규모 데이터의 안정적인 처리
My-SQL	무료, 오픈 소스 관계형 DBMS
MongoDB	무료, 오픈 소스 NoSQL DBMS

③ DBMS 식별 시 고려사항
- 정보 시스템 구축 시 DBMS 관련 요구사항 식별에는 가용성, 성능, 기술 지원, 구축 비용, 상호 호환성 등을 고려해야 한다.
  (가용성: 백업 및 복구의 편의성, 이중화 및 복제 지원)
  (성능: 대용량 데이터 처리 능력, 질의 최적화)
  (상호 호환성: 설치 및 운용 가능한 운영체제가 다양함)

3) 미들웨어(Middleware)
① 정의
- 운영체제와 소프트웨어 애플리케이션 사이(Middle)에 위치하며, 운영체제가 제공하는 서비스를 확장하여 제공하는 소프트웨어이다.
- 데이터 교환의 일관성 유지를 위해 표준화된 인터페이스를 제공한다.

② 미들웨어 식별 시 고려사항
- 미들웨어 관련 요구사항 식별에는 가용성, 성능, 기술 지원, 구축 비용 등을 고려해야 한다.
  (성능: 대규모 처리, 다양한 설정 옵션, 가비지 컬렉션)

4) 오픈 소스(Open Source) 소프트웨어
① 정의
- 소스 코드를 무료로 공개하여 제한 없이 누구나 사용 및 개작이 가능한 소프트웨어이다.

② 오픈 소스 식별 시 고려사항
- 무료로 공개하는 범위에 따라 다양한 라이선스가 존재한다.
- 사용 가능한 라이선스의 개수와 기술의 지속 가능성을 파악해야 한다.

SECTION 04 요구사항 확인

POINT 012 요구공학

1) 요구공학(Requirements Engineering)
- 소프트웨어 개발의 기초가 되는 요구사항을 정의하고, 문서화하고, 관리하는 프로세스이다.
- 이해관계자들에게 효과적인 소통 수단을 제공하고 불필요한 비용을 절감시킨다.
- 구조화된 요구사항으로 요구사항 변경 추적이 가능하며 요구사항 손실이 최소화된다.
- 요구공학 프로세스 : 도출(Elicitation) → 분석(Analysis) → 명세(Specification) → 검증(Validation)

2) 요구사항 관리 도구
- 사용자 요구사항의 정의 및 관리, 변경에 대한 사항을 관리하는 도구이다.
- 요구사항 변경에 따른 영향도 및 비용 편익의 분석이 가능하다.
- 요구사항이 변경된 이력을 추적할 수 있다.
- 요구사항을 조직적으로 관리하며 우선순위나 리스크 관리가 가능하다.
- 요구사항 관리 환경 조성 및 외부 연동, 협업 환경을 제공한다.

POINT 013 요구사항 도출

1) 요구사항 도출(Requirement Elicitation)
① 정의
- 소프트웨어가 해결해야 할 문제를 이해하는 첫 번째 단계로 요구사항을 어디에서, 어떻게 수집할 것인지를 결정하는 단계이다.
- 요구사항을 도출하는 과정에서 이해관계자가 식별되고, 개발자와 고객 사이의 관계가 생성된다.
- 정확한 요구사항 도출을 위해 다양한 이해관계자들 간의 효율적인 의사소통이 중요하다.

② 기법

인터뷰	다양하고 많은 사용자의 의견을 듣기 위해 계획하고 진행
설문	이해관계자들의 관심, 내부 정보, 개선 의견을 끌어낼 문항 준비
사용자 스토리	사용자, 개발자와 함께 시스템에 바라는 기능을 이야기 형태로 기술
업무절차 조사	기업의 내부 표준, 업무 매뉴얼 등을 조사하여 요구 및 제한 사항 도출
브레인 스토밍 회의	인터뷰와 함께 수행하여 최대한 많은 요구사항 수집, 훈련된 인원이 진행
프로토타이핑	예상 기능 일부를 빠르게 구현(프로토타입)하여 피드백 진행
유스케이스	사용자 요구사항을 시스템 이용자와 기능, 관계로 표현

기적의 TIP
유스케이스는 요구사항 도출 기법 및 분석 단계에서 가장 많이 쓰이는 기법입니다.

2) 유스케이스(Use Case) 다이어그램
① 정의
- 사용자와 다른 외부 시스템들이 목표 시스템을 이용하여 수행하는 기능을 사용자의 관점에서 표현한 도표이다.
- 시스템의 범위를 파악할 수 있고 외부 요소와 시스템 간의 상호 작용을 파악할 수 있다.

② 구성 요소

시스템	관련 유스케이스들을 사각형으로 묶어서 표현
사용자(주) 액터	상호작용을 통해 이득을 얻는 대상
시스템(부) 액터	주 액터의 목적 달성을 위해 제공되는 외부 시스템(조직, 기관)
유스케이스	사용자 관점의 제공 서비스나 기능을 단순하게 표현
관계	유스케이스와 유스케이스, 액터와 유스케이스의 관계 표현

③ 유스케이스 기술서
- 액터가 시스템과 상호작용하는 과정을 보다 구체적으로 서술한 문서이다.
- 유스케이스 다이어그램에 있는 각각의 유스케이스에 대해서 작성해야 한다.

▶ 구성 요소

유스케이스명	액터가 달성하고자 하는 목적을 명확하게 표현
액터명	실제 사람의 이름이 아닌 역할이나 그룹의 이름 사용
개요	유스케이스 수행 시나리오를 간략하게 요약
사전조건	유스케이스 수행을 위한 사전 조건 기술
사후조건	유스케이스 수행 후에 만족해야 하는 조건 기술
기본흐름	목적 달성을 위해 수행되는 완전한 상호작용 흐름 기술
트리거	유스케이스가 시작되는 사건, 기본흐름의 첫 번째로 기술
대체흐름	기본흐름을 벗어나 선택적, 예외적으로 처리되는 흐름 기술

3) 유스케이스 다이어그램의 관계

포함 관계(필수적)	• 공통으로 사용되는 기능을 별도로 추출하여 새로운 유스케이스를 생성하고 연결한 관계 • 기존 유스케이스에서 새로운 유스케이스 방향으로 점선 화살표를 연결하고, 《include》 표기
일반화 관계	• 유스케이스 간의 상위, 하위 관계 표현 • 하위 유스케이스에서 상위 유스케이스 방향으로 속이 빈 실선 화살표 연결
확장 관계(선택적)	• 특정 조건에서만 실행되는 유스케이스를 생성하고 연결한 관계 • 선택적 유스케이스에서 원래의 유스케이스 방향으로 점선 화살표를 연결하고, 《extend》 표기

POINT 014 요구사항 분석

1) 요구사항 분석(Requirement Analysis)

① 정의
- 요구사항 도출 단계에서 도출된 다양한 요구사항들을 분석하여 목표 시스템이 제공해야 하는 기능 및 특성을 조정해 나가는 활동이다.
- 도출된 요구사항 중 명확하지 않거나, 상충되는 요구사항 등을 분석하여 문제점을 해결한다.

② 특징
- 소프트웨어의 정확한 범위 파악과 외부 환경과의 상호작용 분석이 가능하다.
- 요구사항 분석 단계에서의 문서 산출물은 유지보수에 유용하게 활용된다.
- 요구사항의 변경은 개발 전체에 영향을 끼치므로 정확한 분석이 필요하다.

2) 요구사항 분석 기법

① 요구사항 분류(Requirement Classification)
- 소프트웨어 관점에서 요구사항은 시스템이 제공해야 할 역량, 성능, 기능 등을 의미한다.
- 요구사항의 출처와 우선순위, 적용 범위, 변경 가능성 등을 식별한다.

▶ 분류

기술 내용에 따라	기능적 요구사항	시스템의 기능, 제어 연산, 기술에 대한 요구사항
	비기능적 요구사항	성능, 보안, 품질, 안전 등에 대한 요구사항
관점 및 대상에 따라	사용자(소프트웨어) 요구사항	사용자에게 제공해야 하는 것, 친숙한 표현
	시스템 요구사항	시스템(개발자)에게 제공해야 하는 것, 기술적 표현

② 개념 모델링(Conceptual Modeling)
- 분석된 요구사항을 기반으로 업무 처리의 실체(Entity)들과 그들의 관계(Relation)를 모델링하는 것이다.
- 현실의 문제를 모델링하는 것으로 요구사항 분석의 핵심 단계라고 할 수 있다.
- 개념 모델은 문제가 발생하는 상황에 대한 공통의 이해와 해결책을 제시한다.
- 대부분의 개념 모델링은 UML을 사용하지만, 이 외에도 유스케이스 다이어그램, 데이터 흐름 모델, 상태 모델, 목표 기반 모델, 사용자 인터랙션, 객체 모델, 데이터 모델 등과 같은 다양한 모델을 작성할 수 있다.

UML: Unified Modeling Language

③ 요구사항 할당(Requirement Allocation)
- 정리된 요구사항을 만족시키기 위한 구성 요소들을 식별하는 과정이다.
- 구성 요소들의 상호작용을 분석하여 추가적인 요구사항을 발견할 수 있다.

④ 요구사항 협상(Requirement Negotiation)
- 요구사항들이 서로 어긋나서(상충) 요구사항을 전부 만족시키지 못하는 경우에 이를 합의하는 과정이다.
- 요구사항이 상충하는 경우는 크게 3가지가 있으며, 우선순위 부여를 통해 적절한 기준점을 찾는 것(합의)이 좋다.
  - 두 명의 이해관계자가 요구하는 요구사항이 서로 충돌되는 경우
  - 요구사항과 자원이 서로 충돌되는 경우
  - 기능적 요구사항과 비기능적 요구사항이 서로 충돌되는 경우

⑤ 정형 분석(Formal Analysis)
- 요구사항 분석 프로세스의 마지막 단계로, 요구사항을 정확하고 명확하게 표현한다.
- 구문(Syntax)과 의미(Semantics)를 갖는 정형화된 언어를 이용해 요구사항을 수학적 기호로 표현한 후 이를 분석하는 과정이다.

3) 구조적 분석
- 정형화된 분석 절차에 따라 요구사항을 파악하고 도형 중심으로 표현한다.

▶ 구조적 분석의 기본 원리

추상화(Abstract)	객체들의 공통된 성질을 추출하여 중요한 특징만 간단하게 표현
정형화(Formality)	문제 해결에 정형화된(공학적인) 접근 방법을 적용
분할 정복	어려운 문제 해결을 위해 해결이 쉬운 작은 문제로 나누어 해결
계층화	분할된 모듈을 트리 구조로 배열하여 관리의 난이도 감소

▶ 구조적 분석의 도구

자료 흐름도(DFD) Data Flow Diagram	• 기능에 의한 데이터의 흐름을 도형으로 표현한 도표 • 제어의 흐름이 아닌 데이터의 흐름에 중심을 두고 있으며, 작업 소요시간은 파악 불가능 • 작성 지침 – 단위 프로세스를 거친 데이터 흐름에는 새로운 이름 부여 – 데이터 출력을 위해선 반드시 입력이 필수 – 해당 프로세스와 하위 자료 흐름도의 데이터 흐름 일치 – 최하위 프로세스는 소단위 명세서를 가짐 • 구성 – 단말 : 데이터 입출력 주체, 사각형으로 표기 – 프로세스 : 데이터 처리 과정, 타원(원)으로 표기 – 자료 흐름 : 데이터 흐름 방향, 화살표로 표기 – 자료 저장소 : 데이터가 저장되는 곳, 상하 평행선으로 표기
자료 사전(DD) Data Dictionary	• 자료 흐름도에 사용된 데이터의 이름과 속성을 표기한 자료(메타 데이터) • 규칙 – 정의(=) : 자료의 명명 – 연결(+) : 서로 다른 두 데이터를 연결 – 선택([, |) : 복수의 데이터 중 선택 – 반복({ }) : 반복되는 데이터 – 생략(( )) : 생략 가능 데이터 – 주석(*) : 데이터를 설명
NS 차트 Nassi-Schneiderman	• 문제 처리 프로세스를 도형을 통해 논리 중심으로 표현한 차트 • 순차, 선택, 반복의 제어구조를 명확히 표현하여 프로그램 구현이 쉬움

HIPO Hierarchy Input Process Output	• 기능과 데이터의 관계를 계층 구조로 표현하여 한 눈에 이해하기 쉽도록 구성한 도표 • 시스템의 기능을 여러 개의 고유 모듈로 분할하여 계층적으로 나타냄 • 기능과 자료의 의존성을 동시에 표현할 수 있으며 하향식 소프트웨어 개발에 유용 • 분류 – 가시적 도표(Visual Table of Contents) : 시스템의 전체적 기능과 흐름을 트리 형태로 표현한 구조도 – 총체적 도표(Overview Diagram) : 기능별 입력, 처리, 출력에 대한 전반적인 정보를 제공하는 도표 – 세부적 도표(Detail Diagram) : 총체적 도표의 기능을 구성하는 기본 요소들을 상세히 기술하는 도표

> **기적의 TIP**
> 구조적 분석의 개념은 구조적 개발 방법론과 같은 의미를 가집니다.

POINT 015 요구사항 명세

1) 요구사항 명세(Requirement Specification)
① 정의
- 분석된 요구사항의 체계적인 검토, 평가, 승인이 가능하도록 문서화하는 것이다.

▶ 요구사항 명세 방식에 따른 분류

정형 명세 기법	• 수학적 표현으로 사용자의 요구사항을 정확하게 표현하는 기법 • 명세 과정의 오류나 모호성을 쉽게 파악할 수 있음 • 비교적 어려운 표현으로 작성되므로 이해하는 데 많은 시간이 필요함
비정형 명세 기법	• 자연어 기반으로 사용자의 요구사항을 친숙하게 표현하는 기법 • 사용자와 개발자 간의 의사전달이 용이함 • 다양한 표현으로 작성되므로 완전한 검증이 어려움

② 명세서 작성 시 고려사항

정확성	모든 요구사항이 소프트웨어에 반영
명백성	애매한 표현 없이 요구사항을 명확히 서술
완전성	기능, 성능, 제약사항, 속성 등 필요한 정보를 모두 서술
일관성	서술된 요구사항 간의 모순, 상충이 없음
중요도	중요도 및 우선순위에 따라 요구사항 나열
수정 가능성	다른 요구사항에 영향을 최소화하며 변경되도록 서술
추적성	요구사항과 관련된 문서, 산출물 참조 가능

POINT 016 요구사항 검증

1) 요구사항 검증(Requirement Validation)
① 정의
- 요구사항을 기반으로 생성된 산출물을 대상으로 요구사항이 올바르게 반영되었는지 확인하는 방법이다.
- 잘못된 요구사항을 기반으로 개발된 소프트웨어를 수정하려면 엄청난 비용이 소모된다.

유효성	요구사항을 만족하는 기능을 제공하는지 파악
일관성	상충하는 요구사항이 존재하는지 파악
완결성	모든 요구사항을 만족하는지 파악
현실성	환경, 예산, 규제 등의 사유로 개발이 불가능한지 파악
검증 가능성	완성된 소프트웨어를 통해 요구사항 검증이 가능한지 파악

② 기법

요구사항 검토(Review)	• 요구사항 검토 담당자들이 직접 요구사항 명세서를 검증하는 일반적인 방법
	• 검증 방식
	  – 동료(Peer) 검토 : 요구사항 명세서 작성자가 다수의 동료들(이해관계자)에게 내용을 직접 설명하면서 결함 분석
	  – 워크스루(Walk Through) : 미리 요구사항 명세서를 배포하여 사전 검토 후 짧은 회의를 통해 결함 분석
	  – 인스펙션(Inspection) : 요구사항 명세서 작성자 이외의 전문 검토 그룹이 상세히 결함 분석

프로토타이핑	• 요구사항 검증을 위한 시제품을 신속하고 간단하게 개발하여 요구사항을 검증하는 방법 • 즉각적인 피드백이 가능하고 문제점의 사전 식별이 가능하며 새로운 요구사항이 도출될 수 있음 • 단계가 반복될수록 비용이 증가하며 사용성이 과대평가될 수 있음
모델 검증	• 요구사항 분석 단계에서 개발된 모델이 요구사항을 만족하는지 검증하는 방법 • 각각의 모델이 분석된 요구사항을 정확히 도출하였고, 또 반영하였는지 검증 • <u>실제 실행을 통해 검증하는 것이 아닌, 모델의 구조 및 의사소통 경로 등을 검증하는 것</u>
인수(Acceptance) 테스트	• 개발이 완료된 소프트웨어를 직접 인수받아 인수자가 직접 테스트하여 요구사항 만족 여부를 검사하는 방법 • 인수자는 해당 소프트웨어에 대한 개발 정보가 부족하므로 각 요구사항에 대한 테스트 계획을 세워서 만족 여부를 판단해야 함

동적 분석 ○······· ·······○ 정적 분석

SECTION 05 UML

POINT 017 UML

1) 정의
- 개발자 간의 원활한 의사소통을 위해 소프트웨어 공학에서 사용되는 표준화된 범용 모델링 언어이다.
- Rumbaugh, Booch, Jacobson 등의 객체지향 방법론의 장점을 통합하였다.

2) 구성 요소

사물	• 다이어그램 안에서 관계가 형성될 수 있는 대상으로, 모델을 구성하는 가장 중요한 요소 • 종류 　- 구조(Structural) 사물 : 개념적, 물리적인 요소 (Class, Interface, Usecase, Node, …) 　- 행동(Behavioral) 사물 : 각 요소들의 행위, 상호작용 　- 그룹(Grouping) 사물 : UML 요소들을 그룹화 　- 주해(Annotation) 사물 : UML에 대한 부가적 설명, 주석
관계	• 사물과 사물의 연관성을 표현한 것 • 연관, 집합, 포함, 일반화, 의존, 실체화 관계
다이어그램	• 사물과의 관계를 정형화된 도형으로 표현하여 의사소통에 도움을 주는 도구 • 시스템의 상호작용과 구조, 흐름 등이 가시화된 것 • 6개의 구조적(정적) 다이어그램과 7개의 행위(동적) 다이어그램
스테레오 타입	• UML 기본적 요소 이외에 새로운 요소를 만들어내는 확장 구조들 중 하나 • 기존 UML의 형태를 유지하면서 내부적으로 다른 의미를 표현 • 일반적인 종류 　- 《include》 : 관계된 유스케이스를 반드시 실행하는 포함 관계 　- 《extend》 : 관계된 유스케이스를 선택적으로 실행하는 확장 관계 　- 《interface》 : 추상 메소드만으로 이루어진 클래스(인스턴스 생성 불가) 　- 《entity》 : 처리 과정에서 기억장치에 저장될 정보들을 표현 　- 《boundary》 : 시스템 외부와의 상호작용 담당 　- 《control》 : 시스템의 기능 및 제어 담당

POINT 018 관계의 종류

연관(Association) 관계	• 둘 이상의 사물이 서로 관련되어 있음을 표현 • 특정 사물이 다른 사물의 특성을 지속적으로 참조하는 관계 • 방향성을 실선 화살표로 표현하되, 양방향일 경우에는 실선으로만 표현 • 연관 객체의 다중도(Multiplicity)를 사물 양 끝단에 표기
집합(Aggregation) 관계	• 사물(Part)이 다른 사물(Whole)에 포함되어 있는 관계를 표현 • 전체와 부분은 서로 독립적 • 전체 사물 쪽에 속이 빈 마름모를 붙여서 실선으로 표현
포함(Composition) 관계	• 사물(Part)이 다른 사물(Whole)에 포함되어 있는 관계를 표현 • 전체와 부분은 서로 종속적 • 전체 사물 쪽에 속이 찬 마름모를 붙여서 실선으로 표현
일반화(Generalization) 관계	• 하나의 사물이 다른 사물에 대해 상위, 하위 관계를 가지는 것을 표현 • 상위 사물 쪽에 속이 빈 삼각 실선 화살표로 표현 • [하위 사물 is kind of 상위 사물]의 형태로 해석
의존(Dependency) 관계	• 필요에 의해 짧은 시간 동안만 관계를 유지하는 형태 • 사물의 변화가 관계된 사물에 영향을 미침 • 영향을 받는 사물 쪽에 점선 화살표로 표현
실체화(Realization) 관계	• 사물들의 공통적인 기능을 상위 사물로 그룹화하여 표현 • 상위 사물 쪽에 속이 빈 삼각 점선 화살표로 표현 • [하위 사물 can do 상위 사물]의 형태로 해석

> **기적의 TIP**
>
> | 상위 사물 | 하위 사물들의 일반적인 속성을 가진 사물 |
> |---|---|
> | 하위 사물 | 상위 사물에 대해 구체적인 속성을 가진 사물 |

POINT 019 다이어그램의 종류

1) 구조적(Structural) 다이어그램

클래스(Class) 다이어그램	• 객체지향 모델링에서 클래스 간의 구조적인(정적인) 관계 표현 • 시스템의 구조와 문제점 파악 가능 • 클래스명, 속성, 연산, 접근 제어자 등으로 구성
객체(Object) 다이어그램	• 클래스의 인스턴스를 객체 간의 관계로 표현 • 클래스 다이어그램과 달리 특정 시점의 시스템 구조 파악 가능
컴포넌트 (Component) 다이어그램	• 구현 단계에서 사용되며 컴포넌트 간의 구성과 연결 상태 표현
배치 (Deployment) 다이어그램	• 구현 단계에서 사용되며 노드, 컴포넌트 등의 물리적인 아키텍처 표현
복합체 구조 (Composite Structure) 다이어그램	• 복합적인 구조를 가지는 컴포넌트, 클래스 등의 내부 구조 표현
패키지 (Package) 다이어그램	• 같은 그룹의 하위 모듈들을 묶어주는 패키지 간의 의존 관계 표현

2) 행위(Behavioral) 다이어그램

유스케이스(Use case) 다이어그램	• 사용자의 요구사항을 분석하여 기능을 중심으로 모델링한 결과물을 표현
시퀀스(Sequence) 다이어그램	• 시스템의 동적인 면을 표현하는 대표적인 다이어그램 • 객체들의 생성과 소멸, 객체들이 주고받는 메시지를 표현 • 생명선, 실행, 메시지, 객체 등으로 구성되며 시간의 흐름을 위에서 아래로 표현
통신 (Communication) 다이어그램	• 시퀀스 다이어그램의 요소에 더해 객체들의 연관 관계까지 표현
상태(State) 다이어그램	• 한 객체의 이벤트 활성에 따른 상태 변화를 표현 • 모든 기간, 모든 객체를 대상으로 하는 것이 아닌 특정 기간, 특정 객체를 대상으로 표현
활동(Activity) 다이어그램	• 흐름도처럼, 객체의 프로세스나 로직의 처리 흐름을 순서에 따라 표현
상호작용 (Interaction Overview) 다이어그램	• 통신, 시퀀스, 타이밍 등의 다이어그램 사이의 제어 흐름을 표현
타이밍(Timing) 다이어그램	• 객체의 상태 변화와 시간 제약을 명시적으로 표현

> **기적의 TIP**
> 시퀀스, 통신, 타이밍, 상호작용 다이어그램을 묶어서 상호작용 다이어그램으로 분류하기도 합니다.

02

데이터 입출력 구현

SECTION

자료 구조	30p
탐색(Search)	35p
정렬(Sorting)	37p
데이터베이스 기본	39p
논리 개체 상세화	41p
E-R 다이어그램	44p
데이터베이스 정규화	46p
물리 속성 조사 분석	49p
데이터베이스 물리 속성 설계	50p
물리 데이터베이스 모델링	56p

SECTION 01 자료 구조

POINT 020 자료 구조와 알고리즘

1) 자료 구조
① 정의
- 프로그램에서 쉽게 활용될 수 있도록 논리적으로 설계된 데이터 구조 및 관계이다.
- 데이터의 유형과 업무 상황에 따라 다양한 형태의 자료 구조를 선택하여 활용한다.

② 특징
- 같은 데이터라도 데이터 구조를 어떻게 구성하는지에 따라 성능에 많은 영향을 미친다.
- 효과적인 자료 구조는 데이터 용량과 실행 시간 등을 최소한으로 사용한다.
- 데이터의 추가, 삭제, 탐색을 보다 효율적으로 연산할 수 있도록 설계한다.

③ 유형

단순 구조	• 프로그래밍 언어에서 제공하는 기본 데이터 타입을 사용하는 구조 • 정수, 실수, 문자 등의 데이터를 의미하며, 단순 구조를 확장하여 자료 구조가 구성됨

선형 구조	• 데이터들의 대응 관계가 1:1로 구성되는 구조
	• 순차(Sequential) 구조와 연결(Linked) 구조로 구분
	  - 순차 구조 : 데이터 탐색 속도 우선
	  - 연결 구조 : 데이터 이동(삽입, 삭제 등) 속도 우선

비선형 구조	• 데이터들의 대응 관계가 1:1이 아닌 1:N, N:M 등으로 구성되는 구조 • 트리, 그래프 등
파일 구조	• 보조기억장치에 실제로 데이터가 기록될 때 활용되는 자료 구조 • 순차 파일, 직접 파일, 색인 순차 파일 등

2) 알고리즘(Algorithm)
① 정의
- 문제를 해결하기 위해 수행해야 할 기능들의 효율적인 해법이다.
- 알고리즘과 데이터 구조가 결합하여 프로그램이 완성된다.
- 여러 상황 및 조건에 따라 최적의 알고리즘을 선정하여 적용한다.

② 원칙
- 입력은 없을 수 있지만 출력은 반드시 1개 이상 존재한다.
- 모든 기능은 명확한 의미를 가지며 완벽히 구성되어 있어야 한다.
- 모든 기능은 지정된 횟수만큼 반복되어야 하며 실제 연산이 가능해야 한다.

③ 성능 판단 기준

정확성	올바른 입력에 대해 기대 출력값이 동일한지 판단
명확성	알고리즘이 이해와 변경이 용이한지 판단
수행량	단위 시간 대비 주요 연산의 수행 횟수
메모리 사용량	문제 해결에 사용된 메모리 공간

> **기적의 TIP**
> 알고리즘의 성능 판단 기준에 속도가 빠져있다는 점에 주의해야 합니다. 속도는 시스템 환경에 따라 달라질 수 있기 때문에 속도가 아닌 수행량(횟수)을 기준으로 측정됩니다. 수행량 역시 모든 연산이 아닌 주요 연산을 기준으로 한다는 점에 유의하세요.

④ 표현
- Pseudo Code : 일반적인 언어로 코드와 유사하게 표현
- 알고리즘을 표현하는 일반적인 방법에는 순서도와 의사 코드가 있다.
- Flow Chart : 약속된 도형과 기호로 표현
- 엄격히 정해진 방식은 없지만, 누구나 명확하게 이해할 수 있도록 일관성 있는 표현 양식을 사용해야 한다.

⑤ 설계 기법

동적 계획법 (Dynamic Programming)	• 어떤 문제를 해결하기 위해 그 문제를 더 작은 문제의 연장선으로 생각하는(Bottom-up)방식 • 작은 문제의 해(풀이)를 활용하여 큰 문제의 해를 찾음
탐욕적 알고리즘 (Greedy Algorithm)	• 분기마다 가장 최적의 해를 선택하여 결과를 도출하는 방식 • 반드시 종합적인 최적 해를 보장하지는 않음
재귀적 알고리즘 (Recursive Algorithm)	• 풀이 도중 같은 풀이를 다시 불러오는 과정을 반복하는 방식 • 호출의 역순으로 결과 출력
근사 알고리즘 (Approximation Algorithm)	• 어떤 최적화 문제에 대한 해의 근사값을 구하는 방식 • 최적화되는 답을 구할 수는 없어도 비교적 빠른 시간에 계산이 가능하도록 근사 해법을 수행

분할 정복법(Divide and Conquer)	• 크고 방대한 문제를 효율적으로 풀 수 있는 단위로 작게 나누는(Top-down) 방식 • 계산된 결과를 다시 합쳐서 큰 문제의 결과를 구함
퇴각 검색법(Back-tracking)	• 분기 구조 탐색에서 탐색에 실패하는 경우, 탐색이 성공했던 이전 분기로 되돌아가는 방식 • 새로운 탐색이 가능한 분기까지 과정을 되돌려 진행되는 알고리즘 • 대표적으로 깊이 우선 탐색 알고리즘(DFS)이 있음

그래프에서 깊은 부분을 우선적으로 탐색하는 알고리즘

POINT 021 선형 구조

1) 스택(Stack)

① 구조

- 데이터의 입출력이 한쪽에서만 일어나는 구조이다.
- 스택 포인터(TOP)가 가장 마지막에 삽입된 데이터가 저장된 위치 정보(값)를 저장한다.

> **기적의 TIP**
> • TOP, PUSH, POP은 문제에서 다른 용어로 대체될 수도 있습니다. 각 용어가 가진 역할에 집중하세요.
> • 'TOP에 마지막 위치값을 저장한다'는 표현은 'TOP이 마지막 위치를 가리킨다'는 표현으로도 쓰입니다.

- 스택 포인터는 데이터가 삽입(PUSH)될 때마다 1씩 증가하며, 스택의 크기를 넘어서게 되면 오류(Overflow)를 발생시킨다.
- 스택 포인터는 데이터를 추출(POP)할 때마다 1씩 감소하며, 0보다 작아지게 되면 오류(Underflow)를 발생시킨다.

> **기적의 TIP**
> Overflow와 Underflow는 스택뿐 아니라 데이터를 추가(입력), 삭제(출력)하는 대부분의 자료 구조에서 발생할 수 있는 오류이며, 보통은 이런 오류가 발생하지 않도록 프로그램을 구현합니다.

② 특징

Last In First Out
- 가장 나중에 삽입된 데이터가 가장 먼저 추출되는 후입선출(LIFO) 방식이다.
- 프로그램의 함수 호출, 깊이 우선 탐색, 재귀 호출, Linear List, Post-fix 등에 사용된다.
- 0-주소 명령어 방식에서 활용된다.

③ 수식 표기법

전위식 (Pre-fix)	• 연산자가 피연산자들의 앞(왼쪽)에 위치 • 폴란드(Polish) 표기법
중위식 (In-fix)	• 연산자가 피연산자들의 중간에 위치 • 일반적으로 사용하는 표기법
후위식 (Post-fix)	• 연산자가 피연산자들의 뒤(오른쪽)에 위치 • 전위식에서 방향이 바뀐 것으로, 역 폴란드 표기법

④ 수식 표기법 변환

중위식 → 전위식	• 연산 순위가 빠른 연산부터 전위식으로 변환한 후 하나의 그룹으로 묶음
	• 해당 그룹과 그 다음 연산을 차례로 전위식으로 변환함
	• 중위식 (A-B)*C+D를 전위식으로 변환하는 단계
	  - (A-B)*C+D → -AB
	  - (A-B)*C+D → *-ABC
	  - (A-B)*C+D → +*-ABCD

중위식 → 후위식	• 연산 순위가 빠른 연산부터 후위식으로 변환한 후 하나의 그룹으로 묶음
	• 해당 그룹과 그 다음 연산을 차례로 후위식으로 변환
	• 중위식 (A-B)*C+D를 후위식으로 변환하는 단계
	  - (A-B)*C+D → AB-
	  - (A-B)*C+D → AB-C*
	  - (A-B)*C+D → AB-C*D+

전위식 → 중위식	• 연산 순위가 빠른 연산부터 중위식으로 변환한 후 하나의 그룹으로 묶음 ○ 전위식의 가장 오른쪽 연산자
	• 해당 그룹과 그 다음 연산을 차례로 중위식으로 변환
	• 연산 순위가 변경되지 않도록 괄호를 적절히 추가
	• 괄호에 의해 연산순서가 바뀔 수 있으니 주의
	• 전위식 +*-ABCD를 중위식으로 변환하는 단계
	  - +*-ABCD → A-B
	  - +*-ABCD → (A-B)*C
	  - +*-ABCD → (A-B)*C+D

후위식 → 중위식	• 연산 순위가 빠른 연산부터 중위식으로 변환한 후 하나의 그룹으로 묶음 ○ 후위식의 가장 왼쪽 연산자
	• 해당 그룹과 그 다음 연산을 차례로 중위식으로 변환
	• 연산 순위가 변경되지 않도록 괄호를 적절히 추가
	• 괄호에 의해 연산순서가 바뀔 수 있으니 주의
	• 후위식 AB-C*D+를 중위식으로 변환하는 단계
	  - AB-C*D+ → A-B
	  - AB-C*D+ → (A-B)*C
	  - AB-C*D+ → (A-B)*C+D

2) 큐(Queue)

① 구조

- 데이터의 입출력이 서로 다른 방향에서 일어나는 구조이다.
- 삽입 포인터(Rear)는 가장 마지막에 삽입된 데이터의 위치를 가리키며 삽입될 때마다 1씩 증가한다.
- 삭제 포인터(Front)는 가장 처음에 삽입된 데이터의 위치를 가리키며 삭제될 때마다 1씩 증가한다.
- Rear와 Front의 초기값은 모두 -1이며 두 값이 같을 때는 큐에 데이터가 비어있는 경우이다.

② 특징
- 가장 먼저 삽입된 데이터가 가장 먼저 출력되는 선입선출(FIFO) 방식이다. ○ First In First Out
- 프린터 스풀이나 입출력 버퍼와 같은 대기 행렬에 적합한 자료 구조이다.
- 데이터가 삭제될수록 Front값이 증가하므로 저장된 데이터를 다시 앞쪽으로 옮겨줘야 한다.

3) 데크(Deque)
① 구조
- 데이터의 입출력이 양쪽 모두에서 일어나는 구조(양방향 큐)이다.
- 각각의 포인터(Left, Right)가 데이터 삽입, 삭제에 따라 1씩 증감한다.

② 특징
- 데이터의 입력과 출력이 빈번한 경우에 적절한 자료 구조이다. 입력 제한(Scroll) : 출력은 양쪽에서 가능하지만, 입력은 한쪽에서만 가능
- 입출력 제한 유형에 따라 스크롤 방식과 쉘프 방식으로 나뉜다. 출력 제한(Shelf) : 입력은 양쪽에서 가능하지만, 출력은 한쪽에서만 가능

4) 선형(Linear) 리스트
① 구조
- 같은 유형의 데이터가 연속된 공간에 저장되는 자료 구조이다.
- 가장 단순한 구조이며 접근 속도(탐색 속도)가 빠르다.
- 삽입, 삭제 시 나머지 데이터들의 위치 이동이 필요하므로 시간이 오래 걸린다.
- 선형 리스트의 대표적인 유형으로는 배열(Array)이 있다.

② 배열의 특징
- 하나의 이름을 통해 같은 크기, 같은 유형의 데이터들이 연속적으로 나열된 공간에 접근할 수 있다.
- 하나의 이름과 첨자(Index)를 통해 데이터들의 위치를 구분한다.
- 고정 크기의 메모리 공간을 사용하며 논리적인(접근하는) 순서와 물리적인(저장된) 순서가 같다.
- 배열의 중간 위치에 데이터를 삽입하는 경우, 해당 위치의 오른쪽에 있는 모든 요소를 한 칸씩 오른쪽으로 이동시켜야 한다. N개의 데이터를 가진 배열의 평균 이동 횟수 : (N+1)/2
- 배열의 중간 위치에 있는 데이터를 삭제하는 경우, 해당 위치의 오른쪽에 있는 모든 요소를 한 칸씩 왼쪽으로 이동시켜야 한다. N개의 데이터를 가진 배열의 평균 이동 횟수 : (N-1)/2

5) 연결(Linked) 리스트
① 구조
- 데이터의 삽입, 삭제가 어려운 배열의 단점을 보완한 자료 구조이다.
- 데이터와 자신이 연결된 데이터의 포인터(위치값을 저장하는 변수)를 묶는 단위
- 데이터의 연속적 나열이 아닌, 서로 다른 위치의 노드(Node)와 노드의 연결으로 구성된다.
- 노드마다 포인터가 필요하므로 기억 공간이 추가로 필요하며 접근 속도는 배열보다 느린 편이다.
- 노드의 형태와 구성에 따라 다양한 종류의 연결 리스트가 존재한다.

② 단일(Single) 연결 리스트
- 1개의 포인터를 사용하여 자신의 다음 노드 위치를 기억하는 형태의 리스트이다.
- 마지막 노드의 포인터는 Null값을 가진다.
- 탐색은 항상 첫 노드부터 시작되어야 하며, 포인터가 훼손되면 복구가 불가능하다.

③ 단일 원형(Circular) 연결 리스트
- 단일 연결 리스트의 형태에서, 마지막 노드에서 다시 첫 노드로 탐색이 가능한 형태의 리스트이다.
- 마지막 노드의 포인터는 첫 노드의 위치값을 가진다.
- 반복해서 전체 노드의 탐색이 가능하다.

④ 이중(Double) 연결 리스트
- 2개의 포인터를 사용하여 자신의 전(Prev), 후(Next) 노드 위치를 기억하는 형태의 리스트이다.
- 양방향 탐색이 가능하고, 포인터가 훼손되어도 복구의 가능성이 있다.
- 첫 노드의 Prev포인터와 마지막 노드의 Next포인터는 Null값을 가진다.

⑤ 이중 원형 연결 리스트
- 이중 연결 리스트와 원형 리스트의 특징을 합한 형태의 리스트이다.
- 양방향 탐색이 가능하고, 포인터 훼손 시 복구의 가능성이 있으며, 반복적인 순회가 가능하다.
- 첫 노드의 Prev포인터는 마지막 노드의 위치값을 가지고, 마지막 노드의 Next포인터는 첫 노드의 위치값을 가진다.

POINT 022 비선형 구조

1) 트리(Tree)
① 구조

> N개의 노드를 가진 트리의 간선 개수 : N−1

- 데이터를 1:N의 계층 구조로 표현하는 자료 구조이다.
- 각 노드는 하나의 간선(Edge, Branch)으로 연결된다.
- 방향성이 있는 비순환 그래프의 한 종류이다.
- 트리의 구조에 따라 전 이진 트리, 포화 이진 트리, 완전 이진 트리 등으로 나뉜다.

전(Full) 이진 트리	마지막 레벨까지 모든 형제 노드가 0개 또는 2개인 트리	
완전(Complete) 이진 트리	마지막 레벨을 제외한 모든 형제 노드가 2개이고, 마지막 레벨의 노드는 왼쪽에서 오른쪽으로(순서대로) 채워져 있는 트리	
포화(Perfact) 이진 트리	마지막 레벨까지 모든 형제 노드가 2개인 트리	

2) 트리의 순회

중위 순회(In-Order)	• 가장 좌측의 자식 노드로 시작하여 해당 노드의 부모 노드, 형제 노드 순으로 순회하는 방식 • 좌측 자식 노드 → 부모 노드 → 우측 자식 노드 순으로 순회
전위 순회(Pre-Order)	• 부모 노드로 시작하여 해당 노드의 자식 노드를 차례로 순회하는 방식 • 부모 노드 → 좌측 자식 노드 → 우측 자식 노드 순으로 순회
후위 순회(Post-Order)	• 가장 좌측의 자식 노드로 시작하여 해당 노드의 형제 노드, 부모 노드 순으로 순회하는 방식 • 좌측 자식 노드 → 우측 자식 노드 → 부모 노드 순으로 순회

3) 그래프(Graph)
① 구조
- 노드를 N:M의 구조로 연결하여 데이터 간의 관계를 표현하는 자료 구조이다.
- 노드 간 2개 이상의 경로 설정이 가능한 네트워크 모델이다.
- 그래프는 여러 개의 고립된 부분 그래프(Isolated Sub-graphs)로 구성될 수 있다.
- 노드 간 순환이 가능하므로 루트 노드, 부모-자식 관계라는 개념이 없다.
- 기준에 따라 다양한 형태의 그래프가 존재한다.
  - 방향의 유무 : 방향 그래프, 무방향 그래프
  - 모든 노드의 연결 여부 : 완전 그래프, 부분 그래프
  - 특정 노드의 연결 여부 : 연결 그래프, 비연결 그래프
  - 순환 여부 : 순환 그래프, 비순환 그래프
  - 가중치 유무 : 가중치 그래프, 비가중치 그래프

② 주요 용어
- 그래프의 구성 요소는 정점과 정점과의 관계로 이루어진다.
  - 정점(Vertex) : 트리의 Node와 같은 개념
  - 간선(Edge, Branch) : 정점을 연결하는 선
  - 인접 정점(Adjacent Vertex) : 간선에 의해 직접 연결된 정점
  - 사이클(Cycle) : 시작과 종료의 정점이 동일한 경우
  - 단순 경로(Simple Path) : 반복되는 정점이 없는 경로
- 그래프의 구조를 파악할 수 있는 여러 용어들이 존재한다.
  - 정점의 차수(Degree) : 무방향 그래프에서 하나의 정점에 인접한 정점의 수
  - 진입 차수(In-Degree) : 방향 그래프에서 외부에서 오는 간선의 수(내차수)
  - 진출 차수(Out-Degree) : 방향 그래프에서 외부로 향하는 간선의 수(외차수)
  - 경로 길이(Path Length) : 경로를 구성하는 데 사용된 간선의 수

③ 방향(Directed) 그래프
- 간선에 방향성이 존재하여 한 방향으로 진행되는 그래프이다.
- 정점 A에서 정점 B로 갈 수 있는 형태는 〈A,B〉로 표현한다.
  - 〈A,B〉와 〈B,A〉는 다른 표현
  - 방향 그래프의 최대 간선 수 : $n(n-1)$

④ 무방향(Undirected) 그래프
- 간선에 방향성 없이 양 방향으로 진행되는 그래프이다.
- 정점 A와 정점 B를 서로 갈 수 있는 형태는 (A,B)로 표현한다.
  - (A,B)와 (B,A)는 동일한 표현
  - 무방향 그래프의 최대 간선 수 : $n(n-1)/2$

⑤ 인접행렬을 이용하여 그래프 표현

- 방향 그래프에서는 행 머리글이 출발 노드, 열 머리글이 도착 노드에 해당한다.
  - 출발 노드와 도착 노드의 방향이 겹치는 곳에 1, 남은 공간에 0을 입력

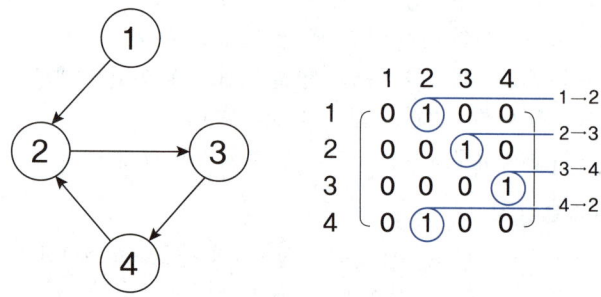

- 무방향 그래프에서는 인접행렬이 우하향 대각선을 기준으로 대칭된다.
  - 행/열 머리글이 각각 출발 노드인 동시에 도착 노드

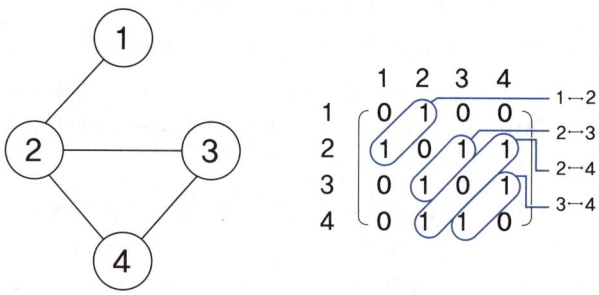

SECTION 02 탐색(Search)

POINT 023 탐색의 개념

1) 정의
- 많은 양의 데이터에서 원하는 데이터를 찾는 작업, 활동이다.
- 탐색에 이용되는 기억장치에 따라 <u>내부 탐색</u>, <u>외부 탐색</u>으로 나눌 수 있다.
  - 내부 탐색: 주기억장치 탐색, 적은 양의 데이터를 빠르게 탐색
  - 외부 탐색: 보조기억장치도 함께 탐색, 많은 양의 데이터를 느리게 탐색

2) 복잡도

공간 복잡도	• 탐색 등을 진행하는 대상 알고리즘이 연산을 수행하며 사용되는 메모리 공간의 크기를 나타내는 단위 • 일반적인 경우, 공간 복잡도가 알고리즘의 품질에 영향을 미치는 비중은 시간 복잡도에 비해 현저히 낮은 수준 • 빅데이터 처리 시에는 메모리 용량을 초과할 수 있으므로 상황에 맞는 적절한 처리 절차 필요
시간 복잡도	• 탐색 등을 진행하는 대상 알고리즘으로 인해 연산이 수행되는 횟수를 나타내는 단위 • 하드웨어 및 운영 시스템의 환경에 따라 실행 시간이 달라지므로, 연산의 횟수가 보다 정확한 기준이 될 수 있음 • 모든 연산이 횟수 카운트에 반영되지는 않기 때문에 정확하지는 않지만, 데이터 비교 및 할당 횟수 등을 카운트하여 대략적인 횟수를 산출 • 데이터에 따라 연산 횟수 산출 결과가 다를 때는 최악의 경우를 기준으로 산출 • 일반적으로 <u>빅 오(O) 표기법</u>을 이용해 연산 횟수(시간 복잡도)를 나타냄

대문자 'O'와 괄호를 사용하여 입력 자료당 소요되는 연산 횟수 표현

3) 빅 오(O) 표기법

$O(1)$	• 입력 데이터 수와 관계없이 일정한 수행 횟수를 가지는 시간 복잡도 • 시간 복잡도가 가장 빠른(적은) 최고의 알고리즘
$O(logN)$	• 입력 데이터 수에 따라 연산 횟수가 늘어나는 폭이 점점 줄어드는 시간 복잡도 • 이분 탐색, 이진 트리 탐색에 활용
$O(N)$	• 입력 데이터 수에 따라 연산 횟수가 일정하게 증가(비례)하는 시간 복잡도 • 선형 시간 알고리즘이라고도 하며, 수열 계산이나 순차 탐색 등에 활용
$O(NlogN)$	• 입력 데이터 수에 따라 연산 횟수가 늘어나는 폭이 점점 커지는 시간 복잡도 • 퀵 정렬, 힙 정렬, 병합 정렬 등에 활용
$O(N^2)$	• 입력 데이터 수에 따라 연산 횟수가 데이터 수의 제곱만큼 필요한 시간 복잡도 • 비효율적인 알고리즘으로, 버블 정렬이나 선택 정렬 등에 활용
$O(2^N)$	• 입력 데이터 수에 따라 연산 횟수가 데이터 수의 지수승만큼 필요한 시간 복잡도 • 피보나치 수열 등의 연산을 재귀 호출을 통해 연산하는 경우가 대표적이다.
$O(N!)$	• 입력 데이터 수에 따라 연산 횟수가 입력 데이터 수의 누승(팩토리얼)만큼 필요한 시간 복잡도 • 시간 복잡도가 가장 느린 알고리즘으로, 입력값이 조금만 커져도 계산이 어려워짐

POINT 024 탐색의 종류

선형(Linear) 탐색	• 검색 대상을 처음부터 순차적으로 비교하여 검색하는 방식 • 데이터의 개수나 정렬 여부를 알지 못해도 사용 가능 • 다른 복잡한 알고리즘을 사용하기에는 데이터 수가 적을 때 활용 • N개의 데이터를 가진 자료 구조의 선형 탐색의 비교 횟수 평균 : (N+1)/2 • 시간 복잡도는 O(N)
이분(Binary) 탐색	• 검색 대상을 절반으로 나누어 가며 검색하는 방식 • 나눠진 데이터 그룹 중 대소비교를 통해 해당 그룹을 다시 절반으로 나누어 가는 방식 • 반드시 선행되어야 하는 작업 : 데이터 개수 파악, 데이터 정렬 • 시간 복잡도는 O(logN)
블록(Block) 탐색	• 대량의 검색 대상을 그룹별로 블록화하여 인덱싱을 통해 검색하는 방식 • 블록별 가장 큰 값을 이용하여 인덱스를 생성하고 이를 통해 검색을 진행 • 블록 내부 데이터는 다음 블록의 최소값보다 작아야 함 • 블록 내부 요소들은 정렬되어 있지 않으므로 순차 탐색을 진행 • N개의 데이터를 가진 자료 구조의 가장 이상적인 블록의 개수 : $\sqrt{N}$
보간(Interpolation) 탐색	• 검색 대상에서 찾을 값이 있을 만한 위치를 예상하여 검색(사전식)하는 방식 • 검색 대상 데이터들이 일정한 규칙을 가지며 나열되어 있고, 전체 데이터 수를 알고 있을 때 활용 • 순차 탐색으로 진행하지만 블록 탐색보다 속도가 빠른 편 • 시간 복잡도는 O(log(logN))
이진 트리(Binary Tree) 탐색	• 검색 대상 데이터를 이진 트리로 변환한 뒤에 검색하는 방식 • 첫 데이터를 근 노드로 지정하고 이후 데이터들은 트리 진행 순서대로 연결 • 부모 노드와 비교하여 작은 값은 왼쪽, 큰 값을 오른쪽에 연결 • 시간 복잡도는 O(logN)
해시(Hash) 탐색	• 적절한 해시 함수를 사용하여 데이터를 검색하는 방식 • 데이터의 내용과 인덱스를 미리 연결하여 짧은 시간에 탐색이 가능 • 해싱 함수를 통해 결정된 저장 위치가 충돌(중복)할 경우에는 적절한 조치 필요 • 시간 복잡도는 O(1)

SECTION 03 정렬(Sorting)

POINT 025 정렬의 개념

1) 정의
- 다수의 데이터를 일정한 규칙에 따라 순서대로 나열하는 방법이다.
- 대부분의 정렬은 오름차순과 내림차순으로 구분되며 레코드 단위로 정렬된다.

> Ascending Order, 작거나 앞선 데이터부터 순서대로 나열(가, 나, 다, …)
> Descending Order, 크거나 뒷선 데이터부터 역순으로 나열(하, 파, 타, …)

2) 시간 복잡도

정렬 방식	평균	최악
삽입 정렬	$O(N^2)$	$O(N^2)$
버블 정렬	$O(N^2)$	$O(N^2)$
선택 정렬	$O(N^2)$	$O(N^2)$
쉘 정렬	$O(N^{1.5})$	$O(N^{1.5})$
힙 정렬	$O(N\log N)$	$O(N\log N)$
이진 병합 정렬	$O(N\log N)$	$O(N\log N)$
퀵 정렬	$O(N\log N)$	$O(N^2)$
버킷 정렬	$O(D+N)$	$O(N^2)$

기적의 TIP
탐색은 하나의 데이터를 찾는 것이지만, 정렬은 다수의 데이터를 이동시키는 것이기 때문에 데이터의 분포에 따른 시간 복잡도의 차이가 큰 편입니다.

POINT 026 정렬의 개념

삽입 (Insertion) 정렬	• 정렬 대상 중, 좌측에 이미 정렬된 요소와 비교하여 자신의 위치를 찾아 삽입하는 정렬 방식 • 좌측 데이터와 비교해야 하므로 두 번째 데이터부터 정렬을 진행함 • 데이터가 삽입되면 기존의 데이터들은 우측으로 밀려남 • 시간 복잡도는 $O(N^2)$

버블
(Bubble)
정렬
	• 정렬 대상 중 기준값으로 지정한 데이터와 해당 데이터의 다음(오른쪽) 데이터와 비교하는 정렬 방식
	• 기준값과 오른쪽 데이터를 비교하여 필요시 서로를 교환하고, 오른쪽 데이터를 기준값으로 재지정하여 다시 정렬을 반복함
	  - 기준값 > 오른쪽 데이터 : 치환
	  - 기준값 < 오른쪽 데이터 : 유지
	• 모든 비교가 마무리되면 마지막 위치에 가장 큰 데이터가 존재하게 되고, 마지막 위치를 제외한 영역에 대해 다시 버블 정렬을 진행함
	• 정렬 작업을 반복할 때마다 비교가 종료되는 위치가 감소함
	• 시간 복잡도는 $O(N^2)$

선택
(Selection)
정렬
	• 정렬 대상 중 기준값(Key)으로 선택된 데이터를 나머지 데이터와 비교하는 정렬 방식
	• 선택된 데이터와 나머지 데이터들의 최소값을 비교하여 필요시 서로를 교환함
	  - 선택 데이터 > 나머지 데이터들의 최소값 : 치환
	  - 선택 데이터 < 나머지 데이터들의 최소값 : 유지
	• 모든 비교가 끝나면 첫 데이터 공간에는 가장 작은 데이터가 존재하게 되고, 첫 데이터 공간을 제외한 나머지 공간을 정렬 대상으로 재지정하여 선택 정렬을 반복함
	• 정렬 작업을 반복할 때마다 비교가 시작되는 위치가 증가함
	• 시간 복잡도는 $O(N^2)$

쉘(Shell)
정렬
	• 많은 데이터의 이동이 필요한 삽입 정렬의 단점을 보완한 정렬 방식
	• 데이터들의 간격을 정하고 간격을 점차 줄여가면서 삽입 정렬을 진행하는 정렬 방식
	  - N개의 데이터를 가진 자료 구조의 간격을 구하는 공식 : $1.72\sqrt[3]{N}$
	  - 데이터의 수가 적거나 보편적인 상황에서의 공식 : $N/2$
	• 정해진 간격으로 다수의 부분 리스트를 생성하여 각각 삽입 정렬을 진행함
	• 정렬된 부분 리스트를 연결하여 삽입 정렬을 반복 진행하고 최종적으로 하나의 리스트로 완성함

힙(Heap) 정렬	• 정렬 대상을 완전 이진 트리 형태로 만들어 정렬하는 방식 • 자식 노드가 부모 노드보다 큰 경우 자료를 교환함 • 최대값, 최소값을 비교적 쉽게 추출할 수 있는 방식
병합(Merge) 정렬	• 두 데이터를 한 쌍으로 병합하여 정렬하고, 정렬된 두 그룹을 다시 한 쌍으로 하여 정렬을 반복하는 방식 • 각 그룹의 요소를 비교하여 작은 값을 우선 병합하여 정렬함

퀵(Quick) 정렬	• 하나의 리스트를 기준값을 기준으로 2개의 비균등 크기의 배열로 분할하여 정렬하는 방식
	• 분할 정복 알고리즘을 적용한 정렬 기법으로, 매우 빠른 시간 복잡도를 가짐
	  - 분할(Divide) : 기준값(pivot)을 기준으로 큰 값은 오른쪽, 작은 값은 왼쪽의 부분 배열로 분할
	  - 정복(Conquer) : 부분 배열을 다시 분할, 적절한 크기가 되면 정렬
	  - 결합(Combine) : 정렬된 부분 배열들을 하나로 결합
	• 많은 자료 이동을 없애고, 순환 호출을 이용하여 정렬 반복

버킷(Bucket) 정렬	• 정렬 대상의 데이터 범위를 균등하게 나눈 여러 버킷을 생성하여 정렬하는 방식 • 데이터 범위 파악이 가능해야 함 • 각각의 버킷은 스택을 이용하여 정렬

SECTION 04 데이터베이스 기본

POINT 027 데이터베이스 관리 시스템(DBMS)

1) 데이터베이스(DataBase)

① 정의
- 데이터베이스는 업무 수행에 필요하고 관련 있는 데이터의 체계적인 집합이다.
- 여러 사용자 및 응용 프로그램이 데이터를 공유하여 사용할 수 있도록 데이터를 통합하여 저장하고 운영하는 데이터 관리 시스템이다.

공유 데이터(Shared Data)	여러 응용 프로그램들이 공통으로 필요로 하는 데이터
통합 데이터(Integrated Data)	불필요한 데이터를 제거하고 중복이 최소화된 데이터
저장 데이터(Stored Data)	컴퓨터 시스템이 접근할 수 있는 저장 매체에 저장된 데이터
운영 데이터(Operational Data)	조직의 목적을 위해 지속적으로 필요한 데이터

② 특징

실시간 접근성(Real Time Accessibility)	사용자 요청에 실시간으로 응답하여 처리
계속적인 진화(Continuous Evolution)	데이터의 생성이나 변경, 삭제 등을 통해 항상 최신 상태 유지
동시 공유(Concurrent Sharing)	여러 사용자가 동시에 원하는 데이터 이용 가능
내용에 의한 참조(Content Reference)	데이터 위치가 아닌 사용자가 요구하는 데이터 내용에 따라 데이터 참조
데이터 논리적 독립성(Independence)	응용 프로그램과 데이터베이스를 분리하여 데이터의 논리적 구조 변경에도 응용 프로그램을 변경할 필요 없음

- 데이터베이스의 특징에 따라 데이터베이스는 중복을 최소화 하고 무결성, 보안성, 안정성, 효율성 등을 유지할 수 있다.
- 많은 기능이 있는 만큼 구조가 복잡하여 구축에 많은 비용이 소모되고 관리에 어려움(백업, 복구, 과부하 등)이 있어 전문가가 필요하다.

모든 데이터베이스의 핵심은 '데이터 무결성'입니다. 무결성(정확성, 일관성)의 개념을 폭넓게 이해하고 있어야 합니다. 데이터베이스의 그 무엇을 공부하더라도 무결성이라는 개념을 고려하여 학습하세요.

2) 스키마(Schema)

① 정의
- 데이터베이스의 자료 구조와 표현 방법, 관계 등을 정의한 제약조건이다.
- 데이터베이스 관리 시스템(DBMS)과 데이터베이스 구축 환경을 고려하여 정의되며 데이터 사전에 저장된다.
- 스키마는 관점에 따라 외부, 개념, 내부의 구조를 가진다.

② 종류

외부 스키마	• 특정 사용자의 입장에서 필요한 데이터베이스의 구조를 정의한 스키마 • 실제 세계에서 존재하는 데이터를 어떤 형식이나 구조로 표현할 것인가를 정의 • 같은 데이터베이스에서도 서로 다른 관점을 정의(다양한 외부 스키마)하고 사용자가 선택하여 이용할 수 있도록 함
개념 스키마	• 모든 사용자(조직)의 입장에서 필요한 데이터베이스의 구조를 정의한 스키마 • 효율적인 관리를 위한 접근 권한, 보안 정책, 무결 규칙 등도 포함된 DB 전체를 정의 • 데이터베이스 관리자(DBA)에 의해 구성되며, DB당 하나만 존재함
내부 스키마	• 물리적인 저장장치 입장에서 데이터베이스가 저장되는 방법이나 구조를 정의한 스키마 • 기억장치에 데이터를 물리적으로 구현하기 위한 방법(내부 형식, 물리적 순서 등)을 정의 • 내부 스키마의 내용에 따라 데이터를 구현하여 운영체제의 파일 시스템에 의해 저장(기록)됨

3) 데이터베이스 관리 시스템(DBMS)

① DBMS(DataBase Management System)의 정의
- 사용자와 데이터베이스 사이에서 데이터를 저장하고 분석하기 위해 상호작용하는 시스템이다.
- 데이터베이스를 운용하는 시스템으로, 데이터베이스의 특징을 그대로 계승한다.

② DBMS의 구성

질의어 처리기	사용자가 입력한 질의어를 분석하여 데이터베이스 처리기로 전송
DML 컴파일러	응용 프로그램에서 작성된 DML 명령어를 분석하여 데이터베이스 처리기로 전송
데이터베이스 처리기	데이터베이스가 실행되는 동안 DB 연산을 저장 데이터 관리자에 전송
DDL 컴파일러	DBA가 작성한 DDL이나 스키마를 분석하여 저장 데이터 관리자에 전송
저장 데이터 관리자	DB와 데이터 사전의 접근 관리, 운영체제에 파일 접근 요청

③ DBMS의 필수 기능

정의	데이터의 논리적, 물리적 구조 정의
조작	데이터 조회, 생성, 삭제, 변경 조작
제어	동시성 제어(데이터 동시 사용 관리), 보안과 권한 기능

POINT 028 관계형 데이터베이스

1) DB 시스템의 유형

파일 시스템	• 자료에 쉽게 접근할 수 있도록 논리적인 파일 단위로 관리하는 일반적인 데이터 관리 시스템
HDBMS (Hierarchical DBMS)	• 데이터를 계층화(상하관계)하여 관리하는 형태의 데이터베이스 시스템 • 접근 속도가 빠르지만, 상하 종속적이라 데이터 구조 변화에 유연한 대응이 어려움 • 모든 레코드의 관계는 1:N 관계이며, N:M 관계의 표현이 어려움
NDBMS (Network DBMS)	• 데이터를 네트워크 형태로 관리하는 형태의 데이터베이스 시스템 • HDBMS의 상하 종속관계 해결이 가능하지만 구성이 복잡하고 데이터 종속성은 해결하지 못함 • 모든 레코드의 관계는 1:1부터 N:M까지 모두 표현할 수 있음
RDBMS (Relational DBMS)	• 데이터를 테이블 구조로 모델링하여 관리하는 형태의 대표적인 데이터베이스 시스템 • 업무 변화에 적응력이 높아 유지보수, 생산성이 향상됨 • 레코드가 아닌 테이블(릴레이션)을 기준으로 상호 간의 관계를 설정함 • 단순하면서도 뛰어난 논리적 구조를 지원하지만, 시스템의 부하가 커질 수 있음

2) 주요 용어

개체 타입 (Entity Type)	• 현실 세계의 개념이나 대상을 데이터베이스로 표현하고자 하는 논리적인 표현 단위 • 다수의 속성으로 표현됨 • 관계형 데이터베이스(RDB)에서 릴레이션에 해당하며 테이블 형태로 표현됨
속성(Attribute)	• 개체를 구성하는 고유의 특성으로 의미 있는 데이터의 가장 작은 논리적 단위 • 속성 자체만으로는 의미가 없지만, 관련 있는 속성을 모아서 의미있는 개체를 구성할 수 있음 • 한 개체의 속성값은 파일 시스템에서 필드를 의미하며 테이블의 열(Column)에 해당함
도메인(Domain)	• 하나의 속성값이 가질 수 있는 모든 원자(분해할 수 없는)값의 집합 • 도메인 정의가 어려운 경우에는 속성의 특성을 고려한 데이터 타입을 정의함
튜플(Tuple)	• 하나의 개체(레코드)를 표현하는 완전하고 고유한 정보 단위 • 각 튜플은 고유해야 하며 순서가 없음 • 테이블의 행(Row)에 해당하며, 릴레이션 인스턴스(Relation Instance)라고도 함
릴레이션 (Relation)	• 개체에 관한 데이터를 속성과 튜플로 구성된 2차원 테이블의 구조로 표현한 것 • 릴레이션 스키마(Relation Schema)와 릴레이션 인스턴스(Relation Instance)의 결합으로 구성됨 • 릴레이션과 관련된 용어에는 차수(Degree), 기수(Cardinality), Null 등이 있음

3) 키(Key)

- 데이터를 분류, 정렬하거나 검색할 때의 기준이 되는 속성을 의미한다.
- 데이터베이스에 저장되어 있는 튜플들을 유일하게 구별할 수 있는 식별자의 역할을 한다.

▶ 종류

후보키 (Candidate Key)	• 릴레이션에 존재하는 모든 튜플에 대해 유일성과 최소성을 모두 만족시키는 속성 • 튜플의 식별을 위해 후보키 중 하나를 지정하여 사용
기본키 (Primary Key)	• 후보키들 중 튜플의 식별을 위해 지정된 속성 • 키본키 역시 후보키의 특징(유일성, 최소성)을 만족해야 하므로 중복과 Null을 가질 수 없음
대체키 (Alternate Key)	• 기본키로 지정된 속성을 제외한 후보키들 • 인덱스 선정 시 고려의 대상이 됨
슈퍼키 (Super Key)	• 튜플의 식별을 위해서는 유일성을 만족하는 속성이 있어야 함 • 유일성을 만족하는 속성이 없을 때, 둘 이상의 속성을 합쳐서 튜플을 식별할 수 있게 만들어진 속성 • 슈퍼키와 후보키와의 차이점은 최소성의 만족 여부
외래키 (Foreign Key)	• 관계된 다른 릴레이션의 키본키를 참조하는 속성 • 외래키는 기본키를 참조하지만, 외래키 자체는 키의 속성(유일성)을 만족하지 않을 수도 있음

SECTION 05 논리 개체 상세화

POINT 029 논리 개체 정의

1) 개체(Entity)

① 정의
- 현실 세계의 식별 가능한 대상을 디지털화하기 위해 추상화(개체 타입)하여 표현(개체)한 단위이다.
- 하나의 개체 타입에 의해 여러 개체 생성이 가능하며 각 개체는 서로 독립적이다.
- 각 개체들은 파일 시스템의 각 레코드들과 대응된다.

② 개체 타입(개체 스키마)
- 개체명과 개체 속성을 정의하여 명세한 것으로, 모든 개체는 개체 타입을 통해 생성된다.
- 개체 타입은 업무 프로세스에 반드시 필요한 정보로 구성되며 다른 개체 타입과 관계를 형성한다.

③ 개체 타입 정의 시 고려사항
- 가급적 약어 사용을 지양하고, 실제 업무에서 사용하는 용어를 사용한다.
- 정의되는 이름들은 고유해야 하며 단수 명사를 사용한다.

2) 속성(Attribute)

① 정의
- 개체의 정보를 나타내는 고유의 특성으로 개체의 성격을 구체적으로 나타낸다.
- 개체를 구성하는 가장 작은 단위이며 속성 간에는 순서가 없다.

▶ 속성의 특성에 따른 분류

기본 속성	업무 분석을 통해 정의된 속성
설계 속성	업무 식별을 위해 새로 만들거나 기존 데이터를 변형하여 정의된 속성
파생 속성	다른 속성의 영향을 받아 정의된 속성

▶ 속성의 개체 구성 방식에 따른 분류

기본키 속성	개체를 식별할 수 있는 속성
외래키 속성	다른 개체와 관계를 가지는 속성
일반 속성	개체에 포함되어 있고 기본키, 외래키에 포함되지 않는 속성

② 속성 정의(도출) 시 고려사항
- 다른 속성에 의해 생성되지 않는 원시 속성을 제거할 경우 재현이 불가능하므로 제거하지 않는다.
- 모든 개체가 정의되어 있지 않은 상황에서는 각 속성 후보들을 적절한 기준으로 분류한 뒤, 분류 기준과 가장 부합하는 그룹을 개체 타입으로 지정한다.
- 약어 사용을 지양하고 개체 타입과 다른 실제 업무에 사용되는 이름으로 정의한다.

③ 관계 스키마(Relation Schema)
- 현실 개체를 디지털 세계에 표현하기 위해 도출된 속성들의 논리적인 구조이다.
- 도출된 속성 간 관계와 제약사항(종속성)에 따라 다수의 릴레이션으로 분할(스키마 변환)한다.

▶ 스키마 변환 원칙

분리	서로 독립적인 관계성을 가진 속성을 별도의 릴레이션으로 분리
데이터 중복의 감소	데이터 중복 최소화를 유지하며 분리
정보 무손실 원칙	릴레이션 분리 후 정보의 손실이 없도록 분리

3) 식별자(Identifier)

- 하나의 개체 타입에서 각각의 개체를 유일하게 구분할 수 있는 결정자로 키(Key)와 같은 의미이다.
- 식별자로 지정되면 그 식별자는 변하지 않아야 하며, 주 식별자는 반드시 값이 존재해야 한다.

▶ 식별자의 형태 (컬럼에 중복값을 인정하지 않는 인덱스(Null은 가능))

대표성 여부	주 식별자	개체 타입의 대표성을 나타내는 유일한 식별자로 키본키와 같은 의미
	보조 식별자	주 식별자를 대신하여 개체를 식별할 수 있는 식별자로 고유 인덱스(Unique Index)와 같은 의미
자체 생성 여부	내부 식별자	자신의 개체 타입으로부터 생성되는 식별자
	외부 식별자	다른 개체 타입에서 주 식별자를 상속받아 자신의 개체 타입에 포함시키는 연결자로 외래키와 같은 의미

단일 속성 식별 여부	단일 식별자	개체를 식별할 때 필요한 속성이 하나인 식별자
	복합 식별자	개체를 식별하기 위해 둘 이상의 속성이 필요한 식별자로 슈퍼키와 같은 의미
대체 여부	원조 식별자	가공되지 않은 원래의 식별자
	대리 식별자	복합 식별자의 속성들을 하나의 속성으로 묶어 하나의 식별자로 만들어 활용하는 인조 식별자

코드, 일련번호 등의 데이터를 새로 생성하여 식별자 지정

4) 개체 정의서

- 논리적 개체와 속성, 식별자들이 모두 확정된 이후에 이들에 대한 명세서를 작성한 것이다.
- 개체 정의서에 포함될 항목에는 개체 타입명, 개체 타입 설명, 유의어, 개체 타입 구분, 관련 속성, 식별자 등이 있다.

POINT 030 데이터 모델링

1) 데이터 모델링

① 정의

- 현실 세계의 개념적인 기업의 정보 구조를 디지털 세계의 논리적인 데이터 모델로 명확하고 체계적으로 변환하여 문서화하는 기법을 의미한다.
- 현실의 정보 구조(비즈니스 요구사항)를 기반으로 실체(Entity)와 관계(Relation)를 통해 정보 구조를 표현한다.

▶ 데이터 모델의 표시 요소

구조(Structure)	논리적으로 표현된 개체들 간의 관계
연산(Operation)	데이터 처리(삽입, 삭제, 변경) 방법
제약 조건(Constraint)	저장되는 데이터의 논리적인 제약 조건

▶ 데이터 모델의 구성 요소

개체(Entity)	개념이나 정보 단위 같은 현실 세계의 대상체
속성(Attribute)	데이터의 가장 작은 논리적 단위, 개체를 구성하는 항목
관계(Relationship)	개체 간의 관계 또는 속성 간의 관계

② 일반적인 시스템 개발 절차

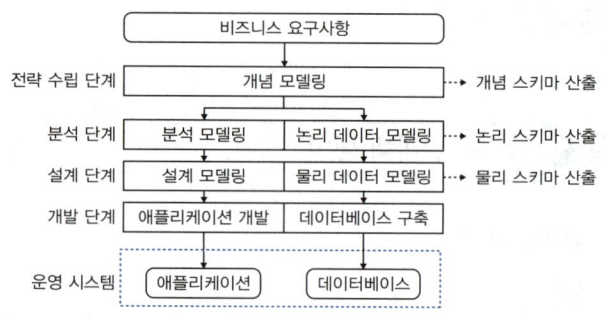

③ 특징

- 연관 조직의 정보 요구에 대한 정확한 이해를 할 수 있다.
- 사용자, 설계자, 개발자 간에 효율적인 의사소통 수단을 제공한다.
- 데이터 체계 구축을 통한 고품질의 소프트웨어와 유지보수 비용의 감소 효과를 기대할 수 있다.
- 신규 또는 개선 시스템의 개발 기초를 제공한다.
- 데이터 중심 분석을 통한 업무 흐름 파악이 용이하고 데이터 무결성을 보장할 수 있다.

2) 개념 데이터 모델링

① 정의

- 비즈니스 요구사항을 표현한 상위 수준의 모델로 데이터 모델의 골격을 설계한다.
- 주요 엔티티타입, 기본 속성, 관계, 주요 업무 기능 등을 포함한다.
- 주요 업무 영역에 포함되는 주요 엔티티타입 간의 관계를 파악하여 주요 업무 규칙을 정의한다.

② 특징

- 특정 DBMS로부터 독립적인 표현이 가능한 E-R 모델 등을 이용하여 구현한다.
- 개념 모델링의 주요 작업(Task)은 순서보다는 필수 요소로 이해하는 것이 좋다.

요구분석, 주요 개체 선별, 개체 정의, 식별자 정의, 개체 통합, 개체 간 관계 도출

3) 논리 데이터 모델링

① 정의
- 개념 데이터 모델을 기초로 하여 업무 영역의 업무 데이터 및 규칙을 구체적으로 표현한 모델이다.
- 모든 업무 영역에 대한 업무용 개체(Who), 속성, 관계, 프로세스(How) 등을 포함한다.
- 일반적으로 논리 데이터 모델과 데이터 모델은 같은 의미를 가지며, 관계 표현 방법에 따라 관계형, 계층적, 네트워크형 데이터 모델이 있다.

② 기법
- 개념 데이터 모델의 개념적 구조를 컴퓨터가 이해(처리)할 수 있는 논리적 구조로 변환(매핑)한다.
- 목표하는 DBMS에 적용할 수 있는 DB 스키마 및 트랜잭션 인터페이스를 설계한다.

③ 특징
- 요구사항을 충분히 수집하지 않으면 다음 단계의 요구사항 변경에 많은 비용이 발생한다.
- 특정 시스템의 성능 및 제약사항으로부터 독립적이다.
- E-R 모델을 활용하여 이해당사자들과 의사소통한다.
- 모든 업무 데이터를 정규화하여 표현한다.

POINT 031 관계(Relationship)

1) 관계의 개념

① 정의
- 둘 이상의 개체 간에 존재나 행위에 있어 의미 있는 연결 상태이다.

존재에 의한 관계	정보의 흐름이 정적(상속)인 상태 (예) 학교와 학생 개체
행위에 의한 관계	정보의 흐름이 동적(업무흐름)인 상태 (예) 고객과 주문 개체

- 개체 간의 관계는 1과 0, N(다수)을 활용하여 표현되며, 적절한 관계는 개체 간 참조 무결성을 보장한다.

1:1	한 개체와 대응되는 다른 개체가 반드시 하나씩 존재
1:0 or 1:1	한 개체와 대응되는 개체가 없거나 하나만 존재
1:1 or 1:N	한 개체와 대응되는 개체가 하나거나 다수 존재
1:0 or 1:1 or 1:N	한 개체와 대응되는 개체가 없거나 하나거나 다수 존재
1:N	한 개체와 대응되는 개체가 다수 존재

② 관계 표현의 의미
- 시스템에서 개체가 어떻게 관리되느냐에 따라서 관계의 표현이 달라질 수 있다.
- 관계를 개체의 명칭 파악이 아닌, 업무의 연관 관계를 파악하여 결정한다.

③ 다대다 관계의 해소
- 관계의 표현에서 알 수 있듯이, N:M 관계는 어떤 방법으로도 구현이 불가능하다.
- N:M 관계는 새로운 관계 개체와 업무 규칙을 통해 1:N 관계로 변경해야 한다.

2) 관계의 종류

속성(개체 내, Intra-Entity) 관계	• 개체를 기술하기 위해 해당 객체가 가지는 속성들 사이의 관계를 나타낸 것
개체(개체 간, Inter-Entity) 관계	• 개체와 개체 사이의 관계를 나타낸 것

종속(Dependent) 관계	• 개체와 개체 사이의 주종 관계를 나타낸 것
	• 식별 관계와 비식별 관계
	  - 식별 관계 : 개체의 외래키가 기본키에 포함되는 관계
	  - 비식별 관계 : 개체의 외래키가 기본키에 포함되지 않는 관계

중복(Redundant) 관계	• 특정 두 개체들 사이에 두 번 이상의 종속 관계가 발생하는 관계 • 최적화 작업이 어려워지므로 꼭 필요한 경우가 아니라면 실제 업무에서는 사용하지 않는 것이 좋음
재귀(Recursive) 관계	• 특정 개체가 자기 자신을 다시 참조하는 관계 • 데이터베이스 성능에 영향을 줄 수 있으므로 많은 주의를 필요로 함
상호 배타적 (Mutually Exclusive, Arc) 관계	• 특정 속성의 조건이나 구분자를 통해 개체 특성을 분할하는 일반화 관계를 나타낸 것으로, 배타적 OR 관계라고도 함 • 하위 구성 개체들 중 하나의 개체와 통합되는 관계 특성을 가짐

SECTION 06 E-R 다이어그램

POINT 032 E – R 다이어그램(ERD)

1) 개념

① 정의
- 1976년 피터 첸(Peter Chen)의 논문을 통해서 최초로 제안되었다.
- 데이터의 개념을 일관되게 인식할 수 있도록 개체와 개체 간 관계를 미리 약속된 도형을 사용하여 알기 쉽게 표현한 도표이다.
- 이해관계자들이 서로 다르게 인식하고 있는 뷰(View)들을 하나로 통합할 수 있는 단일화된 설계안을 만들 수 있어 개념, 논리 데이터 모델링에서 많이 사용된다.
- ERD(Entity-Relationship Diagram)의 기본 구성 요소에는 개체, 관계, 속성이 있다.

② 특징
- 논리 데이터 모델을 표현한 것으로 목표 시스템 환경을 고려하지 않는다.
- 완성도 있는 ERD는 업무 수행 방식의 변경에 영향을 받지 않지만, 업무 영역이 변경되는 경우에는 설계 변경이 발생할 수 있다.
- ERD의 개체들은 물리 데이터 모델링 과정에서 분할 또는 통합될 수 있다.

③ 작성 시 고려사항
- 가용 공간을 활용하여 복잡해 보이지 않도록 배열한다.
- 관계는 수직, 수평선을 이용하여 교차되지 않도록 관계된 엔티티를 가까이 배열한다.
- 업무 흐름에 관련된 엔티티는 일반적인 진행 순서를 고려하여 배열한다.

2) 표기법

① Peter – Chen 표기법
- 학습과 시험에 가장 많이 사용되는 표기법으로 각 요소를 단순한 도형으로 표현한다.

기호	의미	설명
□	개체 타입	독립적으로 존재하는 개체
▣	약한 개체 타입	상위 개체 타입을 가지는 개체
○	속성	일반 속성
⊙	기본키 속성	개체 타입의 인스턴스를 식별하는 속성
⬭	다중값(복합) 속성	여러 값을 가지는 속성
◇	관계 타입	객체 간 관계와 대응수(1:1, 1:N 등) 기술
─	요소의 연결	개체와 개체 간, 속성 간 관계 구조 정의

② IE(Information Engineering)/Crow's Foot 표기법
- 정보 공학 표기법은 1981년에 클리프 핀켈쉬타임과 제임스 마틴이 공동 개발하였다.
- 개체 타입에 포함되는 모든 속성을 하나의 그룹으로 표현하는 관계형 데이터베이스에 최적화되어 있는 표기법이다.

- 두 개체 간의 대응수는 1:1, 1:N, N:M을 표현한다.
- 두 개체 간의 참여도는 필수(Mandatory)와 선택(Optional), 두 가지를 표현한다.

POINT 033 확장 E-R 모델

① 정의
- 기존 E-R 모델의 개념에 재사용, 상속, 확장성 등의 개념을 적용하여 현실 세계를 보다 정확하게 표현하기 위한 모델이다.
- 확장 E-R 모델의 주요 개념은 슈퍼/서브 타입, 특수화/일반화, 상속, 집단화, 분류화 등이 있다.
- 객체지향 개념에서 클래스 간의 관계를 설명할 때에도 사용될 수 있다.

② 서브 타입(Sub type)
- 하나의 상위 개체 타입이 다수의 하위 개체 타입과 관계될 때, 상하위 개체 타입을 각각 슈퍼 타입/서브 타입이라고 한다.
- 서브 타입을 슈퍼 타입으로 하는 또 다른 서브 타입이 존재할 수 있다.
- 서브 타입은 배타적(Exclusive) 서브 타입과 포괄적(Inclusive) 서브 타입으로 나뉜다. ┈┈o 서브 타입 중 하나와 통합
- "서브 타입 is a 상위 타입" 관계로 해석된다.
  ┈┈o 서브 타입 중 하나 또는 다수와 통합

③ 일반화(Generalization)와 구체화(Specialization)
- 일반화는 다수의 하위 개체 타입을 상위 개체의 유형 간 부분 집합으로 표현하는 상향식 설계 방식이다.
- 구체화는 개체 타입을 다수의 하위 개체 타입으로 분리하는 하향식 설계 방식이다.
- 하위 개념으로 내려갈수록 구체화되고, 상위 개념으로 올라갈수록 일반화된다.
- 하위 개체 타입은 상위 개체 타입의 속성과 메소드를 상속받는다. 객체를 나타내는 성질, 값, 데이터 o┈┈ ┈┈o 객체의 속성을 이용한 일련의 동작들
- "하위 개체 is a 상위 개체" 관계로 해석된다.

④ 집단화(Aggregation)와 분해화(Decomposition)
- 집단화는 특정 유형과 관련 있는 개체 타입들을 통해 새로운 개체 타입을 생성하는 방식이다.
- 여러 부품(하위 개체)이 모여(구조화) 새로운 제품(상위 개체)을 만드는 형태로 상속 관계를 가질 수 없다.
- 분해화는 개체의 결합으로 이루어진 개체를 다시 하나하나 나누는 방식이다.
- "부품 개체 is part of 결합 개체" 관계로 해석된다.

⑤ 분류화(Classification)와 인스턴스화(Instantiation)
- 분류화는 특정 유형을 공통적으로 가지는 하위 개체들을 묶어 하나의 상위 개체로 정의하는 방식이다.
- 조직의 업무 유형에 따라 하위 개체들을 여러 가지 유형으로 분류할 수 있다.
- 인스턴스화는 한 개체의 특성을 기본으로 하는 여러 형태의 개체를 생성하는 방식이다.
- "하위 개체 is member of 상위 개체" 관계로 해석된다.

SECTION 07 데이터베이스 정규화

POINT 034 함수적 종속

1) 데이터 종속성(Data Dependency)

① 정의
- 데이터와 다른 데이터(또는 애플리케이션)가 의존 관계에 있는 특성으로 관계형 모델을 설계할 때 고려해야 하는 가장 중요한 요소이다.
- 데이터 종속성으로 인해 서로의 변경, 삽입, 삭제 등에 제약이 따르거나 데이터 무결성이 훼손된다.
- 데이터 종속성은 함수 종속, 다가(치) 종속, 조인 종속이 있다.

이상 현상

② 종류

함수 종속 (Functional Dependency)	• 한 속성이 다른 속성을 유일하게 식별할 수 있는 상태의 종속성 • A 속성이 B 속성을 유일하게 식별할 수 있다면 'B 속성은 A 속성에 함수적으로 종속'되었다고 함 　– A 속성이 B 속성을 유일하게 식별 : A→B 또는 B=F(A) 　– A 속성이 C, D 속성을 유일하게 식별 : A→C, A→D 또는 A→{C, D} • A→B일 때, A 속성을 결정자(Determinant), B 속성을 종속자(Dependent)라고 함 　– 결정자 : 종속성 규명의 기준이 되는 속성 　– 종속자 : 결정자에 의해 값이 정해지는 속성
다가(다치) 종속 (MultiValued Dependency)	• 하나의 결정자가 다른 여러 관련 없는 속성의 값을 결정하는 종속성 • 둘 이상의 종속자가 하나의 속성에 종속되었지만, 종속자는 서로 독립적(관련이 없음)일 때 발생함 　– G 속성이 H, J 속성을 식별하지만 H, J는 관련이 없을 때 : G→H|J
조인 종속(Join Dependency)	• 릴레이션을 셋 이상의 릴레이션으로 분해한 뒤 다시 조인하여 복원될 수 있는 종속성 • 릴레이션이 분해된 뒤에 공통 키를 기준으로 다시 조인되어 원래 릴레이션을 복원할 수 있어야 함을 의미

2) 폐포(Closure)
- 특정 속성에 종속되었다고 추론 가능한 모든 속성의 집합으로, 식으로 표현하면 아래와 같다.
  – 회원번호 속성의 폐포 : 회원번호$^+$
- 특정 속성의 폐포에는 자기 자신이 포함된다.
  – 회원번호$^+$ = 회원번호, 이름, 연락처, …

- 암스트롱 공리에 따른 종속성 추론 기본 규칙은 아래와 같다.
  – 반사(Reflexivity) : Y가 X의 부분집합(X⊇Y)이면, X → Y 성립
  – 증가(Augmentation) : X → Y이면, XZ → YZ 성립
  – 이행(Transitivity) : X → Y이고 Y → Z이면, X → Z 성립
- 위의 기본 규칙에 의해 아래와 같은 부수적 법칙의 유도가 가능하다.
  – 결합(Union) : X → Y이고 X → Z이면, X → YZ 성립
  – 분해(Decomposition) : X → YZ이면, X → Y이고 X → Z 성립
  – 의사 이행(Pseudo Transitivity) : X → Y이고 YZ → W이면, XZ → W 성립

> **기적의 TIP**
> 폐포의 이해가 필요한 문제는 정보처리기사 레벨에서 출제되지 않습니다. 폐포의 정의와 추론 규칙의 종류 정도만 파악하고 넘어가세요.

POINT 035 정규화 수행

1) 정규화(Normalization)

① 정의
- 데이터 무결성을 유지하기 위해 중복성을 최소화하고 정보의 일관성을 보장하기 위한 개념이다.
- 정규화의 궁극적인 목적은 데이터의 삽입, 갱신, 삭제 등에서 발생할 수 있는 이상 현상(Anomaly)을 제거하는 것이다.
- 논리 데이터 모델링을 상세화하는 가장 중요한 단계이다.
- 기본 정규형에는 1NF, 2NF, 3NF가 있고, 고급 정규형에는 BCNF, 4NF, 5NF가 있다.

> **기적의 TIP** 이상 현상
> 잘못된 릴레이션 설계로 예기치 못한 현상이 발생하는 것을 의미한다.
>
> | | |
> |---|---|
> | 삽입 이상 | 의도하지 않은 자료까지 삽입해야 하는 현상 |
> | 갱신 이상 | 동일한 데이터가 일부만 수정되어 모순이 일어나는 현상 |
> | 삭제 이상 | 의도하지 않은 자료까지 삭제되는 현상 |

② 특징
- 데이터 모델의 정확성, 일치성, 단순성, 비중복성, 안정성 등을 보장한다.
- 잘못된 릴레이션을 어떻게 분해해야 하는지에 대한 판단 기준을 제공한다.
- 데이터 모델의 단순화를 통해 편의성과 안정성, 무결성을 유지할 수 있다.
- 유연한 데이터 구축이 가능하지만 물리적인 접근경로가 복잡해진다.

2) 정규화의 형태(정규형, NF)

① 제1정규형(1NF)   ○ Normal Form
- 원자(Atomic)값이 아닌 값을 가지는 속성이 제거된 릴레이션 스키마이다. ○ 더 이상 논리적으로 분해될 수 없는 값
- 릴레이션의 모든 속성의 도메인이 원자값을 가진다면 1NF에 해당한다.
- 제1정규형은 원자값을 보장하기 위한 정규화로, 릴레이션이 1NF를 만족하여도 불필요한 데이터 중복으로 인해 이상 현상의 해결이 보장되지는 않는다.

② 제2정규형(2NF)
- 부분 함수적 종속성을 가진 속성이 제거된 릴레이션 스키마이다.
- 릴레이션이 1NF이고, 모든 속성이 완전 함수 종속을 가진다면 2NF에 해당한다.
- 완전 함수 종속 관계를 만들기 위해 릴레이션을 기본키 중심으로 분해한다.

> **기적의 TIP**
>
> | 완전 함수 종속
(Full Functional Dependency) | 종속자가 모든 결정자에 종속되는 경우 |
> |---|---|
> | 부분 함수 종속
(Partial Functional Dependency) | 종속자가 일부 결정자에 종속되는 경우 |

③ 제3정규형(3NF)
종속자 C의 결정자가 B외에도 A가 추가로 존재하는 종속 관계 : A → B, B → C이면 A → C
- 이행적 함수 종속성(Transitive Dependency)을 가진 속성이 제거된 릴레이션 스키마이다.
- 릴레이션이 2NF이고, 결정자가 아닌 모든 속성이 릴레이션의 기본키에 이행적으로 종속되지 않는다면 3NF에 해당한다.
- 결정자이자 종속자에 해당하는 속성을 기준으로 릴레이션을 분할한다.

④ Boyce - Codd 정규형(BCNF)
- 결정자가 후보키가 아닌 함수 종속이 제거된 릴레이션 스키마이다.
- 릴레이션이 3NF이고, 모든 결정자가 후보키이면 BCNF에 해당한다.
- 3NF를 강화한 정규형으로 실제적인 정규화의 목표가 되는 단계이다.

⑤ 제4정규형(4NF)
- 다치 종속성을 가진 속성을 제거하는 단계이다.
- 정규화된 테이블은 다대다 관계를 가질 수 없으므로 거의 고려되지 않는 단계이다.

⑥ 제5정규형(5NF)
- 후보키를 통하지 않은 조인 종속을 제거한 릴레이션 스키마이다.
- 릴레이션에 존재하는 모든 조인 종속성이 릴레이션의 후보키를 통해서만 성립된다면 5NF이다.

> **기적의 TIP**
> 정규형과 정규화는 같은 용어입니다. 각 정규형에서 제거되는 종속(성)을 구분할 수 있어야 합니다.

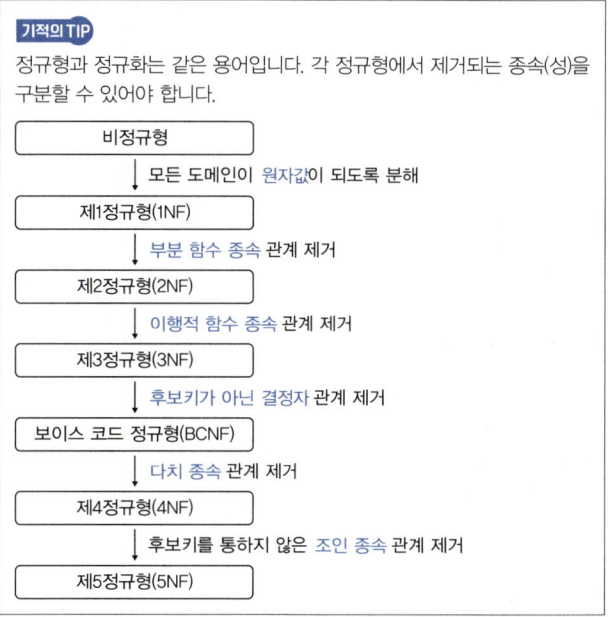

POINT 036 논리 데이터 모델 품질 검증

1) 좋은 데이터 모델의 개념
- 시스템의 비즈니스 요구사항이 빠짐없이 구현되고 시스템 운영에 최적화되어 설계된 데이터 모델이다.
- 좋은 데이터 모델에 대한 객관적인 기준이 없어 데이터 모델 품질에 대한 평가가 어렵다.

2) 데이터 모델의 평가 요소

완전성 (Completeness)	• 업무에 필요한 모든 데이터가 완전히(빠짐없이) 정의되어 있어야 함 • 이 기준을 충족하지 못하면 품질 평가의 의미가 없으므로 가장 먼저 확인해야 하는 검증 요소
중복 배제 (Non Redundancy)	• 동일한 데이터는 단 한 번의 기록으로 반복하여 사용함으로써 관리 비용을 최소화해야 함 • 데이터베이스 운영의 필요에 따라 데이터를 일부러 중복시키는 경우도 있음
업무 규칙 (Business Rules)	• 데이터 모델에 표현된 업무 규칙을 공유하여 이해관계자들이 동일한 판단하에 데이터를 조작할 수 있어야 함 • 일반적으로 애플리케이션 개발 단계에서 구현하지만, 가능하다면 데이터 모델링 단계에서 우선 진행할 수 있음
데이터 재사용 (Data Reusability)	• 데이터 통합 설계를 통해 데이터 재사용성을 향상시킬 수 있음 • 애플리케이션에 대해 독립적으로 설계하여 데이터 재사용성을 향상시킬 수 있음
안정성 및 확장성 (Stability and Flexibility)	• 데이터 모델은 구조적 안정성과 확장성, 유연성을 고려하여 설계해야 함
간결성(Elegance)과 통합성(Integration)	• 정규화 등을 통해 효율적인 데이터 구조를 모델링하였더라도, 관리 측면에서 너무 복잡하다면 합리적인 방법으로 데이터를 통합하여 활용해야 함 • 데이터를 통합할 때는 이후 업무 변화에 데이터 모델이 받는 영향을 최소화할 수 있도록 고려함
의사소통 (Communication)	• 업무 규칙은 개체, 서브타입, 속성, 관계 등의 형태로 최대한 자세히 표현하여 이를 기반으로 이해관계자 모두가 소통할 수 있도록 해야 함

3) 논리 데이터 모델의 품질 기준

정확성	데이터 모델이 표기법에 따라 정확하게 표현되었고, 업무 영역 또는 요구사항이 정확하게 반영되었는지 판단
완전성	데이터 모델의 구성 요소를 정의하는 데 있어서 누락을 최소화하고, 요구사항 및 업무 영역 반영에 있어 누락은 없는지 판단
준거성	제반 준수 요건들이 누락 없이 정확하게 준수되었는지 판단
최신성	데이터 모델이 현행 시스템의 최신 상태를 반영하고 있고, 이슈사항들이 지체 없이 반영되고 있는지 판단
일관성(통합성)	여러 영역에서 공통적으로 사용되는 데이터 요소가 전사 수준에서 한 번만 정의되고 이를 여러 다른 영역에서 일관되게 활용하는지 판단
활용성	작성된 모델과 그 설명 내용이 이해관계자에게 의미를 충분하게 전달할 수 있으면서, 업무 변화 시에 설계 변경이 최소화되도록 유연하게 설계되었는지 판단

SECTION 08 물리 속성 조사 분석

POINT 037 시스템 분석

1) 시스템 자원 체계 파악

- 시스템 자원이란 데이터베이스 설치 및 운용에 영향을 끼치는 물리적인 요소들을 뜻한다.
- 대표적인 운영체계 자원은 하드웨어, OS/DBMS, DBMS 파라미터 정보 등이 있다.

하드웨어 자원 파악	CPU	장치의 성능과 부하가 집중되는 영역
	메모리(Memory)	사용하는 메모리 영역, 사용 가능한 메모리 영역
	디스크(Disk)	디스크 자원 정보, 분할된 형태, 디스크 활용률, 사용 가능 공간
	입출력 컨트롤러 (I/O Controller)	입출력 컨트롤러 성능
	네트워크 (Network)	처리 가능 정도, 제공 가능 처리 속도, 접속 가용 정도
OS 및 DBMS 버전	• 운영체제와 DBMS의 버전 차이는 운영 환경에 영향을 끼칠 수 있으므로 운영환경과 관련된 운영체제의 관련 요소를 파악해야 함	
DBMS 매개변수(Parameter) 정보	• 매개변수는 시스템 간의 값을 주고받는 역할(매개)을 하는 것으로 변수와 동일한 역할을 함 • DBMS 매개변수는 시스템별로 많은 차이가 있어 그 종류 및 관리 대상 등에 대한 정확한 정의가 필요 • 매개변수는 묵시적 파라미터와 명시적 파라미터가 있음	

지정하지 않을 경우 자동으로 기본값 할당   지정해야만 값 할당

2) 데이터베이스 환경 파악

- 시스템 운영체계 및 자원의 내용을 파악하기 위해 시스템 구성 요소인 데이터베이스와 서버, 네트워크, 스토리지, 운영체제 등에 대한 제원을 파악해야 한다.
- 기존에 작성되어 관리되어 온 내역이 있다면 확인 후 참조할 수 있으나, 그렇지 않다면 각각의 제원상의 내용은 출시 시점 또는 버전에 따라 달라질 수 있으므로 제품 매뉴얼이나 관련 사이트에서 정확히 확인할 필요가 있다.

3) 데이터베이스 관리 요소

데이터베이스 구조	• 데이터베이스의 구조에 따라 사용 중 발생하는 문제에 대한 대응 방법이 다름 • 데이터의 안전한 저장과 관리를 위해서 서버와 데이터베이스의 구조에 대한 이해 필요
이중화 구성	• 장애 발생 시 데이터베이스를 복구하기 위한 방법으로, 동일한 데이터베이스를 이중으로 구성하여 동시에 갱신, 관리함 • 데이터베이스 유형에 따라 다양한 형태로 활용
분산 데이터베이스(분산 구조)	• 물리적으로 분산되어 있는 데이터베이스를 네트워크를 통해 통합하여 논리적으로 하나의 데이터베이스처럼 관리하는 형태 • 사용자 입장에서는 안정적이고 높은 성능을 기대할 수 있는 구조
접근 제어	• 데이터베이스는 DBMS 자체적인 보안이 강력하기 때문에 해킹보다는 사용자의 권한 오남용을 막아야 함 • 데이터베이스의 무결성 확보를 위해 사용자의 접근을 제어하는 수단(임의 접근 통제, DAC)을 파악해야 한다.
DB 암호화	• 정보자원의 중요성이 높아짐에 따라 데이터베이스 보호에 대한 중요성도 점차 증가 • 데이터 암호화, 인증, 권한 관리 등으로 구성되며, 데이터가 유출되더라도 복호화가 어렵도록 강력한 암호화 필요

Discretionary Access Control, 사용자의 신원 정보를 통해 권한 부여

SECTION 09 데이터베이스 물리 속성 설계

POINT 038 저장 레코드 형식 설계

1) 저장 테이블의 유형

유형	설명
일반 유형 테이블(Heap-Organized Table)	• 대부분의 상용 DBMS에서 표준 테이블로 사용하고 있는 테이블 • 테이블 내에서 Row의 저장 위치는 특정 속성의 값에 기초하지 않고 해당 Row가 삽입될 때 결정됨
클러스터 인덱스 테이블(Clustered Index Table)	• 기본키 및 인덱스 등의 순서를 기반으로 데이터가 저장되는 테이블 • 인덱스에 데이터 페이지가 있는 구조로 단순 인덱스를 이용하는 방법보다 데이터를 빠르게 액세스 할 수 있음 • 데이터가 입력될 때마다 위치 지정이 필요하므로 유지비용이 상승함 • 검색 속도는 상대적으로 빠르지만 입력, 수정, 삭제 속도는 느림 • 테이블당 하나만 생성 가능
비 클러스터형 인덱스(Non clustered Index Table)	• 데이터 페이지와 인덱스 페이지를 분리하여 구성한 테이블 • 인덱스에는 데이터가 아닌 데이터가 저장된 위치(RID)가 저장 ○ Record Identifier/Rowid • 검색 속도는 상대적으로 느리지만 입력, 수정, 삭제 속도는 비교적 빠름 • 테이블별로 여러 개 생성 가능
수평 분할 테이블(Horizontal Partitioning Table, Sharding)	• 릴레이션 스키마를 복제하여 분할 키(Partitioning Key)를 기준으로 데이터를 분산 저장하는 테이블 • 일반적으로 파티셔닝은 수평 분할을 의미함 • 테이블당 데이터와 인덱스의 개수가 작아지면서 성능이 향상됨
수직 분할 테이블(Vertical Partitioning Table)	• 릴레이션 스키마를 분할하여 데이터를 분산 저장하는 테이블 • 사용 빈도가 적은 컬럼과 자주 사용되는 컬럼을 분리하여 성능을 향상시킴
외부 테이블(External Table)	• 외부 파일을 연결하여 데이터베이스 내의 일반 테이블과 같은 형태로 이용할 수 있도록 DBMS와 연결된 테이블 Extraction, Transformation, Loading ○ • 데이터웨어하우스(DataWarehouse)에서 ETL 등의 작업에 유용하게 활용할 수 있음
임시 테이블(Temporary Table)	• 트랜잭션 및 세션별로 데이터를 저장하고 처리할 수 있는 테이블 • 저장된 데이터는 트랜잭션이 종료되면 사라지는 휘발성의 속성을 보이며, 타 세션에서 처리되는 데이터의 경우에는 공유할 수 없음 • 절차적 처리를 위해 임시적으로 사용할 수 있는 테이블

2) 컬럼 변환

① 물리적 순서 조정
• Null이 없는 고정 길이 컬럼을 앞쪽에 배치한다.
• 가변 길이와 Null이 많을 것으로 예상되는 컬럼을 뒤쪽에 배치한다.

② 데이터 타입 및 길이 지정
• 고정 길이 데이터 타입은 최소 길이를 지정한다.
• 가변 길이 데이터 타입은 예상되는 최대 길이로 지정한다.
• 소수점 이하 자릿수의 정의는 반올림되어 저장되므로 정밀도를 확인하여 지정한다.

③ 문자열 비교
• 일반적으로 문자열 비교 방법은 길이가 작은 컬럼 끝에 공백을 추가하여 길이를 같게 한 후 비교하는 방식과, 공백의 추가 없이 비교하는 방식이 있다.

④ 데이터 타입 변환 비교
• 문자열과 숫자를 비교하는 경우, 숫자가 우선순위가 높기 때문에 내부적으로 문자열을 숫자로 변환하여 비교한다.
• Like를 사용한 비교의 경우 비교 연산에 적용되는 데이터 대상을 문자열로 변환하여 비교를 수행한다.
  문자열 컬럼에 알파벳 등이 혼용되어 변환이 어려운 경우 SQL 오류 발생

3) 테이블 스페이스(Table Space)

① 정의
• 데이터베이스 객체 내 실제 데이터를 저장하는 물리적인 공간이다.
• 데이터베이스에 저장되는 내용에 따라 테이블 스페이스는 테이블, 인덱스, 임시 테이블 등의 용도로 구분하여 설계한다.
  - 테이블이 저장되는 테이블 스페이스는 업무별로 지정
  - 대용량 테이블은 독립적인 테이블 스페이스 지정
  - 테이블과 인덱스는 분리 저장
  - LOB(Large Object) 타입 데이터는 독립적인 공간 지정

② 데이터베이스 용량 설계
• 정확한 데이터 용량 예측을 통해 저장 공간을 효과적으로 사용할 수 있도록 한다.
• 디스크 채널의 병목 현상을 최소화하여 접근 성능을 향상시킬 수 있다.

- 테이블 및 인덱스별로 적합한 저장 옵션을 지정할 수 있다.
  - 데이터베이스의 초기 및 증가 크기 고려
  - 데이터베이스에서 제공되는 트랜잭션 관련 옵션 고려
  - 데이터베이스에서 설정한 최대 크기 및 자동 증가치 고려
- 일반적인 데이터베이스 용량 분석 절차는 아래와 같다.
  - 데이터와 관련한 기초 자료를 수집하여 용량 분석
  - DBMS에 이용될 객체별 용량 산정
  - 테이블과 인덱스의 테이블 스페이스 용량 산정
  - 데이터베이스 설치 및 관리를 위한 시스템 용량을 합해 디스크 용량 산정

POINT 039 스토리지

1) 클러스터링(Clustering)

① 정의
- 데이터 액세스 효율 향상을 위해 특정 기준으로 분류된 동일한 성격의 데이터를 동일한 데이터 블록에 저장하는 물리적인 저장 기법이다.

② 특징
- 테이블에 클러스터드 인덱스를 생성하여 접근 성능을 향상시킨다.
- 데이터 분포도가 넓은 테이블은 클러스터링하여 저장 공간을 절약할 수 있다.
- 처리 범위가 넓은 경우에는 단일 테이블 클러스터링을 적용한다.
- 조인이 많이 발생하는 경우에는 다중 테이블 클러스터링을 적용한다.

③ 고려사항
- 데이터 변경이나 전체 테이블 탐색이 자주 발생하는 경우에는 클러스터링을 하지 않는 것이 좋다.
- 파티셔닝된 테이블은 클러스터링이 불가능하다.

2) 파티셔닝(Partitioning)

① 정의
- 대용량 테이블을 논리적인 작은 테이블로 나누어 성능 저하 방지와 관리를 용이하게 하는 것이다.

② 유형

범위(Range) 분할	지정한 컬럼값을 기준으로 분할
해시(Hash) 분할	해시 함수에 따라 데이터를 분할
조합(Composite, 복합) 분할	범위 분할 후 해시 분할로 다시 분할
목록(List) 분할	분할할 항목을 관리자가 직접 지정

③ 장점
- 데이터 접근 범위를 줄여 성능이 향상된다.
- 전체 데이터의 훼손 가능성이 감소되어 데이터의 가용성이 증가된다.
- 각 분할 영역을 독립적으로 백업, 복구할 수 있다.
- Disk Striping 기능으로 입출력 성능을 향상시킬 수 있다.
  - ○ 데이터를 물리적으로 나눠서 기록

> **기적의 TIP**
> 클러스터링은 물리적으로 모아둔 것이고, 파티셔닝은 논리적으로 분할된 것입니다.

3) 스토리지(Storage)

① 정의
- 단일 디스크로 처리할 수 없는 대용량의 데이터를 저장하기 위해 서버와 저장장치를 연결하는 기술이다.

② 유형

DAS(Direct Attached Storage)	• 서버와 저장장치를 직접 연결하는 방식 • 다른 서버와 파일 공유가 불가능한 구조 • 속도가 빠르고 설치 및 운영이 용이하며 초기 구축 비용과 유지보수 비용이 저렴함 • 확장성이 상대적으로 부족하므로 공유가 필요 없는 환경에 적합
NAS(Network Attached Storage)	• 서버와 저장장치를 네트워크를 통해 연결하는 방식 • 별도의 파일 관리 기능(NAS Storage)을 통해 저장장치를 관리 • 확장성이 우수하고 파일 공유가 가능하지만 다중 접속 시 성능 저하의 가능성이 있음
SAN(Storage Area Network)	• DAS의 빠른 처리와 NAS의 파일 공유의 장점을 혼합한 방식 • 서버와 저장장치를 연결하는 전용 네트워크를 별도로 구성함 • 저장장치 및 파일 공유가 가능하고 확장성, 유연성, 가용성이 뛰어남 • 장비(FC) 업그레이드가 필수이며 비용이 많이 듦

○ 파이버 채널(Fibre Channel)

POINT 040 물리 데이터베이스 설계서 작성

1) 무결성 설계
① 무결성의 정의
- 데이터의 정확성과 일관성을 유지하여 결손과 부정합이 없음을 보증하는 특성이다.
- 데이터 변경 시 여러가지 제한을 두어 무결성을 보증한다.

② 무결성의 종류

도메인 무결성 (Domain Integrity)	• 열의 값이 정의된 도메인의 범위 안에서 표현되는 무결성 • 데이터 형식, 타입, 길이, Null 허용 여부 등의 제약으로 무결성 보장
개체 무결성 (Entity Integrity)	• 특정 열에 중복값 또는 Null에 대한 제한을 두어 개체 식별자의 역할을 할 수 있게 하는 무결성 • 각 개체의 식별은 개체 무결성이 적용된 열에 의해 판단
참조 무결성 (Referential Integrity)	• 참조 관계가 존재하는 두 개체 간 데이터의 일관성을 보증한다는 무결성 • 참조하는 열은 참조되는 열(식별자)에 존재하지 않는 값을 참조할 수 없음
사용자 정의 무결성 (User-Defined Integrity)	• 속성값들이 사용자가 정의한 제약 조건에 만족해야 한다는 무결성

③ 무결성 강화
- 무결성은 데이터 품질에 직접적인 영향을 주기 때문에 무결성 유지 방안을 확보해야 한다.
- DB 구축 과정에서 정의하며, 강화 방법으로는 어플리케이션, 데이터베이스 트리거, 제약 조건이 있다.

애플리케이션	데이터 사용 시 적용할 사용자 정의 무결성 검증 코드 구현
데이터베이스 트리거	데이터베이스 운영 중 이벤트 발생 시 무결성 검증 트리거 구현
제약 조건	원칙적으로 잘못된 데이터 입력을 막아 무결성 보장

2) 트랜잭션 설계
① CRUD 분석
- Create, Read, Update, Delete의 앞글자를 표현한 약어이다.
- 트랜잭션의 CRUD 연산에 대해 CRUD Matrix를 작성하여 분석하는 것이다.
  - CRUD 프로세스와 테이블(데이터)의 영향도를 테이블 형식으로 표현

② 트랜잭션 분석 활용
- 테이블에 저장되는 데이터 양을 유추하여 데이터베이스 용량을 산정한다.
- 프로세스가 과도하게 발생하는 테이블에 대해서 여러 디스크에 분산 배치한다.
- 특정 채널에 집중되는 트랜잭션을 분산시켜 TIME-OUT을 방지한다.

3) 인덱스 설계
① 목적
- 데이터베이스에서 조회 작업은 가장 중요하고 많이 사용되는 연산이므로, 인덱스를 활용하여 데이터 접근 경로를 단축함으로써 데이터 조회 속도를 향상시킬 수 있다.
- 인덱스는 구성하는 구조나 특성을 기반으로 트리 기반, 비트맵, 함수 기반, 도메인 등의 인덱스로 분류할 수 있다.

② 종류

트리 기반 인덱스	• 인덱스를 저장하는 블록들이 트리 구조를 이루고 있는 형태
	• 일반적인 상용 DBMS의 경우 트리 구조 기반의 B+ 트리 인덱스를 주로 활용
	  − B 트리 인덱스 : 키값의 크기를 비교하는 하향식 탐색. 모든 단말 노드의 레벨이 같음
	  − B+ 트리 인덱스 : 경로를 제공하는 인덱스 세트와 데이터 위치를 제공하는 순차 세트로 구성
	• B+ 트리 인덱스의 경우 루트에서 리프 노드까지 모든 경로의 깊이가 일정한 밸런스 트리(Balanced Tree) 형태로, 여타 인덱스와 비교할 때 대용량 데이터의 삽입과 삭제 등 데이터 처리에 좋은 성능을 유지

비트맵 인덱스	• 비트맵으로 구성된 인덱스로, Row의 상대적 위치를 통해 실제 위치를 계산할 수 있음 (0과 1로 구성) • 비트로만 구성되어 있어 다중 조건을 효율적으로 연산할 수 있고, 압축 효율이 매우 좋음 • 비트맵 조인 인덱스란 인덱스 구성 컬럼이 다수 개체의 컬럼으로 생성(조인)된 비트맵 인덱스를 의미함
함수 기반 인덱스	• 컬럼의 값을 특정 함수식에 적용하여 도출된 값을 사용하는 인덱스로, B+트리 인덱스나 비트맵 인덱스를 생성함 • 대소문자, 띄어쓰기 등의 형식에 구애받지 않고 조회 가능하지만 함수식 연산으로 인해 시스템 부하가 발생할 수 있음
도메인 인덱스	• 필요한 인덱스를 개발자가 직접 만들어 사용하는 확장형(Extensible) 인덱스

4) 인덱스 설계 절차
① 접근 경로 수집
- 접근 경로는 테이블에서 데이터를 찾는 방법으로 다양한 방법을 통해 수집할 수 있다.
  - 반복 수행되는 접근 경로 : 탐색의 기준이 되는 컬럼(가장 일반적)
  - 분포도가 양호한 컬럼 : 중복값이 없어 수행속도가 보장되는 컬럼
  - 조회 조건에 사용되는 컬럼 : 날짜, 건물명 같이 조회 조건으로 많이 이용되는 컬럼
  - 자주 결합되어 사용되는 컬럼 : 둘 이상의 컬럼을 조합하여 조회
  - 일련번호 컬럼 : 일련번호를 기반으로 탐색하는 경우가 빈번한 경우
- 이 외에도 다양한 추출 조건 및 비교 연산자 등을 활용하여 접근하는 경우도 있다.

② 후보 컬럼 선정
- 테이블의 크기가 작거나 단순 보관 및 전체 조회용 테이블은 인덱스를 생성하지 않는다.
- 다른 테이블과 순차적 조인이 발생되는 경우에 인덱스를 설정한다.
- 수정이 빈번하지 않고 랜덤 액세스가 자주 발생하는 경우에 인덱스를 설정한다.
- 분포도가 10%~15% 이하인 컬럼에 인덱스를 설정한다.
  ┄┄┄○ 데이터별 평균 기수/테이블 총 기수×100

③ 접근 경로 결정
- 인덱스 후보 컬럼 목록을 이용하여 접근 유형에 따라 어떤 인덱스 후보를 사용할 것인가를 결정한다.
- 누락된 접근 경로가 있다면 분포도 조사를 실시하고 인덱스 후보 컬럼에 추가한다.

④ 컬럼 조합 및 순서 결정
- 단일 컬럼의 분포도가 양호하면 단일 컬럼 인덱스로 확정한다.
- 결합 컬럼 인덱스가 필요한 경우에는 추가 고려를 통해 선두 컬럼을 결정한다.
  - 항상 사용되는 컬럼
  - 등호 연산을 조건으로 사용하는 컬럼
  - 분포도가 좋은 컬럼
  - 정렬이나 그룹이 되는 컬럼

⑤ 적용 시험
- 설계된 인덱스를 적용하고 접근 경로별 인덱스가 사용되는지 테스트한다.
- 여러 접근 경로가 존재하는 테이블은 여러 인덱스가 생성되므로 각 인덱스를 모두 확인해야 한다.

POINT 041 분산 설계

1) 분산 데이터베이스
① 정의
- 물리적으로 분산되어 있는 데이터베이스를 단일 데이터베이스로 인식할 수 있도록 논리적으로 통합하여 운용되는 데이터베이스 시스템이다.

② 특징
- 시스템 규모를 점진적으로 확장할 수 있고 대용량 데이터 처리가 가능하다.
- 특정 DB에 문제가 발생해도 다른 DB를 사용할 수 있기 때문에 신뢰도와 가용성이 보장된다.
- 원격 데이터에 대한 의존도를 감소시키지만 데이터베이스 설계 및 관리가 복잡해지고 비용이 증가한다.
- 상대적으로 데이터 무결성 훼손과 오류 발생 가능성이 상승한다.

③ 설계 전략
- 분산 데이터베이스의 설계가 잘못될 경우에는 복잡성과 비용 증가, 무결성 훼손 등의 문제가 발생한다.
- 데이터의 분할, 복제, 갱신 주기, 유지 방식 등에 따라 여러 가지 설계 전략이 존재한다.
  - 하나의 컴퓨터만 DB를 관리, 나머지는 접근만 가능하도록 하는 방식
  - 지역 DB에 데이터를 복제하여 실시간(또는 주기적)으로 데이터를 갱신하는 방식
  - 분산 환경에서 각 지역 DB를 독립적으로 유지하는 방식
  - 분산 환경에서 전 지역 DB를 하나의 논리적 DB로 유지하는 방식

2) 목표

- 분산 데이터베이스는 사용자에게 하나의 데이터베이스처럼 인식될 수 있어야 한다.
- 사용자들은 데이터의 물리적 배치와 특정 지역의 데이터에 대한 액세스 방법을 별도로 알아야 할 필요가 없다.
- 분산 데이터베이스 관리 시스템은 위치, 중복, 분할, 장애, 병행 투명성이 제공될 수 있어야 한다.

▶ 분산 데이터베이스의 4대 목표 : 위치, 중복, 장애, 병행 투명성

위치 투명성 (Location Transparency)	어떤 작업을 수행하기 위해 분산 데이터베이스 상에 존재하는 어떠한 데이터의 물리적인 위치의 고려 없이 동일한 명령을 사용할 수 있어야 함
중복 투명성 (Replication Transparency)	• 중복된 데이터와 데이터의 저장 위치 등에 대한 정보를 사용자가 별도로 인지할 필요가 없어야 함 • 사용하고 있는 데이터가 해당 사용자에 논리적으로 유일하다고 생각할 수 있는 환경을 제공함
분할 투명성 (Fragmentation Transparency)	• 테이블(릴레이션)의 분할 구조를 사용자가 별도로 파악할 필요가 없어야 함 • 사용자의 질의를 분할된 테이블에 맞게끔 여러 단편 질의로 변환함
장애 투명성 (Failure Transparency)	분산 데이터베이스 환경에서 특정 지역의 컴퓨터 시스템이나 네트워크에 장애가 발생해도 데이터 무결성과 트랜잭션의 원자성이 보장되어야 함
병행 투명성 (Concurrency Transparency)	다수 트랜잭션이 동시 수행되는 환경에서도 결과의 일관성이 유지되어야 함

3) 설계 기법

테이블 위치 분산	데이터베이스의 테이블들을 여러 지역에 중복되지 않게끔 분산 배치하는 것

테이블 분할 (Fragmentation)	• 하나의 테이블을 나누는 것
	• 완전성, 재구성, 상호 중첩 배제의 규칙을 준수해야 함
	  - 완전성 : 전체 데이터를 대상으로 손실없이 분할
	  - 재구성 : 분할된 테이블은 원래 테이블로 재구성되어야 함
	  - 상호 중첩 배제 : 각 레코드와 컬럼이 중복되지 않아야 함(키 제외)
	• 수직 분할과 수평 분할이 있음
	  - 수직 분할 : 컬럼을 기준으로 테이블을 분리하는 것
	  - 수평 분할 : Row를 기준으로 테이블을 분리하는 것

테이블 할당 (Allocation)	• 동일한 분할 테이블을 복수의 서버에 생성하는 것
	• 비 중복 할당과 중복 할당이 있음
	  - 비 중복 할당 : 분할 테이블이 단일 노드에만 존재하도록 할당(비용 증가, 성능 저하)
	  - 중복 할당 : 비 중복 할당의 문제점 해결을 위해 노드에 분할 테이블(전체 또는 부분)을 중복으로 할당

POINT 042 보안 설계

1) 접근 통제 기술

① 임의 접근 통제(DAC) ┄ Discretionary Access Control

- 데이터에 접근하는 사용자의 신원에 따라 접근 권한을 부여하는 방식이다.
- 임의 접근 통제에 사용되는 SQL 명령어에는 GRANT와 REVOKE가 있다.
- 객체를 사용하는 주체가 접근 통제 권한을 지정하거나 제어할 수 있다.

② 강제 접근 통제(MAC) ┄ Mandatory Access Control

- 주체와 객체의 등급을 비교하여 접근 권한을 부여하는 방식이다.
- 주체가 아닌 제3자(DBA)가 접근 통제 권한을 지정한다.
- 데이터베이스 객체별로 보안 등급을 부여할 수 있다.

③ 감사 추적

• 읽기 : 주체 등급이 객체 등급과 같거나 높은 경우
• 수정 및 등록 : 주체 등급이 객체 등급과 같은 경우

- 감사 추적은 데이터베이스에 접속한 애플리케이션 및 사용자의 모든 활동을 기록하는 것이다.
- 오류로 인한 데이터베이스의 복구 및 부당한 조작을 파악하기 위한 목적으로 활용할 수 있다.
- 개인 책임성 보조와, 문제 발생 시 사건의 재구성이 가능하며, 사전에 침입 탐지를 확인한다거나 사후 문제를 분석하여 보안을 강화하기 위해 활용할 수 있다.
- 감사 추적 시에는 사용자 및 사용에 대한 정보를 저장한다.

▶ 실행 프로그램, 클라이언트, 날짜 및 시간, 접근 데이터의 이전 및 이후 값 등

2) 접근 통제 3요소

① 접근 통제 정책

- 어떤 주체가 언제, 어디서, 어떤 객체에게, 어떤 행위에 대한 허용 여부를 정의하는 것이다.

신분 기반 정책	• 개인 또는 그룹의 신분에 근거한 접근 제한 정책
	• IBP(Individual-Based Policy)와 GBP(Group-Based Policy)
	  - IBP : 단일 사용자가 하나의 객체에 대해 허가를 부여받는 경우
	  - GBP : 복수 사용자가 하나의 객체에 대하여 같은 허가를 함께 부여받는 경우

규칙 기반 정책	• MAC와 같은 개념으로, 주체가 갖는 권한에 근거한 접근 제한 정책
	• MLP(Multi-Level Policy)와 CBP(Compartment-Based Policy)
	  - MLP : 사용자 및 객체가 각각 부여된 기밀 분류에 따른 정책
	  - CBP : 조직 내 특정 집단별(부서)로 구분된 기밀 허가에 따른 정책

역할 기반 정책	• GBP가 변형된 형태로, 개인의 직무 또는 직책에 근거한 접근 제한 정책

② 접근 통제 메커니즘
- 접근 통제 정책을 구현하는 기술적인 방법이다.
- 접근 통제 목록, 능력 리스트, 보안 등급, 패스워드, 암호화 등이 있다.

③ 접근 통제 보안 모델

접근 통제 모델	• 접근 통제 매커니즘을 보안 모델로 발전시킨 모델 • 접근 주체를 행, 객체를 열로 표현하여 주체별 객체 접근 권한을 나타냄 • 접근 통제 행렬(Access control matrix)이 대표적임
기밀성 모델	• 군대 시스템 등 특수한 환경에서 사용되는 무결성보다 기밀성(유출 방지)에 중점을 두는 모델 • 접근 객체에 보안 등급(극비, 비밀, 일반, 미분류)을 분류하여 데이터 제약 조건을 적용
무결성 모델	• 기밀성 모델에서 정보 비밀성을 위해 정보의 일방향 흐름 통제를 활용하는 경우 발생 가능한 정보의 부당 변경 등을 방지하기 위한 보안 모델 • 기밀성 모델과 같이 주체 및 객체의 보안 등급을 기반으로 하며, 제약 조건 역시 유사하게 적용

3) 접근 통제 조건

- 접근 통제 매커니즘의 취약점을 보완하기 위해 추가 적용할 수 있는 조건들이다.

값 종속 통제 (Value-Dependent Control)	일반적인 통제 정책들의 경우 저장된 데이터값에 영향을 받지 않지만, 상황에 따라 저장값을 근거로 접근 통제를 관리하는 경우에 사용
다중 사용자 통제 (Multi-User Control)	특정 객체에 대해 복수 사용자가 함께 접근 권한을 요구하는 경우, 다수 사용자에 대한 접근 통제 지원 수단이 필요한 경우에 사용
컨텍스트 기반 통제 (Context-Based Control)	특정 외부 요소에 근거하여 접근을 관리하는 방법으로, 여타 보안 정책과 결합하여 보안 시스템을 보완하는 경우에 사용

SECTION 10 물리 데이터베이스 모델링

POINT 043 물리 데이터 모델 변환

1) 개체를 테이블로 변환
① 테이블 구성
- 테이블은 데이터 유형을 지정하는 컬럼(Column, 열)과 데이터값을 저장하는 로우(Row, 행)로 구성된다.
- 테이블은 기본키와 외래키를 통해 다른 테이블과의 관계를 설정한다.

논리 모델	물리 모델
개체 타입(Entity Type)	테이블(Table)
개체(Entity)	로우(Row)
속성(Attribute)	컬럼(Column)
식별자(UID : Unique IDentifier)	후보키(Candidate Key) = 키(Key)
주 식별자(Primary Identifier)	기본키(Primary key)
보조 식별자(Secondary Identifier)	대체키(Alternate Key)
외래 식별자(Foreign Identifier)	외래키(Foreign key)

> **기적의 TIP**
> 이해를 돕기 위해 논리 모델의 설명에 테이블과 관련 용어를 사용했지만, 논리 모델은 설계도와 같은 개념으로 실제 데이터가 존재하지 않습니다.

② 슈퍼 타입 기준 변환
- 서브 타입을 슈퍼 타입에 통합하여 하나의 테이블로 변환하는 방식이다.
- 서브 타입에 적은 양의 속성이나 관계를 가진 경우에 적절한 방식이다.

단일 테이블 통합으로 유리한 경우	• 데이터의 액세스가 상대적으로 용이함 • 뷰를 이용하여 각각의 서브 타입만을 액세스하거나 수정할 수 있음 • 수행 속도가 좋아지는 경우가 많음 • 서브 타입 구분이 없는 임의 집합에 대한 가공이 용이함 • 다수의 서브 타입을 통합하는 경우 조인이 감소할 수 있음 • 복잡한 처리를 하나의 SQL로 통합하기가 용이함
단일 테이블 통합으로 불리한 경우	• 특정 서브 타입에 대한 NOT Null 제한이 어려움 • 테이블의 컬럼 및 블록 수가 증가함 • 처리마다 서브 타입에 대한 구분(TYPE)이 필요한 경우가 많이 발생함 • 인덱스의 크기가 증가함

③ 서브 타입 기준 변환
- 슈퍼 타입을 각각의 서브 타입에 추가하여 서브 타입별 하나의 테이블로 변환하는 방식이다.
- 서브 타입에 많은 양의 속성이나 관계를 가진 경우에 적절한 방식이다.

단일 테이블 통합으로 유리한 경우	• 각 서브 타입 속성들의 선택 사양이 명확한 경우에 유리함 • 서브 타입 유형에 대한 구분을 처리마다 할 필요가 없음 • 전체 테이블을 스캔하는 경우 유리함 • 단위 테이블의 크기가 감소함
단일 테이블 통합으로 불리한 경우	• 서브 타입 구분 없이 데이터를 처리하는 경우에 UNION이 발생할 수 있음 • 처리 속도 감소가 발생할 가능성이 높음 • 트랜잭션을 처리하는 경우 다수 테이블을 처리하는 경우가 자주 발생함 • 복잡한 처리를 하는 SQL의 통합이 어려움 • 부분 범위에 대한 처리가 곤란해짐 • 여러 테이블을 통합한 경우 뷰로 조회만 가능함 • UID의 유지관리가 어려움

④ 개별 타입 기준 변환
- 슈퍼 타입과 서브 타입을 각각의 테이블로 변환하는 방식으로 각 테이블은 1:1 관계가 형성된다.
- 개별 타입 기준으로 테이블을 변환하는 경우는 아래와 같다.
  - 전체 데이터에 대한 처리가 자주 발생하는 경우
  - 서브 타입 처리가 대부분 독립적으로 발생하는 경우
  - 통합하는 테이블의 컬럼 수가 지나치게 많은 경우
  - 서브 타입 컬럼 수가 다수인 경우
  - 트랜잭션이 주로 슈퍼 타입에서 발생하는 경우
  - 슈퍼 타입에서 범위가 넓은 처리가 빈번하게 발생하여 단일 테이블 클러스터링이 필요한 경우

2) 관계 변환
① 1:M 변환
- 가장 보편적인 형태의 관계이며, 왼쪽 개체(1)의 주 식별자와 오른쪽 개체(M)의 외래 식별자를 각각 기본키와 외래키로 추가한다.

② 1:1 변환
- 1:1 관계는 어느 쪽 개체든 한쪽 개체의 주 식별자를 외래키로 추가한다.
- 상대적으로 자주 사용되는 테이블이 외래키를 갖는 것이 좋다.

③ 1:M 순환 관계 변환
- 개체 자신의 기본키를 참조하는 외래키 컬럼을 추가한다.
- 데이터의 계층 구조를 표현하기 위해 사용되는 방식이다.

④ 배타적 관계 변환
관계별로 컬럼을 생성하는 방법, 외래키 제약 조건 생성 가능, 선택적 입력, 제약 조건 추가 생성 필요
- 실제 데이터 환경에서는 빈번하게 등장하게 되는 논리 데이터 모델의 배타적 관계 모델은 외래키의 분리 혹은 외래키의 결합을 통해 변환된다.
  관계들을 하나의 컬럼으로 통합, 외래키 제약 조건 생성 불가능, 별도 컬럼 필요

3) 컬럼 변환
① 관리 목적의 컬럼 추가
- 업무 수행 속도 향상을 위해 필요한 정보(등록 일자, 연번 등)를 컬럼으로 추가한다.

② 데이터 타입 선택
- 물리 모델링에서 자주 발생하는 문제 중 하나가 컬럼 데이터 형식 설정의 오류로 인한 문제이다.
- 물리적인 DBMS 특성을 고려하여 최적의 데이터 타입을 선택한다.
  데이터 타입은 SQL의 데이터 타입과 동일

4) 데이터 표준 적용
① 데이터 명명 규칙
- 물리 데이터 모델의 각각의 요소에 이름을 정의하기 위한 근거이다.
- 데이터 명명 규칙 파악을 통해 물리 데이터베이스 설계 시 발생 가능한 혼란을 방지할 수 있다.
- 데이터 명명 규칙은 시스템 카탈로그(데이터 사전)를 통해 파악할 수 있다.
- 이 외에 기본적인 명명 규칙은 아래와 같다.
  - 테이블명의 변환 시 엔티티 한글명과 동일한 용어를 사용하면서 해당 용어를 영문명으로 전환
  - 영문명은 영문 약어를 사용하며, 표준 용어 사전에 등록된 표준 영문 약어를 참조
  - 테이블의 명명 순서는 업무 영역, (주제어)수식어, 주제어, (분류어)수식어, 분류어, 접미사의 순서로 적용

② 시스템 카탈로그(System Catalog)의 정의
- 데이터베이스 객체들에 대한 정의와 명세를 메타 데이터 형태로 유지관리하는 시스템 테이블이다.
- 데이터 사전(Data Dictionary)이라고도 한다.

③ 시스템 카탈로그의 구성

시스템 카탈로그	DBA가 사용하는 데이터 사전과 같은 의미
데이터 디렉토리	DBMS에 의해서만 접근 가능한 데이터 사전 접근 정보
메타 데이터	다른 데이터를 설명하기 위한 데이터

④ 시스템 카탈로그의 특징
- DBMS가 스스로 생성하고 유지하며 데이터 디렉토리에 저장된 접근 정보를 통해 접근할 수 있다.
- DML을 통해 내용 조회가 가능하지만, 직접적인 변경은 불가능하다.
- DDL을 통해 데이터베이스 객체가 변경되면 DBMS에 의해 자동으로 변경된다.

> **기적의 TIP**
> 시스템 카탈로그는 DBMS가 자동 생성, 관리하므로 조회는 가능하지만 변경은 불가능합니다.

POINT 044 데이터베이스 반정규화

1) 반정규화(De-Normalization)
① 정의
- 정규화된 논리 데이터 모델을 시스템 운영의 단순화를 위해 중복, 통합, 분할 등을 수행하는 데이터 모델링 기법이다.
- 완벽한 수준의 정규화를 진행하면 일관성과 안정성은 증가하지만 성능이 저하될 수 있으므로, 성능 향상을 위해 테이블을 통합, 분할, 추가 등을 진행하는 과정이다.

② 반정규화가 필요한 경우
- 정규화에 충실하여 독립성과 활용성은 향상되었지만, 수행 속도가 느려진 경우이다.
- 다량의 범위나 특정 범위 데이터만 자주 처리해야 하는 경우이다.
- 집계 정보가 자주 요구되는 경우이다.

2) 유형
① 중복 테이블 추가
- 특정 범위의 데이터가 자주 처리되거나 많은 양의 데이터를 자주 처리하는 경우에 수행한다.
- 처리 범위를 줄이지 않고는 수행 속도를 개선할 수 없는 경우에 수행한다.
- 집계 테이블 추가, 진행(이력 관리) 테이블 추가, 특정 부분만 포함하는 테이블 추가 등의 방법으로 진행한다.

② 테이블 조합
- 대부분의 데이터 처리가 둘 이상의 테이블에서 진행되는 경우에 수행한다.
- 데이터 액세스가 간편해지지만 Row 수가 증가하여 처리량이 증가하는 경우가 있을 수 있다.
- 데이터 편집 규칙이 복잡해질 수 있다.

③ 테이블 분할
- 특정 컬럼의 사용 빈도가 높은 경우에 수행한다.
- 사용자에 따라 특정 부분만 지속적으로 사용되는 경우에 수행한다.
- 수직 분할, 수평 분할 등의 방법으로 진행한다. (데이터 범위를 사용 빈도에 따라 나눔)
- 상황에 따라 의도한 성능을 발휘하지 못할 수 있다.
- 데이터 처리가 아닌 검색에 중점을 두어 판단해야 한다.
  ○ 컬럼을 사용 빈도에 따라 나눔

④ 테이블 제거
- 테이블의 재정의 및 기타 반정규화 수행으로 인해 더 이상 액세스 되지 않는 테이블이 발생한 경우에 수행한다.
- 유지보수 단계에서 많이 발생하며, 관리 소홀이 주된 원인이 된다.

⑤ 컬럼의 중복화
- 자주 사용되는 컬럼이 서로 다른 테이블에 분산되어 있어 액세스 범위가 넓어지는 경우에 수행한다.
- 기본키의 형태가 적절하지 않거나 너무 많은 컬럼으로 구성된 경우에 수행한다.
- 성능 향상을 위해 중복 컬럼이 필요한 경우에 수행한다.
- 다른 해결 방법은 없는지 우선 검토한다.
- 데이터 저장 공간의 낭비 및 무결성을 해치지 않게 주의해야 한다.

POINT 045 ETL(데이터 전환)

1) 정의
- 데이터 이관(데이터 이행, Data Migration)을 위한 추출(Extraction), 변환(Transformation), 적재(Loading) 기능의 앞글자를 딴 표현이다.
- 기존의 원천 시스템에서 데이터를 추출하여 목적 시스템의 데이터베이스에 적합한 형식으로 변환한 후, 목적 시스템에 적재하는 일련의 과정을 의미한다.
- 운영 데이터의 안정적인 전환을 위해서 데이터 전환 전략을 수립한다.

2) 데이터 전환 전략
- 데이터 전환 절차(데이터 수집, 분석, 입력 등)를 표준화한다.
- 데이터 전환 및 결과 검증에 대한 전담 인원을 배치하여 데이터 전환의 효율성과 안정성을 확보한다.
- 개발 일정 및 업무 중요도, 데이터 유형 등을 고려하여 우선순위를 결정한다.
- 관리 항목, 관리 코드 등의 업무 표준 데이터를 표준화한다.
- 데이터 전환 범위 및 시스템 간 전환 절차를 고려하여 전환 시나리오를 구성한다.

> **기적의 TIP**
> 결국 중요한 것은 '표준화, 우선순위, 안정성'입니다.

POINT 046 데이터 전환 프로세스

1) 단계

데이터 전환 계획 및 요건 정의 단계	• 데이터 전환 수행을 위해 현행 정보 시스템(As-Is)과 원천 데이터의 구조 분석 • 프로젝트 계획, 프로젝트 환경 구축, As-Is 분석, To-Be 분석, 데이터 전환 요건 정의
데이터 전환 설계 단계	• 정의된 전환 요건과 업무 흐름을 기준으로 데이터 전환을 위한 데이터 매핑 및 검증 규칙 설계 • 로지컬 매핑(Logical Mapping), 코드 매핑(Code Mapping), 검증 규칙(Rule) 정의, 전환 설계서 작성
데이터 전환 개발 단계	• 전환 설계서를 기반으로 전환 프로그램 구현 • 전환 개발 환경 구축, 전환 프로그램 개발, 검증 프로그램 개발
데이터 전환 테스트 및 검증 단계	• 데이터 전환 테스트를 진행하고 진행 결과 검증 • 전환 검증 설계, 추출 검증, 변환 결과 검증, 최종 전환 설계, 전환 인프라 구축, N차 전환 검증
데이터 전환 단계	• 실제 원천 시스템의 데이터를 추출하고, 변환하여 목표 시스템에 적재 • 최종 전환, 안정화 지원, 후속 단계 데이터 전환, 전환 완료 보고서 작성

2) 종류

SQL 스크립트 직접 변환	SQL 스크립트를 이용하여 소스 DB에서 목적 DB로 직접 변환하는 방법
프로그램 직접 변환	응용 프로그램을 이용하여 소스 DB에서 목적 DB로 직접 변환하는 방법
프로그램 경유 변환	응용 프로그램을 이용하여 소스 DB를 중간 형태의 파일로 변환하고 다시 목적 DB로 변환하는 방법

03

통합 구현

SECTION

공통 모듈 설계	60p
시스템 연동 설계	63p
연계 데이터 구성	67p
연계 메커니즘 구성	69p
연계 모듈 구현	72p

SECTION 01 공통 모듈 설계

POINT 047 소프트웨어 설계

1) 소프트웨어 설계

① 정의
- 요구사항 분석 단계에서 도출된 요구 기능이 소프트웨어에서 실현될 수 있도록 알고리즘을 설계하고, 그 알고리즘에 의해 사용, 처리될 자료 구조를 문서화하는 것이다.
- 대표적인 설계 방식에는 절차 지향 설계(Process Oriented Design)와 객체 지향 설계(Object Oriented Design)가 있다.

절차 지향 설계	작업 처리 절차를 중심으로 설계. 컴퓨터의 처리 구조와 유사해 속도가 빠르지만 유지보수가 어려움
객체 지향 설계	절차와 절차의 영향을 받는 데이터를 하나로 묶어서 설계. 설계 난이도가 높고 속도가 느린 편이지만 코드의 재활용성 및 유지보수가 쉬움
상향식 설계 (Bottom-up design)	기능을 가진 작은 단위 모듈을 먼저 개발하고, 이 모듈을 조합하여 전체 시스템을 완성해 나가는 방식
하향식 설계 (Top-down design)	요구사항 분석을 통해 전체 구조를 설계하고, 해당 구조에 기반한 하위 모듈을 정의/구현하는 방식

② 설계 모델
- 일반적인 소프트웨어 설계 모델은 데이터 설계, 아키텍처 설계, 인터페이스 설계, 절차 설계 순으로 구성된다.

데이터 설계	요구사항 분석을 통해 식별된 정보를 자료 구조로 변환
아키텍처 설계	소프트웨어를 구성하는 요소들(모듈)의 관계 및 프로그램 구조
인터페이스 설계	소프트웨어가 시스템 및 사용자와 상호작용하는 방식이나 구성
절차 설계	각 모듈이 수행할 기능들을 절차적으로 구성

- 전체적인 설계 단계를 상위(아키텍처) 설계와 하위(모듈) 설계로 나누어서 구분할 수도 있다.

상위 설계	예비 설계. 시스템 구조, DB 설계, 화면 레이아웃 등
하위 설계	상세 설계. 구성 요소들의 내부 구조(로직), 동적 행위(절차) 등

③ 추상화
- 소프트웨어의 상세 설계 이전에 소프트웨어 구현에 대해 대략적, 포괄적인 구상을 하는 단계이다.
- 추상화를 통해 상세 설계(구체화)를 좀 더 효율적으로 수행할 수 있게 된다.

▶ 소프트웨어 설계에 사용되는 대표적인 추상화 기법

제어 추상화	상세 제어 매커니즘이 아닌 포괄적인 표현으로 대체
과정 추상화	상세 수행 과정이 아닌 전반적인 흐름만 파악하도록 표현
자료 추상화	세부적인 속성 및 표현 방법 없이 대표적인 표현으로 대체

POINT 048 공통 모듈 식별

1) 공통 모듈

① 모듈화
- 프로그램이 효율적으로 관리될 수 있도록 시스템을 분해하고 추상화하는 기법이다.
- 모듈화를 통해 소프트웨어의 성능을 향상, 수정, 재사용, 유지관리를 용이하게 할 수 있다.
- 모듈의 개수에 따라 통합 비용의 차이가 발생하므로 적절한 구간을 지정해야 한다.
  - 모듈의 개수가 많은 경우 : 모듈의 크기가 작아짐, 통합 비용 상승
  - 모듈의 개수가 적은 경우 : 모듈의 크기가 커짐, 통합 비용 하락

② 공통 모듈
- 여러 기능 및 프로그램에서 공통적으로 사용할 수 있는 모듈이다.
- 누구나 사용할 수 있도록 사용법 등이 공개되어 있어야 하고 유지보수가 용이해야 한다.
- 공유도와 응집도는 높이고, 제어도와 결합도는 낮추도록 설계되어야 한다.

③ 소프트웨어 재사용(Re-Use)
- 개발 시간과 비용의 절감을 위하여 이미 검증이 완료된 기능을 재구성하여 목표 시스템에 적합하도록 최적화시키는 작업이다.
- 재사용의 규모에 따라 함수와 객체, 컴포넌트, 애플리케이션 범위로 나뉜다.

함수와 객체	클래스나 메소드 단위의 소스 코드를 재사용
컴포넌트	컴포넌트 자체는 수정하지 않고 인터페이스를 통해 재사용
애플리케이션	공통 업무 기능을 제공하는 애플리케이션을 재사용

- 소프트웨어 재사용의 기본 기술은 생성 중심(모듈화, Generation Based)과 합성 중심(모델화, Composition Based)이 있다.

생성 중심	추상화 형태를 구체화하는 패턴 구성 방법
합성 중심	모듈을 조립하는 블록 구성 방법

2) 소프트웨어 재공학(Re-Engineering)

① 개념
- 기존의 시스템을 이용하여 보다 나은 시스템을 구축하는 방법이다.
- 개발의 규모가 커지면서 발생한 소프트웨어의 위기를 개발이 아닌 유지보수의 측면으로 해결하는 것이다.

  ○ 신뢰성 저하, 개발비의 증대, 계획의 지연 등

② 방법

분석 (Analysis)	• 기존 소프트웨어의 명세를 통해 소프트웨어를 분석하고 재공학 대상을 식별하여 재공학의 가치를 판단하는 것
재구성 (Restructuring)	• 소프트웨어의 기능이나 외적인 동작은 변형하지 않으면서 소프트웨어의 코드를 재구성하여 내부 구조와 품질을 향상시키는 것
역공학 (Reverse Engineering)	• 외계인 코드(Alien Code)로부터 소프트웨어의 소스 코드를 복구하여 설계 정보와 데이터 구조 정보 등을 추출하는 것 • 소프트웨어의 동작 과정 및 설계 정보를 재발견하는 것이 목적임
이식 (Migration)	• 기존 소프트웨어의 구조 및 기능을 다른 플랫폼에서 사용할 수 있도록 변환하는 것

○ 아주 오래되거나 참고문서 또는 개발자가 없어 유지보수 작업이 어려운 코드

> **기적의 TIP**
> 소프트웨어의 유지보수 생산성을 극대화하는 재사용(Re-Use), 역공학(Reverse Engineering), 재공학(Re-Engineering)의 앞글자를 묶어서 3R이라고 합니다.

3) 공통 모듈 식별 프로세스

① 단위 업무 기능 분석
- 단위 시스템의 업무 기능을 분석하여 공통 부분을 식별하는 단계이다.
- 업무 기능을 정제(표준화)하고 누락이나 중복되는 기능이 있는지 검토한다.

② 유스케이스 분석
- 유스케이스 다이어그램의 포함 관계(《include》)를 분석하여 공통 기능으로 적용 가능한지 검토하는 단계이다.

③ 검토 회의 진행
- 단위 시스템의 이해관계자들의 의견을 취합하여 공통 기능에 대한 적용 여부를 검토하고 담당자를 선정하는 단계이다.

④ 상세 기능 명세
- 공통 기능에 대한 설명과 담당자, 입출력 항목 등에 대한 상세 기능을 문서화하는 단계이다.

⑤ 식별된 기능 통합
- 각각의 단위 시스템에서 식별된 공통 기능을 통합하는 단계이다.
- 단위 시스템 간의 동일한 기능이 발견되면 전체 공통 기능으로 통합한다.

⑥ 관리 프로세스 수립
- 공통 기능 관리에 대한 역할과 관리 절차를 수립하는 단계이다.
- 관리에 필요한 저장소, 입출력 데이터, 사용법 등을 정의하고 이후 기능 변경이나 삭제에 대한 절차도 마련한다.

4) 공통 모듈 명세 원칙

정확성(Correctness)	해당 기능이 목표 시스템에 필요한 것인지 여부를 정확히 판단할 수 있도록 명세
명확성(Clarity)	해당 기능이 분명하게 이해되고 한 가지로 확실하게 해석될 수 있도록 명세
완전성(Completeness)	해당 기능의 구현에 필요한 모든 요구사항을 명세
일관성(Consistency)	해당 기능이 다른 공통 기능들과 상호 충돌이 없도록 명세
추적성(Traceability)	해당 기능이 가지는 요구사항의 출처와 관련 시스템의 관계 등에 대한 식별이 가능하도록 명세

POINT 049 모듈의 품질 개선

1) 모듈 응집도(Cohesion)
- 모듈의 내부 요소들의 관계가 얼마나 밀접한지(관련이 있는지)를 나타내는 정도이다.
- 응집도가 강할수록 필요한 요소들로만 구성되므로 모듈의 독립성이 높아진다.

응집도 낮음(낮은 품질) → 응집도 높음(높은 품질)

우연적 응집도 ⇨ 논리적 응집도 ⇨ 시간적 응집도 ⇨ 절차적 응집도 ⇨ 통신적 응집도 ⇨ 순차적 응집도 ⇨ 기능적 응집도

기능적(Functional) 응집도	• 모든 기능 요소들이 하나의 문제를 해결하기 위해 수행되는 경우 • 모듈은 계층적으로 구성되며 아래로 갈수록 세분화되기 때문에 최하위 모듈의 대부분은 기능적 응집도를 가짐
순차적(Sequential) 응집도	• 모듈의 기능 수행으로 인한 출력 결과를 다른 모듈의 입력값으로 사용하는 경우
통신적(Communication) 응집도	• 동일한 입력을 기반으로 수행된 기능의 출력 결과를 이용하여 서로 다른 기능을 수행하는 경우
절차적(Procedural) 응집도	• 하나의 문제를 해결하기 위해 여러 모듈들이 순차적으로 수행되는 경우
시간적(Temporal) 응집도	• 각 기능들의 연관성은 없지만 특정 시기에 함께 수행되어야 하는 경우
논리적(Logical) 응집도	• 유사한 성격이나 형태를 가진 기능을 하나의 모듈에서 수행되도록 하는 경우
우연적(Coincidental) 응집도	• 모듈 내부의 구성 요소들이 서로 아무런 관련이 없는 경우 • 모듈화의 이점이 전혀 없고 유지보수가 어렵기 때문에 모듈 설계를 다시 진행하는 것이 좋음

2) 모듈 결합도(Coupling)
- 모듈과 모듈 간의 관련성이 얼마나 깊은지(의존적인지)를 나타내는 정도이다.
- 결합도가 약할수록 의존성이 약해지므로 모듈의 독립성이 높아진다.

결합도 낮음(높은 품질) → 결합도 높음(낮은 품질)

자료 결합도 ⇨ 스탬프 결합도 ⇨ 제어 결합도 ⇨ 외부 결합도 ⇨ 공통 결합도 ⇨ 내용 결합도

자료(Data) 결합도	• 모듈 간의 인터페이스로 전달되는 인수(Argument)와 매개변수(Parameter)를 통해서만 상호작용이 일어나는 경우 *인자로 전달되는 입력값* *인수를 통해 전달받은 값 또는 공간*
스탬프(Stamp) 결합도	• 관련 있는 모듈들이 동일한 자료 구조를 공유하는 (전달하는) 경우 • 특정 모듈에서 자료 구조를 변화시켰다면, 관련 있는 다른 모듈에 그 영향이 미침
제어(Control) 결합도	• 전달 대상 모듈에게 값만 전달하는 것이 아니라 제어 요소를 함께 전달하는 경우 • 전달되는 제어 요소에 따라 대상 모듈의 처리 절차가 달라짐
외부(External) 결합도	• 인수의 전달 없이 특정 모듈이 다른 모듈의 내부 데이터를 참조하는 경우
공유(Common) 결합도	• 모듈이 모듈 외부에 선언된 변수를 참조하여 기능을 수행하는 경우 • 외부 변수는 관련 없는 모듈들도 접근할 수 있으므로 문제가 발생할 가능성이 큼
내용(Content) 결합도	• 모듈이 다른 모듈의 내부 기능과 데이터를 직접적으로 사용하는 경우 • 가장 좋지 않은 결합으로 모듈의 설계를 다시 진행하는 것이 좋음

기적의 TIP
독립성의 반대는 의존성입니다. 어떤 모듈을 사용하려는데 원하지 않는 모듈을 함께 사용해야 한다면, 해당 모듈은 의존성이 있다고 볼 수 있습니다. 이러한 의존성을 줄이고 독립성을 높이는 것이 결국 모듈의 품질을 상승시키는 것입니다.

3) 복잡도

공유도 (Fan-In)	• 자신을 호출(공유)하는 모듈의 수 • 공유도가 높은 경우 공통 모듈화 측면에서는 잘 설계되었다고 할 수 있음 • 단일 실패 지점이 발생할 수 있으므로 중점 관리 및 더 많은 테스트를 통한 검증이 필요함
제어도 (Fan-Out)	• 자신이 호출(제어)하는 모듈의 수 • 제어도가 높은 경우 불필요한 업무 로직을 단순화시킬 방법이 없는지 검토가 필요함

기적의 TIP
Fan-In은 단어 그대로 자신에게 들어오는(In) 화살표의 개수를 파악하세요. 반대로 Fan-Out은 단어 그대로 자신에게서 나가는(Out) 화살표의 개수를 파악하면 되겠죠.

SECTION 02 시스템 연동 설계

POINT 050 타 시스템 연동 설계

1) 시스템 코드 설계
- 코드(Code)란, 데이터를 사용 목적에 따라 그룹으로 분류하고 특정 자료의 선별을 용이하게 하기 위해 부여한 숫자, 문자 등으로 구성된 기호 체계이다.

▶ 코드의 역할 및 기능

대표	식별	각 데이터 간의 성격에 따라 구분
	분류	특정 기준이나 동일한 유형에 대한 그룹화
	배열	의미를 부여하여 나열
기타		표준화, 간소화, 연상, 암호화, 오류 검출

▶ 코드의 유형

순차(Sequence) 코드	• 데이터가 발생한 순서대로 일정한 일련번호를 부여하는 방법 • 코드의 길이가 상대적으로 짧고 단순하며 추가가 간단함
블록(Block) 코드	• 항목들의 특성을 식별하여 블록으로 구분한 뒤에 블록 내에서 순서대로 번호를 부여하는 방법 • 공통 특성별로 분류 및 집계가 용이하며 각 블록의 예비 코드 확보가 가능함
10진(Decimal) 코드	• 코드의 좌측에서 우측으로 갈수록 세분화되는 그룹을 정의하여 10진수로 번호를 부여하는 방법 • 도서 분류식 코드라고도 불리며 그룹 레벨별 최대 10개의 항목까지 구분할 수 있음
그룹 분류(Group Classification) 코드	• 전체 대상을 대, 중, 소분류로 구분하여 순차 번호를 부여하는 방법 • 10진 코드와 다르게 분류 개수에 제한을 두지 않음
연상(Mnemonic) 코드	• 코드에 대상 항목의 특징을 반영하여 대상에 대한 연상이 가능하게끔 코드를 부여하는 방법 • 숫자뿐 아니라 영문자도 함께 조합하기 때문에 표의성이 뛰어난 코드를 정의할 수 있음
표의 숫자(Significant Digit) 코드	• 대상 항목에서 측정 가능한 수치 데이터를 조합하여 부여하는 방법 • 실제 수치에 따라 자릿수가 비교적 길어지고, 중복값이 발생할 가능성이 높음
합성(Combined) 코드	• 둘 이상의 코드를 함께 조합하여 부여하는 방법

2) 시스템 연동
- 서버와 네트워크를 활용하여 서로 다른 기능을 수행하는 시스템 간에 접속을 통해 업무를 수행하는 체계이다.

▶ 시스템 목표에 따른 구분

데이터 연동		데이터베이스 공유를 통해 다른 시스템과 연계하여 업무를 수행하는 체계
인터페이스 연동		API(Application Programming Interface)와 RMI(Remote Method Invocation) 등을 통해 다른 시스템과 연계하여 업무를 수행하는 체계
웹 서비스 연동		네트워크상에서 서로 다른 기종의 시스템 간에 표준화된 데이터 및 여러 관련 기술을 통해 연계하고 업무를 수행하는 체계
	SOAP	이기종 시스템의 데이터, 서비스 호출을 위한 XML 기반의 통신 규약
	UDDI	간편한 웹 서비스 검색을 위한 XML 기반의 통합 레지스트리
	WSDL	웹 서비스를 기술하기 위한 XML 기반 표준 언어

3) 소프트웨어 아키텍처

시스템 아키텍처	• 시스템의 최적화를 위한 시스템 전체의 논리적인 기능 체계와 구성 방식 • 구성 요소 간의 관계 및 외부 환경과의 관계를 표현하고 시스템의 동작 원리를 나타냄 • 소프트웨어 아키텍처 설계에 제약을 거는 상위 개념
소프트웨어 아키텍처	• 소프트웨어의 기본 구조를 정의한 것으로, 소프트웨어 설계 및 구현을 위한 틀 제공 • 소프트웨어 구성 요소들(모듈, 컴포넌트 등)의 상호관계를 정의함 • 소프트웨어 아키텍처를 기반으로 설계된 소프트웨어는 품질 확보, 구축, 개선이 용이함 • 소프트웨어 품질 요구사항을 만족할 수 있는 아키텍처 선정

> **기적의 TIP**
> 시스템은 하드웨어와 소프트웨어를 아우르는 개념입니다. 그러므로 시스템 아키텍처는 당연히 소프트웨어 아키텍처에 영향을 줍니다.

① 계층화(Layered) 패턴
- 시스템을 논리적인 레이어(계층 구조)로 분리하여 서로 인접한 레이어끼리만 상호작용하는 패턴이다.
- 특정 레이어만 개선하여 시스템의 유지보수가 가능하다.
- 일반적인 애플리케이션, 웹 애플리케이션 개발 등에 활용된다.
- 시스템을 물리적으로 분리하는 n-Tier 패턴과 서비스 지향 아키텍처(SOA) 패턴이 있다.

n-Tier		SOA
1-Tier	클라이언트, 애플리케이션, 데이터 계층을 한 계층으로 구현	표현(Presentation) 계층
2-Tier	클라이언트, 애플리케이션을 한 계층으로 구현하고 데이터 계층을 다른 한 계층으로 구현	프로세스(Process) 계층
		서비스(Service) 계층
3-Tier	클라이언트, 애플리케이션, 데이터 계층을 모두 물리적으로 분리하여 구현	비즈니스(Business) 계층
		영속(Persistency) 계층

② 클라이언트/서버(Client/Server) 패턴
- 서비스를 제공하는 하나의 서버와 서비스를 요청하는 다수의 클라이언트로 구성되는 패턴이다.
- E-mail 시스템이나 은행, 예매 서비스를 제공하는 온라인 애플리케이션에 활용된다.

③ 마스터/슬레이브(Master/Slave) 패턴
- 작업을 분리하고 배포하는 마스터와 요청한 작업을 처리하는 다수의 슬레이브로 구성되는 패턴이다.
- 마스터는 슬레이브들이 반환한 결과를 취합하여 최종 결과값을 반환한다.
- 마스터 측의 신뢰할 수 있는 데이터를 슬레이브가 동기화하여 활용한다.

④ 파이프-필터(Pipe-Filter) 패턴
- 서브 시스템(Filter)에 입력된 데이터를 처리한 결과를 파이프를 통해 다음 서브 시스템으로 전달하는 과정으로 구성되는 패턴이다.
- 데이터 스트림을 생성하고 처리하는 시스템에서 버퍼링, 동기화 목적으로 활용한다.

⑤ 브로커(Broker) 패턴
- 다수의 서버와 다수의 클라이언트 사이에 브로커를 두고 클라이언트의 요청을 브로커가 판단하여 적절한 서버에게 전달하는 방식으로 구성되는 패턴이다.
- 서버는 제공 가능한 서비스를 브로커에게 제공하여 클라이언트에 요청에 따라 적절한 서비스가 존재하는 서버를 연결(Redirection)한다.
- 원격 서비스 실행을 통해 상호작용하며 컴포넌트 간의 통신을 조정하는 역할을 한다.

⑥ 피어-투-피어(Peer-To-Peer) 패턴
- 각 컴포넌트가 서버와 클라이언트의 역할을 유동적으로 바꾸어가며 서비스를 요청하고 제공하는 패턴이다.
- 파일 공유와 같은 형식의 네트워크에 활용한다.

⑦ 이벤트-버스(Event-Bus) 패턴
- 데이터와 처리 결과를 특정 채널에 전달하고, 이 채널을 구독하고 있는 리스너는 전달된 메시지에 대해 알림을 수신하는 패턴이다.
- 이벤트-버스 패턴의 주요 요소는 이벤트 소스(Event Source), 이벤트 리스너(Event Listener), 채널(Channel), 이벤트 버스(Event Bus)가 있다.

이벤트 소스	데이터 처리 결과를 메시지화하여 특정 채널로 발행
이벤트 리스너	특정 채널의 메시지를 구독한 사용자
채널	이벤트 소스로부터 메시지를 전달받는 서버, 클라이언트, 컴포넌트
이벤트 버스	발행된 메시지 관리, 구독한 리스너 관리 영역

- 메신저, 휴대폰의 알림 서비스에 활용한다.

⑧ MVC(Model, View, Controller) 패턴
- 데이터와 시각화 요소, 상호작용을 서로 분리하여 UI 변경에 다른 업무 로직이 받는 영향을 최소화하는 패턴이다.
- 웹 애플리케이션 등에 활용되며 Model, View, Controller로 구성된다.

Model	응용 프로그램의 데이터 처리 담당
View	모델의 데이터 시각화 담당(UI)
Controller	모델과 업무 로직의 상호작용 담당

⑨ 블랙보드(Blackboard) 패턴
- 비결정성 알고리즘(결과가 정해지지 않은 해결 전략)을 구현하는 패턴이다.
- 기존 지식들과의 패턴 매칭을 통해 데이터를 검색하며 새로운 데이터 객체를 생성할 수 있다.
- 블랙보드 패턴은 블랙보드(Blackboard), 지식 소스(Knowledge Source), 제어 컴포넌트(Control Component)로 구성된다.

블랙보드	중앙 데이터 저장소
지식 소스	특정 문제를 해결할 수 있는 서브 모듈
제어 컴포넌트	상황에 따라 모듈 선택, 설정, 실행

• 구문 인식, 차량 인식, 음성 인식, 신호 해석 등에 활용된다.

⑩ 인터프리터(Interpreter) 패턴

• 특정 언어 및 명령어로 작성된 프로그램을 해석하는 컴포넌트 설계에 적용되는 패턴이다.
• 특정 언어로 작성된 표현식(문장, 수식 등)을 수행하는 방법을 결정한다.
• SQL, 통신 프로토콜의 해석 등에 활용된다.

POINT 051 미들웨어 솔루션

1) 미들웨어

DBMS(DataBase Management System)	• 데이터베이스 제공 업체(Vendor)에서 제공하는 클라이언트에서 데이터베이스와 연결하기 위한 미들웨어 • 데이터베이스만 물리적으로 분리되므로 2티어 아키텍처에 해당함
RPC(Remote Procedure Call)	• 응용 프로그램의 프로시저를 사용하여 다른 위치(원격)에서 동작하는 프로시저를 로컬 프로시저처럼 호출하기 위한 미들웨어
MOM(Message Oriented Middleware)	• 메시지 기반의 비동기형 메시지를 전달하는 방식의 미들웨어 • 서로 다른 기종의 분산 데이터 시스템의 데이터 동기화를 위해 많이 사용
TP-Monitor(Transaction Processing Monitor)	• 온라인 트랜잭션 업무를 처리하고 감시 및 제어하는 미들웨어 ⋯ ㅇ 은행, 예매, 예약 등 • 사용자 수가 증가하여도 빠른 응답 속도를 유지해야 하는 업무에 활용
ORB(Object Request Broker)	• 객체지향 미들웨어로, 코바(CORBA) 표준 규격을 구현한 미들웨어 • 애플리케이션들 간 어느 위치든, 누가 만들었든 상관없이 상호 간 통신을 보장하고 분산 객체 간의 상호 운용을 위한 미들웨어 • 최근에는 TP-Monitor의 장점을 결합한 제품도 출시되고 있음
WAS(Web Application Server)	• HTTP 세션 처리를 위한 웹 환경을 구현하기 위한 미들웨어 • 데이터 액세스, 세션 관리, 트랜잭션 관리 등을 위해 데이터베이스와 연동하여 활용

2) 웹 서버와 웹 애플리케이션 서버

웹 서버(Web Server)	웹 브라우저(클라이언트)의 요청을 통해 HTML이나 자바스크립트, 이미지, 영상 등의 정적인 콘텐츠 제공
웹 애플리케이션 서버 (WAS)	서버단(Level)에서 애플리케이션이 동작할 수 있는 환경과 다른 기종의 시스템 간의 애플리케이션 연동을 통해 동적인 콘텐츠 제공

> **기적의 TIP**
> 사용자가 웹 브라우저를 통해 요청하는 서비스 중, 정적 데이터는 웹 서버가 처리하고 동적 콘텐츠는 WAS에 전달하여 데이터를 처리함으로써 서버의 자원을 효율적으로 처리할 수 있도록 구성해야 합니다.

POINT 052 연동 오류 예측

1) 코드의 오류 발생 형태

종류	설명	정상 입력	오류 입력
생략(Omission) 오류	입력된 코드 중, 한 자리가 누락된 경우	A02-2H	A02-2
필사(Transcription) 오류	입력된 코드 중, 한 자리가 잘못 입력된 경우	A02-2H	A02-4H
전위(Transposition) 오류	입력된 코드 중, 좌우 자리가 바뀌어 입력된 경우	A02-2H	A02-H2
이중(Double) 전위 오류	입력된 코드 중, 전위 오류가 둘 이상 발생한 경우	A02-2H	A20-H2
추가(Addition) 오류	입력된 코드 중, 한 자리가 추가 입력된 경우	A02-2H	A022-2H
임의(Random) 오류	여러 오류가 둘 이상 결합하여 발생한 경우	A02-2H	A02-H24

2) 오류의 대응 방안

① 데이터베이스 이중화(Database Replication)

• 복수의 시스템을 활용하여 주 시스템에 장애가 발생하는 경우에도 정상적인 서비스가 제공될 수 있도록 동일한 데이터베이스를 복제하여 관리하는 것이다.
• 데이터베이스에 문제가 발생할 경우 복제된 데이터베이스를 이용하여 문제를 즉시 해결할 수 있다.

▶ 이중화 구성 방법

활동 – 활동 (Active–Active)	• 평상시에도 모든 시스템이 서비스 제공 • 처리율은 높지만, 구성 방법 및 설정이 복잡함
활동 – 대기 (Active–StandBy)	• 주 시스템에 장애가 발생하는 경우 다른 시스템이 서비스 제공 • 구성 방법과 관리가 쉬움

② 재해 복구 시스템(DRS) ○······ Disaster Recovery System

- 원활한 재해 복구 수행을 지원하기 위한 시스템으로, 업무 연속성의 유지를 위한 체계이다.
- 재해 발생 시 준비되는 시스템이 아니라 평상시에 확보해 두는 시스템이다.

▶ 복구 수준에 따른 분류

종류	설명	RTO
Mirror Site	• 주센터와 동일한 수준의 정보기술자원을 원격지에 구축 • 최신 데이터, 높은 안정성, 빠른 업무재개 가능 • 높은 초기 비용과 유지보수 비용, 잦은 업데이트의 경우 과부하가 초래될 가능성이 높음	즉시
Hot Site(Data Mirroring Site)	• 주센터와 동일한 수준의 정보기술자원을 원격지에 구축하여 대기 상태로 유지 • 최신 데이터, 높은 안정성, 빠른 업무재개, 잦은 업데이트 가능 • 높은 초기 비용과 유지보수 비용	수시간 (4시간) 이내
Warm Site	• 중요성이 높은 정보기술자원만 센터에 보유 • 구축과 유지보수 비용이 Hot Site보다 저렴 • 다소의 데이터 손실 발생, 복구 목표 시간이 비교적 긺	수일~ 수주
Cold Site	• 데이터만 원격지에 보관하고, 정보자원은 확보하지 않거나 최소한으로만 확보 • 구축 및 유지보수 비용이 가장 저렴 • 데이터의 손실 발생, 복구에 긴 시간이 소요되며 복구 신뢰성이 낮음	수주~ 수개월

기적의 TIP

복구 목표 시간(RTO, Recovery Time Objective)은 중단된 서비스를 복구하기 위해 주 시스템에 허용되는 최대 허용 중단 시간을 의미하고, 복구 목표 시점(RPO, Recovery POINT Objective)은 서비스 중단 시점과 마지막 복구 시점 사이에 허용되는 데이터 손실량을 의미합니다.

③ 업무 영향 분석(BIA) ○······ Business Impact Analysis

- 재해나 장애로 인해 서비스의 문제가 발생한다는 것을 가정하여 이에 따른 영향도 및 손실 평가를 조사하는 방법이다.
- 주요 업무 프로세스를 식별하고 각 서비스의 장애 발생 시 손실 비용을 분석한다.
- 서비스 중요도에 따라서 복구에 대한 우선순위를 부여하고 주요 서비스별 최대 극복 가능 시간을 선정한다.

SECTION 03 연계 데이터 구성

POINT 053 연계 요구사항 분석

1) 통합 구현
- 사용자 요구사항을 해결하기 위한 새로운 서비스 창출을 위해 모듈 간의 연계(인터페이스)와 통합을 구성하는 것이다.
- 통합 구현은 아키텍터 구성이나 송수신 방식에 따라 다양한 방식이 있다.
- 통합 구현 요소는 송수신 시스템, 중계 시스템 및 연계 데이터와 네트워크 등이 있다.

① 송신 시스템
- 전송하고자 하는 데이터를 생성하는 시스템이다.
  - 송신 모듈 : 필요에 따라 데이터를 변환 후 송신
  - 모니터링 : 데이터 생성 및 송신 상태 모니터링
- 일반적으로 연계 솔루션이 적용될 경우에는 데이터 생성 처리만 구현한다.

② 중계 시스템
- 내부 시스템과 외부 시스템 간의 연계 시에 적용되는 아키텍처이다.
- 내외부 구간의 분리로 보안성이 강화되고, 인터넷 망이나 인트라넷 망을 연결할 수 있다.
- 송신된 데이터의 오류 처리 및 수신 시스템의 데이터 형식으로 변환 또는 매핑 등을 수행한다.

③ 수신 시스템
- 중계 시스템으로부터 데이터를 받아서 처리하는 시스템이다.
  - 수신 모듈 : 수신 받은 데이터가 응용 프로그램이나 데이터베이스에 적합하도록 정제, 변환하여 반영
  - 모니터링 : 연계 데이터 수신 현황 및 오류 처리, 데이터 반영 모니터링

④ 연계 데이터
- 시스템 간 송수신되는 데이터로 속성, 길이, 타입 등이 포함된 데이터이다.
- 데이터의 형식은 데이터베이스(테이블과 컬럼)와 파일(text, xml, cvs, …) 등으로 분류할 수 있다.

⑤ 네트워크
- 각 시스템을 연결해주는 통신망으로 물리적인 망(유선, 무선, 공중망, 사설망)과 송수신 규약(Protocol)을 의미한다.

2) 연계 요구사항 분석

① 연계 요구사항 분석 입력물
- 송수신 시스템과 운영되는 데이터의 이해를 통해 사용자의 요구사항을 정확히 분석할 수 있다.
- 요구사항을 분석할 때에는 시스템 구성도, 응용 애플리케이션 구성, ERD/테이블 정의서 등의 입력물이 필요하다.
- 식별된 사용자 요구사항은 송수신 시스템 운영 환경과 데이터를 적용하여 연계 방식과 주기, 연계 데이터 등을 분석한다.

② 연계 요구사항 분석 도구 및 기법
- 효과적인 연계 요구사항을 분석하기 위해 설문 조사, 인터뷰, 체크리스트, 델파이 기법, 연계 솔루션 비교 등과 같은 기법을 활용한다.

③ 연계 요구사항 분석 출력물
- 분석을 통해 식별된 요구사항은 요구사항 분석서, 인터페이스 정의서, 회의록 등에 기록된다.
- 요구사항 유형, 요구사항 설명, 해결 방안, 요구사항에 대한 제약 조건, 중요도, 출처의 내용으로 작성하되, 연계 주기, 연계 방식, 연계 데이터를 식별하고 확인할 수 있도록 기술해야 한다.

POINT 054 연계 데이터 식별 및 표준화

1) 연계 데이터 표준화
- 연계 데이터를 식별하고, 식별된 연계 데이터를 표준화하는 과정이다.
- 연계 데이터의 구성 과정의 산출물은 연계(인터페이스) 정의서이다.

2) 연계 데이터 표준화 절차
① 연계 범위 및 항목 정의
- 시스템 간 연계하려는 정보를 상세화하며 범위와 항목을 정의한다.
- 송수신 시스템에서 연계하고자 하는 각 항목의 데이터 타입 및 길이, 코드화 여부 등을 확인한다.
- 연계 항목이 상이할 경우, 일반적으로 연계 정보가 활용되는 수신 시스템 기준으로 적용 및 변환한다.

② 연계 코드 변환 및 매핑
- 연계되는 정보 중 코드로 관리되어야 하는 항목을 변환한다.
- 대표적으로 송신 시스템 코드를 수신 시스템 코드로 매핑, 송수신 시스템에서 사용되는 코드를 통합하여 표준화 후 매핑 등의 방법이 있다.
- 코드로 관리되는 정보는 정확한 정보 전환 및 검색 조건으로 활용된다.

③ 변경된 데이터 구분 방식 정의
- 정의와 표준화가 완료된 정보를 각 시스템에 반영하기 위해 연계 데이터 식별자와 변경 구분을 추가한다.
- 추가되는 정보는 식별자(PK), 변경 구분, 관리 정보 등이 있다.
  - 식별자(PK, Primary Key) : 대상 데이터를 유일하게 식별 및 구별할 수 있는 이름
  - 변경 구분 : 송신 정보를 수신 시스템의 테이블에 어떻게 반영(추가, 수정, 삭제)할지 식별
  - 관리 정보 : 연계 정보의 송수신 여부, 일시, 오류 코드 등의 모니터링을 위한 정보

④ 연계 데이터 표현 방식 정의
- 연계 데이터를 테이블이나 파일 등의 형식으로 구성한다.
- 테이블은 컬럼(속성)을 통해 상세화 되며 파일로 구성된 경우에는 파일 형식에 따라 태그나 항목 분리자 사용 등에 의해 상세화된다.

XML	• eXtensible Markup Language • 사용자가 임의로 생성한 태그를 통해 상세화
JSON	• JavaScript Object Notation • XML 대체하는 독립적인 개방형 표준 형식 • 자바스크립트 기반이며 〈속성, 값〉의 쌍으로 표현 • AJAX 기술에서 많이 사용됨 ○ Asynchronous Javascript And XML
Text 형식	• 항목 분리자를 통해 상세화 ○ Delimiter : 콤마, 콜론, 세미콜론 등
AJAX	• 차세대 웹 2.0의 기술들을 통칭하는 용어 • 비동기식 자바 스크립트와 XML을 활용하는 기술

- 구성된 연계 데이터는 응용 애플리케이션에서 연계 데이터 생성 시점, 연계 주기, 적용되는 연계 솔루션에 따라 다르게 표현될 수 있다.

3) 인터페이스 정의서 및 명세서

인터페이스 정의서	송신 시스템과 수신 시스템 간의 인터페이스 현황을 작성
인터페이스 명세서	인터페이스 정의서에서 작성한 인터페이스 ID별로 송수신하는 데이터 타입, 길이 등 인터페이스 항목을 상세하게 작성

SECTION 04 연계 메커니즘 구성

POINT 055 연계 메커니즘 정의

1) 연계 방식의 장단점

직접 연계	• 중간 매개체 없이 송신 시스템과 수신 시스템이 직접 연계되는 방식 • 장점 : 연계 및 통합 구현 단순, 개발 비용 저렴, 연계 처리 성능 상승 • 단점 : 높은 결합도로 인터페이스 변경에 민감(제한적), 보안이나 로직 적용 불가
간접 연계	• 연계 솔루션과 같은 중간 매개체를 활용하여 연계되는 방식 • 장점 : 다양한 환경 통합, 보안이나 로직 적용 반영 가능, 인터페이스 변경 가능 • 단점 : 연계 메커니즘 복잡, 성능 저하, 적용을 위한 테스트 기간 소요

2) 간접 연계 메커니즘 구성 요소

① 연계 데이터 생성 및 추출
- 운영 DB에서 연계 데이터를 추출하고 생성하는 부분으로 적용하는 연계 솔루션과는 관계 없이 응용 시스템별로 별도로 구현한다.
- 응용 시스템에서 구현하는 방식으로는 프로그램에서 생성하는 방법과 DB의 오브젝트를 이용하는 방법이 있다.
- 데이터를 추출하여 생성하는 과정에서 발생한 오류는 오류 내역(발생 시점, 오류 코드, 오류 내용 등)을 로그(Log) 테이블 또는 파일에 상세하게 기록한다.

② 코드 매핑 및 데이터 변환
- 송신 시스템에서 사용하는 코드를 수신 시스템의 코드로 매핑 및 변환하고, 데이터 타입이 다를 경우 데이터 변환 작업을 수행한다.
- 코드 매핑 및 데이터 변환은 송신 시스템 측의 데이터 생성 시에 수행하거나, 수신 시스템 측의 데이터 반영 전에 수행할 수 있다.
- 코드 매핑 및 데이터 변환 과정에서 발생한 오류는 변환 일시, 오류 코드 및 오류 내용 등을 로그 테이블에 기록한다.

③ 인터페이스 테이블 또는 파일 생성
- 인터페이스 테이블 또는 파일의 구조, 레이아웃을 사전에 협의하여 정의한다.
- 일반적으로 송수신 시스템의 파일 구조를 동일하게 구성하지만 경우에 따라서 다르게 설계할 수 있다.
- 송신 시스템 인터페이스 테이블에는 송신 관련 정보를 관리하기 위한 항목을 추가하여 설계한다.
- 수신 시스템 인터페이스 테이블에는 수신 관련 정보를 관리하기 위한 항목을 추가하여 설계한다.
- 연계 데이터에 생성 단계 및 과정에서 발생한 모든 오류 사항은 로그 테이블에 기록한다.

④ 로그 기록
- 송수신 시스템에서의 일련의 과정상 모든 활동에 대한 결과를 기록한다.
- 로그를 파일로 기록할 경우에는 파일이 생성되는 위치인 디렉토리, 생성 시점, 파일명 생성 규칙, 생성하는 파일 형식 등을 정의한다.
- 송수신 과정에서 오류가 발생했을 경우, 오류 발생 현황과 원인을 분석하여 대응할 수 있다.

⑤ 연계 서버
- 인터페이스 송수신과 관련된 모든 처리를 <u>전송 주기마다</u> 수행한다. 데이터 생성 방식이나 시점에 따라 실시간, 분, 시간, 일 단위로 설정
- 연계 서버는 송신 시스템 또는 수신 시스템 중 한 곳에만 설치하는데, 일반적으로 수신 시스템 구간에 위치한다.

⑥ 연계 데이터 반영
- 연계 데이터를 운영 DB에 반영하기 위해서는 별도의 변환 프로그램의 구현이 필요하다.
- 수신 연계 테이블에 데이터를 적재하여 주기적으로 운영 데이터베이스로의 변환 프로그램을 구현한다.

POINT 056 연계 장애 및 오류처리 구현

1) 장애 및 오류의 정의
① 장애 및 오류 관리 범위
- 연계 솔루션이 제공하는 기능을 변경하거나 추가 설계가 불가능하므로, 장애 및 오류를 기록하고 관리하는 방식의 설계는 송수신 시스템의 연계 응용 프로그램에 의한 관리 대상 장애 및 오류 범위로 한정한다.

② 장애 및 오류 코드와 메시지 정의
- 데이터 연계 과정에서 발생할 수 있는 오류를 식별하여 적절한 코드를 부여한다.
- 오류 내용은 이해가 용이하도록 내용을 보완하여 작성한다.
- 오류 코드는 일정한 규칙에 따라 부여한다.
  - 장애 및 오류를 뜻하는 Error의 첫 글자로 시작
  - 오류 발생 위치 : 연계 서버(S), 연계 프로그램(A)
  - 오류 유형 : 형식(F), 길이(L), 코드(C), 데이터(D), 권한(S), 필수 입력(M)
  - 일련번호 : 오류 유형 및 분류별로 일련번호 부여

2) 연계 메커니즘 장애 발생 구간

송신 시스템	데이터의 생성 및 추출, 코드 매핑 및 데이터 변환 과정에서 오류 발생 인터페이스 테이블을 등록하는 과정에서 오류 발생
연계 서버	수신 받은 데이터 형식을 수신 시스템의 인터페이스 테이블에 저장하기 위해 해당 형식으로 변환하는 과정에서 오류 발생 송신 시스템의 인터페이스 테이블에서 로드된 연계 데이터를 전송 형식으로 변환하는 과정에서 오류 발생 연계 데이터를 송신, 수신하는 과정에서 오류 발생
수신 시스템	인터페이스 테이블의 연계 데이터를 로드하는 과정에서 오류 발생 코드 매핑 및 데이터 변환, 운영 DB에 데이터를 반영하는 과정에서 오류 발생

3) 장애 및 오류 유형과 처리 방안
① 장애 및 오류 유형

연계 시스템 오류	연계 시스템의 기능 관련(실행, 송수신, 형식 변환 등) 장애 및 오류
연계 프로그램 오류	권한 불충분, 예외 처리 미흡, 구현 등의 오류
연계 데이터 오류	송신 시스템의 연계 데이터 자체가 유효하지 않은 경우의 오류

② 장애 및 오류 처리 방안
- 대부분의 오류는 해당 시스템의 오류 로그를 통해 원인을 분석하고 조치를 취할 수 있다.
- 데이터 자체가 문제인 경우 오류 분석을 통해 데이터를 보정한 후 재전송한다.

③ 장애 및 오류 처리 절차
- 운영자는 장애 및 오류 현황 모니터링 화면을 이용하여 1차로 확인한다.
- 모니터링 화면을 통해 확인이 불가할 경우, 로그 파일의 내용을 이용하여 2차로 확인한다.
- 분석된 결과에 따라 대응 조치를 수행한 뒤, 필요하다면 재작업을 진행한다.
  - 송신 시스템 재작업 : 연계 데이터 생성 및 추출 작업 재처리
  - 수신 시스템 재작업 : 연계 응용 프로그램 재실행

4) 오류 로그 테이블 설계
① 오류 로그 테이블 설계 방식
- 오류 로그 테이블(파일)은 기록 단위에 따라 연계 테이블에 대한 로그와 연계 데이터에 대한 로그로 설계할 수 있다.
- 오류 로그 테이블은 로그 테이블과 분리하거나 통합하여 설계할 수 있다.
  - 로그 테이블 : 연계 메커니즘 전반을 모니터링
  - 오류 로그 테이블 : 오류 내용을 확인하기 위한 기록

② 오류 로그 관리 요소
- 오류 로그와 로그의 분리 및 통합 여부와 관계 없이, 오류 데이터를 추적, 분석, 보완, 재처리가 가능하도록 관련 정보를 관리한다.
  - 오류가 발생한 데이터가 포함된 행(Row)의 식별값
  - 오류가 발생한 항목(속성, 컬럼)
  - 오류 코드와 내용
  - 기타(선후 관계 및 추적성) 부가 요소 : 오류 발생 일시, 데이터 담당자 정보 등

POINT 057 연계 데이터 보안 적용

1) 전송 구간(Channel) 암호화
① 채널 암호화
- 네트워크에서 데이터가 전송되는 형식, 패킷의 암(복)호화로 네트워크에서 비인가자 또는 악의적인 사용자가 전송 데이터, 패킷을 가로채더라도 쉽게 그 내용을 파악하지 못하도록 하는 것이다.
- 채널 암호화는 범위가 네트워크이므로 전송되는 전체 데이터에 적용된다.
- 채널 암호화를 위해서는 채널 암호화를 지원하는 가상 사설망(VPN) 또는 유사 솔루션이나 연계 솔루션을 적용해야 한다.
  - VPN ○ Virtual Private Network

② 전용선과 VPN
- 채널의 보안을 위해서 송수신 시스템만을 위한 전용선 설치와 병행하여 채널 암호화 솔루션을 적용할 수 있다.
- 서로 다른 네트워크 또는 거리, 비용 등으로 인해 전용선 설치가 어려운 경우에는 VPN을 활용한다.

2) 데이터 보안
① 정의
- 송수신 시스템 데이터 연계 과정에서 암호화를 적용하는 방식이다.
- 데이터 보안의 구현은 암호화 적용 대상, 암호화 알고리즘, 암호화 적용 환경 설정의 설계가 필요하다.

② 연계 메커니즘에서 데이터 암호화 처리 프로세스
- 송신 시스템에서는 운영 DB에서 연계 데이터를 추출하여 보안 대상 컬럼을 선정하고 암호화 알고리즘으로 암호화한 후 연계 테이블에 등록한다.
- 수신 시스템에서는 연계 테이블에서 연계 데이터를 읽고 암호화 된 컬럼이 있을 경우 복호화 하여 운영 DB에 반영한다.
- 송수신 시스템 간에 데이터 보안을 위해서는 연계 데이터 중 암호화 적용 컬럼과 적용된 암호화 알고리즘, 암호화 키 등을 협의하고 공유해야 한다.
- 송수신 시스템에는 암호화를 위한 동일한 암호화 알고리즘 라이브러리가 설치된다.

③ 암호화 적용 대상 선정
- 연계 데이터에 암호화를 적용하게 되면 암호화 적용 컬럼과 테이블 수가 증가할수록 시스템 성능은 저하된다.
- 보안을 위협받지 않고 성능이 보장될 수 있도록 적정 수순의 보안을 적용하는 것이 좋다.
- 일반적으로 법률로 정한 암호화 필수 항목에 대해서 적절한 암호화 방법을 이용해 암호화 처리를 해야 한다.

④ 암호화 알고리즘
- 암호화 알고리즘은 암호화 방향에 따라 단방향 알고리즘과 양방향 알고리즘이 있다.

단방향 알고리즘	암호화만 가능한 알고리즘(HASH 기반 알고리즘)
양방향 알고리즘	암호화/복호화가 가능한 알고리즘(대칭 키, 비대칭 키)

- 송수신 시스템 간의 적용되는 암호화 키의 동일 여부에 따라 대칭 키 알고리즘와 비대칭 키 알고리즘이 있다.

대칭 키 알고리즘	동일한 암호화 키를 공유하는 방식(TKIP, WEP, DES, AES, …)
비대칭 키 알고리즘	서로 다른 암호화 키를 사용하는 방식(RSA, DSA, DH, ElGamal, …)

3) 연계 응용 프로그램 구현 시 암호화 알고리즘 적용
① 암호화 적용 대상, 알고리즘 결정
- 법률, 시스템 환경, 성능 등을 고려하여 암호화 적용 대상과 알고리즘을 결정한다.
- 결정된 사항들은 연계 메커니즘 정의서에 반영한다.

② 암호화 대상 컬럼의 데이터 길이 변경
- 일반적으로 암호화된 값은 암호화되기 전의 값(평문)보다 커지기 때문에 암호화 적용 대상 컬럼의 크기(길이)를 충분히 늘려준다.
- 변경한 길이는 연계 테이블 정의서 및 명세서에 반영한다.

③ 암호화 알고리즘 적용 방식
- 암호화 알고리즘은 연계 솔루션이나 시스템에서 사용하고 있거나 제공하는 알고리즘을 적용할 수 있다.
- 구글 등에서 제공하는 오픈 소스 암호화 알고리즘을 적용하거나, 한국인터넷진흥원에서 국내 개발용 알고리즘을 신청하여 적용할 수도 있다.

④ 암호화 처리를 위한 고려사항
- 결정한 알고리즘이 적용된 암호화/복호화 API가 패키징된 라이브러리를 확보하여 연계 시스템에 설치한다.
- 시스템에서 제공하거나 적용되어 있는 알고리즘이 아닌 경우에는, 별도로 확보한 알고리즘 라이브러리를 연계 시스템에 라이브러리 저장소에 설치한다.

SECTION 05 연계 모듈 구현

POINT 058 연계 모듈 구현 환경 구성 및 개발

1) 연계 기술 표준(EAI)

① 구분
Enterprise Application Integration

EAI	• 서로 다른 기종의 시스템 간의 연동을 가능하게 해주는 전사적 애플리케이션 통합 환경 • 송수신 어댑터(모듈)를 이용해 메시지 변환이 가능하여 서로 다른 코드나 프로토콜을 사용하는 시스템 간 통신이 가능함
ESB	• 애플리케이션 간 통합 측면에서 EAI와 비슷하지만 애플리케이션보다는 서비스를 중심으로 통합하는 것을 지향하는 아키텍처 • Message Bus 유형으로, Bus를 중심으로 각각 프로토콜이 호환되게끔 변환이 가능하고 서비스 중심으로 메시지 이동을 라우팅할 수 있음

Enterprise Service Bus

② EAI 종류

Point-to-Point	• 미들웨어 없이 애플리케이션 간 직접 연결하는 방식 • 연계 솔루션 없이 단순한 통합이 가능하지만, 시스템의 변경이나 재사용이 어려움	
Hub & Spoke(EAI)	• 단일 접점 시스템(허브)을 통해 데이터를 전송하는 중앙 집중형 연계 방식 • 확장 및 유지보수가 용이하지만, 허브 자체에 장애가 발생하면 전체 시스템에 문제가 생김	Hub
Message Bus(ESB)	• 송수신 시스템 사이에 미들웨어(Bus)를 두어 확장성과 처리량을 향상하는 방식 • 별도의 어댑터가 필요 없고 관리 및 보안이 용이하며 서비스 중심의 통합 지향 • 웹 서비스 기반 통신으로 표준화가 어려운 편이며 직접 연계에 비해 성능이 낮음	Middle Ware
EAI/ESB (Hybrid)	• 허브&스포크 방식을 사용하는 그룹과 그룹 간에는 ESB를 적용하는 표준 통합 기술	

2) 연계 모듈 구현 환경 구축 절차

① EAI/ESB 솔루션 도입 시
- 송수신 시스템에서 각각 연계를 위한 DB를 설치하고, 사용자 계정을 생성한다.
- 생성된 사용자 계정으로 연계 테이블, 로그, 오류 로그, 매핑 테이블 등을 생성한다.
- 송수신 시스템에 각각 연계 응용 프로그램을 구현한다.
- EAI/ESB 연계 방식에서는 DBMS의 트리거(Trigger) 객체를 활용한다. _{프로그래밍 언어로 구현된 암호화 알고리즘을 호출하는 데 제한적}

② 웹 서비스 방식 도입 시
- 웹 서비스 방식은 실제 전송이나 전송 이력에 대한 기록 및 모니터링 기능을 별도로 구현해야 한다.
- 송수신 시스템에서 각각 연계 파일, 로그, 오류 로그가 생성될 위치와 파일을 정의한 후 디렉토리를 생성한다.
- 송신 시스템에서 운영 DB로부터 연계 데이터를 추출하여 XML 형식으로 생성하는 프로그램(자바 기반)을 구현한다.
- SOAP, RESTful 등을 사용하여 데이터를 송수신한다.
- WSDL에 기술된 운영 DB에 연계 데이터를 반영하는 서비스(자바 기반)를 구현한다.

POINT 059 연계 테스트 및 검증

1) 연계 테스트
- 구축된 연계 시스템과 연계 시스템의 구성 요소가 정상적으로 동작하는지 확인하고 검증하는 활동이다.
- 송수신 시스템 사이의 연계 테이블 간 테스트를 수행한 뒤, 연계 데이터를 추출(송신측) 및 반영(수신측)하는 테스트를 진행한다.
- 연계 업무의 단위 테스트, 연계 테스트, 통합 테스트를 단계적으로 수행한다. _{응용 애플리케이션 기능과의 통합 구조상 흐름 테스트}

2) 연계 모듈 테스트 케이스 작성 및 명세화

① 송수신 연계 프로그램의 단위 테스트 케이스 작성
- 송수신 시스템에서 확인해야 할 사항을 각각 도출하여 테스트 케이스를 작성한다.

② 연계 테스트 케이스 작성
- 송수신 시스템 각각의 연계 프로그램의 기능 위주 결함을 확인하는 단위 테스트 케이스이다.
- 연계 테이블 간 송수신 절차의 전후로 연결하여 흐름을 확인하는 내용으로 작성한다.

3) 연계 시스템 검증

① 환경 구축
- 연계 테스트 환경은 실제 운영환경과 최대한 유사하게 구축한다. ┄o 연계 서버, 송수신 어댑터, 운영 DB, 연계 테이블, 연계 프로그램 등
- 송수신 기관 간에 테스트 수행 일정, 절차, 방법, 소요 시간, 테스트 환경, 환경 구축 기간 등을 협의하여 계획을 수립한다.

② 수행
- 구축한 테스트 환경에서 테스트 케이스의 절차대로 실제 테스트를 진행하고 결과를 확인한다.
- 단위 테스트가 오류 없이 수행 완료되면 연계 테스트를 수행한다.

③ 수행 결과 검증
- 연계 테스트 케이스의 시험 항목 및 처리 절차 순서에 따라 수행한 테스트 결과와 기대 결과의 일치 여부 확인을 위한 검증을 수행한다.
- 테스트 결과를 검증하는 일반적인 방법
  - 운영 DB 테이블의 건수 카운트(Count)
  - 실제 테이블이나 파일을 열어서 데이터 확인
  - 파일 생성 위치의 파일 생성 여부와 파일 크기 확인
  - 연계 서버(또는 연계 엔진)에서 제공하는 모니터링 화면의 내용 확인
  - 시스템에서 기록하는 로그 확인

▶ 연계 시스템 구현 검증을 지원하는 도구

도구	설명
xUnit	java(Junit), C++(Cppunit) 등 다양한 언어를 지원하는 단위 테스트 프레임워크
STAF	서비스 호출, 컴포넌트 재사용 등 다양한 환경을 지원하는 테스트 프레임워크
FitNesse	웹 기반 테스트 케이스 설계/실행/결과 확인 등을 지원하는 테스트 프레임워크
NTAF	STAF와 FitNesse를 통합한 프레임워크
Selenium	다양한 브라우저(웹) 지원 및 개발언어를 지원하는 웹 애플리케이션 테스트 프레임워크
watir	Ruby(언어) 기반 웹 애플리케이션 테스트 프레임워크

4) 인터페이스 예외 처리

① 송신 시스템의 예외 처리 방안

송신 데이터에서 예외가 발생하는 경우	송신 전 데이터를 정제, 정합성 체크
프로그램 자체에서 예외가 발생하는 경우	논리적 결함 수정, 충분한 테스트
서버에서 예외가 발생하는 경우	HTTP status code를 참고

기적의TIP HTTP status code

400	잘못된 요청	500	내부 서버 오류
401	인증 실패	501	구현되지 않음
403	접근 거부 문서 요청	502	잘못된 게이트웨이
404	페이지 없음	503	서버 과부하
408	요청 시간 만료		

② 수신 시스템의 예외 처리 방안

수신 데이터에서 예외가 발생하는 경우	특수문자를 다른 문자로 대치, 정합성 체크
프로그램 자체에서 예외가 발생하는 경우	논리적 결함 수정, 충분한 테스트, 송신측 프로그램 수정
서버에서 예외가 발생하는 경우	서버 불안정 해소(입력 대기 큐 사용)

5) 연계 시스템 구현 모니터링

① 인터페이스 오류 사항을 즉시 확인하는 경우
- 오류 발생 현황을 즉시 인지하여 조치할 수 있는 경우이다.
  - 오류 알람 메시지 확인 : 사용자가 가장 먼저 인지
  - E-mail 전송 : 사용자 인지 확률 낮음
  - SMS : 사용자, 관리자 모두 즉시 인지 가능(비용 발생)

② 인터페이스 오류 사항을 주기적으로 확인하는 경우
- 시스템 관리자가 주기적으로 로그와 오류 로그를 통해 오류 여부를 확인하고 원인을 추적한다.
- 오류 발생 이력을 통해 주기적으로 발생하는 오류를 분석하여 오류의 재발생을 막을 수 있다.
  - 오류 로그 : 구체적 오류 내역 확인 가능(전문성 필요)
  - 오류 테이블 : 오류 내역 관리 용이
  - 오류 모니터링 도구 활용 : 오류에 대한 전반적 관리 가능(비용 발생)

③ APM ○ Application Performance Management
- 사용자 환경에 설치하여 송수신 시스템의 기능 및 성능 운영 현황을 관리할 수 있는 모니터링 도구이다.
- 시스템의 성능, 처리량, 가용성, 무결성, 신뢰성을 확보할 수 있다.

04

인터페이스 구현

SECTION

인터페이스 설계 ·································· 76p

SECTION 01 인터페이스 설계

POINT 060 인터페이스 시스템 식별

1) 인터페이스 요구사항

① 인터페이스 정의
- 인터페이스는 서로 다른 시스템 및 사용자 사이에서 정보를 주고받는 물리적, 논리적 매개체를 의미한다.
- 상호작용의 대상에 따라 시스템 인터페이스와 사용자 인터페이스로 나뉜다.

② 시스템 인터페이스 요구사항
- 시스템 인터페이스는 네트워크를 통해 조직 내부 또는 외부에 존재하는 시스템 간의 접속을 통해서 업무를 수행하기 위한 인터페이스이다.
- 서로 독립적인 시스템이 연동하여 상호작용하기 위한 접속 방법이나 규칙을 의미한다.
- 시스템 인터페이스 요구사항은 인터페이스 이름, 연계 대상 시스템, 연계 범위 및 내용, 연계 방식, 송신 데이터, 인터페이스 주기, 기타 고려 사항을 명시한 것으로 내외부 인터페이스 대상 시스템 및 기관과 시스템 연동 방안을 사전에 협의해야 한다.
- 시스템 인터페이스 요구사항 역시 기능적 요구사항과 비기능적 요구사항으로 나뉜다.

기능적 요구사항	시스템 연계를 통해 수행될 기능, 입출력 등의 기능적 속성
비기능적 요구사항	기능적 요구사항을 만족시키기 위한 제약조건(성능, 신뢰도, 안정성 등)

③ 시스템 인터페이스 요구사항 분석 절차
- 요구사항을 기능적 요구사항과 비기능적 요구사항으로 분류하여 구체화한다. ◦ 분류, 개념 모델링, 할당, 협상 등
- 요구사항 분석 기법을 적절히 이용하여 분석한다.
- 요구사항을 적절한 수준으로 세분화(계층화)하고 우선순위 부여 및 누락된 요구사항을 추가한다.
- 식별, 산출된 요구사항을 명세하여 이해관계자들과 공유한다.

④ 시스템 인터페이스 요구사항 명세서 작성 시 고려사항
- 인터페이스별로 연계 방식과 유형, 주기 등을 식별할 수 있어야 한다.
- 송수신 데이터 정보와 코드 정보 등 교환되는 데이터에 대한 정보를 식별할 수 있어야 한다.
- 인터페이스 구현에 필요한 환경 정보와 기술적 요구사항을 식별할 수 있어야 한다.
- 송수신 시스템의 업무 담당자와 IT 담당자의 정보를 확인할 수 있어야 한다.

2) 연계 시스템 구성

① 송신 시스템
- 데이터베이스와 애플리케이션으로부터 생성된 연계 테이블 또는 파일을 목표 시스템으로 송신하는 시스템이다.
- 수신 시스템에 대응하도록 코드 및 데이터를 변환하고, 오류 등에 대비하기 위한 로그를 기록한다.

② 수신 시스템
- 수신한 연계 데이터(테이블, 파일)를 시스템의 데이터 형식에 맞게 변환하여 데이터베이스에 저장하거나 애플리케이션에서 활용할 수 있도록 하는 시스템이다.

③ 중계 시스템
- 연계 데이터의 보안을 강화하거나 다중 플랫폼을 지원하기 위해 송수신 시스템의 사이에서 데이터를 중계 및 모니터링 하는 시스템이다.

구분	단계	작업
송신 시스템	1	연계 데이터 생성 및 추출
	2	코드 매핑 및 데이터 변환
	3	인터페이스 테이블/파일 생성
	4	로그 기록
	5	중계 시스템 또는 송신 Adapter를 통해 데이터 전송
중계 시스템	6	데이터 처리(암호화, 변환, 매핑 등) 후 전송
수신 시스템	7	중계 시스템 또는 수신 Adapter를 통해 데이터 수신
	8	인터페이스 테이블/파일 생성
	9	코드 매핑 및 데이터 변환
	10	로그 기록
	11	연계 데이터 데이터베이스 및 애플리케이션에 반영

3) 송수신 데이터 식별

① 식별 대상 데이터
- 시스템 간에 교환되는 데이터는 표준 전문(표준화된 형식의 텍스트 데이터)에 따라 이루어진다.
- 인터페이스 명세서에는 전문에 대한 세부 정보가 누락 없이 포함되어야 한다.
- 전문은 전문 공통부와 개별부, 종료부로 구성된다.

전문 공통부(고정)	전문(8byte), 시스템 공통부(248byte), 거래 공통부(256byte)로 구성
전문 개별부(가변)	데이터부(nbyte)로 구성
전문 종료부(고정)	전문 종료부(2byte)로 구성

② 전문 공통부(표준 항목)
- 시스템 공통부는 시스템 연동 시 필요한 공통 정보(시스템, 인터페이스, 서비스, 응답 결과, 장애 정보)로 구성된다.
- 거래 공통부는 시스템 연동 처리 시에 필요한 인원 및 기기 정보, 기기(매체) 정보, 테스트 정보 등으로 구성된다.

③ 전문 개별부(송수신 데이터 항목)
- 송수신 시스템이 업무를 수행하는 데 필요한 데이터이다.
- 인터페이스별로 전송되는 데이터의 항목과 순서가 다르므로 데이터 식별을 통해 연계 데이터 항목과 매핑이 필요하다.
- 송수신 데이터 식별은 요구사항 정의서, 테이블 정의서 등을 활용한다.

④ 공통 코드
- 시스템 연계 시 공통으로 사용하는 시스템 코드, 상태 코드, 오류 코드 등을 의미한다.
- 코드값과 코드명, 코드 설명 등을 관리한다.

⑤ 필수 암호화 항목
- 법률로 정한 암호화 필수 항목이 인터페이스를 통해 교환되는 경우에는 적절한 암호화 방법을 이용해 암호화 처리를 해야 한다.

4) 인터페이스 설계를 위한 데이터베이스 산출물

개체 정의서	개념 모델링 과정에서 도출한 개체 타입과 관련 속성, 식별자 등에 대한 개괄적인 정보를 포함한 문서
테이블 정의서	논리 및 물리 모델링 과정에서 작성되는 산출물로, 테이블에서 관리되는 컬럼들의 특징과 인덱스, 업무 규칙 등을 문서화 한 것
코드 정의서	• 전체 데이터베이스에서 유일하게(중복 없이) 정의되는 코드의 정의를 문서화 한 것 • 코드와 별도로 도메인(Domain)을 정의할 수도 있음

○ 입력되는 데이터의 유형과 범위 지정

POINT 061 인터페이스 상세 설계

1) 시스템 연계 방식

직접 연계 방식	• 중계 시스템이나 솔루션을 거치지 않고 직접 연결되어 인터페이스 하는 방식 • 연계 처리 속도가 빠르고 구현이 단순하여 개발 비용과 개발 기간이 단축됨 • 송수신 시스템 간의 결합도가 높아지고 시스템 변경에 민감해짐 • 보안 처리와 비즈니스 로직 구현을 인터페이스별로 작성해야 하고 통합 환경 구축이 어려움
간접 연계 방식	• EAI 등의 연계 솔루션을 통해서 인터페이스 하는 방식 • 서로 다른 네트워크와 프로토콜 등 다양한 환경의 시스템들을 연계하고 통합 관리할 수 있음 • 인터페이스 변경에 유연한 대처가 가능하고 보안이나 업무 처리 로직 반영이 용이함 • 연계 절차가 비교적 복잡하고 성능 저하의 가능성, 개발 및 테스트 기간이 오래 걸림

2) 시스템 연계 기술

DB Link	• 데이터베이스에서 제공하는 DB Link 객체를 이용하는 기술 • 수신 시스템에서 DB Link를 생성하고 송신 시스템에서 해당 DB Link를 직접 참조하는 방식 • 테이블@DBLink명
DB Connection	• 수신 시스템의 WAS에서 송신 시스템 DB로 연결하는 DB Connection Pool을 생성하고 연계 프로그램에서 해당 DB Connection Pool을 이용하는 기술 • 송신 시스템의 Data Source = DB Connection Pool 이름
API	• 송신 시스템의 DB에서 데이터를 읽어와서 제공하는 애플리케이션 프로그래밍 인터페이스 프로그램 • API명과 입출력 매개변수 정보 필요
JDBC(Java DataBase Connectivity)	• 수신 시스템의 프로그램에서 JDBC 드라이버를 이용하여 송신 시스템 DB와 연결하는 기능 • DBMS 유형, DBMS 서버 IP와 Port, DB instance 정보 필요

Hyper Link	• 웹 애플리케이션에서 하이퍼링크를 이용하는 기술 • ⟨a href="url"⟩ Link 대상 ⟨/a⟩
Socket	• 서버는 통신을 위한 소켓을 생성하여 포트를 할당하고 클라이언트의 통신 요청 시 클라이언트와 연결하고 통신하는 네트워크 기술
Web Service	• WSDL, UDDI, SOAP 프로토콜을 이용하여 연계하는 기술

3) 연계 통신 유형
① 실시간 처리 방식

단방향 (Notify)	실시간 File, DB 연계처럼 데이터를 요청하는 시스템의 응답이 필요 없는 업무에 사용
동기 (Sync)	데이터 동기를 위해 거래 요청의 응답을 대기(Request-Reply)하는 방식으로 업무 특성상 응답을 바로 처리해야 하거나 응답 속도가 빠를 경우에 사용
비동기 (Async)	요청을 보내고 다른 작업을 하다가 준비되었다는 신호를 받으면 다시 처리하는 방식으로 거래량이 많거나 많은 데이터를 전송하는 업무에 사용
지연 처리 (Deferred)	순차 처리 및 지연 처리가 필요한 업무에 사용

② 배치 처리 방식
- 처리할 작업을 모아서 정해진 시간에 수행하는 방식이다.
- 연계 스케줄러에 의해 구동되는 이벤트 방식과 타이머에 의한 방식이 있다.

4) 인터페이스 오류
① 유형

연계 서버 오류	연계 서버의 실행 여부, 송수신, 전송 형식 변환 등 연계 서버의 기능과 관련된 장애 또는 오류
송신 시스템 연계 프로그램 오류	연계 데이터 추출을 위한 데이터베이스 접근 권한 오류, 데이터 변환 시 예외 상황 미처리 등으로 인한 연계 프로그램 오류
연계 데이터 오류	연계 데이터값이 유효하지 않음으로 인해 발생하는 오류
수신 시스템 연계 프로그램 오류	수신 받은 데이터를 운영 데이터베이스에 반영하는 과정에서 접근 권한 문제, 데이터 변환 시 예외 상황 미처리 등으로 인한 연계 프로그램 오류

② 인터페이스 오류 처리 절차
- 연계 시스템의 로그 파일에 오류 코드와 에러 발생에 대한 상세 내용을 기록하도록 연계 프로그램을 작성한다.
- 기록된 로그 파일의 내용을 확인하여 원인을 분석하고 오류 유형에 따라 해결 방안을 수립한다.

5) 인터페이스 설계서

인터페이스 목록	연계 업무와 연계에 참여하는 송수신 시스템의 정보 연계 방식과 통신 유형 등에 대한 정보 포함
인터페이스 정의서	데이터 송신 시스템과 수신 시스템 간의 데이터 저장소와 속성 등의 상세 내역 포함

05

화면 설계

SECTION

UI 요구사항 ·· 80p
UI 설계 ·· 83p

SECTION 01 UI 요구사항

POINT 062 UI 요구사항 확인

1) UI(User Interface)
① 개념
- UI란, 사용자와 컴퓨터 상호 간의 원활한 소통을 도와주는 연계 시스템이다.
- 다양하고 복잡해지는 업무에 따라 단순한 상호작용을 위한 UI에서 실행 오류를 줄이기 위한 UI로 발전되었다.
- 단순한 기능의 전달이 아닌 정보의 내용과 그 안에 포함된 의미를 전달하는 과정으로 발전하고 있다.

② 추구하는 분야

물리적 제어 분야	정보의 제공과 기능 전달
구성과 표현 분야	콘텐츠의 상세적 표현과 전체적 구성
기능적 분야	사용자가 쉽고 간편하게 사용

③ 상호작용 유형에 따른 종류

CLI	• Command Line Interface • 명령 문자열을 통해 시스템과 상호작용
GUI	• Graphic User Interface • 메뉴, 아이콘 등의 그래픽 요소를 통해 상호작용
NUI	• Natural User Interface • 사람의 음성, 촉각 등을 통해 상호작용

2) UI 표준과 지침
① 정의
- UI 표준은 모든 UI에 공통적으로 적용되어야 하는 내용을 의미한다.
- UI 지침은 UI 개발 과정에서 지켜야 할 공통의 세부 개발 방향을 의미한다.
- 다양한 업무 케이스를 반영하여 여러 사용 상황에 대처할 수 있도록 UI 표준을 수립한다.
- 원활한 표준 적용을 위해 충분한 가이드와 활용 수단을 제공해야 한다.

> **기적의 TIP**
> 표준과 지침의 차이를 묻는 문제가 출제될 확률은 적으므로, 절차와 구성 요소에 집중하여 공부하세요.

② UI 스타일 가이드 작성 프로세스
- UI 스타일 가이드는 UI 스타일을 작성할 때 기준이 되는 규칙이다.

▶ UI 스타일 가이드 작성 절차

구동 환경 정의	컴퓨터 환경, 운영체제, 웹 브라우저 등을 정의
레이아웃 정의	화면의 구조를 몇 가지 영역으로 나누어 정의
네비게이션 정의	원하는 정보를 빠르고 정확하게 검색, 이동할 수 있는 체계 정의
기능 정의	적용될 기능 및 데이터들의 관계 모델 정의
구성 요소 정의	화면에 표시할 UI element를 정의

③ 레이아웃 구성 요소
- 레이아웃 구성 요소는 구동 환경에 따라 달라지거나 생략될 수 있다.

▶ 구성 요소

Indicator	각종 서비스의 상태 알림, 수신 정보를 기호를 통해 표현하는 영역
Header	회사의 정체성(로고, 사이트명 등)을 표현하는 영역
Navigation	현재 서비스의 위치 및 다른 서비스로의 이동을 지원하는 영역
Content	사용자에게 전달되는 정보가 나타나는 영역
Button	특정 정보에 직접 접근할 수 있도록 별도의 요소를 표현하는 영역
Footer	회사 정보, 저작권 정보 등 정보 제공자의 정보를 나타내는 영역

④ UI element
- 사용자와 서비스가 상호작용할 수 있는 요소이다.

▶ 구성 요소

명령(Command) 버튼	전송, 이동, 초기화 등의 지정된 명령을 수행
토글(Toggle) 버튼	하나의 버튼으로 두 상태를 번갈아가며 설정
라디오(Radio) 버튼	다수의 나열된 항목 중 하나의 값을 선택
체크(Check) 박스	다수의 나열된 항목 중 하나 이상의 값을 선택
콤보(Combo) 박스	드롭 다운 리스트에서 원하는 항목을 하나만 선택
텍스트(Text) 박스	서비스 이용에 필요한 정보를 입력하는 공간

3) 한국형 웹 콘텐츠 접근성 지침(KWCAG)
Korean Web Content Accessibility Guideline

① 웹 사이트 개발 시 고려사항
- 독립적인 PC 소프트웨어보다 웹 서비스를 이용하는 이용자가 압도적으로 많다.
- 많은 이용자가 이용하는 서비스를 개발할 때는 다양한 계층의 인원이 같은 서비스를 이용할 수 있도록 웹 표준, 웹 접근성, 웹 호환성 등을 준수하는 것이 좋다.

웹 표준	웹 페이지가 다양한 브라우저에서 동일하게 구현되도록 제작하는 기법
웹 접근성	누구나 어떤 환경에서라도 제공하는 모든 정보를 이용 가능해야 하는 속성
웹 호환성	다른 시스템 환경에서도 동등한 서비스를 제공하는 속성

② 웹 콘텐츠 접근성(Web Content Accessibility)
장애인, 고령자 등
- 디지털 약자가 웹 사이트에서 제공하는 정보에 비장애인과 동등하게 접근하고 이해할 수 있도록 보장하는 지침이다.
- 콘텐츠를 제공할 때, 디지털 약자를 위한 대체 형식의 콘텐츠를 함께 제공하는 것이다.
- 콘텐츠를 이용할 때, 정해진 방식 이외의 다른 방식을 통해서도 콘텐츠에 접근할 수 있도록 하는 것이다.

③ KWCAG 준수 지침
- 한국형 웹 콘텐츠 접근성 지침(KWCAG)은 4가지의 큰 원칙과 각 원칙을 준수하기 위한 13개의 작은 지침으로 구성되어 있다.

▶ 4가지의 큰 원칙

인식(Perceivable)의 용이성	콘텐츠를 모든 사용자가 인식할 수 있도록 설계
운용(Operable)의 용이성	UI 구성 요소를 모든 사용자가 내비게이션할 수 있도록 설계
이해(Understandable)의 용이성	콘텐츠를 모든 사용자가 이해할 수 있도록 설계
견고성(Robust)	미래 다양한 기술로도 접근할 수 있도록 견고하게 설계

4) 전자정부 웹 표준 준수 지침
① 내용의 문법 준수
- 모든 웹 문서는 적절한 문서 타입을 명시해야 하며 그에 따른 적절한 문법을 준수해야 한다.
- 모든 페이지는 사용할 인코딩 방식을 표기해야 한다.

② 내용과 표현의 분리
- 논리적인 마크업을 구성하여 구조적인 페이지를 만들어야 한다.
- 사용된 스타일 언어는 표준적인 문법을 준수해야 한다.

③ 동작의 기술 중립성 보장
- 스크립트의 비표준 확장 사용은 배제되어야 한다.
- 스크립트 비 사용자를 위한 대체 텍스트나 정보를 제공해야 한다.

④ 플러그인의 호환성
- 플러그인은 다양한 웹 브라우저를 고려해야 한다.

⑤ 콘텐츠의 보편적 표현
- 메뉴는 다양한 브라우저 사용자도 접근할 수 있어야 한다.

⑥ 운영체제 독립적인 콘텐츠 제공
- 제공되는 미디어는 범용적인 포맷을 사용해야 한다.

⑦ 부가 기능의 호환성 확보
- 인증 기능은 다양한 브라우저에서 사용 가능해야 한다.

⑧ 다양한 프로그램 제공
- 정보를 열람하는 기능은 다양한 브라우저에서 사용 가능해야 한다.
- 별도의 다운로드가 필요한 프로그램은 윈도우, 리눅스, 맥킨토시 중 2개 이상의 운영체제를 지원해야 한다.

POINT 063 UI 프로토타입

1) 개요
① 정의 및 특징
- UI에 대한 사용자 요구사항을 검증하기 위해 최대한 단순하게 제작한 시제품이다.
- UI의 작동을 이해하는 데 필요한 요소만 포함되며 지속적으로 보완, 개선된다.
- 미리 제작된 시제품을 통해 사용자 설득, 사전 결함 발견 등의 장점이 있다.
- 반복적인 작업으로 인해 비용이 증가하며 중요 기능이 누락될 가능성이 있다.

② 작성 프로세스
- '사용자 요구사항 분석 → 수기 또는 도구를 활용하여 프로토타입 작성 → 사용자가 직접 확인 및 피드백 진행'의 단계를 거친다.
- 일반적으로 사용자가 최종 승인할 때까지 단계를 반복한다.

2) 종류

Paper Prototype	• 손으로 직접 스케치하여 프로토타입을 제시하는 방식 • 특별한 도구나 비용, 사전 지식 없이 수행 가능하며 변경 사항을 즉시 반영할 수 있음 • 실제 테스트가 불가능하고 복잡한 UI 요소 간의 상호 관계를 나타내기 어려움 • 예 화이트보드, 펜, 종이, 포스트잇 등
Digital Prototype	• 컴퓨터 소프트웨어를 이용해 제작한 프로토타입을 제시하는 방식 • 최종 제품과 유사한 환경으로 제작하여 테스트가 가능하며, 수정이 용이함 • 소프트웨어에 숙련된 전문가 또는 사용법을 숙지하는 시간이 필요함 • 예 파워포인트, 아크로뱃, visio, keynote 등

3) 작성 시 고려사항
- 프로토타입의 대상 범위와 목표, 기간 및 비용을 고려하여 계획을 세운다.
- 프로토타입은 실제 개발에 그대로 참조될 수 있는 수준이 되어야 한다.
- 가급적 프로토타입에 투입되는 기간 및 비용을 최소화하여 목적을 달성할 수 있도록 계획한다.

SECTION 02 UI 설계

POINT 064 UI 설계

1) 개요

① 정의
- 정의된 UI 요구사항과 UI 표준 및 지침을 바탕으로 UI가 구현될 수 있도록 설계하는 것이다.
- 기능의 흐름과 기타 제약 사항들을 반영하여 모든 시스템의 내외부 화면을 상세히 설계한다.

② 필수 기능
- 사용자 입력을 지원하는 프롬프트(prompt)와 전달되는 명령이 올바른지 검증하는 기능이 필요하다.
- 결함(error)의 처리와 결함에 대한 메시지 처리 기능이 필요하다.
- UI 운용에 대한 도움말 기능을 지원해야 한다.

> **기적의 TIP**
> 프롬프트란, 여러분들이 어떤 값이나 명령을 입력하기 위해 참고하는 모든 요소들을 의미합니다. 예를 들어 어떤 값을 입력하는데 그 앞에 [정수 입력(1~100):]이나 [복사(c), 종료(z):] 같은 안내 문자열이 있다면 이러한 것들이 프롬프트에 해당됩니다.

③ UI 설계 원칙

직관성(Intuitiveness)	별다른 노력 없이 이해할 수 있고 즉시 사용 가능한 정도
유효성(Efficiency)	사용자의 목적을 정확하게 달성하는 정도
학습성(Learnability)	누구나 쉽게 배우고 익힐 수 있는 정도
유연성(Flexibility)	사용자 요구사항을 수용하고 오류를 최소화 하는 정도

④ UI 설계 지침
- UI를 통해 구현하고자 하는 결과의 오류를 최소화 하고 적은 노력으로 구현하는 결과를 얻을 수 있어야 한다.
- UI는 막연한 작업 기능에 대해 구체적인 방법을 제시하며 업무에 대한 이해도를 높여준다.
- UI는 정보 제공자와 공급자의 원활하고 쉬운 매개 역할을 수행한다.

사용자 중심	사용자가 쉽고 편하게 사용할 수 있는 환경 제공
일관성	UI 요소 조작 방법을 빠르게 습득하고 기억하기 쉽게 설계
단순성	가장 단순한 조작으로 작동이 가능하도록 설계
결과 예측 가능	기능의 결과와 그 예상이 일치하도록 설계
가시성	주요 기능을 한 눈에 파악할 수 있도록 설계
표준화	표준화된 디자인을 적용하여 손쉬운 기능 구조 파악이 가능하도록 설계
접근성	다양한 직무, 연령, 성별의 계층을 수용하도록 설계
명확성	기능 및 결과에 대한 명확히 인지할 수 있도록 설계
오류 발생 해결	오류에 대한 상황을 정확히 인지할 수 있도록 설계

2) UI 설계 절차

① 문제 정의
- 시스템의 목적과 UI를 통해 해결해야 할 문제를 자유롭게 기술한다.

> 페르소나(Persona) : 잠재적인 사용자의 다양한 목적과 관찰된 행동 패턴을 응집시켜놓은 가상의 사용자

② 사용자 모델링
- 사용자의 컴퓨터 소프트웨어 운용 지식에 따라 초급자, 중급자, 숙련자 그룹으로 분류한다.
- 사용자 모델에 따라 시스템의 사용성을 확대할 수 있는 전략을 세운다.

③ 작업 분석
- 사용자 모델과 해결해야 할 문제들을 세분화 하고 시스템을 통해 처리되어야 하는 작업을 정의한다.
- 사용자 그룹이 시스템을 이용하여 수행하게 될 작업과 개념이 구체화된다.

④ 컴퓨터 장치 및 기능 정의
- 분석된 작업을 사용자가 어떤 컴퓨터 장치를 통해 수행하는지 정의한다.
- 작업의 내용과 컴퓨터 장치를 통해 수행하는 내용이 일치해야 한다.
- 작업 수행능력 향상을 위해 일반적인 컴퓨터 기능을 제공할 수 있도록 정의한다.

> 복사, 붙여넣기, 되돌리기 등

⑤ 사용자 인터페이스 정의 ····○ 마우스, 키보드 등
- 작업을 하기 위한 상호작용 장치를 식별한다.
- 사용자가 작업을 하면서 시스템의 상태를 UI를 통해 명확히 인식할 수 있도록 설계한다.

⑥ 디자인 평가
- 설계된 UI가 분석된 작업을 제대로 반영하였는지 평가한다.
- 설계된 UI가 사용자의 능력과 지식, 편의성을 고려하였는지 평가한다.

POINT 065 UI 흐름 설계

1) UI 흐름 설계 프로세스
① 화면에 표현될 기능 식별
- 구축할 시스템에서 각각의 기능적, 비기능적 요구사항이 무엇일지 분석하고 정리한다.

② 화면의 입력 요소 식별
- 화면에 표현되어야 할 기능과 입력 요소를 확인하여 추가적으로 필요한 화면 요소를 식별한다.
- 기능 표현을 위해 필요한 화면들을 식별하고 각 화면 간 흐름을 식별한다.

③ 유스케이스를 통한 UI 요구사항 식별
- UI 요구사항이 반영된 유스케이스를 통해 구현에 필요한 요소와 흐름이 전부 식별되었는지 확인한다.

④ UI 유스케이스 설계
- 주요 기능에 관한 사용 사례(유스케이스)를 바탕으로 UI 유스케이스 설계를 수행한다.
- 각각의 액터가 어떤 행위를 하는지 분석하여 액터를 세분화하여 UI 유스케이스 설계를 수행한다.

⑤ 기능 및 양식 확인
- 기능 수행에 필요한 UI element를 식별하고, 적절한 규칙을 정의한다.

2) UI 설계서 작성 프로세스
① UI 설계서 표지
- 다른 문서와 혼동되지 않도록 프로젝트명이나 시스템명 등을 포함시켜 작성한다.

② UI 설계서 개정 이력
- UI 설계서가 수정될 때마다 어떤 부분이 수정되었는지 정리한 문서이다.
- 첫 작성 시 버전을 1.0으로 설정하고 변경 사항이 있을 때마다 0.1씩 증가시킨다.

③ UI 요구사항 정의
- 사용자의 요구사항을 정리한 문서이다.
- 요구사항별로 UI에 적용이 되었는지 여부를 표시한다.

④ 시스템 구조
- UI 요구사항과 UI 프로토타입에 기초하여 UI 시스템 구조를 설계한다.

⑤ 사이트 맵
- UI 시스템 구조의 내용을 사이트 맵의 형태로 작성한다.
- 사이트 맵의 상세 내용은 표 형태로 작성한다.

⑥ 프로세스 정의
- 사용자 관점에서 요구되는 프로세스들을 진행되는 순서에 맞추어 정리한다.

⑦ 화면 설계
- UI 프로토타입과 UI 프로세스 정의를 참고해 각 페이지별로 필요한 화면을 설계한다.
- 화면별로 고유 ID를 부여하고 별도 표지 페이지를 작성한다.

3) UI 화면 설계 기본 구성

윈도우(Window)	UI 구성 요소를 나타내는 독립적인 박스(Box) 형태의 표시 영역
메뉴(Menu)	소프트웨어에서 수행할 수 있는 기능을 텍스트로 나열한 영역
아이콘(Icon)	수행 가능한 기능이나 현재 소프트웨어의 상태 등을 작은 이미지로 표현한 것
포인터(Pointer)	화면상에서 정보 입력이 이뤄지는 위치를 시각적으로 나타낸 것

4) UI의 유용성 평가

- 유용성이란, 사용자가 시스템을 통해 원하는 목표를 '얼마나 효과적으로 달성하는가'를 나타내는 특성이다.
- 유용성이 높은 UI는 사용자가 생각하는 UI와 개발자가 개발하려고 하는 UI의 차이가 적다.
- 유용성이 줄어드는 원인에는 실행 차와 평가 차가 있다.

사용자의 목적과 실행 기능이 다름
사용자의 목적과 실행 결과가 다름

실행 차를 줄이기 위한 절차	• 사용자 목적을 명확히 파악하여 중복 등의 불필요한 기능이 있는지 확인 • 가능한 친숙하고 다양한 방법을 통해 적은 단계로 수행할 수 있도록 설계 • 사용자가 의도한 행위 순서대로 실행될 수 있도록 설계
평가 차를 줄이기 위한 절차	• 사용자가 수행한 행위로 인한 UI의 변화를 최대한 즉각적이고 직접적으로 파악할 수 있도록 설계 • 변화된 시스템의 상태를 가능한 단순하고 쉽게 이해할 수 있도록 제시 • 시스템을 통해 사용자의 목적이 충족되는지 사용자가 쉽게 파악할 수 있도록 설계

기적의 TIP
실행 차는 기능의 수정을 통해 줄일 수 있고, 평가 차는 결과의 수정을 통해 줄일 수 있습니다.

POINT 066 UI 상세 설계

1) UI 시나리오

① 개념

- UI의 기능 구조, 대표 화면, 화면 간 상호작용 흐름 등을 문서화한 것이다.
- 사용자가 UI를 통해 최종 목표를 달성하기 위한 방법이 순차적으로 기록된다.
- 'UI 시나리오 문서 작성 → UI 디자인 → UI 구현' 순으로 진행된다.
- 모범적인 UI 시나리오 문서는 오류를 감소시키고 혼선을 최소화하며 비용 및 개발 기간을 감소시킨다.

② 문서 작성 원칙

- UI의 전체적인 기능과 작동 방식을 개발자가 한눈에 쉽게 이해 가능하도록 구체적으로 작성한다.
- 모든 기능은 공통 적용이 가능한 UI 요소와의 상호작용을 일반적인 규칙으로 정의한다.
- 각각의 UI 형태를 대표하는 화면의 레이아웃과 그 화면 속의 기능들을 정의한다.
- 상호작용의 흐름을 순서(Sequence), 분기(Branch), 조건(Condition), 루프(Loop) 등으로 명시한다.
- 예외 상황에 대비한 케이스들과 기능별 상세 기능 시나리오를 정의한다.
- UI 시나리오 규칙을 지정한다.

③ 문서 작성 요건

완전성(Complete)	기능에 대한 누락이 없어야 함
일관성(Consistent)	모든 문서의 UI 스타일이 한결 같아야 함
이해성(Understandable)	처음 사용해도 이해하기 쉽도록 구성해야 함
가독성(Readable)	정보를 쉽게 인식할 수 있도록 여백, 들여쓰기, 줄 간격 등을 조정해야 함
수정 용이성(Modifiable)	쉽게 변경 가능해야 하고 쉽게 반영 및 적용되어야 함
추적 용이성(Traceable)	변경된 사항이 언제, 어디서, 왜 발생하였는지 추적이 쉬워야 함

2) UI 설계 도구의 종류

와이어프레임(Wireframe)	초기 기획 단계에 페이지(화면)에 대한 대략적인 뼈대나 레이아웃만 설계하여 제작
목업(Mockup)	실제 화면과 유사한 형태로 제작한 정적인 (기능을 반영하지 않은) 모델
스토리보드(Story Board)	와이어프레임에 더해 콘텐츠에 대한 설명, 화면 간 이동 흐름을 추가한 작업 지침서
프로토타입(Prototype)	특정 기능만을 간단하게 구현하여 테스트 및 피드백이 가능한 동적인 모델
유스케이스(Use Case)	요구사항을 빠르게 파악하기 위해 사용자의 요구사항을 기능 단위로 표현한 모델

3) 감성공학(Human Sensibility Ergonomics)
① UI 감성공학
- 인간의 특징이나 감성을 UI 설계에 최대한 반영시키는 기술이다.
- 인간이 추구하는 감성을 구체적인 디자인을 통해 실현하는 공학적인 접근 방식이다.
- 인간의 생체, 감각 등을 과학적으로 측정하여 분석된 감성을 HCI 설계에 반영한 것이다.

② HCI(Human Computer Interface)
- 인간과 시스템의 상호작용이 보다 편리하고 안전하게 이루어지도록 연구하는 학문이다.
- 사용자가 시스템을 이용함에 있어 최적의 경험을 할 수 있도록 하는 것이 최종 목표이다.

③ UX(User eXperience)
- 사용자가 시스템을 이용하면서 느끼게 되는 종합적인 경험을 뜻한다.
- 단순 기능 및 절차, 결과에서의 만족뿐 아니라 시스템과의 상호작용 과정에서 얻게 되는 만족감에 대한 것이다. ○ 가치있는 경험
- UI는 사용성과 편의성을 중시한다면 UX는 이를 통해 느끼게 되는 만족감을 중시한다.

▶ UX의 특징

주관성(Subjectivity)	같은 현상에 대해 사람들마다 느끼는 감정이 다름
정황성(Contextuality)	경험이 발생하는 주변환경에 따라 느끼는 감정이 다름
총체성(Holistic)	개인의 심리적인 요인에 의해 느끼는 감정이 다름

06

애플리케이션 테스트 관리

SECTION

애플리케이션 테스트 케이스 설계 ················ 88p
애플리케이션 통합 테스트 ······················· 91p
애플리케이션 성능 개선 ························· 94p

SECTION 01 애플리케이션 테스트 케이스 설계

POINT 067 애플리케이션 테스트 케이스 작성

1) 소프트웨어 테스트(Software Test)
① 정의
- 사용자가 요구하는 기능, 성능, 사용성, 안정성 등을 만족하는지 찾아내는 활동을 테스트라고 한다.
- 응용 애플리케이션이나 시스템의 결함을 찾아내어 문제점을 해결하는 것이 테스트의 최종 목표이다.
- 일반적으로 '테스트 계획 → 테스트 분석 → 테스트 디자인 → 테스트 케이스 및 시나리오 작성 → 테스트 수행 → 테스트 결과 평가 및 리포팅'의 절차로 이루어진다.

② 소프트웨어 테스트의 필요성
- 프로그램에 잠재된 오류를 발견하고 이를 수정하여 올바른 프로그램을 개발할 수 있다.
- 프로그램 실행 전에 코드 리뷰, 인스펙션 등을 통해 오류를 사전에 예방할 수 있다.
- 반복적인 테스트를 거쳐 제품의 신뢰도를 향상하여 사용자 기대 수준을 만족시킬 수 있다.

2) 소프트웨어 테스트의 기본 원칙
① 소프트웨어 테스트 원리
- 테스트는 결함의 존재를 밝히는 활동 : 테스트는 결함이 존재한다는 것을 밝히는 활동이다.
- 완벽한 테스트는 불가능함 : 잠재적인 결함을 줄여나가는 활동이지만, 모든 결함을 없앨 수(완벽한 테스트)는 없다.
- 테스트는 개발 초기부터 시작 : 개발 초기부터 단계에 맞게 테스트한다.
- 정황(Context)에 의존한 테스트 : 정황에 따라 테스트 결과가 달라질 수 있으므로, 이에 맞춰 테스트를 다르게 수행한다.
- 결함 집중(Defect Clustering) : 결함의 대부분은 특정 모듈에 집중되어 존재한다.
  - 낚시의 법칙 : 특정 위치에서 많은 결함 발생
  - 파레토(Pareto)의 법칙 : 결함의 80%는 20%의 기능에서 발생
- 살충제 패러독스(Pesticide Paradox) : 동일한 테스트 케이스로 반복 실행하면 새로운 결함의 발견이 불가능하므로 개선이 필요하다.
- 오류-부재의 궤변(Absence of Errors Fallacy) : 결함이 없더라도 요구사항을 만족하지 못한다면 품질 보증이 불가능하다.

② 소프트웨어 테스트 산출물

테스트 계획서	테스트 목적 및 범위, 수행 절차, 일정, 역할, 시스템 구조, 종료 조건 등으로 구성
테스트 케이스	테스트 설계 산출물, 입력값, 실행 조건, 기대 결과 등으로 구성
테스트 시나리오	항목별 테스트 수행을 위한 여러 테스트 케이스의 동작 순서로 구성
테스트 결과서	테스트 절차 및 결과에 대한 평가와 분석

3) 소프트웨어 테스트 유형
① 프로그램 실행 여부에 따른 분류

	프로그램 실행 없이 소스 코드의 구조 분석	
정적 테스트	인스펙션(Inspection)	작성자를 제외한 검토 전문가들이 요구사항 명세서를 확인하면서 검토
	동료 검토(Peer Review)	작성자가 직접 요구사항 명세서를 설명하고 동료들이 이를 들으면서 검토
	워크스루(WalkThrough)	요구사항 명세서를 미리 배포하여 사전에 검토한 후 짧은 회의를 통해 검토
	프로그램의 실행 화면을 보면서 테스트 수행	
동적 테스트	화이트박스(White box)	프로그램의 내부 로직을 중심으로 테스트 진행 ⋯○ 경로 구조, 루프 등
	블랙박스(Black Box)	프로그램의 기능을 중심으로 테스트 진행 ⋯○ 요구사항 만족 여부, 결과값 등

② 테스트와 디버깅

테스트(Test)	검증(Verification)	• 제품의 개발(생산) 과정에 대한 테스트(개발자 입장) • 제대로 하고 있나?
	확인(Validation)	• 제품의 개발(생산) 결과에 대한 테스트(사용자 입장) • 결과가 제대로인가?
디버깅(Debugging)	프로그램의 오류를 찾고, 수정하는 것	

③ 목적 기반 테스트

회복(Recovery)	실패를 유도하여 정상 복귀 가능한지 테스트
안전(Security)	소스 코드 내의 보안 결함에 대한 테스트
강도(Stress)	과부하 시에도 시스템이 정상 작동하는지 테스트
성능(Performance)	응답시간, 처리량, 반응속도 등의 테스트
구조(Structure)	시스템 내부 로직, 복잡도 등을 테스트
회귀(Regression)	변경된 코드에 대한 새로운 결함 여부 테스트
병행(Parallel)	변경된 코드에 기존과 동일한 테스트 진행 후 결과 비교

④ 설계 기반 테스트

명세 기반 테스트	주어진 명세를 기반으로 테스트 케이스를 구현하여 테스트
구조 기반 테스트	소프트웨어 내부 로직을 기반으로 테스트 케이스를 구현하여 테스트
경험 기반 테스트	유사한 테스트를 진행했던 테스트의 경험을 기반으로 테스트

4) 화이트박스 테스트 유형

기초 경로 검사 (Base Path Testing)	• McCabe가 제안한 것으로 대표적인 화이트박스 테스트 기법 • 설계서나 소스 코드를 기반으로 흐름도를 작성하여 논리적 순환 복잡도(Cyclomatic complexity) 측정 ○─ 간선수-노드수+2 • 측정된 결과를 기반으로 실행 경로의 복잡도 판단	
제어 구조 검사 (Control Structure Testing)	조건 검사 (Condition Testing)	논리식(조건)을 중심으로 테스트
	루프 검사 (Loop Testing)	반복 구조를 중심으로 테스트
	데이터 흐름 검사 (Data Flow Testing)	변수의 정의와 사용을 중심으로 테스트

5) 블랙박스 테스트 유형

동등 분할 (Equivalence Partitioning) 테스트	입력 조건에 유효한 값과 무효한 값을 균등하게 하여 테스트 케이스 설계
경계값 분석 (Boundary Value Analysis)	입력 조건의 경계에서 오류가 발생할 확률이 높다는 점을 이용하여 입력 조건의 경계값을 테스트 케이스로 설계
원인-효과 그래프 (Cause-Effect Graphing) 테스트	입력 데이터 간의 관계와 출력에 미치는 영향을 분석하여 효용성이 높은 테스트 케이스 설계
오류 예측 (Error Guessing)	과거의 경험이나 확인자의 감각에 의존하여 테스트 케이스 설계
비교(Comparison) 테스트	여러 버전의 프로그램에 동일한 테스트 자료를 제공하여 테스트 케이스 설계

6) 테스트 케이스(Test Case)

- 설계 기반 테스트의 산출물로, 요구사항 준수 여부를 확인하기 위해 설계된 입력값, 실행 조건, 기대 결과로 구성된 테스트 항목 또는 이것이 기록된 명세서를 의미한다.
- 테스트 케이스의 정확성, 재사용성, 간결성 보장을 위해 아래의 절차에 따라 작성된다.
  - 테스트 계획 검토 및 자료 확보 : 테스트 대상의 정보 확보, 요구사항 및 기능 명세서 검토
  - 위험 평가 및 우선순위 결정 : 기능별 결함 해결에 있어 상대적인 중요성 설정
  - 테스트 요구사항 정의 : 테스트 대상, 특성, 조건, 기능 식별
  - 테스트 구조 설계 및 테스트 방법 결정 : 테스트 케이스 형식과 분류, 절차, 장비, 도구 등 결정
  - 테스트 케이스 정의 : 각 요구사항에 대해 입력값, 실행 조건, 기대 결과 기술
  - 테스트 케이스 타당성 확인 및 유지보수 : 기능 및 환경 변화에 따라 테스트 케이스 갱신 및 유용성 검토

7) 테스트 오라클(Test Oracle)

- 테스트의 결과가 참인지 거짓인지를 판단하기 위해서 사전에 정의된 참 값을 입력하여 비교하는 기법 및 활동이다.

▶ 테스트 오라클의 유형

참(True) 오라클	모든 입력값에 대하여 기대 결과 생성(발생된 오류 모두 검출)
샘플링(Sampling) 오라클	특정 몇 개의 입력값에 대해서만 기대 결과 제공
휴리스틱(Heuristic) 오라클	샘플링 오라클을 개선한 것으로, 특정 입력값에 대해 기대 결과를 제공하고, 나머지 값들에 대해서는 휴리스틱(추정)으로 처리
일관성 검사(Consistent) 오라클	애플리케이션의 변경이 있을 때, 수행 전과 후의 결과값이 동일한지 확인

> **기적의 TIP**
> 참 오라클은 미션 크리티컬한 업무에 적용하고, 샘플링이나 휴리스틱 오라클은 일반 업무나 게임 등의 업무에 적용합니다.

○─ 항공기, 발전소 등 작은 결함에도 치명적인 문제가 발생할 수 있는 업무

POINT 068 테스트 수행 환경 구축

1) 테스트 환경 구축
- 개발된 응용 소프트웨어가 작동될 환경과 최대한 유사한 하드웨어, 소프트웨어, 네트워크 시설을 구축하여 테스트를 진행한다.
- 물리적으로 독립된 테스트 환경을 구축하기 힘든 경우에는, 가상 머신 기반의 서버 또는 클라우드 환경을 이용하여 테스트 환경을 구축한 후에 테스트를 진행한다.
- 물리적으로 분할이 어려운 네트워크 역시 VLAN과 같은 기법을 이용하여 논리적으로 분할된 환경을 구축한 후에 테스트를 진행한다.

2) 테스트 데이터

① 정의
- 컴퓨터의 동작이나 시스템의 적합성을 시험하기 위해 개발, 생성된 데이터의 집합이다.
- 프로그램의 기능을 확실하게 테스트할 수 있도록 확실한 조건을 갖춘 데이터이다.

② 준비 유형

실제 데이터	실제 운영 데이터, 연산을 통한 결과
가상 데이터	스크립트를 통해 인위적으로 생성

③ 테스트의 시작과 종료 ○ 계획 수립, 명세 작성, 역할과 책임 정의, 환경 구축 등
- 테스트의 시작 조건을 정의할 수 있지만, 단계별 테스트를 위해 모두 만족하지 않아도 시작이 가능하다.
- 테스트의 종료 조건은 업무 기능의 중요도에 따라 다양한 형태로 정의될 수 있다. ○ 모든 테스트 수행, 테스트 일정 만료, 테스트 비용 소진 등

④ 테스트의 성공과 실패
- 테스트 시나리오의 기대 결과와 실제 테스트 결과가 일치하면 성공으로 판단한다.
- 동일한 데이터와 이벤트를 중복하여 테스트하였을 때, 동일한 결과가 나오면 성공으로 판단한다.
- 이밖에도 다양한 요소에 따라 성공의 판단 기준이 다양해질 수 있다.

SECTION 02 애플리케이션 통합 테스트

POINT 069 애플리케이션 통합 테스트 수행

1) 통합 테스트 수행

① V-모델

- 개발 단계별로 검증하고 수행해야 하는 테스트를 시각화한 모델이다.
- 각 개발 단계에 대한 개발 과정을 검증(Verification)하고, 개발 결과를 확인(Validation)한다.
  - 검증(Verification): 개발자 입장
  - 확인(Validation): 사용자 입장

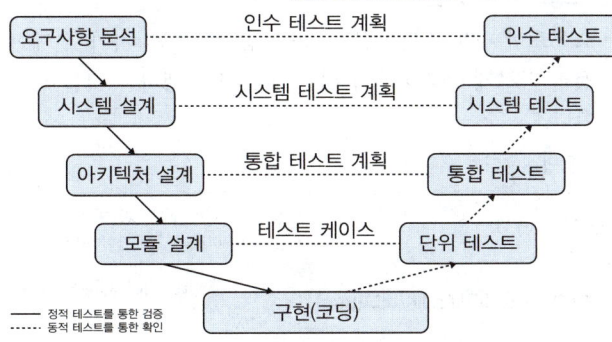

― 정적 테스트를 통한 검증
┈ 동적 테스트를 통한 확인

단위 테스트 (Unit Test)	• 소프트웨어 설계의 최소 단위인 모듈(컴포넌트)의 기능을 중심으로 테스트 • 모듈의 기능 수행 여부와 논리적인 오류를 검출하는 과정 • 블랙박스 테스트가 불가능하지는 않지만, 일반적으로 화이트박스 테스트를 진행 • 단위 테스트 도구 - CppUnit(C++), JUnit(Java), HttpUnit(웹 사이트) 등

통합 테스트
(Integration Test)
	• 소프트웨어의 각 모듈 간의 인터페이스 관련 오류 및 결함을 찾아내기 위한 체계적인 테스트 기법들의 총칭
	• 단위 테스트가 끝난 모듈 또는 컴포넌트 단위의 프로그램들이 설계 단계에서 제시한 애플리케이션과 동일한 구조와 기능으로 구현되었는지 확인하는 활동
	• 점증적 방식과 비점증적 방식
	  - 점증적 방식 : 통합 단계별로 테스트(하향식 통합, 상향식 통합)
	  - 비점증적 방식 : 모든 모듈을 통합한 전체 프로그램을 한 번에 테스트(빅뱅)
	• 하향식 통합 테스트는 깊이 우선 방식(종속되어 있는 모듈 우선)과 너비 우선 방식(같은 레벨의 모듈 우선)이 있음

시스템 테스트 (System Test)	• 개발된 소프트웨어가 목표 컴퓨터 시스템에서 완벽하게 수행되는지 확인하는 테스트 • 실제 사용 환경과 유사하게 만든 환경에서 테스트를 진행하여 환경적인 장애 리스크를 최소화 함 • 기능적 요구사항과 비기능적 요구사항으로 구분하여 테스트 진행

인수 테스트
(Acceptance Test)
	• 개발이 완료된 소프트웨어에 대해 사용자 요구사항 충족 여부를 사용자가 직접 테스트
	• 인수 테스트 단계에서 소프트웨어에 문제가 없으면 사용자는 소프트웨어를 인수하게 되고, 프로젝트는 종료됨
	• 알파(Alpha) 테스트와 베타(Beta) 테스트
	  - 알파 테스트 : 개발자의 장소에서 진행되는 테스트, 개발자와 함께 문제점 발견
	  - 베타 테스트 : 제한되지 않은 환경에서 테스트, 개발자에게 문제점 통보

> **기적의 TIP**
> 회귀 테스트(Regression Test)란, 통합 테스트가 완료된 후에 변경된 모듈이나 컴포넌트가 있다면 새로운 오류 여부를 확인하기 위해 이전과 같은 케이스로 수행하는 테스트로, 모듈이나 컴포넌트의 변화로 인해 의도하지 않은 오류가 생기지 않았음을 보증하기 위한 활동입니다.

2) 테스트 자동화 도구

① 테스트 자동화의 개념

- 테스트 도구를 활용하여 반복적인 테스트 작업을 스크립트 형태로 구현하는 것이다.
- 테스트 자동화 도구는 휴먼 에러를 줄이고, 테스트에 소요되는 비용과 시간 절감 및 품질 향상에 도움을 준다.

▶ 각 테스트 단계별 자동화 도구의 종류

테스트 계획	요구사항 관리
테스트 분석	테스트케이스 생성
테스트 수행	테스트 자동화, 정적/동적 분석, 성능 테스트, 모니터링
테스트 관리	커버리지 측정, 형상 관리, 결함 관리

② 테스트 자동화 도구의 장단점

장점	• 반복되는 테스트 데이터 재입력 작업 자동화 가능 • 사용자 요구 기능의 일관성 검증에 유리함 • 테스트 결과값에 대한 객관적인 평가 기준 제공 • 테스트 결과의 통계 작업과 그래프 등 다양한 시각화 요소 제공 • UI가 없는 서비스의 경우에도 정밀한 테스트 가능
단점	• 도구 도입 후 도구 사용 방법에 대한 교육 및 학습 필요 • 도구를 프로세스 단계별로 적용하기 위한 시간, 비용, 노력 필요 • 상용 도구의 경우, 가격과 유지관리 비용이 높아 추가 투자 필요

3) 테스트 자동화 도구의 유형
① 정적 분석 도구(Static Analysis Tools)
- 애플리케이션을 실행하지 않고 분석하는 도구로, 코드 관련 결함을 발견하기 위해 사용된다. 표준, 스타일, 복잡도 등 ㅇ
- 테스트를 수행하는 사람이 작성된 소스 코드에 대한 이해를 바탕으로 도구를 이용해서 분석하는 것이다.

② 테스트 실행 도구(Test Execution Tools)
- 테스트를 위해 작성된 스크립트를 실행하는 도구로, 스크립트마다 특정 데이터와 수행 방법을 포함한다.
- 데이터 주도 접근 방식과 키워드 주도 접근 방식으로 나눌 수 있다.

데이터 주도 접근 방식	데이터가 저장된 시트를 읽어와서 테스트 진행, 반복 수행 가능, 스크립트 지식이 없어도 수행 가능
키워드 주도 접근 방식	키워드(수행 동작)와 데이터가 저장된 시트를 읽어와서 테스트 진행, 수행 동작 정의 및 테일러링 가능

③ 성능 테스트 도구(Performance Test Tools)
- 애플리케이션의 성능 목표 달성을 확인하기 위해 처리량, 응답 시간, 경과 시간, 자원 사용률에 대해 테스트를 수행한다.
- 일반적으로 시스템 테스트 단계에 성능 테스트를 진행하며, 결과 해석에 전문가의 도움이 필요한 경우도 있다.

④ 테스트 통제 도구(Test Control Tools)
- 테스트에 대한 계획 및 관리를 위한 도구로, 요구사항에 최적화된 형태의 정보를 관리하기 위해서 다른 도구들과 연계하여 사용할 수 있다.
- 테스트 관리 도구, 형상 관리 도구, 결함 추적/관리 도구 등이 있다.

⑤ 테스트 하네스(Test Harness)
- 테스트를 지원하기 위한 코드와 데이터들의 총칭으로, 단위 또는 모듈 테스트에 사용하기 위해 코드 개발자가 작성하는 것들이다.

▶ 구성 요소

테스트 드라이버(Test Driver)	하위 모듈을 호출하고, 파라미터를 전달하고, 모듈 테스트 수행 후의 결과를 도출하는 등 상향식 테스트에 필요
테스트 스텁(Test Stub)	제어 모듈이 호출하는 타 모듈의 기능을 단순히 수행하는 도구로 하향식 테스트에 필요
테스트 스위트(Test Suites)	테스트 대상 컴포넌트나 모듈, 시스템에 사용되는 테스트 케이스의 집합
테스트 케이스(Test Case)	입력값, 실행 조건, 기대 결과 등의 집합
테스트 스크립트(Test Script)	자동화된 테스트 실행 절차에 대한 명세
목 오브젝트(Mock Object)	사용자의 행위를 조건부로 사전에 입력해 두면, 그 상황에 예정된 행위를 수행하는 객체

POINT 070 애플리케이션 테스트 결과 분석

1) 테스트 결과 분석
① 소프트웨어 결함
- 소프트웨어의 결함이란, 소프트웨어가 개발자가 설계한 것과 다르게 동작하거나 다른 결과가 발생하는 것을 의미한다.

▶ 사용되는 용어

오류(Error)	결함의 원인이 되는 것으로, 일반적으로 휴먼 에러에 의해 생성되는 실수
결함(Defect)/결점(Fault)/버그(Bug)	오류가 원인이 되어 제품에 포함되는 완전하지 못한 부분
실패(Failure)/문제(Problem)	결함에 의해 의도하지 않은 결과가 발생하는 것

② 테스트 보고서
- 모든 테스트가 완료되면, 테스트 계획과 테스트 케이스 설계부터 단계별 테스트 시나리오, 테스트 결과까지 모두 포함된 문서를 작성한다.
- 테스트 계획, 소요 비용, 테스트 결과로 판단 가능한 대상 소프트웨어의 품질 상태를 포함한다.
- 정량화 된 품질 지표인 테스트 성공률, 테스트 커버리지, 발생한 결함의 수와 결함의 중요도 등을 포함한다.
- 결함과 관련한 사항을 중점적으로 기록하며, 결함의 내용 및 자원, 재현 순서를 상세히 기록한다.
- 단계별 테스트 종료 시 테스트 실행 절차를 리뷰하고 결과에 대한 평가를 수행하며, 그 결과에 따라 절차를 최적화하여 다음 테스트에 적용한다.

2) 결함 관리

① 테스트 결함 관리
- 각 단계별 테스트 수행 후 나타난 결함의 재발 방지를 위해, 유사한 결함 발견 시 처리 시간 단축을 위해 결함을 추적하고 관리하는 활동이다.
- 개발 기획, 설계, 코딩, 테스트 부족 등으로 결함이 나타날 수 있다. ○ 치명도, 영향도 등
- 결함의 심각도를 표준 단계별로 정의하고, 이를 고려하여 관리의 우선순위를 결정한다.

② 결함 관리 프로세스
- 결함 관리는 결함관리 DB를 통해 모니터링하여 체계적으로 관리된다.

③ 결함 추이 분석 정의
- 테스트 완료 후 발견된 결함의 관리 측정 지표를 분석하여 향후 발생을 추정하는 작업이다.

▶ 결함 관리 측정 지표

결함 분포	모듈 또는 컴포넌트의 특정 속성에 해당하는 결함의 수 측정
결함 추세	테스트 진행 시간의 흐름에 따른 결함의 수 측정
결함 에이징	등록된 결함에 대해 특정한 결함 상태의 지속 시간 측정

④ 결함 추적 상태

결함 등록 (Open)	발견된 결함이 등록된 상태
결함 검토 (Reviewed)	등록된 결함에 적절한 후속 작업을 선택하기 위해 검토 ○ 할당, 보류, 해제 등
결함 할당 (Assigned)	결함 수정을 위해 담당 개발자에게 결함 할당
결함 수정 (Resolved)	담당 개발자가 결함 수정을 완료한 상태
결함 조치 보류 (Deferred)	우선순위 및 일정에 의해 결함의 수정을 보류, 연기한 상태
결함 종료 (Closed)	결함이 해결되어 개발 담당자가 종료를 승인한 상태
결함 해제 (Clarified)	개발 담당자가 결함을 검토하여 결함이 아니라고 최종 판단

3) 테스트 커버리지(Test Coverage)

① 정의
- 주어진 테스트 케이스에 의해 수행되는 소프트웨어의 테스트 범위를 측정하는 테스트 품질 측정 기준이다.
- 테스트 커버리지를 통해 테스트의 정확성과 신뢰성을 향상시키는 역할을 한다.

기능 기반 커버리지	• 대상 애플리케이션의 전체 기능을 모수로 설정하고, 실제 테스트가 수행된 기능의 수를 측정하는 방법 • 100% 달성을 목표로 하며, 일반적으로 UI가 많은 시스템의 경우 화면 수를 모수로 사용할 수도 있음
라인 커버리지	• 대상 애플리케이션의 전체 소스 코드 라인 수를 모수로 설정하고, 테스트가 수행한 라인 수를 측정하는 방법 • 단위 테스트에서는 라인 커버리지를 척도로 삼기도 함
코드 커버리지	• 소프트웨어 테스트를 충분히 진행했는지를 나타내는 지표 중 하나 • 소스 코드의 구조 코드 자체가 얼마나 테스트되었는지를 측정하는 방법

② 코드 커버리지의 유형

구문(Statement) 커버리지	모든 구문을 한 번 이상 수행하는 테스트 커버리지
결정(Decision) 커버리지	결정문의 결과가 참과 거짓의 결과를 수행하는 테스트 커버리지
조건(Condition) 커버리지	결정문 내부 개별 조건식의 결과가 참과 거짓의 결과를 수행하는 테스트 커버리지
조건/결정(Condition/Decision) 커버리지	결정문의 결과와 결정문 내부 개별 조건식의 결과가 참과 거짓의 결과를 수행하는 테스트 커버리지
변형 조건/결정 (Modify Condition/Decision)커버리지	결정문 내부 개별 조건식 결과에 상관없이 독립적으로 전체 조건식의 결과에 영향을 주는 테스트 커버리지(가장 안전한 커버리지, 도구 사용 권장)
다중 조건(Multiple Condition) 커버리지	결정문의 모든 조건식의 모든 가능한 논리적 조합을 고려하는 테스트 커버리지

> **기적의 TIP**
> 결정은 분기(Branch)라고 표현하기도 합니다.
>
> | 결정문 | 하나 이상의 조건식을 통해 프로그램의 흐름이 변하는 분기 |
> |---|---|
> | 조건식 | 두 값을 비교하여 하나의 논리값을 도출하는 식 |

SECTION 03 애플리케이션 성능 개선

POINT 071 애플리케이션 성능 분석

1) 애플리케이션 성능 측정

① 정의
- 사용자의 요구 기능을 해당 애플리케이션이 최소의 자원을 사용하면서 얼마나 빨리, 많은 기능을 수행하는지를 측정하는 활동이다.

▶ 애플리케이션의 성능을 측정하기 위한 지표

지표	설명
처리량(Throughput)	주어진 시간에 처리할 수 있는 단위 작업(트랜잭션)의 수
응답 시간(Response Time)	사용자 입력에 대한 응답이 나타날 때까지의 시간
경과 시간(Turnaround Time)	사용자 입력에 대한 결과 출력이 완료될 때까지의 시간
자원 사용률(Resource Usage)	단위 작업 처리를 위한 CPU, 메모리, 네트워크 등의 사용량

② 성능 분석 도구

분류	도구명	설명	지원 환경
성능/부하/스트레스(Performance/Load/Stress) 점검 도구	JMeter	HTTP, FTP, LDAP 등 다양한 프로토콜을 지원하는 안전성, 확장성, 부하, 기능 테스트 도구	크로스 플랫폼
	LoadUI	HTTP, JDBC 등 주로 웹서비스를 대상으로 서버 모니터링을 지원하는 UI를 강화한 부하 테스트 도구	크로스 플랫폼
	OpenSTA	HTTP, HTTPS 지원하는 부하 테스트 및 생산품 모니터링 도구	윈도우즈
모니터링(Monitoring) 도구	Scouter	단일 뷰 통합/실시간 모니터링, 튜닝에 최적화된 인프라 통합 모니터링 도구	크로스 플랫폼
	Zabbix	웹 기반 서버, 서비스, 애플리케이션 모니터링 도구	크로스 플랫폼

2) 애플리케이션 성능 저하 원인 분석

구분	설명
DB 연결 및 쿼리 실행	• DB를 연결하기 위한 Connection 객체를 생성하거나 쿼리를 실행하는 애플리케이션 로직에서 많이 발견됨 • 트랜잭션의 확정(Commit)이 이루어지지 않거나, 불필요한 확정이 자주 발생하는 경우 • Connection 객체를 종료하지 않거나(Connection Leek), 커넥션 풀의 크기가 적절하지 않은 경우
내부 로직	• 웹 애플리케이션의 인터넷 접속 불량으로 인해 클라이언트의 정상적 로딩이 어려운 경우 • 대량이나 큰 용량의 파일을 업로드/다운로드 할 경우(처리 시간이 길어짐) • 오류 처리 로직과 실제 처리 로직을 분리하지 않은 경우(예외 처리)
외부 호출	• 특정 트랜잭션이 수행되는 동안 외부 트랜잭션의 호출이 장시간 수행되거나 타임아웃이 발생하는 경우
잘못된 환경	• 스레드 풀(Thread Pool), 힙 메모리(Heap Memory)의 크기를 너무 작게 설정하는 경우(Heap Memory Full 현상 발생) • 라우터, L4 스위치 등 네트워크 관련 장비 간 데이터 전송 실패 또는 전송 지연에 따른 데이터 손실이 발생하는 경우

POINT 072 애플리케이션 성능 개선

1) 소스 코드 최적화

① Bad Code
- 다른 개발자가 로직을 이해하기 어렵게 작성된 코드이다. ……○ 스파게티 코드
- 로직의 제어 코드들이 정제되지 않고 서로 얽혀있거나, 아주 오래되거나 참고 문서가 없어 유지보수가 어려운 코드 등이 있다. ……○ 외계인 코드
- 코드의 복잡도가 증가하고 잦은 오류가 발생할 가능성이 있다.

② Clean Code
- 가독성이 높고, 단순하며 의존성이 낮고 중복이 최소화된 코드를 의미한다.
- 애플리케이션 기능 및 설계에 대한 이해가 쉽고, 프로그래밍 속도가 빨라진다.
- 클린 코드를 작성하기 위한 원칙은 가독성, 단순성, 의존성 최소화, 중복성 최소화, 추상화 등이 있다.

③ 소스 코드 최적화 기법
- 클래스는 하나의 역할(책임)만 수행할 수 있도록 응집도를 높인다.
- 클래스 간 의존성을 최소화하여 결합도를 약하게 한다.
- 올바른 코딩 스타일 파악하여 코드 가독성을 높인다.
- 기억하기 쉽고 발음이 쉬운 용어나 접두어 등을 사용하여 이름을 정의한다.
- 적절한 주석문을 사용하여 소스 코드에 대한 내용을 보충한다.

④ Hard Code
- 프로그램 코드에 프로그램 설정값, 사용자 데이터, 암호 등과 같은 것들을 직접적으로 기록하는 것이다.
- 소프트웨어 개발 단계에서 매우 유용하지만, 잠재적인 보안 위협과 유지 보수에 어려움이 수반된다.

2) 소스 코드 품질 분석 도구
① 소스 코드 품질 분석
- 소스 코드에 대한 코딩 스타일, 설정된 코딩 표준, 코드의 복잡도, 코드 내에 존재하는 메모리 누수 현황, 스레드의 결함 등을 발견하고 이를 해결하여 코드의 품질을 향상시킨다.

코드 인스펙션 (Code Inspection)	코드에 존재하는 결함을 확인하는 검사
증명(Proof)	소프트웨어 품질이 아주 중요한 경우에 활용(모든 기대 결과와 실제 결과 비교)
리팩토링 (Refactoring)	코드의 기능 변경 없이 구조를 개선하여 안정성과 가독성 확보

② 분석 도구의 구분

정적 분석 도구	작성된 소스 코드를 실행시키지 않고, 코드 자체만으로 품질 분석을 진행하는 도구	
	pmd	자바 및 다른 언어의 소스 코드에 대한 버그 및 데드 코드 분석
	cppcheck	C/C++ 코드에 대한 메모리 누수, 오버플로우 등 분석
	SonarQube	소스 코드 통합 플랫폼, 플러그인 확장 가능
	checkstyle	자바 코드에 대한 코딩 표준 준수 검사 도구
동적 분석 도구	애플리케이션을 실행하여 코드의 품질을 분석하는 도구	
	Avalanche	Valgrind 프레임워크 및 STP 기반 소프트웨어 에러 및 취약점 분석
	Valgrind	자동화 된 메모리 및 스레드 결함 발견 및 분석

3) 소프트웨어 유지보수
① 개념
- 소프트웨어의 기능을 지속적으로 개선하고, 오류를 제거하여 만족도를 향상시키는 품질 보증 활동이다.
- 표준화 되어 있지 않은 외계인 코드, 스파게티 코드, 문서화 되어 있지 않은 프로그램 등은 유지보수가 어렵다.
- 유지보수로 인한 부작용이 발생하지 않도록 회귀 테스트 등이 필요하다. ┈┈ ○ 코딩 부작용, 데이터 부작용, 문서 부작용

② 유형

하자 보수(Corrective maintenance)	소프트웨어 버그나 잠재적 오류의 원인 제거
완전 보수(Perfective maintenance)	가장 많은 유지보수의 비용 소모, 성능 문제 수정 및 보완
적응 보수(Adaptive maintenance)	운영 환경의 변화를 기존의 소프트웨어에 반영
예방 보수(Preventive maintenance)	사용자의 요구를 미리 예측하여 반영

③ 비용 측정 방법   ○ Belady와 Lehman가 제안한 방법

BL	$M = P + K \times e^{(c-d)}$
COCOMO	$M = ACT \times DE \times EAF$
Vessey & Webber	$M = ACT \times 2.4 \times [KDSI]^{1.05}$

○ COnstructive COst MOdel

- M : 유지보수를 위한 노력(인원/월)
- P : 생산적인 활동(개발)에 드는 비용
- K : 통계값에서 구한 상수(주관적 평가 수치 : 1에 가까울수록 경험이 많음)
- c : 복잡도
- d : 소프트웨어에 대한 지식 정도(주관적 평가)
- ACT(Annual Change Traffic) : 유지보수 비율(1년간 한 라인당 가해지는 변경 횟수)
- DE(Development Effort) : 생산적인 활동(개발)에 드는 비용
- EAF(Effort Adjust Factor) : 노력 조정 수치(주관적 평가)
- KDSI(Kilo Delivered Source Instruction) : 1000라인 단위로 묶은 전체 라인 수

POINT 073 소프트웨어 품질 평가

① 소프트웨어 품질 보증(SQA) — Software Quality Assurance
- 제품 소프트웨어의 기능과 사용자의 요구사항이 일치하는지를 확인하는 체계적인 시스템과 활동을 총칭한다.
- 소프트웨어 품질 확보를 위한 요구사항과 개발 절차, 평가 절차를 제공한다.

② 정형 기술 검토(FTR) — Formal Technical Review
- 가장 일반적으로 정형화된 기술 검토 방법으로, 소프트웨어에 대한 요구사항 일치 여부, 표준 준수 및 결함 발생 여부를 검토하는 정적 분석 기법이다.
- FTR의 원칙 : 검토될 제품에 대한 체크 리스트를 개발, 자원과 시간 일정을 할당, 문제 영역을 명확히 표현하고 의제를 제한, 제품의 검토에만 집중, 검토의 과정과 결과를 재검토, 논쟁과 반박을 제한, 참가자의 수를 제한, 사전 준비를 강요하고 사전에 작성한 메모들을 공유, 모든 검토자들을 위해 의미 있는 훈련을 진행, 해결책이나 개선책에 대해서 논하지 않음

③ 소프트웨어 품질 목표 항목

정확성(Correctness)	사용자의 요구사항을 충족
신뢰성(Reliability)	정확하고 일관된 결과로 요구된 기능을 오류 없이 수행하는 시스템 능력
효율성(Efficiency)	요구되는 기능을 수행하기 위해 최소한의 자원 소모
무결성(Integrity)	허용되지 않는 사용이나 자료의 변경을 제어
유지보수 용이성(Maintainability)	품질 개선, 오류 수정 등의 용이함
사용 용이성(Usability)	소프트웨어를 쉽게 이용
검사 용이성(Testability)	소프트웨어를 쉽게 시험
이식성(Portability)	다양한 하드웨어 환경에서도 운용 가능하게끔 변경
상호 운용성(Interoperability)	다른 소프트웨어와 무리 없이 정보 교환
유연성(Flexibility)	소프트웨어를 쉽게 수정
재사용성(Reusability)	소프트웨어를 다른 목적으로 사용

④ 시스템 신뢰도 측정

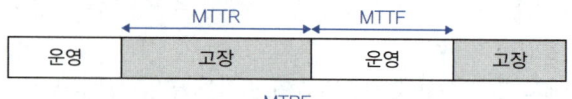

평균 무장애 시간(MTBF)	• (수리 가능 제품) 장애가 발생하는 간격의 시간 평균 • MTBF = MTTF+MTTR
평균 장애 시간(MTTF)	• (수리 불가능 제품) 고장이 발생할 때까지의 동작 시간 평균 • MTTF = 총 동작시간/사용횟수
평균 복구 시간(MTTR)	• 고장이 발생한 시점부터 수리가 완료될 때까지의 수리 시간 평균 • MTTR = 총 고장시간/사용횟수

기적의 TIP
평균 시간을 활용하여 시스템의 가용성(Avaliability)을 측정할 수 있습니다.
→ 가용성 = MTTF/MTBF

07

SQL 응용

SECTION

구조적 질의어 ················· 98p
SQL 활용 ···················· 101p

SECTION 01 구조적 질의어

POINT 074 SQL(Structured Query Language)

1) SQL의 개념

① SQL의 정의
- 관계형 데이터베이스를 제어하는 DBMS의 표준 언어로 관계 대수를 기초로 만들어졌다.
- 릴레이션을 입력하여 새로운 형태의 릴레이션을 출력한다.
- 자연어와 유사한 구조로 학습과 사용이 용이한 고급 언어이다.
- SQL은 정의, 조작, 제어 기능을 각각 데이터 정의어(DDL), 데이터 조작어(DML), 데이터 제어어(DCL)로 구현한다.

> 내장 SQL의 입장에서 프로그래밍 언어를 호스트 프로그램이라 지칭함

② 내장 SQL
- 프로그래밍 언어에서 관계형 데이터베이스를 제어하기 위해 통합(포함)된 SQL이다.
- 호스트 프로그램이 실행될 때 함께 실행되며 실행문 구현이 가능하다면 어느 곳에서나 사용 가능하다.
- 일반 SQL은 다수의 튜플 반환이 가능하지만, 내장 SQL의 수행 결과는 단 하나의 튜플만을 반환하며 일반 변수를 사용하여 저장할 수 있다.
- 호스트 프로그램 컴파일 시 내장 SQL은 선행 처리기에 의해 분리되어 컴파일된다.
- 호스트 변수와 대응되는 데이터베이스 필드 이름은 달라도 되지만, 데이터 타입은 일치해야 한다.

2) SQL 명령어의 분류

① 데이터 정의어(DDL) ○ Data Definition Language
- 데이터 조작을 위한 공간(DataBase Object)을 정의, 수정, 변경하는 언어로 DBA가 사용된다. ○ 데이터베이스 관리자(DataBase Administration)
- 데이터베이스 객체는 스키마, 도메인, 테이블, 뷰, 인덱스 등이 있다.
- 일반적인 DDL 명령은 아래와 같으며 한 번 수행되면 이전 상태로 되돌릴 수 없다.

CREATE	DB 객체 생성
ALTER	DB 객체 수정
DROP	DB 객체 제거
TRUNCATE	DB 객체 데이터 전체 삭제

② 데이터 조작어(DML) ○ Data Manipulation Language
- 사용자(응용 프로그램)가 DBMS를 통해 데이터베이스를 조작하기 위한 인터페이스를 제공하는 언어이다.
- 데이터를 검색(조회), 삽입, 갱신, 삭제할 수 있도록 관련 기능을 제공한다.
- 일반적인 DML 명령은 아래와 같으며 TCL을 활용하여 실행 전 상태로 복귀 가능하다.

INSERT	데이터 삽입
UPDATE	데이터 갱신
DELETE	데이터 삭제
SELECT	데이터 조회

③ 데이터 제어어(DCL) ○ Data Control Language
- 사용자의 데이터 접근 통제와 병행 수행(공유)을 위한 제어 언어이다.
- 제어 기능이라는 공통점이 있는 일반적인 DCL 명령은 아래와 같다.

GRANT	사용자 권한 부여
REVOKE	사용자 권한 회수
COMMIT	트랜잭션 결과 반영(확정)
ROLLBACK	트랜잭션 작업 취소
CHECKPOINT	트랜잭션 복귀지점 설정

- 트랜잭션 관련 명령어는 작업 대상이 서로 다르기 때문에 TCL(Transaction Control Language)이라는 별도의 분류를 사용하기도 한다. ○ 트랜잭션 제어

POINT 075 관계 대수

1) 관계 해석(Relational Calculus)
① 개념
- 원하는 정보가 무엇(What)인지에 대해 정의하는 비절차적 언어이다. *(객체에 대한 명제 해석으로 실행 결과가 반드시 참, 거짓으로 나타남)*
- 코드(E.F.Codd) 박사가 제안한 것으로 수학의 술어 해석(Predicate Calculus)에 기반한다.
- SQL문과 같은 질의어를 사용하며 튜플 관계 해석과 도메인 관계 해석으로 구성된다.

튜플 관계 해석	튜플을 기준으로 데이터 조회
도메인 관계 해석	속성을 기준으로 데이터 조회

② 논리 기호
▶ 관계 해석 연산자

OR(∨)	원자식 간의 관계를 '또는'으로 연결
AND(∧)	원자식 간의 관계를 '그리고'로 연결
NOT(¬)	원자식을 부정

▶ 관계 해석 정량자

전칭 정량자(Universal Quantifier, ∀)	모든 것에 대하여(for all)
존재 정량자(Existential Quantifier, ∃)	어느 것 하나라도 존재(there exists)

2) 관계 대수(Relational Algebra)
① 정의
- 원하는 정보와 그 정보를 어떻게(How) 유도하는가를 정의하는 절차적 언어이다.
- 연산자와 연산 규칙을 사용하여 주어진 릴레이션으로부터 원하는 릴케이션을 유도한다.
- 일반 집합 연산자과 순수 관계 연산자로 구분된다.

② 일반 집합 연산자

합집합 (Union)	∪	• 두 릴레이션을 튜플의 중복 없이 합하는 연산 • R∪S={e｜e∈R∨e∈S}=R UNION S – 릴레이션 R, S를 합집합하는 경우를 관계 해석 및 관계 대수로 표현 • 두 릴레이션은 차수와 대응 속성의 도메인이 동일해야 함
교집합 (Intersection)	∩	• 두 릴레이션에서 동일한(중복) 튜플을 추출할 때 사용하는 연산 • R∩S={e｜e∈R∧e∈S}=R INTERSECT S • 두 릴레이션은 차수와 대응 속성의 도메인이 동일해야 함
차집합 (Difference)	−	• 대상 릴레이션(R)에서 다른 릴레이션(S)과 동일한 부분을 제거하여 추출하는 연산 • R−S={e｜e∈R∧e∉S}=R MINUS S • 두 릴레이션은 차수와 대응 속성의 도메인이 동일해야 함 • 차집합의 결과는 항상 대상 릴레이션(R)의 부분 집합임
교차곱 (Cartesian roduct)	×	• 두 릴레이션의 튜플을 합치고 순서쌍의 집합을 만드는 연산 • R × S = {(e, m)｜e∈R∧m∈S} • 두 릴레이션의 차수와 대응 속성의 도메인이 같지 않아도 됨 • 결과 릴레이션의 기수는 두 릴레이션 기수들의 곱이고, 차수는 두 릴레이션 차수들의 합

③ 순수 관계 연산자

SELECT	σ	• 릴레이션에서 조건에 맞는 튜플을 추출하여 수평적(튜플) 부분 집합을 구하는 연산 • σ 〈조건〉 R	
PROJECT	π	• 릴레이션에서 지정된 속성만을 추출하여 수직적(속성) 부분 집합을 구하는 연산 • π 〈속성명〉 R	
JOIN	⋈	• 두 릴레이션에서 조건에 맞는 튜플을 하나로 합친 릴레이션을 생성하는 연산 • 두 릴레이션에 공통 속성이 한 개 이상 존재해야 함	
		동일 조인	• 동일 속성을 기준으로 조인(동일 속성 중복됨) • R ⋈ 속성=속성 S
		자연 조인	• 동일 속성을 기준으로 조인(중복 속성 제외) • R ⋈N S
		외부 조인	• 조건에 맞지 않는 튜플도 결과에 포함하는 확장 조인(Null 포함) • R ⋈+ S
		세타 조인	• 등호(=) 이외의 조건식을 기준으로 조인 • R ⋈θ S
DIVISION	÷	• 대상 릴레이션(R)에서 다른 릴레이션(S) 속성의 데이터와 일치하는 튜플 중, 다른 릴레이션(S)의 속성과 일치하는 속성을 제거한 릴레이션을 생성하는 연산 • R [속성r ÷ 속성s] S	

> **기적의 TIP**
> DML의 SELECT와 순수 관계 연산자의 SELECT는 약간 다른 개념이므로 구분해서 알아두세요.

> **기적의 TIP**
> 기본적으로 관계 해석과 관계 대수는 관계 데이터베이스를 처리하는 기능과 능력 면에서 동등합니다.

3) 쿼리 최적화 규칙
① 쿼리 최적화의 기준
- 데이터 모델은 설계 및 운용 방식에 따라 다양하게 구성되므로 절대적인 최적화 규칙은 존재하지 않는다.
- 다양한 사용자의 경험을 통한 일반적인 최적화 규칙을 적용한다.

② 쿼리 최적화의 일반적인 규칙
- 일반적으로 원하지 않는 데이터가 가장 많이 제거되는 추출(Project) 연산을 최대한 일찍 수행한다.
- 원치 않는 튜플이 제거되는 선택(Select) 연산은 가급적 일찍 수행한다.
- 조인(Join) 연산은 데이터베이스 용량 및 성능에 비교적 큰 영향을 끼치므로 가급적 마지막에 수행한다.

SECTION 02 SQL 활용

POINT 076 데이터 정의어(DDL)

1) CREATE
① 데이터베이스 객체 생성
- 데이터베이스 객체(DB, TABLE, INDEX, VIEW 등)를 생성한다.

```
CREATE 〈객체 유형〉 〈객체명〉〈옵션〉;
```

> **기적의 TIP**
> SQL 및 프로그래밍 언어의 문법을 기술하기 위한 언어를 메타 언어(Meta Language)라고 합니다. 각각의 입력 요소는 '〈 〉'로 감싸서 표현하고, 생략이 가능한 요소는 '[ ]'로 표현하고, 반복이 가능한 요소는 '[, ...]'로 표현하며, 선택이 가능한 요소는 '|'로 나열하여 표현합니다.

② 테이블 생성 옵션
- 테이블 생성 시, 옵션을 활용하여 생성되는 컬럼의 세부 사항을 지정할 수 있다.

```
CREATE TABLE 〈테이블명〉(
    〈컬럼명〉 〈데이터유형〉 [〈제약조건〉] [, ...],
    [테이블 제약조건]
    );
```

▶ 데이터 유형(자료형)의 예

INT	정수
DOUBLE	실수(부동 소수점)
CHAR(N)	최대 N개의 문자 입력이 가능한 고정 크기 문자열
VARCHAR(N)	최대 N개의 문자 입력이 가능한 가변 크기 문자열
DATE	날짜

▶ 각 필드에 지정 가능한 제약조건의 예

UNIQUE	유일키(식별자) 정의
NOT NULL	공백을 허용하지 않음
CHECK	컬럼에 허용되는 값을 제한

▶ 각 테이블에 지정 가능한 제약조건의 예

PRIMARY KEY (〈컬럼명〉[, ...])	기본키(UNIQUE + NOT NULL) 정의
FOREIGN KEY (〈컬럼명〉[, ...]) REFERENCES (〈컬럼명〉[, ...])	외래키 정의
ON UPDATE 〈처리옵션〉	데이터 갱신 시 처리 옵션에 따라 작업 수행
ON DELETE 〈처리옵션〉	데이터 삭제 시 처리 옵션에 따라 작업 수행

▶ 데이터 갱신 및 삭제의 처리 옵션

NO ACTION	무시
SET DEFAULT	관련 튜플 모두 기본값 지정
SET NULL	관련 튜플을 (삭제하는 대신) NULL값으로 수정
CASCADE	관련된 튜플 모두 함께 처리
RESTRICT	관련된 튜플이 없는 경우에만 처리

③ 테이블 구조 복사
- SELECT문에 의해 구성된 테이블 정보와 같은 형식의 테이블을 생성할 수 있다.

```
CREATE TABLE 〈테이블명〉 AS 〈SELECT문〉;
```

2) ALTER
① 컬럼 변경
- (이미 생성된) 테이블에 추가할 컬럼을 마지막 컬럼 뒤(또는 다른 위치)에 추가한다.

```
ALTER TABLE 〈테이블명〉 ADD 〈필드명〉 〈데이터타입〉 [〈위치옵션〉];
```

FIRST	첫 컬럼 앞에 추가
AFTER 〈컬럼명〉	특정 컬럼 뒤에 추가

- 테이블의 컬럼을 변경(데이터 유형 또는 이름)한다.

```
ALTER TABLE 〈테이블명〉 MODIFY 〈컬럼명〉 〈데이터유형〉;
ALTER TABLE 〈테이블명〉 RENAME COLUMN 〈원본컬럼명〉 TO 〈변경컬럼명〉;
```

MODIFY	데이터 유형 변경
RENAME COLUMN	컬럼명 변경

- 테이블의 컬럼을 삭제한다.

```
ALTER TABLE 〈테이블명〉 DROP 〈컬럼명〉;
```

② 제약조건 변경

- 제약조건을 추가한다.

```
ALTER TABLE 〈테이블명〉 ADD CONSTRAINT 〈제약조건명〉 〈제약조건〉;
```

- 제약조건을 비활성화하거나 삭제한다.

```
ALTER TABLE 〈테이블명〉 ENABLE|DISABLE|DROP CONSTRAINT 〈제약조건명〉;
```

ENABLE	제약조건 활성화
DISABLE	제약조건 비활성화
DROP	제약조건 삭제

3) DROP

① 데이터베이스 삭제

- 데이터베이스 객체를 삭제한다.

```
DROP 〈객체 유형〉 〈객체명〉 [〈삭제옵션〉];
```

> **기적의 TIP**
> ALTER~DROP과 DROP은 의미가 다르므로 주의하세요.

② 레코드 삭제

- 테이블의 구조를 유지하는 상태에서 모든 (데이터) 레코드를 삭제한다.

```
TRUNCATE TABLE 〈테이블명〉;
```

POINT 077 데이터 조작어(DML)

1) INSERT

- 특정 테이블의 컬럼 순서대로 모든 값을 지정하여 삽입한다.

```
INSERT INTO 〈테이블명〉 VALUES (〈값〉[, …]);
```

- 특정 컬럼을 지정하여 값을 삽입한다.

```
INSERT INTO 〈테이블명〉 (〈컬럼명〉[, …]) VALUES (〈값〉[, …]);
```

- 다른 테이블의 레코드를 복사하여 값을 삽입한다.

```
INSERT INTO 〈테이블명〉 (〈필드〉[, …]) 〈SELECT문〉
```

2) UPDATE

- 지정한 조건을 만족하는 레코드들의 해당 컬럼의 필드값을 갱신한다.

```
UPDATE 〈테이블명〉 SET 〈컬럼명〉=〈값〉[, …] WHERE 〈조건식〉;
```

3) DELETE

- 지정한 조건을 만족하는 레코드를 삭제한다.
- 조건을 생략하면 모든 레코드를 삭제하게 되니 주의해야 한다.

```
DELETE FROM 〈테이블명〉 WHERE 〈조건식〉;
```

4) SELECT

- 지정한 형식과 조건에 대응되는 결과를 릴레이션 형태로 출력한다.
- SQL 명령 중 가장 많이 사용되는 명령어이다.

```
SELECT [ALL|DISTINCT] 〈컬럼명〉[, …] FROM 〈테이블명〉
    [WHERE 〈조건식〉 [GROUP BY 〈컬럼명〉 [HAVING 〈조건식〉]]
    [ORDER BY 〈컬럼명〉 [ASC|DESC]];
```

ALL(기본값)	지정된 모든 레코드 검색, '*'도 같은 의미
DISTINCT	중복된 레코드는 하나만 출력

> **기적의 TIP**
> DISTINCT의 정의는 문제마다 다르게(중복되지 않게, 중복 제거 등) 표현되니 넓은 범위로 해석되도록 학습하세요.

- GROUP BY는 지정된 컬럼의 데이터를 기준으로 튜플을 그룹화한다.
- 그룹별로 조건을 만족하는 레코드를 검색하기 위해서는 HAVING절을 사용한다.
- ORDER BY는 조회된 레코드를 특정 컬럼을 기준으로 정렬한다.

POINT 078 SELECT 활용

1) AS

① 집계함수와 AS

- 집계함수를 사용해 컬럼의 값을 요약할 수 있다.

COUNT()	레코드 개수
SUM()/AVG()	합계/평균
MAX()/MIN()	최대값/최소값
STDDEV()	표준편차
VARIANCE()	분산

- 집계함수의 결과는 집계함수식이 컬럼명이 되어 출력된다.

SELECT SUM(점수) FROM 학생정보;

- AS문을 활용하여 컬럼명을 지정할 수 있다.
  ○ 공백이 포함된 문자열은 작은 따옴표로 감싸서 표현

SELECT SUM(점수) AS 합계 FROM 학생정보;

② 윈도우 함수
○ OnLine Analytical Processing
- 온라인 분석 처리 용도로 사용하기 위해 SQL에 추가된 기능으로 OLAP 함수라고도 한다.

집계 함수	SQL 집계 함수와 동일	
순위 함수	레코드의 순위 계산	
	RANK	동일 레코드 순위만큼 다음 순위 건너뜀 (1위, 2위, 2위, 4위, …)
	DENSE_RANK	동일 레코드를 하나의 순위로 구분 (1위, 2위, 2위, 3위, …)
	ROW_NUMBER	동일 레코드라도 순차적 순위로 구분 (1위, 2위, 3위, 4위, …)
행 순서 함수	레코드에서 가장 먼저 나오거나 가장 나중에 나오는 값, 이전이나 이후의 값들을 출력	
	FIRST_VALUE	최소값
	LAST_VALUE	최대값
	LAG	특정 레코드의 이전 N 번째 행의 값
	LEAD	특정 레코드의 이후 N 번째 행의 값

그룹 내 비율 함수	주어진 그룹에 대해 비율과 관련된 통계
	RATIO_TO_REPORT	합을 기준으로 각 행의 상대적 비율 반환
	PERCENT_RANK	가장 먼저 나오는 것을 0으로, 가장 나중에 나오는 것을 1로 하여 행의 순서별 백분율 반환

2) 조건식

① AND

- 연산자 좌우의 모든 조건을 만족해야 할 때 사용한다.

SELECT * FROM 성적 WHERE 국어>=80 AND 영어>=80;

- 국어 점수와 영어 점수가 모두 80 이상인 레코드를 조회
- 범위 비교를 하는 경우에는 BETWEEN 연산자를 이용할 수 있다.

SELECT * FROM 성적 WHERE 수학>=80 AND 수학<90;

SELECT * FROM 성적 WHERE 수학 BETWEEN 80 AND 89;

- 수학 점수가 80점대(80~89)인 레코드를 조회

> **기적의 TIP**
> BETWEEN A AND B는 A와 B도 포함하는 범위입니다.

② OR

- 연산자 좌우의 조건 중 하나만 만족하면 되는 경우에 사용한다.
- OR은 IN 연산자를 이용해서 표현할 수 있다.

SELECT * FROM 성적
    WHERE 반="1반" OR 반="3반" OR 반="5반";

SELECT * FROM 성적 WHERE 반 IN("1반", "3반", "5반");

- 1, 3, 5반 학생의 성적 정보를 조회

③ IS NULL

- 값이 비어 있는 경우를 검색해야 하는 경우에 사용한다.

SELECT * FROM 성적 WHERE 벌점 IS NULL;

- 벌점 컬럼의 필드가 비어 있는 레코드를 조회

④ LIKE

- 특정 문자 패턴을 가지는 문자열을 검색해야 하는 경우에 사용한다.

```
SELECT * FROM 성적 WHERE 이름 LIKE <패턴>;
```

LIKE %A	A로 끝나는 문자열 패턴
LIKE A%	A로 시작하는 문자열 패턴
LIKE %A%	A를 포함하는 문자열 패턴
LIKE A_	A로 시작하는 2글자 문자열 패턴
LIKE _A_	A가 가운데 있는 3글자 문자열 패턴
LIKE __A	A로 끝나는 3글자 문자열 패턴
LIKE _A%	두 번째 자리에 A가 들어가는 문자열 패턴

3) 하위 질의(Sub Query)

① 정의
- 메인 쿼리에 포함된 또 하나의 쿼리를 의미한다.
- 서브 쿼리는 메인 쿼리 이전에 한 번만 실행되며 결과값은 메인 쿼리의 내부 요소로 활용된다.

② 사용 시 유의사항
- 비교 연산자의 오른쪽에 기술하고 소괄호로 감싼다.
- 서브 쿼리의 결과는 메인 쿼리가 기대하는 행의 수 또는 컬럼의 수와 일치해야 한다.
- 서브 쿼리는 출력(표시)의 용도가 아니기 때문에 ORDER BY절을 사용하지 않는다.

③ 단일 행 서브 쿼리
- 서브 쿼리의 수행 결과가 오직 하나의 행으로 반환되는 쿼리이다.
- 단일 행 비교 연산자(=, <>, >, >=, <, <=)를 사용하여 비교한다.

```
SELECT * FROM 성적 WHERE 학과 =
    (SELECT 학과 FROM 성적 WHERE 이름 = "권영석");
```

- 서브 쿼리 결과 : 성적 테이블에서 이름 필드가 권영석인 레코드의 학과값을 결과로 반환
- 메인 쿼리 결과 : "권영석의 학과"와 같은 학과를 가진 레코드를 조회

④ 다중 행 서브 쿼리 ○ IN, ANY, SOME, ALL, EXISTS
- 서브 쿼리의 수행 결과가 여러 행으로 반환되는 쿼리이다.
- 다중 행 비교 연산자를 사용하여 비교한다.
- IN 연산자는 서브 쿼리의 결과를 메인 쿼리의 조건절에 대입하여 조건 비교 후 결과를 출력한다.

```
SELECT 성명, 학년 FROM 데이터베이스 WHERE 학번 IN
    (SELECT 인공지능.학번 FROM 인공지능);
```

- 서브 쿼리 결과 : 인공지능의 학번들을 결과로 반환
- 메인 쿼리 결과 : "인공지능의 학번"들과 일치하는 학번을 가진 레코드를 조회
- EXISTS 연산자는 메인 쿼리의 결과를 서브 쿼리의 조건식에 대응하여 결과를 출력한다.
- 서브 쿼리의 SELECT절은 무시된다.

```
SELECT 성명, 학년 FROM 데이터베이스 WHERE EXISTS
    (SELECT * FROM 인공지능 WHERE 데이터베이스.학번
    = 인공지능.학번);
```

- 메인 쿼리에서 조회된 레코드에 서브 쿼리의 조건식을 적용

> **기적의 TIP**
> IN과 EXISTS를 구분하는 가장 좋은 방법은 WHERE 이후 형식입니다. IN은 연산자 앞에 컬럼명이 존재하지만, EXISTS는 연산자 앞에 컬럼명이 없죠?

4) 정렬과 그룹

① 단일 정렬
- 특정 컬럼을 기준으로 오름차순 또는 내림차순 정렬한다.

```
SELECT * FROM 성적 ORDER BY 성별 ASC;
```

```
SELECT * FROM 성적 ORDER BY 반 DESC;
```

<컬럼명> ASC	오름차순 정렬
<컬럼명> DESC	내림차순 정렬

② 다중 정렬
- 정렬된 레코드를 또 다른 특정 기준으로 다시 정렬한다.

```
SELECT * FROM 성적 ORDER BY 성별 ASC, 반 DESC;
```

- 성별을 기준으로 오름차순 정렬
- 성별 데이터가 같은 레코드들은 반을 기준으로 내림차순 정렬

③ 그룹과 요약
- 특정 컬럼을 기준으로 동일한 데이터별로 레코드를 그룹화하여 요약한다.

```
SELECT 성별, COUNT(*) FROM 성적 GROUP BY 성별;
```

- 레코드를 성별 기준으로 요약하여 성별별 개수 출력
- 요약된 그룹별 데이터를 기준으로 조건을 지정하여 레코드를 나타낼 수 있다.

```
SELECT 성별, COUNT(*) FROM 성적 GROUP BY 성별
HAVING COUNT(*)<3;
```

- 요약된 그룹의 개수가 3보다 작은 레코드만 조회
- 그룹별 요약을 위해서는 집계 함수가 아닌 그룹 함수를 사용한다.

ROLLUP()	지정된 컬럼 중 첫 컬럼의 각 그룹의 합계와 전체 합계
CUBE()	지정된 모든 컬럼의 각 그룹의 합계와 전체 합계
GROUPING SETS()	각 그룹별 총 합계만 표시
GROUPING()	집계 함수를 지원하는 함수

5) 조인

INNER JOIN	두 테이블의 기준 필드가 일치하는 레코드만 조인
OUTER JOIN	두 테이블의 기준 필드가 일치하지 않는 모든 레코드도 함께 조인
LEFT JOIN	왼쪽 테이블 레코드는 전부 포함하고, 오른쪽 테이블 레코드는 기준 필드가 일치하는 것만 조인
RIGHT JOIN	오른쪽 테이블 레코드는 전부 포함하고, 왼쪽 테이블 레코드는 기준 필드가 일치하는 것만 조인

POINT 079 데이터 제어어(DCL)

1) 권한 제어

① GRANT (역할)

- 특정 사용자 및 그룹에게 특정 권한을 부여한다.
- 옵션에 따라서 부여받은 권한에 대해서 다른 사용자에게 다시 부여가 가능하다.

```
GRANT <권한 유형> TO <대상>
    [WITH GRANT OPTION|WITH ADMIN OPTION];
```

WITH GRANT OPTION	부여받은 권한을 다른 사용자에게 부여, 회수 가능
WITH ADMIN OPTION	부여받은 권한을 다른 사용자에게 부여만 가능

- 권한 유형은 기존 SQL 명령들과 특정 ROLE을 지정할 수 있다.
- 권한 부여 대상은 특정 사용자 및 ROLE, 모든 인원에게 부여할 수 있다. (PUBLIC)

② REVOKE

- 대상에게 부여된 권한을 회수한다.
- WITH GRANT OPTION으로 권한을 부여한 사용자의 권한을 회수하면, 권한을 부여받은 사용자가 부여한 또 다른 사용자의 권한도 함께 회수된다.

```
REVOKE <권한 유형> FROM <대상>;
```

③ ROLE
Role Based Access Control, 개별적 분할이 아닌 수행하는 역할을 기반으로 나누고 사용자 그룹에 권한 부여

- 사용자에게 허가 가능한 권한들의 집합 또는 같은 권한을 부여받는 사용자 그룹을 뜻한다.
- 사용자 그룹의 관리는 역할 기반 접근 제어(RBAC) 방식을 사용한다.
- ROLE은 CREATE ROLE 권한을 가진 사용자에 의해서 생성된다.
- 한 사용자가 여러 ROLE을 가질 수 있고, 여러 사용자에게 같은 ROLE을 부여할 수 있다.

```
CREATE ROLE <역할명>;
```

- <역할명>을 이름으로 하는 역할 생성

```
GRANT <권한>[, ...] TO <역할명>;
```

- <역할명>에 <권한>을 부여

```
GRANT <역할명> TO <사용자>[, ...];
```

- <사용자>에게 <역할명> 부여

2) 트랜잭션 제어

① 개념

- 데이터베이스를 조작하는 논리적 연산들이 하나 이상 모인 단위 작업을 트랜잭션이라고 한다. (주로 DML)
- 분해할 수 없는 최소 단위로, 트랜잭션의 완료 및 회복의 기준 단위가 된다.
- 하나의 트랜잭션은 Commit되거나 Rollback된다.

Commit	• 트랜잭션에 의한 변경 사항을 최종 반영 • Commit이 완료되면 이전 상태로 복구(Rollback)할 수 없음
Rollback	• 트랜잭션에 의한 변경 사항을 이전 상황으로 복구 • 최종 반영(Commit) 전까지의 작업은 메모리 영역에서 진행되므로 복구 가능
Savepoint (check-point)	• 트랜잭션의 규모가 너무 크거나 복잡한 경우에 Rollback 지점을 별도로 지정 • 여러 개의 Savepoint를 지정할 수 있음

② 특징

원자성(Atomicity)	모든 연산이 수행되거나 하나도 수행되지 말아야 함
일관성(Consistency)	시스템 고정 요소는 트랜잭션 이후에도 같아야 함
고립성(Isolation)	트랜잭션 실행 도중 다른 트랜잭션의 영향을 받지 않아야 함
지속성(Durability)	트랜잭션의 결과는 항상 유지(영구 반영)되어야 함

③ 상태 제어

활동(Active)	실행 중인 상태
부분 완료(Partially Committed)	마지막 연산을 끝내고 결과를 반영하기 직전의 상태
완료(Committed)	연산을 완료하고 결과를 데이터베이스에 반영한 상태
실패(Failed)	연산 실행 중 어떤 오류에 의해 더 이상 연산이 진행될 수 없는 상태
철회(Aborted)	트랜잭션 실패로 트랜잭션 실행 전 상태로 복구(Rollback)된 상태
실행 취소(Undo)	변경되었던 데이터를 취소하고 원래의 내용으로 복원
다시 실행(Redo)	Undo를 통해 원래 내용으로 변경되었던 데이터를 다시 앞의 내용으로 복원

POINT 080 절차형 SQL

1) 절차형 SQL

① 정의

- 순차적인 SQL문의 실행, 분기, 반복을 활용하여 다양한 기능을 수행하는 모듈이다.
- 절차형 SQL은 프로시저, 사용자 정의 함수, 트리거로 나뉜다.
- 절차형 SQL의 필수 구성 요소는 DECLARE, BEGIN, END가 있다.

DECLARE	절차형 SQL의 명칭, 변수, 인수, 타입 등을 정의하는 영역
BEGIN~END	실제 구현 영역

- OR REPLACE 예약어를 통해 기존 코드를 덮어씌울 수 있다.

② 특징

- DBMS 내부에서 직접 실행되며 사용 난이도가 쉬워 DB 작업의 효율성과 생산성이 향상된다.
- 비즈니스 로직을 캡슐화하여 데이터 관리 및 무결성 유지가 용이하다.
- DBMS별로 문법의 차이가 있으며, 절차형 프로그래밍 언어와는 다르게 효율성이 떨어진다.

2) 프로시저(Procedure)

① 정의

- 호출을 통해 실행되는 절차형 SQL이다.
- DML(DQL) 위주로 구성되며 주기적으로 반복되는 작업에 사용된다.
- 사용자 정의 함수와 다르게 반환값이 존재하지 않는다.

② 구성 요소

CONTROL	순차, 분기(조건), 반복 처리 영역
EXCEPTION	예외 발생 시 예외 처리 방법 정의 영역
SQL	주로 DML을 사용하여 데이터 처리
TRANSACTION	SQL 수행 내역의 반영, 취소 처리 영역

3) 사용자 정의 함수(User Defined Function)

① 정의

- 호출을 통해 실행되는 절차형 SQL이다.
- DML(DQL) 위주로 구성되며 프로시저와 다르게 반환값이 존재한다.

② 구성 요소

CONTROL	순차, 분기(조건), 반복 처리 영역
EXCEPTION	예외 발생 시 예외 처리 방법 정의 영역
SQL	주로 DML을 사용하여 데이터 처리
RETURN	호출 위치에 반환할 값이나 변수 정의

4) 트리거(Trigger)

① 정의

- 데이터베이스의 이벤트 발생에 의해 자동으로 호출되는 절차형 SQL이다. ┈┈o 데이터 변경
- 특정 이벤트에 따른 관련 작업을 자동으로 수행하는 것이 목적이다.

- 데이터 작업과 더불어 무결성 유지 및 로그 메시지 출력 등의 처리를 위해서 사용한다.
- 외부 변수의 입출력과 반환값이 존재하지 않는다.

② 구성 요소

EVENT	트리거가 실행되는 조건(필수)	
CONTROL	순차, 분기(조건), 반복 처리 영역	
EXCEPTION	예외 발생 시 예외 처리 방법 정의 영역	
SQL	주로 DML을 사용하여 데이터 처리	
기타 옵션 (트리거가 수행되는 시점 정의)	AFTER	테이블이 변경된 후 실행
	BEFORE	테이블이 변경되기 전 실행
	FOR EACH NOW	트리거 적용 대상을 테이블에서 '레코드마다'로 변경
	NEW	새롭게 반영될 데이터
	OLD	기존 데이터

③ 작성 시 유의사항
- DCL을 사용할 수 없으므로 포함하지 않는다.
- 오류가 발생하면 이벤트가 발생한 작업도 영향을 받으므로 더 높은 기준의 무결성 및 품질이 요구된다.

POINT 081 인덱스와 뷰

1) 인덱스(INDEX)

① 정의
- 저장된 데이터를 빠르게 검색할 수 있도록 구성된 자료 구조 및 방법이다.
- 원본 테이블의 검색 대상 컬럼으로부터 유도된 별도의 인덱스 테이블을 생성하고, 데이터에 접근하기 좋은 형태로 순서를 변경한다.
- 컬럼을 기본키로 설정하면 인덱스는 자동으로 생성된다.
- 원본 테이블에 의해 인덱스가 생성되는 구조로, 원본 테이블의 수정이 잦을수록 비효율적이다.

② 설계 시 고려사항
- 새로 추가되는 인덱스가 기존 접근 경로에 영향을 미칠 수 있다.
- 너무 넓은 범위의 인덱스는 추가적인 저장 공간 및 오버헤드를 발생시킨다.
- 인덱스와 테이블 데이터의 저장 공간을 적절히 분리한다.

③ 구현
- 인덱스를 생성한다. ······○ 중복값을 허용하지 않는 인덱스 생성

```
CREATE [UNIQUE] INDEX 〈인덱스명〉 ON 〈테이블명〉(〈컬럼명〉〈정렬옵션〉[, ...]);
```

- 인덱스를 삭제한다.

```
ALTER TABLE 〈테이블명〉 DROP INDEX 〈인덱스명〉;
```

- 인덱스를 변경한다.

```
ALTER [UNIQUE] INDEX 〈인덱스명〉 ON 〈테이블명〉(〈컬럼명〉[, ...]);
```

- 인덱스를 조회한다.

```
SHOW INDEX FROM 〈테이블명〉;
```

2) 뷰(VIEW)

① 정의
- 하나 이상의 테이블로부터 유도되는 논리적인 가상 테이블이다. ······○ 실체가 없는
- 뷰의 정보는 시스템 카탈로그에 저장되며 외부 스키마를 구성할 때 사용된다.
- 뷰를 통해 또 다른 뷰를 정의할 수 있으며, 같은 데이터를 각각의 다른 방법으로 제공할 수 있다.
- 실체가 존재하지 않기 때문에 종속된 테이블이 제거되면 함께 제거된다.

장점	• 데이터의 논리적인 독립성을 유지하여 원본의 테이블 구조 변경에 영향을 최소화할 수 있음 • 여러 테이블에 존재하는 데이터에 접근하는 방법을 단순화, 다양화할 수 있음 • 테이블의 일부 데이터에 대해서만 접근을 허용하는 방식으로 데이터 보안을 유지함
단점	• 물리적인 실체 데이터가 없기 때문에 자체 인덱스 사용이 불가능하고 내용을 수정하는 것도 많은 제약이 따름 • 뷰를 변경하기 위해서는 삭제한 뒤 다시 생성해야 함

② 구현
- 뷰를 생성한다.

```
CREATE VIEW <뷰 이름><(컬럼 목록)> AS SELECT문 [옵션];
```

REPLACE	뷰가 이미 존재하는 경우 재생성
FORCE	원본 테이블의 존재 여부에 관계 없이 뷰 생성
NOFORCE	원본 테이블이 존재할 때만 뷰 생성
WITH CHECK OPTION	조건에 사용된 컬럼의 값을 수정 불가능하도록 설정
WITH READ ONLY	모든 컬럼의 값 수정 불가능(DML 작업 불가능)

- 뷰를 삭제한다.

```
DROP VIEW <뷰 이름>;
```

- 뷰를 조회한다.

```
SELECT * FROM <뷰 이름>;
```

POINT 082 SQL 지원 도구

1) 시스템 카탈로그(System Catalog)

① 정의
- 데이터베이스 객체들에 대한 정의와 명세를 메타 데이터 형태로 유지관리하는 시스템 테이블이다.
- 데이터 사전(Data Dictionary)이라고도 한다.

② 구성 요소

시스템 카탈로그	DBA가 사용하는 데이터 사전과 같은 의미
데이터 디렉토리	DBMS에 의해서만 접근 가능한 데이터 사전 접근 정보
메타 데이터	다른 데이터를 설명하기 위한 데이터

③ 특징
- DBMS가 스스로 생성하고 유지하며 데이터 디렉토리에 저장된 접근 정보를 통해 접근할 수 있다.
- DML을 통해 내용 조회가 가능하지만, 직접적인 변경은 불가능하다.
- DDL을 통해 데이터베이스 객체가 변경되면 DBMS에 의해 자동으로 변경된다.

> **기적의 TIP**
> 시스템 카탈로그는 DBMS가 자동으로 생성하고 관리하므로, 조회는 가능하지만 변경은 불가능합니다.

④ DBMS 접속 응용 시스템
- 데이터베이스 관리 도구를 직접 사용하는 방법 외에도 별도의 응용 프로그램 사용을 통해서도 접근이 가능하다.
- 사용자는 응용 프로그램을 통해 DBMS에 접속하여 데이터베이스를 사용한다.

▶ 대표적인 응용 프로그램

JDBC	Java 환경에서 DB에 접속할 수 있도록 해주는 API
MyBatis	복잡한 JDBC 코드를 단순화하여 SQL을 거의 그대로 사용 가능, spring 기반 프레임워크와 통합하여 우수한 성능 제공

2) SQL 지원 도구

① PL/SQL
- 프로그래밍 언어의 특성을 통합한 확장 SQL 기능이다.
- 스크립트 형태로 실행 가능하며 모듈화, 절차적 프로그램 작성이 가능하다.
- 식별자 선언, 에러 처리가 가능하고 성능 향상을 기대할 수 있다.

② SQL*Plus
- Oracle사에서 제공하는 SQL 지원 도구이다.
- 키워드 축약, 다중 행 입력, 종료 문자 생략이 가능하다.

③ APM ···○ Application Performance Management
- 안정적인 시스템 운영을 위한 모니터링 도구로 시스템 부하량과 접속자 파악, 장애 진단 기능이 있다.
- 시스템 리소스 모니터링과 사용자 대상 모니터링이 있다.

④ TKPROF
- 실행되는 SQL 문장을 추적, 분석하여 지침을 제공해준다.
- 분석 가능한 정보 : Parse, Execute, Fetch 수, CPU 작업시간, 물리적/논리적 Reads, 처리된 튜플 수, 라이브러리 캐시 Misses, Commit/Rollback

• 인스턴스 수준(Instance Level)과 세션 수준(Session Level)의 추적이 있다.

○─── 지속적인 설정 방법으로 모든 SQL 수행에 대한 추적, 많은 부하 발생
○─── 임시적인 설정 방법으로 특정 프로세스별로 추적

⑤ EXPLAIN PLAN
• SQL 문장의 경로를 분석하여 성능 개선 지침을 제공해 준다.
• 분석 가능한 정보 : Recursive call, DB block gets, Consistent gets, Physical reads, Redo size, Byte sent via SQL*Net from client, Byte received via SQL*Net from client, Sort(Memory/Disk), Row processed

⑥ 소스 코드 인스펙션 도구(Source Code Inspection)
• 데이터베이스를 조작하는 프로시저 코드 등을 분석하여 성능의 문제점을 개선함으로써 데이터베이스의 성능을 향상시키는 도구이다.

POINT 083 병행 제어와 로킹

1) 병행 제어(Concurrency Control, 동시성 제어)
① 정의
• 데이터베이스의 활용도를 최대화하기 위해 여러 사용자들의 데이터베이스 공동 사용을 최대화하는 기술이다.
• 병행 처리에서 오는 문제점을 개선하여 데이터베이스의 일관성을 유지한다.

○─── 로킹(Locking), 회복(Recovery)

② 문제점

분실된 갱신 (Lost Update)	데이터를 두 개의 트랜잭션이 갱신하면서 하나의 작업이 진행되지 않는 경우
모순성 (Inconsistency)	데이터를 두 개의 트랜잭션이 갱신하면서 사용자가 원하는 결과와 일치하지 않는 상태가 되는 경우
연쇄 복귀 (Cascading Rollback)	데이터를 두 개의 트랜잭션이 갱신하면서 문제가 발생하면 두 트랜잭션 모두 갱신 전으로 복귀하는 상태가 되는 경우
비완료 의존성 (Uncommitted Dependency)	하나의 트랜잭션이 실패하고 회복이 이뤄지기 전에 다른 트랜잭션이 실패한 수행 결과를 참조하는 경우

2) 로킹(Locking)
① 정의
• 트랜잭션이 갱신 중인 데이터를 다른 트랜잭션이 접근하지 못하도록 잠그는 것이다.
• 로크의 단위 크기에 따라 데이터베이스의 성능에 영향을 미치도록 적절한 크기를 지정한다.

② 로크의 단위

로크의 단위가 큰 경우	• 로크의 개수가 적어져 병행 제어 기법이 단순해짐 • 병행성(공유도) 수준이 낮아지고 오버헤드 감소
로크의 단위가 작은 경우	• 로크의 개수가 많아져 병행 제어 기법이 복잡해짐 • 병행성(공유도) 수준이 높아지고 오버헤드 증가

③ 타임 스탬프(Time Stamp) 기법
• 트랜잭션이 순서대로 처리될 수 있도록 데이터 항목에 타임 스탬프를 부여하는 기법이다.

○─── 직렬

④ 낙관적 병행 제어(Optimistic Concurrency Control) 기법
• 트랜잭션 수행 동안은 어떠한 검사도 하지 않고, 트랜잭션 종료 시에 일괄적으로 검사하는 병행 제어 기법이다.
• 장기적 트랜잭션을 철회할 때, 자원 낭비 가능성이 있어서 동시 사용 빈도가 낮은 시스템에서 주로 사용된다.

⑤ 다중 버전 병행 제어(MVCC) 기법
○─── Multi Version Concurrency Control
• 트랜잭션들의 타임 스탬프를 비교하여, 직렬 가능성이 보장되는 버전을 선택하는 기법이다.

3) 회복(Recovery)
① 정의
• 특정 장애로 인해 데이터베이스에 문제가 발생했을 때, 문제 발생 이전의 상태로 복원하는 것이다.

○─── 무결성 훼손

▶ 장애의 유형

트랜잭션 장애 (Transaction Failure)	트랜잭션 내의 논리적 오류로 인한 장애
시스템 장애(System Failure)	하드웨어 오작동으로 인한 장애
미디어 장애(Media Failure)	디스크 고장으로 인한 장애

② 관련 연산자

Undo	변경된 데이터를 취소하여 원래의 내용으로 복원
Redo	Undo로 인해 회복된 내역이 기록된 로그를 바탕으로 다시 데이터를 반영

③ 로그를 이용한 회복

즉시 갱신	트랜잭션의 결과를 그 즉시 반영, 문제 발생 시 복원(Undo)
지연 갱신	갱신 결과를 로그에 기록하고 트랜잭션이 완료되면 한 번에 반영(Redo)

④ 검사 시점에 의한 회복
- 로그에 있는 내용이 데이터베이스에 반영될 때마다 Checkpoint(Savepoint)를 둔다.
- 장애가 발생하면 Checkpoint 이전에는 Redo 연산을, 이후에는 Undo 연산을 실시한다.

⑤ 그림자 페이징 기법
- 문제 발생 시 로그가 아닌 그림자 페이지로 대체하여 회복하는 기법이다. ····○ 복사본
- 데이터베이스를 일정 크기의 페이지 단위로 구분하여 각 페이지에 복사본을 유지한다.

08

소프트웨어 개발 보안 구축

SECTION

소프트웨어 개발 보안 구축	112p
시스템 보안 구축	115p
보안 공격 및 예방	118p
보안 솔루션	122p
암호 기술	125p

SECTION 01 소프트웨어 개발 보안 구축

POINT 084 소프트웨어 개발 보안 설계

1) 정보 보호(Protection)

- 정보를 사용함에 있어 발생할 수 있는 훼손이나 유출 등을 방지하기 위한 기술이나 이론 등을 총칭한다. (수집, 가공, 저장, 송수신)
- 정보 자산을 손실과 도난 등으로부터 보호하는 정보 보안(Security)의 개념보다 넓은 의미로 정보 시스템의 안정성을 확보하는 개념이다.
- 일반적인 학습에서는 정보 보호보다는 보안이라는 개념이 통용된다.
- 정보 보안 관리 체계는 관리의 대상에 따라 ISMS와 PIMS로 나뉜다.
  - ISMS: Information Security Management System, 기업 내 정보 자산 보호 시스템
  - PIMS: Personal Information Management System, 기업의 개인정보 보호 시스템

2) SW 개발 보안

① 개념

- 소프트웨어의 보안 취약점 제거, 보안을 고려한 기능 설계 등 소프트웨어 개발 프로세스에서 수행하는 보안 관련 활동 및 개념이다. (도출, 분석, 명세, 확인)
- 소프트웨어 개발 보안 역시 기존의 요구공학 프로세스를 기반으로 설계된다. (정보 보안의 3요소)

② SW 개발 보안 요소(CIA)

기밀성 (Confidentiality)	인가된 사용자만 정보에 접근할 수 있는 속성
무결성 (Integrity)	정보가 불법적으로 생성(위조), 변경(변조), 삭제되지 않는 속성
가용성 (Availability)	인가된 사용자가 문제 없이 정보를 사용할 수 있는 속성

③ 정보 보호 목표 (CIA 외에 인증성, 책임 추적성, 부인 방지성이 추가됨)

인증성 (Authentication)	식별된 사용자의 자격이나 메시지 내용을 검증하여 유효성을 확보하는 것
책임 추적성 (Accountability)	사용자의 행동을 추적하고 기록하여 문제 발생 시 불이익이 없도록 하는 것
부인 방지성 (Non-Repudiation)	데이터 송수신 사실에 대한 증명을 통해 해당 사실을 부인하지 못하도록 하는 것

④ 관련 용어

자산 (Asset)	조직이 가치를 부여한 유무형의 대상
위협원 (Threat Agents)	정보 자산에 위협을 가하는 행위를 하는 주체
위협 (Threat)	정보 자산에 대한 위협원의 공격 행위
취약점 (Vulnerability)	정보 시스템에 손상의 원인을 제공하는 보안상의 약점
위험 (Risk)	위협에 의해 정보 자산이 피해를 입을 확률과 영향도

3) 소프트웨어 보안 약점

입력 데이터 검증 및 표현	프로그램 입력값에 대한 검증 누락이나 부적절한 검증, 데이터의 잘못된 형식 지정 등으로 인해 발생할 수 있는 보안 약점
보안 기능	적절하지 않은 보안 기능으로 인해 발생할 수 있는 보안 약점
시간 및 상태	동시 수행을 지원하는 병렬 시스템 환경에서 시간 및 상태의 허술한 관리로 발생할 수 있는 보안 약점
에러 처리	불충분한 에러 처리로 인해 중요 정보가 에러 정보에 포함되어 발생할 수 있는 보안 약점
코드 오류	개발자가 코딩 시 발생시킨 휴먼 에러로 인해 발생할 수 있는 보안 약점
캡슐화	불충분한 캡슐화로 인가되지 않은 사용자에게 데이터가 노출될 수 있는 보안 약점
API 오용	부적절하거나 보안에 취약한 API 사용으로 발생할 수 있는 보안 약점

4) SW 보안이 강화된 개발 환경 구현 계획 수립

① 개발 환경 구현

- 보안 관리자의 승인 및 개발자별 계정 인증을 통해 자산에 접근하도록 한다.
- 개발자용 계정은 개발자별 권한에 맞는 계정을 독립적으로 부여하고 지속적으로 관리한다.
- 개발자 PC는 백신 프로그램 설치 및 불필요한 인터넷 접속을 차단하며 항상 암호를 설정해둔다.
- 허가되지 않은 외부 저장장치를 통한 개발 시스템 접속을 차단한다.

② 응용 프로그램 구현 계획
- 시큐어 코딩 가이드를 참조하여 응용 프로그램 상세 설계서에 의한 코딩을 진행한다.
- 개발 일정을 준수하여 기한 내에 응용 프로그램 보안 코딩을 완료한다.
- 시큐어 코딩 없이 개발된 소프트웨어의 사후 수정 비용은 시큐어 코딩 비용의 수십 배에 달한다.

※ 시큐어 코딩: 보안에 문제가 되는 부분을 보완하여 SW 보안 약점을 사전에 제거하는 코딩 기법

③ 보안 정책 검토
- 보안 정책 항목에 대한 존재 여부, 요구 수준, 세부 내용을 분류하고 검토한다.
- 보안 대상에 대한 위협과 영향 범위, 사전 보안 대책, 사후 대응책, 예산 등을 검토한다.
- 분야별로 검토된 보안 정책에 대한 적절성을 판단한다.

※ 적절성: 기술적, 비용적 측면

POINT 085 소프트웨어 개발 보안 구현

1) SW 개발 보안을 위한 시큐어 코딩

① 응용 프로그램 구현
- 보안 요구사항이 반영된 상세 설계서를 바탕으로 보안 구현 시 고려사항을 참고하여 개발자가 직접 구현한다.
- 보안 담당자는 설계된 내용들이 정확히 구현되었는지 점검하고 확인한다.

② 응용 프로그램 구현 환경 관리
- 로그인 정보 및 실패의 원인을 표시하고 잘못된 로그인 행위를 제한한다.
- 패스워드에 대한 적절한 제약사항과 암호화, 인증 기능을 강화한다.
- 개발자 계정은 추측 가능하거나 불필요한 계정을 검토하여 삭제 및 철저하게 관리한다.
- 주요 데이터는 접근 통제가 적용되는 DB에 별도로 저장하고 데이터별 보안 등급 지정 및 암호화를 수행한다.
- 개발자들을 그룹별로 접근 등급을 지정하여 권한 이외의 행동을 관리한다.
- 보안에 관련된 정보 및 정보에 접근하는 대상에 대한 별도의 로그를 두어 관리한다.

2) 웹 애플리케이션 주요 취약점 점검

XSS(Cross-Site Scripting)	웹 페이지에 악의적인 스크립트를 포함시켜 사용자측에서 실행되게끔 유도하는 것
인젝션(Injection)	코드나 SQL을 주입(Injection)하여 의도하지 않은 명령어를 수행하거나 허용되지 않은 데이터에 접근하도록 조작하는 것
불안전한 직접적인 객체 참조	파일, 디렉터리, 데이터베이스 등에 대한 참조를 안전하지 않은 방법으로 제공하는 것
불안전한 암호 저장	공개적으로 접속 가능한 정보에서 민감한 암호화 데이터를 제공하는 것
URL 접근 제한 실패	애플리케이션이 모호한 URL을 통해 서비스를 제한하는 것
취약한 인증 및 세션 관리	사용자 인증 및 세션에 대한 관리를 올바르게 이행하지 않는 것
사이트 간 요청 위조 (CSRF)	애플리케이션에 악의적인 영향을 끼치기 위해 요청을 위조하여 공격하는 것
잘못된 보안 설정	허가를 받지 않고 시스템 데이터 및 기능에 접근하여 시스템을 침해하는 것
불충분한 전송 레이어 보호	전송되는 데이터가 허용되지 않은 가로채기 및 중간자 공격을 당하는 것
오픈 리다이렉트	공격자가 변조하여 배포한 URL 주소에 사용자가 접속하여 피싱 및 악성코드에 노출되는 것
애플리케이션 로직 결함	애플리케이션 로직이 악용되어 작업 흐름이나 정보가 변환, 우회, 조작되는 것
인증 우회	보안 통제를 우회하여 내부 애플리케이션 기능에 직접 접근하는 것
권한 부여 우회	악의적 사용자가 권한을 강화하여 애플리케이션 기능 및 데이터에 비인가 접근을 하는 것

※ CSRF: Cross-Site Request Forgery

POINT 086 소프트웨어 개발 보안 테스트

1) SW 개발 보안 테스트

① 결함 등급 ※ 영향도×긴급도
- 보안 테스트의 결함 등급은 보안 사고 발생 시 복구에 필요한 우선순위를 결정하는 것이다.
- 보안의 영향도(impact)와 긴급도(urgency)에 따라서 측정된다.
  ※ 영향도: 잠재적 손실의 영향
  ※ 긴급도: 해결 시간의 중요성
- 주요 관리 항목: 높은 등급으로 할당된 보안 결함 사고의 수, 전체 문제 수 대비 근본 원인이 도출된 보안 결함 수, 한 번 만에 근본 원인이 도출된 보안 결함 수

② 종류

정적 분석(소스 코드)	수정 비용 절감, 통합, 설계, 구조 관점의 보안약점 발견 어려움
동적 분석(실행 환경)	정확도와 커버리지 향상, 도구 사용자 수준이 결과에 영향을 줌

③ 절차
- SW 보안 테스트 계획서에 따른 실시 : 보안 테스트 계획서에 따라 요구항목 및 취약점 점검
- SW 보안 테스트의 적정성 판단 : 테스트 결과에 기반한 보안 기능의 적절성 판단
- SW 보안 결과의 신뢰성 : 평가 절차에 따라 적절하게 실행되고 신뢰할 수 있는 기술로 검증되었는지 재확인
- SW 보안 결함 발견 시 피드백 결과 확인 : 테스트 결과에 대한 피드백을 통해 기능 보완

> **기적의 TIP**
> 모든 보안 테스트는 이해관계가 긴밀하게 얽혀있을 경우 공정한 테스트가 불가능하기 때문에, 개발자와 운영자는 분리되어 테스트를 수행하고 평가해야 합니다.

2) SW 보안 결함 관리

① 정의
- SW 보안 결함은 보안 명세서를 통해 기대하는 보안 품질의 결과와 구현된 프로그램의 실제 테스트 결과의 차이점(불일치)이다.

② 종류

SW 보안 결함	소프트웨어 제품의 보안 품질이 정의된 특성과 일치하지 않는 모든 행위
발견된 보안 결함	설치/운영되기 전에 발견된 소프트웨어 보안 결함
잠재적 보안 결함	설치/운영되는 환경에 전달된 소프트웨어 보안 결함
SW의 특이한 고장	잠재 보안 결함들이 소프트웨어의 운영 중에 나타나서 발생하는 하나 이상의 이상 징후들의 집합

③ 프로세스
- SW 보안 결함을 관리하기 위한 테스트 방법, 결함 추적 방법, 결함 분류에 대해 정의한다.
- 정의된 방법으로 결함에 대한 관리를 수행하고 모니터링한다. 　　　　기록, 검토, 수정, 재확인

기록 활동	처음 발견한 결함을 등록
검토 활동	결함의 원인을 파악하고 담당 모듈 개발자가 검토
수정 활동	문제해결 담당자에 결함을 할당하고 수정하는 활동
재확인 활동	수정된 결함에 대해 수정 완료 여부 확인
모니터링	미조치 결함 및 결함 진행 상태 지속 관리

- 조치된 결함에 대해 분석하여 조치 내역과 함께 중대한 취약점에 대한 리스크를 식별한 결과를 통해 보고서를 작성한다.

아주 높은 리스크(Very High Risk)	장애 수준, 즉각적인 개선 필요
높은 리스크(High Risk)	단기간(30일) 내 개선 필요, 리스크가 높은 환경 우선 개선
중간 리스크(Medium Risk)	중기간(75일) 내 개선 필요, 리스크가 높은 환경 우선 개선
낮은 리스크(Low Risk)	장기간(180일) 내 개선 필요

SECTION 02 시스템 보안 구축

POINT 087 시스템 보안 구현

1) 시스템 보안 설계

① 정의
> 해커, 바이러스, 자연재해에 의해 일어날 수 있는 피해

- 시스템 보안이란, 시스템 구성 요소들 및 자원들의 기밀성, 무결성, 가용성을 보장하기 위한 활동이다.
- 외부의 피해와 내부의 피해로부터 조직이 보유한 컴퓨터 시스템, 기록 및 정보 자원들을 보호하는 데 사용된다.

> 불만을 품은, 부정직한, 해고당한 종업원에 의해 일어날 수 있는 피해

② 원칙
- 자원에 적용되는 보안 수준은 조직에 주는 가치에 적절해야 하며, 보안에 소요되는 비용은 그것이 주는 혜택에 충분히 합리적이어야 한다.
- 보안 아키텍처는 변화하는 보안의 필요와 요구사항을 수용할 수 있어야 하며, 보호의 레벨이 변화할 경우에도 기본 보안 아키텍처를 수정하지 않고 지원할 수 있어야 하며, 보안의 서비스가 여러 가지 보호 레벨을 수용하고 미래에 확장될 필요성을 수용할 수 있어야 한다.
- 보안 아키텍처는 조직으로 하여금 안전한 업무를 전자적으로 수행할 수 있도록 통합된 보안 서비스를 제공해야 한다.
- 모든 컴퓨터 플랫폼에 일관성 있는 프레임워크를 제공해야 한다.

③ 종류

계정 관리	Default 계정 사용 제한, 사용자 현행화, 개발자 계정 삭제 등으로 구분하여 설계
패스워드 관리	비밀번호 생성 규칙, 비밀번호 재사용 제한 등에 대해 설계
로그인 관리	로그인 실패에 대한 구체적인 사유를 사용자가 알 수 없도록 하고, 사용자 계정에 대한 불법 사용 여부를 확인할 수 있는 최종 접속 시간 등을 표시하도록 설계
세션 관리	일정 시간 입력이 없는 경우 로그오프 또는 세션이 종료되도록 하고, 동일 사용자 계정으로는 다중 세션이 연결되지 않고 경고 메시지가 출력되도록 설계
접근 제어 권한 관리	관리 시스템에 접근 가능한 IP 대역 설정 및 관리 권한을 분리하여 접속 권한을 최소화 하도록 설계
로그 관리	시스템 접근 권한의 변경 시 변경 이력 기록, 시스템 접근 및 운영 이력 기록, 접근을 시도하는 모든 사용자의 접근 기록 및 이상 접속 시도에 대한 이력을 기록하도록 설계
취약점 관리	시스템의 보안 취약점을 주기적으로 점검하고 조치할 수 있도록 진단 및 조치 기준을 설정하고, 시스템에 대한 악성 프로그램에 대응할 수 있도록 설계

2) 시스템 보안 구현 계획 수립

① 구현 환경
- 기밀성, 무결성, 가용성이 보장된 안전하고 신뢰성 있는 시스템 보안을 구현하기 위한 조건, 장소, 기타 여러 가지 여건을 의미한다.

▶ 유형

관리적 차원	기업의 시스템 보안 정책, 시스템 보안 규정 및 절차서, 시스템 보안 조직 및 인원 등
기술적 차원	시스템 보안 솔루션 및 패키지 등
물리적 차원	IDC, 보안 통제 공간, 잠금장치, 출입 통제 장비 등

② 구현 계획
- 시스템의 보안 설계 내용대로 실제 현장에서 구현하기 위한 세부 범위, 일정, 장소, 인원, 도구, 매뉴얼 및 절차서를 포함하여 실행 방안을 구체화하는 작업이다.

▶ 시스템 보안 구현 계획에 포함될 사항

범위	기간 및 자원을 고려하여 추진 범위 및 세부 업무 추진 내용 정의
일정	전체 일정, 월간, 주간, 일 등을 포함하는 세부 일정 포함
장소	설계, 구현 및 테스트 장소 포함
인원	추진 범위 및 일정별로 작업 인원 포함
기타 준비사항	보안 관련 매뉴얼 및 절차서, 기타 필요한 도구 등

③ 구현 도구

MBSA	Windows 시스템에서 틀리기 쉬운 보안 관련 설정을 간단히 확인
NMAP	서버 관리자의 입장에서 자체 시스템 스캔을 통해 운영하는 서버의 다른 포트가 자신이 알지 못하는 사이에 열려 있는지 등을 확인
NBTScan	NetBIOS name 정보를 얻기 위해 네트워크를 점검(scan)

POINT 088 접근 통제

1) 시스템 인증

① 정의
- 시스템 보안에서 인증은 로그인 요청 등을 통해 통신상에서 보내는 사람의 디지털 정체성 확인을 시도하는 과정이다.

② 구분
> 방법 중 두 가지를 결합(Two Factor)하거나, 그 이상 결합(Multi Factor)하여 인증을 강화할 수 있음

▶ 신분 확인 요소별 구분

알고 있는 것	• 지식 기반 인증(Something You Know) • 기억하고 있는 정보를 이용해 인증(패스워드, 핀 번호 등)
가지고 있는 것	• 소유 기반 인증(Something You Have) • 소지품을 통해 인증(출입카드, OTP 등)
스스로의 모습	• 존재 기반 인증(Something You Are) • 생체 정보를 통해 인증(지문 인식, 홍채 인식 등)
행동하는 것	• 행위 기반 인증(Somewhere You Do) • 행위자의 움직임을 통해 인증(서명, 움직임 등)

▶ 사용자 인증 메커니즘별 구분

기본 인증	아이디와 패스워드, 질문과 답변 등
토큰 기반 인증	스마트카드, 생체 인식 등
강한 인증	전자 서명 기반 공인인증서 등

> **기적의TIP**
> 공인인증서의 명칭이 '공동인증서'로 변경되었지만, 시험에서는 이전처럼 '공인인증서'로 출제될 가능성이 큽니다. '공인인증서=공동인증서'로 이해해 주세요.

③ 로그인(Log-In)
- 사용자 계정 정보를 통해 시스템 접근 허가 증명을 얻기 위한 인증 과정이다.
- 로그인에 성공하거나 성공하지 못한 사용자의 활동 정보를 로그에 기록하여 이후 추적에 활용한다.
- 로그 기록은 위조 및 변조 방지를 위해 별도의 공간에 백업해둔다.

④ 세션(Session)
- 사용자가 시스템에 로그인한 순간부터 로그아웃할 때까지의 구간이다.
- 세션이 유지되는 동안에는 사용자 인증이 유지되어 추가적인 인증이 필요 없다.
- 금융 거래 등의 중요한 정보 이용 시에는 세션에 대한 지속적, 추가적인 인증이 필요하다.

> 공격대상이 이미 시스템에 접속되어 세션이 연결되어 있는 상태를 가로채는 공격

- 일정 시간 입력값이 없는 경우에는 세션을 종료시키는 것이 좋다.
- 세션 관리를 통해 비인가자의 세션 가로채기(Session Hijacking)를 통제해야 한다.
- 다양한 탐지법을 통해 세션 하이재킹을 탐지할 수 있다.

비동기화 탐지	서버와 시퀀스 넘버를 주기적으로 체크
Ack Storm 탐지	급격한 Ack 증가
패킷의 유실과 재전송 증가 탐지	패킷의 유실과 길어진 응답 시간 탐지
예상치 못한 접속의 리셋 탐지	세션이 멈추거나 리셋되는 경우 탐지

⑤ SSO(Single Sign-On)
- 단 한 번의 로그인만으로 기업의 각종 시스템을 모두 이용할 수 있게 하는 응용 솔루션으로 편의성 증진과 인증 비용의 절감 효과가 있다.

2) 주요 인증 도구

① 디지털 서명(Digital Signature)
- 네트워크에서 송신자의 신원을 증명하는 방법으로, 송신자가 자신의 비밀키로 암호화 한 메시지를 수신자가 송신자의 공개키로 해독하는 과정이다.

▶ 요구 조건

인증	정당한 송신자의 비밀키로 서명 생성
무결성	위조가 불가능해야 함
부인 방지	서명 사실을 부인할 수 없음
유일성	다른 문서의 서명을 재사용할 수 없음
진위 확인 용이성	서명의 진위를 누구든 쉽게 확인할 수 있음

② 디지털 인증서(Digital Certificate)
- 공개키를 소유한 사용자에 대해서 신뢰할 만한 인증기관의 서명용 개인키로 전자 서명한 인증서이다.
- 서명한 공개키를 공인하는 전자 증명서로 공개키 인증서라고도 하며, ITU-T의 X.509 방식을 따른다.
- 디지털 인증서를 통해 사람, 프로세스, 시스템, 장비, 거래 등에 대한 인증을 수행할 수 있다.

③ 메시지 인증 코드(Message Authentication Code)
- 메시지 내 1비트만 변형되어도 코드 전체의 값이 크게 달라지는 짧은 코드로서, 메시지 무결성 코드라고도 한다.
- 메시지와 송수신자의 공유키를 입력하면 고정된 길이의 코드값으로 출력된다.
- 메시지 내용의 변경 검출을 통해 무결성을 확인하고 메시지 송신자에 대한 인증을 확인할 수 있다.
- 일반적으로 해시 함수를 이용하여 메시지 인증 코드를 구성한다.

> 임의 길이의 메시지를 고정 길이의 해시값으로 변환시키는 단방향성 알고리즘

3) 인증 관련 프로토콜

① AAA
- 인증(Authentication), 권한 부여(Authorization), 계정 관리(Accounting)의 앞글자를 딴 용어로 컴퓨터 네트워크 내에서 액세스를 제어하고 추적하는 데 사용되는 프레임워크이다.
- AAA 기능 구현을 위한 인증 프로토콜은 RADIUS, DIAMETER, TACACS 등이 있다.

② PAP(Password Authentication Protocol)
- 접근이 제한된 네트워크에 로그인할 수 있도록 평문의 아이디, 패스워드를 통해 인증하는 단순한 프로토콜이다.
- 인증 요청과 인증 응답의 2개 절차만 존재하며 평문의 형태로 전송하기 때문에 보안이 취약하다.

③ CHAP(Challenge Handshake Authentication Protocol)
- PAP의 단점을 보완한 것으로 시스템측에서 인증을 주관하는 프로토콜이다.
- 인증 요청, 인증 응답, 인증 승인(거부)의 3단계 핸드셰이킹 방식으로 동작한다.

④ EAP(Extensible Authentication Protocol)
- 다수의 인증 프로토콜을 캡슐화시켜 다양한 인증 방식을 선택할 수 있게 하는 범용 인증 프로토콜이다.
- 유무선 LAN 연결 등에서 많이 활용된다.

⑤ RADIUS(Remote Authentication Dial In User Serivce)
- 네트워크에 연결하고 네트워크 서비스를 받기 위해 중앙 집중화 된 AAA 관리를 제공하는 서비스이다.
- PAP, CHAP 등의 다양한 프로토콜을 지원하고 UDP에 의해 전달된다. (User Datagram Protocol)

⑥ DIAMETER
- RADIUS의 단점을 보완하고 서버 간 통신을 지원하는 확장성이 좋은 차세대 인증 프로토콜이다.
- 보안 기능, 장애 복구 기능을 강화하여 신뢰성 있는 전송 계층 프로토콜 사용이 가능하다.

4) 접근 통제 정책

정책	DAC	MAC	RBAC
권한 부여	데이터 소유자	시스템	중앙 관리자
접근 결정	신분(Identity)	보안 등급(Level)	역할(Role)
정책 변경	변경 용이	고정적	변경 용이
장점	구현 용이, 유연함	안정적, 중앙 집중적	관리 용이

① 임의적 접근 통제(DAC) — Discretionary Access Control
- 접근 요청자의 신분과 접근 규칙에 기반을 두는 접근 통제 방식이다.
- 사용자는 자원과 관련된 ACL을 통해서 자원에 대한 권한을 부여받는다. (Access Control List)
- 한 개체가 다른 개체에 대한 접근 권한을 부여할 수 있다.
- 신분을 통해 권한 부여가 가능하기 때문에 신분 도용의 위험이 있다.

② 강제적 접근 통제(MAC) — Mandatory Access Control
- 접근을 제어하는 보안 전문가에 의해 생성되는 규칙에 기반을 두는 접근 통제 방식이다.
- 보안 레이블과 보안 허가증을 비교하여 접근 제어를 하는 것을 의미한다.
  - 보안 레이블 : 특정 시스템 자원이 얼마나 중요한 자원인지를 나타내는 정보
  - 보안 허가증 : 어떤 시스템 객체가 특정 자원에 접근할 수 있는지를 나타내는 정보
- 매우 엄격한 접근 통제 모델이라 보안성이 좋고, 중앙 집중식 관리 형태라 모든 객체에 대한 관리가 용이하다.
- 모든 접근에 대해 레이블을 정의하고 보안 정책을 확인해야 하므로 성능 저하가 발생한다.

③ 역할 기반 접근 통제(RBAC) — Role Based Access Control
- MAC와 DAC의 단점을 보완한 방식으로 사용자의 역할에 기반을 두고 접근을 통제하는 모델이다.
- 사용자 대신에 역할에 접근 권한을 할당하고 이후에 사용자는 정적이나 동적으로 특정 역할을 할당받게 된다.
- 역할과 권한의 관계는 사용자와 권한과의 관계에 비해 변경이 거의 이루어지지 않는다.
- 편한 관리 방법을 제공하며 관리 업무의 효율성을 가져온다.

5) 접근 통제 모델

① 기밀성 강조 모델

BLP	최초의 수학적 통제 모델로 높은 등급의 정보가 낮은 레벨로 유출되는 것을 통제하는 모델

② 무결성 강조 모델

Biba Integrity	BLP의 단점을 보완한 최초의 무결성 모델
Chinese Wall	투자금융 회사 등에서 이익 충돌 회피를 위한 모델(직무 분리를 접근 통제에 반영)
Clark-Wilson	위조 방지보다 변조 방지가 더 중요한 금융, 회계 등 자산 데이터 정보를 다루기 위한 상업용 모델

SECTION 03 보안 공격 및 예방

POINT 089 위험 관리

○ 발생 가능성 × 손실의 정도

1) 위험(Risk)
- 위협원이 행하는 위협에 의해 정보 자산이 피해를 입을 확률과 자산에 끼치는 영향을 의미한다.
- 취약점이 자산을 노출시키면 위협원이 위협을 통해 자산에 피해를 입힌다.

2) 위험 관리(Risk Management)

① 개념
- 위험을 인식하고 적절한 비용 이내에서 적절한 통제 방안을 통해 위협을 통제하는 과정이다.
- 위험을 전부 제거하는 것은 불가능하므로 위험을 수용 가능한 수준으로 감소시키는 것이 목적이다.
- 잔여 위험이 너무 적은 경우는 위험 관리의 성능이 좋거나 자산의 가치가 낮은 경우일 수 있다.

○ 위험 관리를 통해 위험을 제거하고 남은 위험

② 절차
- 위험 관리의 범위와 위험 분석 방법, 위험 분석 계획을 수립한다.
- 보호자산에 대한 위험을 식별하고 발생 가능성과 자산에 미치는 영향을 식별한다.
- 특성과 경험을 기반으로 위험 수준을 정성적으로 평가하는 위험 분석을 수행한다.

○ 높음, 중간, 낮음 등

장점	수치화 불필요, 비용(시간, 노력) 낮음
단점	주관적 평가, 근거 불명확

- 객관적인 기준을 기반으로 비용과 이익을 정량적으로 평가하는 위험 분석을 수행한다.

장점	정보의 가치를 논리적으로 평가, 성능 평가 용이
단점	비용 높음, 수치 작업 어려움

- 분석된 위험에 대한 대응 계획을 수립한다.

위험 감소	보안 투자를 늘리는 등의 방법으로 위험이 발생할 확률 감소
위험 회피	위험이 동반되는 사업을 수행하지 않거나 다른 방법 사용
위험 전가	위험한 사업을 외주로 전환하거나 보험을 통해 위험부담 전가
위험 수용	위험부담을 그대로 감수하고 진행

- 위험을 지속적으로 모니터링하고 통제한다.

3) 위험 분석 접근법

베이스라인 접근법(Baseline Approach)		기존에 마련되어 있는 법령이나 표준, 가이드라인 등으로 기준선을 정하여 위험을 분석하는 방식
	장점	시간 및 비용 절약, 모든 조직에서 기본적으로 필요한 보호 대책 선택 가능
	단점	조직의 특성이 미반영되어 적정 보안 수준 초과 또는 미달 가능성
비정형 접근법 (Informal Approach)		구조적 방법론에 기반하지 않고 경험자의 지식을 통해 위험을 분석하는 방식
	장점	시간과 비용이 절약되고 작은 조직에서 부담 없이 접근 가능
	단점	구조화된 접근이 아니며 보호 대책 및 소요 비용의 불확실성 존재
상세 위험 분석 (Detailed Risk Analysis)		이미 정립된 모델에 기초하여 자산, 위협, 취약점의 분석을 수행하여 위험을 분석하는 방식
	장점	조직 내 적절한 보안 수준 마련 가능
	단점	전문적인 지식이 필요하고 시간과 비용이 많이 소요됨
복합 접근법 (Combined Approach)		베이스라인 접근법과 상세 위험 분석을 복합적으로 사용하는 방식
	장점	비용과 자원을 효율적으로 사용할 수 있음, 고위험 영역을 빠르게 식별 가능
	단점	고위험 영역이 잘못 식별되었을 경우, 위험 분석 비용이 낭비되거나 부적절하게 대응될 수 있음

4) 자동화 위험 분석 도구
- 위험 분석 기술 및 접근법을 기반으로 위험 분석을 수행하는 소프트웨어이다.
- 위험 분석 시 소요되는 비용과 휴먼 에러를 줄일 수 있지만 전문가의 지원이 필요하다.
- 분석의 결과는 빠르게 확인 가능하지만 결과를 무조건 신뢰하기는 어렵다.

5) 위협 요소

의도적인 위협 (Intentional Threats)	• 시스템을 직접 공격하거나 정보를 유출시키기 위한 형태의 위협 • 적극적인 위협은 시스템의 정상 작동을 방해하는 형태로 탐지가 수월하고, 소극적인 위협은 정보 유출을 위해 잠입하는 형태로 탐지가 어려움
비의도적인 위협 (Accidental Threats)	• 시스템의 고장으로 인해 무결성 및 가용성의 훼손됨으로써 발생하는 위협 • 사용자의 실수 및 우연으로 인해 발생하는 위협 (불량 데이터 입력과 정상 데이터 삭제, 부적절한 통제, 의도치 않은 기밀문서 열람 등)
자연적인 위협 (Natural Threats)	• 자연재해에 의해 발생하는 위협(화재, 지진 등)

6) 취약점의 종류

① 정보 시스템 취약점

하드웨어 취약점	습도, 먼지 등의 외부 오염과 충격 등에 보호되지 않는 장소에 의한 취약점
소프트웨어 취약점	충분하지 않은 테스팅과 권한 제어 실패 등으로 인한 취약점
네트워크 취약점	불안전한 네트워크 구조와 보호되지 않는 통신 라인으로 인한 취약점
인적 취약점	적절하지 않은 채용 과정이나 수준 낮은 보안 인식으로 인한 취약점
위치 취약점	자연재해의 위험이나 전력 공급이 불안정한 장소로 인한 취약점
관리 기간 취약점	정기적 감사나 보안 기술의 부족으로 인한 취약점

② 인터넷 서비스 취약점

전자메일 서비스 취약점	전자메일은 불특정 다수의 메일을 수신할 수 있기 때문에 항상 보안에 신경써야 하며, 첨부된 파일로 인해 악성 코드에 노출될 수 있음
프록시 서버 취약점	프록시 서버 설정에 문제가 있을 경우 이를 이용해 해킹 등의 경유지로 사용될 수 있음

③ 운영체제 취약점

설치 취약점	운영체제 설치 과정에는 보안 기능 및 보안 계정의 제공이 어려워 발생하는 보안 취약점
업그레이드 취약점	윈도우 업데이트 알림 등을 사용자가 무시하여 발생하는 보안 취약점
포트 취약점	잘못된 설정 및 프로그램 설치로 인한 포트 개방으로 발생하는 보안 취약점
P2P 취약점	컴퓨터 시스템을 상호 공유하면서 각자의 시스템 정보가 노출됨으로써 발생하는 보안 취약점

POINT 090 보안 공격

1) 컴퓨터 바이러스

① 정의
- 복제, 은폐, 파괴 기능을 통해 시스템을 마비시키거나 파일을 파괴하는 악성 코드의 한 종류이다.
- 감염 대상에 기생하여 존재하며 자신을 끊임없이 복제한다. ○ 정상적인 파일

② 감염 위치에 따른 바이러스 분류

부트(Boot) 바이러스	부트 영역에 존재하여 부팅과 동시에 활동
파일(File) 바이러스	특정 실행 파일에 숨어있다 파일이 실행되면 활동
매크로(Macro) 바이러스	오피스 문서 등에 삽입되어 작동되는 바이러스
메모리 상주 바이러스	주기억장치에서 용량 부족이나 프로그램 감염

③ 세대별 바이러스 분류

1세대	고정 크기의 단순한 원시 바이러스
2세대	바이러스 자체를 암호화
3세대	백신 프로그램의 탐지가 어렵도록 은폐
4세대	다양한 암호화 기법을 통해 백신 개발 지연
5세대	오피스 문서의 매크로에 삽입되어 실행되는 바이러스

2) 시스템 공격의 유형

가로막기(Interruption)	• 데이터가 수신측에 정상적으로 전달되는 것을 방해하는 행위 • 가용성 위협
가로채기(Interception)	• 데이터 전송 중 불법적으로 데이터에 접근하여 내용을 보거나 도청하는 행위 • 기밀성 위협
수정(Modification)	• 전송 중인 데이터에 접근하여 내용의 일부분을 불법적으로 수정하는 행위 • 무결성 위협
위조(Fabrication)	• 데이터가 다른 송신자로부터 전송된 것처럼 꾸미는 행위 • 무결성 위협

3) 악성 코드

트로이 목마 (Trojan Horse)	정상적인 파일로 가장해 컴퓨터 내부에 숨어 있다가 특정 포트를 열어 공격자의 침입을 도와 정보를 유출시키는 방식으로, 정상적인 파일에 포함되어 함께 설치되며 자체 감염 기능은 존재하지 않음
스파이웨어 (SpyWare)	사용자 동의 없이 설치되어 컴퓨터의 정보를 수집하는 소프트웨어 ○······ 사용자 감시, 개인정보 유출
웜(Worm)	바이러스처럼 다른 파일에 기생하지 않고 독립적으로 자신을 복제하여 확산시키는 방식으로, 전파 속도가 매우 빠르며 시스템에 과부하를 일으켜 마비시킴
키로거 (Key Logger)	사용자의 키보드 입력을 모두 기록하여 그 안에서 중요 정보를 탈취하는 도구
랜섬웨어 (Ransomware)	인터넷 사용자의 컴퓨터에 침입하여 내부 문서 및 파일을 암호화한 뒤에 암호 해독용 프로그램 제공을 조건으로 사용자에게 돈을 요구하는 공격 방식

4) 소극적 보안 공격

스캐닝(Scanning)	네트워크상의 컴퓨터과 가동 서비스를 탐색하여 장비 구성, 포트 구성 등을 파악하는 것으로, 미리 정해둔 공격 패턴을 수행하여 취약점 파악
스니핑(Sniffing)	네트워크상에 전송되는 트래픽을 훔쳐보는 행위로서, 주로 자신에게 와야 할 정보가 아닌 정보를 자신이 받도록 조작하는 행위(Switch Jamming, ARP Spoofing, ARP Redirect, ICMP Redirect 등)
스누핑(Snooping)	스니핑과 유사한 용어로 네트워크상에 떠도는 중요 정보를 몰래 획득하는 행위

5) 패스워드 공격

무차별 대입 공격 (Brute Force Attack)	가장 단순한 암호 해독 방법으로, 패스워드를 찾기 위해 가능성 있는 모든 값을 전부 대입해보는 것
크랙(Crack)	암호가 걸려 있는 정품 소프트웨어의 암호화를 풀어 불법적으로 무제한 사용할 수 있게 하는 것

6) 서비스 거부(Denial of Service) 공격

SYN Flooding	• TCP의 3-Way-Handshake 취약점을 이용한 공격 • 다량의 SYN 패킷을 보내 백로그 큐를 가득 채워 다른 연결을 받아들이지 못하게 하는 방식의 공격법
Smurf Attack	• ICMP 프로토콜의 취약점을 이용한 공격 • 여러 호스트가 특정 대상에게 다량의 ICMP Echo Reply를 보내게 하여 서비스 거부(DoS)를 유발시킴
분산 서비스 거부 공격 (DDoS)	• 분산된 다수의 좀비 PC(악성 Bot)를 이용하여 공격대상 시스템의 서비스를 마비시키는 공격 • DoS 공격이 시스템의 취약점을 이용해 부하를 유발시키는 것이라면, DDoS 공격은 다수의 선량한 PC를 동원하여 서비스에 접근하기 때문에 뚜렷한 해결책이 없음

○······ Distributed Denial of Service

반사 공격 (Distributed Reflection DoS)	출발지 IP를 공격대상 IP로 위조하여 다수의 반사 서버로 요청 정보(SYN)를 전송함으로써 공격 대상 컴퓨터는 반사 서버로부터 다량의 응답(SYN-ACK)을 받아 서비스 거부 상태를 일으키게 되는 방식의 공격 방법
죽음의 핑 (Ping of Death)	규정된 크기 이상의 ICMP 패킷을 전송하여 DoS를 유발시키거나 과부하로 인한 Crashing, 리부팅 등을 유발하는 공격 방법
LAND 공격 (Local Area Network Denial Attack)	공격자가 패킷의 출발지 주소(Address)나 포트(port)를 임의로 변경하여 출발지와 목적지 주소(또는 포트)를 동일하게 함으로써, 공격 대상 컴퓨터의 실행 속도를 느리게 하거나 동작을 마비시켜 서비스 거부 상태에 빠지도록 하는 공격 방법

7) 블루투스 보안 공격

블루스나핑 (Blue Snarfing)	블루투스 취약점을 이용하여 목표 장비의 임의 파일에 접근하는 공격 방법
블루버깅 (Blue Bugging)	블루투스 장비 간의 취약한 연결 관리를 악용한 공격으로, 공격 장치와 공격대상 장치를 연결하여 공격대상 장치에서 임의의 동작을 실행하는 공격 방법
블루재킹 (Blue Jacking)	블루투스를 이용해 스팸메일처럼 명함 등을 익명으로 전송하는 공격 방법

○······ 전화, SMS, 주소록 등

8) 기타 보안 공격

① **중간자 공격(Man In The Middle)**
• 통신을 연결하는 두 사람 사이에 중간자가 침입하여 네트워크 통신을 조작한 후 통신 내용을 도청하거나 조작하는 공격 기법이다.

② **재전송 공격(Replay Attack)**
• 중간자 공격 등으로 유출된 암호나 토큰 등을 재전송함으로써 승인된 사용자로 오인하게 만들어 공격하는 방법이다.

③ **SQL 인젝션(SQL Injection)**
• SQL을 주입(Injection)하여 의도하지 않은 명령어를 수행하거나 허용되지 않은 데이터에 접근하도록 조작하는 것이다.

④ **XSS(Cross-Site Scripting)**
• 웹 페이지에 악의적인 스크립트를 포함시켜 사용자측에서 실행되게끔 유도하는 것이다.

⑤ **제로데이 공격(Zero Day Attack)**
• 특정 취약점에 대한 보안 패치나 대응법이 발표되기 전에 해당 취약점을 이용하여 위협을 가하는 공격 방법이다.

⑥ Root Kit
- 시스템 침입 후 침입 사실을 숨긴 채 차후의 침입을 위한 백도어, 트로이 목마 설치, 원격 접근, 내부 사용 흔적 삭제, 관리자 권한 획득 등 주로 불법적인 해킹에 사용되는 기능들을 제공하는 프로그램의 모음이다.

⑦ 백도어(Back Door)
- 해커가 이용자 몰래 컴퓨터에 접속하여 악의적인 행위를 하기 위해 설치해 놓은 출입통로 역할을 하는 악성코드이다.

⑧ 사전 공격(Dictionary Attack) 레인보우 테이블
- 원본 데이터에 대한 해시값을 미리 계산하여 사전 형태로 만들어놓고 하나하나 대입해보는 공격 방법이다.

⑨ 세션 하이재킹(Session Hijacking)
- 정당한 사용자가 수행한 세션 인증을 가로채어 중요 자원에 접근하는 공격 방법이다.
- 일반적으로 TELNET이나 FTP와 같이, 암호화 되지 않은 TCP 세션 기반의 응용 프로그램을 통해 공격한다.

⑩ 스푸핑(spoofing) 권한 있는 주체 또는 공격대상 주체
- 스니핑 등의 보안 공격을 위해 자신을 다른 주체로 속이는 행위로 다양한 방식이 존재한다.
  - MAC주소 spoofing : 가짜 MAC주소를 만들어 상대방에게 발송하는 방법
  - IP spoofing : 가짜 IP 패킷을 만들어 마치 다른 호스트인 것처럼 가장하는 방법

⑪ 버퍼 오버플로우 공격
- 연속된 메모리 공간을 사용하는 프로그램에서 할당된 메모리 범위를 넘어선 위치에 자료를 입력하여 오작동 또는 악의적 코드를 실행할 수 있게 하는 공격 방법이다.
  - Stack Overflow 공격 : 버퍼를 초과하는 입력값을 의도적으로 발생시켜 장애 유발
  - Heap Overflow 공격 : 원래 프로그램이 가리키는 포인터 영역을 바꿈
- 오버플로우 공격을 차단하는 방법에는 스택 가드와 스택 실드가 있다. Stack Guard
  - 스택 가드(SG) : 메모리상에서 프로그램의 복귀 주소와 변수 사이에 특정 값을 저장해 두었다가 그 값이 변경되었을 경우 오버플로우 상태로 가정하여 프로그램 실행을 중단 Stack Shield
  - 스택 실드(SS) : 함수를 모두 수행하고 종료 시 저장된 값과 스택의 복사본 값을 비교해 값이 다를 경우 공격자로 간주하고 프로그램 실행을 중단

⑫ 사회 공학 공격(Social Engineering Attack)
- 친분이나 심리 등을 이용하는 비기술적인 수단으로 개인정보를 얻어내는 공격 기법이다.
  - 피싱(Phishing) : 개인정보(Private Data)와 낚시(Fishing)의 합성어
  - 보이스피싱(Voice Phishing) : 전화 등으로 공공기관을 사칭하여 이루어지는 피싱
  - 스미싱(Smishing) : SMS + Phising의 합성어로, SMS를 이용해 이루어지는 피싱
  - 파밍(Parming) : Private Data + Farming의 합성어로, 가짜 사이트로 접속을 유도하여 개인정보 등을 탈취하는 사기 수법
  - Spear Phishing : 특정 그룹을 목표로 진행되는 피싱
  - Baiting : 공짜 영화/웹툰 사이트 등으로 유도하여 진행하는 피싱

⑬ Watering Hole
- 특정 집단이 주로 방문하는 웹 사이트를 감염시키고 피해 대상이 그 웹 사이트를 방문할 때까지 기다리는 웹 기반 공격이다.

⑭ Dark Data
- 정보를 수집한 후, 저장만 하고 분석에 활용하고 있지 않는 다량의 데이터로 미래에 사용할 가능성이 있다는 이유로 삭제되지 않고 방치되어 있어, 저장 공간만 차지하고 보안 위험을 초래할 수 있다.

⑮ 타이포스쿼팅(Typosquatting)
- 사이트 주소를 잘못 입력하는 실수를 이용하여 불법 사이트에 접속하게 하여 피해를 주는 공격 방법이다.

SECTION 04 보안 솔루션

POINT 091 소프트

① 방화벽의 기능
- 불법적인 외부 침입을 차단하여 내부 네트워크를 보호하는 시스템이다.
- 조직의 보안 정책에 따라 인가되지 않은 서비스를 수행하는 트래픽을 차단한다.
  - 접근통제(Access Control) : 외부의 접근을 패킷 필터링, Proxy 방식 등으로 통제
  - 사용자 인증(Authentication) : 메시지, 사용자, 클라이언트에 대한 인증 수행
  - 감사 및 로그(Auditing/Logging) : 정책 설정, 관리자 접근, 트래픽 차단관련 사항 등의 접속 정보 기록
  - 프라이버시 보호(Privacy Protection) : 내외부 네트워크 사이에 위치하여 정보 유출 방지
  - 서비스 통제(Service Control) : 불안정한, 위험한 서비스의 필터링을 통해 취약점 감소
  - 데이터 암호화(Data Encryption) : VPN을 활용하여 방화벽 간 전송 데이터를 암호화
- Access Control List(ACL)를 통해 네트워크에 전송되는 트래픽에 대한 보안 정책을 설정한다.
  - ACL : 객체에 대한 접근이 허가된 주체들과 허가받은 접근 대상(종류)들이 기록된 목록

② 방화벽의 한계
- 프로그램 내부에 포함된 악성 코드(바이러스, 웜, XSS, …)를 탐지하거나 방어할 수 없다.
- 시스템 내부자가 방화벽을 우회접속하는 것에 대해 막을 수 있는 방법이 없다.
- 예측되지 못한 새로운 형태의 공격에는 능동적으로 대응하기 어렵다.

③ 방화벽의 운영 정책
- 방화벽은 화이트리스트와 블랙리스트 정책이 존재한다.
  - Deny All 정책(Whitelist) : 내부로 들어오는 모든 트래픽을 먼저 차단하고 허용해야 할 트래픽만을 선별적으로 허용하는 방식
  - Permit All 정책(Blacklist) : 외부로 나가는 모든 트래픽을 허용하되 특정 트래픽만을 선별적으로 차단하는 방식

POINT 092 침입 방지 시스템(IPS)
○ Intrusion Prevention System

1) 개념
① 정의
- 불법적인 외부 침입을 차단하여 내부 네트워크를 보호하는 시스템이다.
- 인터넷 서비스나 응용 프로그램의 취약점을 강화시키고 적절히 통제한다.
- 침입 이전에 방지하는 것이 목적이며, 알려지지 않은 형태의 공격도 지능적으로 자동 차단한다.
- 스크린 라우터와 배스천 호스트의 개수 및 위치에 따라 다양한 형태로 구축된다.

② 스크리닝 라우터(Screening Router)
- 일반 라우터의 기능에 내부로 진입하는 패킷의 헤더를 분석하여 필터링하는 기능을 더한 장치이다.
- 필터링 속도가 빠르고 비용이 적게 들지만 IP주소와 포트에 대한 침입 차단만 가능하다.
- 일반적으로 배스천 호스트와 함께 운영된다.

③ 배스천 호스트(Bastion Host)
- 내외부 네트워크 사이에서 게이트웨이 역할을 하는 호스트로 외부 공격에 대한 방어 기능을 담당하는 컴퓨터이다.
- 프록시(Proxy) 서버가 설치되어 접근 제어, 인증, 바이러스 검색 등의 서비스를 제공한다.
- 스크리닝 라우터보다 안정성이 높고 데이터에 대한 공격에 대해 확실한 방어가 가능하다.
- 배스천 호스트 자체가 손상되거나 배스천 호스트로의 접근 권한이 노출되기만 해도 기능이 무력화 된다.
  ○ 로그인 정보 등

2) 구축 방식

단일 홈 게이트웨이 (Single-Homed Gateway)	배스천 호스트에 통신 네트워크 카드 1개를 장착하여 사용
이중 홈 게이트웨이 (Dual-Homed Gateway)	배스천 호스트에 통신 네트워크 카드 2개를 장착하여 사용
스크린 호스트 게이트웨이 (Screened Host Gateway)	단일 홈 게이트웨이 구조에 스크리닝 라우터를 추가하여 사용
이중 홈 게이트웨이+스크린 호스트 게이트웨이	이중 홈 게이트웨이 구조에 스크리닝 라우터를 추가하여 사용
스크린 서브넷 게이트웨이 (Screen-Subnet Gateway)	배스천 호스트 양쪽에 스크리닝 라우터를 설치한 후 외부에 통신 네트워크 카드를 추가하여 사용
이중 홈 게이트웨이+스크린 서브넷 게이트웨이	배스천 호스트 양쪽에 스크리닝 라우터를 설치한 후 외부, 내부에 모두 통신 네트워크 카드를 설치하여 사용

> **기적의 TIP** 호환성과 범용성
> 많은 단계를 거칠수록 보안은 강력해지지만, 비용은 높아지고 성능은 떨어집니다.

POINT 093 침입 탐지 시스템(IDS)
○Intrusion Detection System

1) 개념

① 정의
- 네트워크상의 비정상적인 접근을 탐지하는 시스템이다.
- IPS와 달리 공격을 탐지할 수 있지만 차단할 수는 없다.
  탐지의 결과가 완벽할 수 없기 때문임 ○

② 오탐율과 미탐율

오탐 (False Positive)	정상적인 접근을 비정상적인 접근이라고 잘못 판단 = 공격이 아닌 것을 공격으로 판단(공격으로 오인)
미탐 (False Negative)	비정상적인 접근을 정상적인 접근이라고 잘못 판단 = 공격인 것을 공격이 아닌 것으로 판단(공격을 못 찾아냄)

2) 데이터 수집원에 의한 IDS 분류

호스트 기반 IDS(H-IDS)	• 특정 호스트에서 수집된 자료를 분석하여 비정상 행위를 탐지하는 방식 • 탐지가 정확하고 패킷의 손실도 없으며 추가적인 장비가 필요 없음 • 운영체제에 종속적이고 많은 부하가 발생하며 구현이 어려움
네트워크 기반 IDS(N-IDS)	• IDS 장비를 네트워크 앞단에 설치하여 경유하는 트래픽을 분석하는 방식 • 운영체제에 독립적이고 해커의 개입이 어려우며 비용이 저렴함 • 고속 네트워크의 경우 패킷의 손실 가능성이 있고 암호화된 트래픽은 분석이 불가능함 • 호스트 내부에서 벌어지는 비정상적인 행위에 대해서는 감지가 불가능함
다중 호스트 기반 IDS	• 여러 호스트 시스템을 종합적으로 분석하여 비정상 행위를 탐지하는 방식 • H-IDS에 N-IDS적인 성격을 더한 IDS

3) 탐지 기반에 의한 IDS 분류

오용 탐지 (Misuse Detection)	• 지식 기반 침입 탐지(Knowledge-based Detection)라고도 하며 알려진 비정상 행위에 대한 패턴 탐지 ○ 오탐율↓, 미탐율↑ • 알려진 패턴에 대한 오탐률이 낮지만, 새로운 패턴에 대한 탐지는 어려움
이상 탐지 (Anomaly Detection)	• 정상 행위에 대한 패턴을 기반으로 새로운 행위에 대해 비정상 여부 판단 • 새로운 패턴에 대해 자동으로 업데이트가 가능하지만, 오탐률이 높음 ○ 오탐율↑, 미탐율↓

4) 백도어(Backdoor)

① 정의
- 시스템 유지보수를 위해 인증 없이 접근할 수 있는 경로라는 개념이지만, 해커가 이용자 몰래 컴퓨터에 접속하여 악의적인 행위를 하기 위해 설치해 놓은 출입구 역할을 하는 악성코드의 의미가 더 크다.

② 탐지 기법

무결성 검사	공격자에 의해 변경된 파일 확인
로그 분석	공격받은 기록 확인
SetUID 파일 검사	최상위 권한이 부여된 대상 확인
열린 포트 검사	몰래 실행되거나 열어둔 포트 확인
기타	기타 바이러스 및 백도어 탐지 도구 이용

③ 탐지 도구

스캐너 관련 도구	네트워크 요소의 취약점 분석	SAINT, SATAN, NMAP, Nessus, CGI scanner, ICMPInfo, Scan-Detector, Klaxon
침입 발견 도구	침입의 흔적 탐지	Chkwtmp, tcplogd, Shadow, MOM, AAFID
로그 감시 도구	로그인 관련 기록 모니터링	HostSentry, SWATCH, Analog, Watcher, PingLogger, John The Ripper
무결성 검사 도구	시스템과 파일의 무결성 체크	TripWire, T(Texas)MAU, trojan.pl, Hobgoblin, fcheck

5) 침입 대응 방법

침입 예방(Prevention)	네트워크 취약점 관리
침입 선점(Preemption)	공격자의 서버와 프로그램 공격
침입 방해(Deterrence)	침입 목표를 숨기거나 위장
침입 오인(Deflection)	침입 목표와 유사한 시스템으로 유도
침입 탐지(Detection)	침입 행동 탐지 후 대응

POINT 094 보안 운영체제(Secure OS)

1) 개념
- 신뢰성 운영체제(Trusted OS)라고도 하며, 컴퓨터 운영체제상에 내재된 보안상의 결함으로 인하여 발생할 수 있는 각종 해킹으로부터 시스템을 보호하기 위하여 기존의 운영체제 내에 보안 기능을 추가한 운영체제이다.
- 보안 계층을 파일 시스템과 디바이스, 프로세스에 대한 접근 권한 결정이 이루어지는 운영체제의 커널 레벨로 낮춘 차세대 보안 솔루션이다.
- 컴퓨터 사용자에 대한 식별 및 인증, 강제적 접근 통제, 임의적 접근 통제, 재사용 방지, 침입 탐지 등의 보안 기능 요소를 갖춘 운영체제이다.

2) 보호 메커니즘

암호적 분리	내부 정보 암호화
논리적 분리	프로세스 활동 영역 제한
시간적 분리	프로세스 동시 실행 제한
물리적 분리	사용자별 장비 사용 제한

3) 주요 기능

식별 및 인증	고유한 사용자 신분에 대한 인증 및 검증
접근 통제	사용자의 접근 권한 통제
완전한 중재 및 조정	모든 접근 경로에 대한 완전한 통제
메모리 재사용 방지	메모리 사용 후 기억장치 공간 초기화
안전한 경로	보안, 작업의 안전한 수행 경로 제공

SECTION 05 암호 기술

POINT 095 암호화(Encryption)

1) 주요 용어

평문(Plaintext)	일반적인 문장으로 암호화 대상이 되는 문장
암호문(Ciphertext)	평문에 암호화를 적용하여 출력된 결과 문장
암호화(Encryption)	평문을 암호문으로 변형하는 과정
복호화(Decryption)	암호문을 평문으로 변형하는 과정
키(key)	암호화 및 복호화 과정에서 필요한 매개변수

2) 기본 원리

전치 암호 (Transposition Cipher)	• 평문에 나타난 문자들의 나열 순서를 바꾸는 방법 • 단순히 위치만 변경하기 때문에 평문과 암호문의 사용 문자가 1:1 대응되며 문자 집합 역시 동일함
치환 암호 (Permutation Cipher)	• 평문에 나타난 문자들을 다른 문자로 바꾸는 방법 • 서로의 문자 집합과 대응치가 다를 수 있음 • 모든 전치 암호는 치환 암호에 포함됨
대치 암호 (Substitution Cipher)	• 평문에 나타난 문자들을 다른 함수 등을 사용하여 문자 또는 기호로 대치하는 방법 • 대입 암호라고도 함

3) 암호 알고리즘

① 대칭키 암호화
- 키를 사용하여 양방향(암호화, 복호화)으로 변환 가능한 암호화 알고리즘이다.
- 암호화 키와 복호화 키가 동일하여 키가 외부에 공개되어서는 안 된다. ⟶ 대칭 비밀키
- 변환 방식에 따라 블록 암호와 스트림 암호로 구분된다.
- 알고리즘이 단순하고 속도가 빠르지만 관리해야 할 키의 개수가 비교적 많은 편이다. N(N-1)/2
- 대표적으로 DES, AES, SEED, ARIA, RC4 등이 있다.

② 공개키 암호화
- 키를 사용하여 양방향(암호화, 복호화)으로 변환 가능한 암호화 알고리즘이다. ⟶ 비대칭
- 암호화 키와 복호화 키가 달라서 암호화 키는 공개한다.
- 알고리즘이 복잡하고 속도가 느리지만 관리해야 할 키의 개수가 비교적 적은 편이다. 2N
- 대표적으로 RSA 등이 있다.

공개키 기반 구조(PKI, Public Key Infrastructure) : 공개키 암호화 방식 관리 정책 및 규칙

③ 해시 암호
임의의 길이의 데이터를 고정된 길이의 데이터(해시값, 해시키)로 변환시켜 주는 함수
- 키 없이 단방향(암호화)으로만 변환 가능한 암호화 알고리즘이다.
- 주로 해시 함수(Hash Function)를 통해 암호화가 진행되며 동일한 입력에 대해 동일한 출력을 보장한다.
- 암호화, 무결성 검증 등 정보 보호의 다양한 분야에서 활용된다.
- 대표적으로 SNEFRU, MD4, MD5, N-NASH, SHA 등이 있다.

④ 블록 암호
- 평문을 일정한 크기의 블록으로 잘라낸 후 각 블록을 암호화하는 방식이다.
- 일반적으로 블록의 크기는 8bit 또는 16bit의 배수로 지정한다.
- 메시지의 길이가 nbit보다 작다면 nbit 블록을 만들기 위해 패딩(Padding)이 추가된다.
- 블록 암호는 구현이 용이하며 혼돈 이론과 확산 이론을 기반으로 설계된다. 암호문과 평문 사이의 관계를 숨김 / 암호문과 키 사이의 관계를 숨김
- 대표적으로 DES, SEED, AES, ARIA 등이 있다.
- 블록 암호 운용 방식은 ECB, CBC, PCBC, CFB, OFB, CTR 등이 있다.

⑤ 스트림 암호
- 데이터 흐름을 순차적으로 암호화하는 방식이다.
- 평문과 키 스트림을 XOR 연산하여 암호문을 생성한다.
- 이론적으로 완벽하게 안전한 One Time Pad를 현실적으로 구현한 것이다. 일회용 암호
- 블록 암호보다 빠르지만 암호화 강도는 약하여 주로 실시간 스트리밍 음성, 영상 등에 이용된다.
- 대표적으로 RC4 등이 있다.

POINT 096 암호 알고리즘

1) 대칭키 암호화

① DES(Data Encryption Standard)
- 64bit의 블록 크기를 가지며, byte별로 1bit의 패리티 bit를 가진다. _암호화 단계를 여러 번 거치는 단위_
- 따라서, 실제 비밀키의 길이는 56bit이며 16라운드(Round)를 진행한다. _키 길이 : 112 또는 168_
- DES를 3중으로 하여 보안성을 강화한 3DES 알고리즘도 존재하지만 최근에는 사용하지 않는다.

② AES(Advanced Encryption Standard)
- DES를 대체하는 미국의 표준 대칭키 블록 알고리즘이다.
- 128bit의 블록 크기와 가변 길이 키(128/192/256)를 가진다.
- 키의 길이에 따라 10/12/14 라운드를 진행한다.
- 메모리를 적게 사용하고 속도가 빨라 모바일 장비에서도 사용할 수 있다.

③ IDEA(International Data Encryption Algorithm)
- DES를 대체하기 위해 스위스에서 개발된 것으로 유럽에서 많이 사용한다.
- 국제 표준의 데이터 암호화 알고리즘으로 64bit의 블록 크기를 가진다.
- 키 길이는 128bit이며 8라운드를 진행한다.

④ SEED
- 한국인터넷진흥원(KISA)에서 민간 부분의 암호 활용을 위하여 국내 순수 기술로 개발하여 보급한 블록 대칭키 암호화 알고리즘이다.
- 128bit의 블록 크기와 128bit의 키 길이를 가지며 16라운드를 진행한다.
- ARIA 이전의 국내 표준 알고리즘이다.

⑤ ARIA(Academy, Research Institute, Agency)
- 국내 국가보안연구소를 중심으로 학계, 연구계가 공동으로 개발하여 정부 및 공공기관에서 범용적으로 사용하는 대칭키 블록 암호 알고리즘이다.
- AES 알고리즘이 개선된 것으로 128bit의 블록 크기를 가진다.
- 키 길이(128/192/256)에 따라 라운드(12/14/16)를 진행한다.

⑥ RC5
- 다양한 크기의 키, 블록, 라운드를 가질 수 있는 블록 암호화 알고리즘이다.
- 단순하고 빠르며 메모리 요구량이 낮은 편이다.

⑦ WEP(Wired Equivalent Privacy)
- 유선 LAN에서 기대할 수 있는 수준의 무선 LAN 보안 프로토콜이다.

⑧ TKIP(Temporal Key Integrity Protocol)
- IEEE 802.11 무선랜 보안에 사용된 웹 방식을 보완한 데이터 보안 프로토콜이다.
- WEP의 취약성을 보완하기 위해 RC4 알고리즘의 입력 키 길이를 128 비트로 늘리고 패킷당 키 할당, 키값 재설정 등 키 관리 방식을 개선하였다.

2) 공개키 암호화

① RSA(Rivest Shamir Adleman)
- 공개키 기반 서명 알고리즘 중 가장 먼저 실용화되고 가장 보편화되어 있는 알고리즘이다.
- 큰 합성수의 소인수 분해가 어렵다는 점을 이용한 알고리즘으로 키의 길이가 길고 속도가 느린 편이다.
- SSL, 공인인증서 등에 활용되고 있다.

② ECC(Elliptic Curve Crypto)
- RSA의 대안으로 대두된 이산대수의 난해성에 기반한 공개키 암호화 알고리즘이다.
- RSA보다 적은 bit수의 키로 동일한 성능을 제공한다.
- 키 생성 시간이 RSA에 비해 수십 배 이상 빠르다.
- 비트코인, ElGamal 등에 활용되고 있다. _이산대수 문제를 기반으로 하는 공개키 암호화 알고리즘_

③ DSA(Digital Signature Algorithm)
- 미국 NIST에서 전자서명 표준(DSS)에서 사용하기 위해 발표한 정부용 공개키 암호화 알고리즘이다.
- ElGamal 알고리즘을 기반으로 한다.

3) 해시 암호

① MD5(Message Digest)
- 암호화 알고리즘이 아닌 데이터 무결성을 점검하기 위한 해시 알고리즘으로 128bit의 해시값을 가진다.
- MD4는 32bit 컴퓨터에 최적화된 해시 알고리즘이고, MD5는 MD4의 확장판으로 보안성이 향상되었다.

② SHA(Secure Hash Algorithm)
- MD를 대체하기 위해 미국 NIST에서 개발한 해시 암호화 알고리즘이다.
- 1995년에 발표한 SHA-1과 2002년에 발표한 SHA-2가 있다.

09

프로그래밍 언어 활용

SECTION

프로그램 개발 환경 구성	128p
데이터 가공 및 입출력	130p
선택 및 반복 제어문	133p
자료 구조와 포인터	135p
객체지향 방법론	137p
객체지향 프로그래밍	141p
파이썬 프로그래밍	144p

SECTION 01 프로그램 개발 환경 구성

POINT 097 프로그래밍 언어

1) 프로그램 개발 언어

① 선정 기준
- 프로그램 개발에 필요한 언어를 선정할 때에는 알고리즘 및 자료 구조의 난이도와 소프트웨어의 수행 환경, 담당 개발자의 경험과 지식 등을 고려해야 한다.

▶ 일반적인 선정 기준

적정성	목표하는 개발 시스템의 목적에 부합
효율성	적은 시간과 노력으로 원하는 목표에 도달
이식성	일반적인 운영 환경에 설치 가능 여부
친밀성	개발자의 언어에 대한 이해도
범용성	다양한 경험 사례와 사용 분야

② 프로그래밍 언어
- 컴퓨터 하드웨어가 명령을 수행하게끔 지시하는 표기법, 문법, 구문이다. 정확한 형태의 구문(Syntax) ○ 정확한 의미체계(Semantic)
- 프로그래밍 언어는 정확한 문법과 코드를 가진다.
- 프로그래밍 언어는 사람과의 친밀성을 기준으로 저급 언어와 고급 언어로 나뉜다.

저급 언어	배우기 어렵고 성능이 빠른 언어, 기계친화적, 호환성 낮음 (기계어, 어셈블리어 등)
고급 언어	배우기 쉽고 성능이 느린 언어, 인간친화적, 호환성 높음 (C, Java, Python 등)

③ 언어 번역 프로그램
- 개발자가 프로그래밍 언어로 작성한 프로그램 코드를 원시(Source) 프로그램이라고 한다.
- 원시 프로그램을 컴퓨터가 이해할 수 있는 목적 프로그램으로 번역해 주는 것이 언어 번역 프로그램이다.

▶ 종류 ○ 언어 번역기

어셈블러(Assembler)	어셈블리어 코드 번역, 명령 연산 기호와 기계어 1:1 대응
컴파일러(Compiler)	고급 언어 코드 전체 번역, 번역 속도 느림, 실행 속도 빠름
인터프리터(Interpreter)	고급 언어 코드 행 단위 번역(목적 프로그램 생성 안 함), 번역 속도 빠름, 실행 속도 느림

2) 프로그래밍 언어의 종류

① C
- UNIX 운영체제 구현을 위해 1972년에 개발된 언어이다.
- 문법의 간결성, 효율성, 효과적인 포인터 타입 제공 등으로 인해 최근까지 가장 많이 사용되는 시스템 프로그래밍 언어이다.

② C++
- C언어와 객체지향 기술을 통합한 프로그래밍 언어이다.
- C언어에 대한 상위 호환성을 갖지만, 기존에 없던 개념을 통합함으로써 매우 복잡한 규격을 가지게 되었다.

③ Java
- 객체지향 프로그래밍을 위해 개발된 프로그래밍 언어이다.
- 컴파일을 통해 생성된 class 파일을 가상 머신을 통해 실행하는 방식이다.
- C++에 비해 구조가 단순하며 분산 환경 시스템 및 보안성을 지원한다.
- Garbage Collector를 통해 메모리 관리를 수행한다.
  ○ 더 이상 사용되지 않는 객체를 메모리에서 자동으로 제거하는 모듈

④ JavaScript
- 웹 페이지 동작을 구현하는 객체지향 스크립트 언어로 1995년에 개발되었다.
- 쉬운 난이도로 빠른 시간에 코드를 완성할 수 있고 확장성이 좋다.
  ○ 목적 프로그램 생성 없이 즉시 번역하여 실행하는 언어
- 프로토타입을 기반으로 객체 상속이 가능하다.
- 보안이나 성능면에서는 다른 언어와 비교하였을 때 부족한 편이다.

⑤ Python
- 문법의 구조가 매우 단순하여 배우기 쉽고 이식성이 좋다.
- 다양한 라이브러리를 제공하며 동적 타이핑을 지원하는 객체지향 스크립트 언어이다.
- 시스템(하드웨어) 직접 제어를 제외하면 거의 모든 기능을 수행할 수 있다.
  ○ 자료형의 결정을 컴파일 단계가 아닌 런타임(실행) 단계에서 결정하는 방식

⑥ PHP
- HTML에 포함되어 동작하는 서버측 스크립트 언어이다.
- C언어와 유사한 문법 구조를 가지며 객체지향 프로그래밍을 지원한다.
- 다양한 라이브러리를 사용할 수 있지만 비교적 보안에 취약하다.

POINT 098 개발 환경 구성

1) 하드웨어 환경 구성

① 클라이언트 환경 구성
- 서버 측 시스템에서 제공하는 서비스를 이용하기 위한 하드웨어 및 소프트웨어이다.
- 서버 시스템과 사용자와의 인터페이스를 제공한다.
- PC, 웹 브라우저, 모바일 앱 등 ○ 활용 목적에 따른 구분

② 서버 환경 구성

웹 서버	클라이언트에서 요청하는 정적 파일을 제공하는 환경
웹 애플리케이션 서버	동적 웹 서비스를 제공하는 환경
데이터베이스 서버	데이터베이스가 설치, 운영되는 환경
파일 서버	파일 저장과 공유를 위한 환경

2) 소프트웨어 환경 구성

① 요구사항 관리 도구
- 목표 시스템의 기능과 제약 조건 등의 고객 요구사항을 수집, 분석, 추적하는 것을 지원하는 도구이다.
- JFeature, JRequisite, OSRMT, Trello 등

② 모델링 도구
- 기능의 논리적 결정을 위한 UML 지원, DB 설계 지원 등의 기능이 있는 도구이다.
- ArgoUML, DB Designer, StarUML 등

③ 소프트웨어 구현 도구
- 프로그램 개발에 가장 많이 사용되는 도구로서, IDE 도구라고도 한다. ○ Integrated Development Environment
- 코드의 작성 및 편집, 디버깅 등과 같은 다양한 기능이 있다.
- 구현해야 할 소프트웨어가 어떤 프로그래밍 언어로 개발되는지에 따라 다양한 도구들이 존재한다.
- Eclipse, Visual Studio Code, IntelliJ, NetBeans 등

④ 소프트웨어 테스트 도구
- 소프트웨어의 품질을 높이기 위해 테스트에 사용되는 소프트웨어 도구들이다.
- 코드의 테스트, 테스트에 대한 리포팅 및 분석 등의 작업이 가능하다.
- xUnit, STAF, Valgrind, JMeter 등

⑤ 소프트웨어 형상 관리 도구
- 개발자들이 작성한 소스 및 리소스 등 산출물에 대한 버전 관리를 위한 도구이다.
- 다수의 개발자들로 구성된 팀 단위 프로젝트로 진행할 때 유용하다.
- CVS, Subversion, Git 등

⑥ 소프트웨어 빌드 도구
- 개발자가 작성한 소스에 대한 빌드 및 배포를 지원하는 도구이다.
- 프로젝트에서 사용되는 구성 요소들과 라이브러리들에 대한 의존성 관리를 지원한다.
- Ant, Maven, Gradle 등

3) 배치 프로그램
- 사용자의 상호작용 없이 일련의 작업들을 정기적으로 반복 수행하거나 정해진 규칙에 따라 일괄 처리하는 기능을 가진 프로그램이다.
- 배치 프로그램은 대용량 데이터 처리, 자동화, 견고함, 안정성, 성능 등이 필수 요소이다.
- 스프링 배치, Quartz 스케줄러 등의 배치 스케줄러를 통해 주기적으로 수행해야 하는 작업을 지원한다.

스프링 배치 (Spring Batch)	Spring Source사와 Accenture사의 공동 작업으로 2007년에 개발된 스프링 프레임워크 기반 오픈소스 프레임워크 3대 요소 : DI, AOP, 서비스 추상화
Quartz 스케줄러 (Quartz Scheduler)	스프링 프레임워크에 플러그인되어 수행하는 Job과 실행 스케줄을 정의하는 Trigger를 분리하여 유연성을 제공하는 오픈소스 스케줄러

SECTION 02 데이터 가공 및 입출력

POINT 099 자료형

1) C언어

① 특징 ○── 쉬운 난이도
- 고급 언어의 장점과 저급 언어의 장점을 모두 갖춘 구조적 프로그래밍 언어이다. ○── 하드웨어 제어
- 이식성이 뛰어나고 자원 낭비 없는 효율적인 프로그래밍이 가능하다.
- 다양한 연산자 및 기능을 제공하여 프로그램 개발에 제한이 거의 없는 수준이다.

② 기본 작성 규칙
- 프로그램은 main 함수를 호출하면서 시작되며, 모든 함수는 블록 구조로 정의된다. ○── 중괄호({ })로 감싸져 있는 코드 영역
- 영문자의 경우 대소문자를 엄격하게 구분하며 모든 명령문은 세미콜론(;)으로 마무리된다.
- 기본 라이브러리 사용을 위해 전처리기를 사용하며 코드에 대한 설명이 필요한 경우에는 주석을 활용한다.

2) 상수의 표현

① 정수형 상수

10진수	일반적인 방식으로 표현	10, 2022, -67, …
8진수	숫자 앞에 0을 붙여 표현	023, 056, 07, …
16진수	숫자 앞에 0x를 붙여 표현	0xD2, 0x135, 0xFA, …

② 실수형 상수

| 10진수 | 일반적인 방식으로 표현 | 3.1415, -0.45, 12.0, … |
| 지수 | 문자 e를 포함하여 10의 N제곱을 표현 | 12e3 = 12*10³ |

③ 문자형 상수
- 문자 상수는 작은 따옴표로 감싸서 표현하며, 각 문자는 특정 코드값(수)으로 구성된다.
- 실제 저장되는 값은 수(코드값)이기 때문에 더하거나 빼는 연산도 가능하다. ○── 문자에 1을 더하면 다음 문자가 출력됨
- 문자열은 큰 따옴표로 감싸서 표현하며, 문자와 문자열은 서로 다른 타입을 가진다.

char는 문자형 변수지만, 내부 처리 방식은 ○
정수와 같아 정수 할당도 가능

3) 변수 선언 규칙

① 기본 명명 규칙
- 변수명의 첫 글자는 영문자 또는 언더바(_)만 사용한다.
- 두 번째 글자부터는 영문자와 언더바 이외의 숫자도 사용할 수 있다.
- 변수명은 고유해야 하며, 예약어(keyword)로 지정할 수 없다.
  ○── 프로그래밍 언어가 사용하기 위해 미리 선점한 단어

② 헝가리안 표기법(Hungarian Notation)
- 컴퓨터 프로그래밍에서 변수 및 함수의 이름 인자 앞에 데이터 타입을 명시하는 코딩 규칙이다.
- 데이터 타입을 변수명에서 바로 추정할 수 있고 변수명의 충돌을 방지할 수 있다.
- 데이터 타입이 바뀌면 전체 변수명도 변경해야 하며, 변수의 이름을 기억하기 힘들어진다.
- 예전에는 IDE가 부실하여 이 규칙이 유용했지만, 지금은 사용하지 말 것을 권고하고 있다.

4) 변수 선언과 자료형

① 변수(Variable)
- 데이터를 저장하는 공간 및 저장된 값 자체를 의미한다.
- 변수에 값을 저장하는 것을 할당이라고 하며, 모든 변수는 사용 전에 최초 한 번은 할당(초기화)되어야 한다.
- 변수 선언 시 변수명 앞에 필요한 형태의 자료형을 입력한다. ○── 〈자료형〉 〈변수명〉;

② 자료형
- 데이터를 저장하는 공간의 크기와 형태를 결정한다.
- 자료형이 생성하는 메모리의 크기는 컴퓨터 시스템에 따라 달라질 수 있다.

▶ 변수 선언에 사용되는 대표적인 예약어와 자료형의 크기

| 예약어 | 자료형 | 크기(Byte) ||
		C	Java
byte	정수형	없음	1
short		2	2
int		4	4
long		4	8
char	문자형	1	2
float	실수형	4	4
double		8	8

POINT 100 서식 문자열

1) 이스케이프 시퀀스
① 정의
- 기존 문자의 기능 외에 별도의 기능을 가지는 확장 문자열이다.
- 문자열 안에서 〈역슬래시(\)+문자〉의 형태로 표현한다.

② 종류

\n	Enter	줄바꿈
\t	Tab	간격 띄우기
\b	←	커서를 한 칸 이동
\r	Home	커서를 현재 행의 처음으로 이동
\\	\	역슬래시 출력

2) 서식 지정자
① 정의
- 메모리에 저장되어 있는 데이터를 개발자가 원하는 형식으로 변환하여 출력해 준다.
- 문자열 안에서 %[〈옵션〉]〈문자〉의 형태로 표현된다.

② 종류

%d	10진수
%o	8진수
%x	16진수
%u	부호 없는 정수
%lf	실수
%e	지수 형태의 실수
%c	문자
%s	문자열

③ 옵션

-	확보된 공간에서 왼쪽 정렬(기본값은 오른쪽 정렬임)
+	숫자 앞에 부호 삽입
자연수	입력한 수만큼 공간 확보
0	확보한 공간의 여백을 0으로 채움

POINT 101 표준 입출력 함수

1) 입력 함수

getchar()	키보드로부터 문자 하나를 입력받는 함수
gets(〈문자열〉)	키보드로부터 문자열을 입력받는 함수
scanf(서식문자열 [, &〈변수명〉[, ...]])	키보드로 입력받은 데이터를 지정한 서식을 기반으로 변환하여 저장하는 함수

2) 출력 함수

putchar(〈문자〉)	문자 하나를 모니터로 출력하는 함수
puts(〈문자열〉)	문자열을 모니터로 출력하는 함수
printf(서식문자열 [, &〈변수명〉[, ...]])	다수의 데이터를 지정한 서식을 기반으로 변환, 통합하여 모니터로 출력하는 함수

POINT 102 연산자

1) 개념
① 정의 ○ 코드를 유의미하게 분해한 최소 단위
- 하나 또는 그 이상의 데이터를 연산하여 새로운 결과값을 만들어내는 토큰(Token)이다.
- 일반적으로 연산자는 단항 연산자와 이항 연산자로 나뉜다.

단항 연산자	하나의 항을 연산하여 결과를 내는 연산자
이항 연산자	두 개의 항을 연산하여 결과를 내는 연산자

② 우선순위
- 일반적인 산술 및 비교 연산은 우측 방향으로 진행된다.
- 괄호 안의 연산이 가장 우선되며, 단항, 이항 연산의 순으로 진행된다.
- 곱셈과 나눗셈이 덧셈, 뺄셈보다 먼저 진행된다.

연산자	종류	결합 방향	우선순위
단항	++, --, -, !, ~, sizeof, &, *	좌측	높음
산술	*, /, %, +, -	우측	
시프트	〈〈, 〉〉	우측	
관계	〈, 〉, 〈=, 〉=, ==, !=	우측	
비트	&, ^, |	우측	
논리	&&, ||	우측	
복합대입	=, +=, -=, *=, /=, %=, 〈〈=, 〉〉=	좌측	낮음

③ 연산의 결과 데이터 타입

- 피연산자의 값이 아니라 데이터 타입에 따라 결과 데이터의 타입이 결정된다.
- 결과 데이터를 할당, 출력, 연산하기 위해 데이터 타입 간의 호환성을 고려해야 한다.
  - 같은 타입의 피연산자 : 같은 타입의 결과 데이터 도출
  - 다른 타입의 피연산자 : 더 크고 정밀한 타입의 피연산자 타입으로 결과 데이터 도출

> **기적의 TIP**
> 값이 큰 것이 아니라 타입의 크기가 큰 것입니다. 예를 들어 300+5.4의 경우, 값은 300이 더 크지만 5.4를 표현하는 자료형(실수)의 타입이 더 크고 정밀하므로 결과 데이터는 실수 타입으로 도출됩니다.

2) 종류

① 산술 연산자

- 일반적인 사칙연산에 더해 몫과 나머지를 구하는 연산자를 포함한다.

연산자	계산식	설명
+	a – b	덧셈
–	a – b	뺄셈
*	a * b	곱셈
/	정수 / 정수	몫
	정수 / 실수	나눗셈
%	a % b	나머지

② 관계 연산자

- 두 개의 데이터를 비교하는 연산이다.

연산자	계산식	설명
>	a > b	a가 b보다 큰 값인지 판단
>=	a >= b	a가 b보다 크거나 같은 값인지 판단(이상)
<	a < b	a가 b보다 작은 값인지 판단
<=	a <= b	a가 b보다 작거나 같은 값인지 판단(이하)
==	a == b	a와 b가 같은 값인지 판단
!=	a != b	a와 b가 다른 값인지 판단

③ 논리 연산자

- 둘 이상의 논리값을 연산하여 하나의 논리값을 구하는 연산이다. ······○ True, False

연산자	계산식	설명
&&	a && b	a와 b 모두 참인 경우에만 참
||	a || b	a와 b 중 하나라도 참이면 참
!	!a	a의 결과를 반전

④ 비트 논리 연산자

- 2진수 비트 배열을 직접적으로 제어하는 연산이다.

연산자	계산식	설명
&	a & b	a와 b의 비트를 각각 and 연산
|	a | b	a와 b의 비트를 각각 or 연산
^	a ^ b	a와 b의 비트를 각각 xor 연산
~	~a	a의 비트를 not 연산
>>	a >> b	a의 비트를 우측으로 b만큼 이동
<<	a << b	a의 비트를 좌측으로 b만큼 이동

⑤ 복합 대입 연산자

- 연산과 연산의 결과 대입(=)을 동시에 진행하는 연산이다.

연산자	계산식	같은 의미	결과
+=	a += b	a = a + b	a + b의 결과를 a에 할당
-=	a -= b	a = a – b	a – b의 결과를 a에 할당
*=	a *= b	a = a * b	a * b의 결과를 a에 할당
/=	a /= b	a = a / b	a / b의 결과를 a에 할당
%=	a %= b	a = a % b	a % b의 결과를 a에 할당

⑥ 전치/후치 증감 연산자

- 코드를 진행하기 전이나 진행한 이후에 데이터를 1 증감시킨다.
- 해당 데이터의 연산 결과는 전치와 후치 모두 같지만, 이 값의 영향을 받는 다른 데이터들의 결과는 연산의 단계에 따라 달라질 수 있으므로 주의해야 한다.

연산자	계산식	같은 의미	결과
++	b + a++	b + a a = a + 1(후치 증가)	b + a를 계산한 뒤에 a값 증가
	b + ++a	a = a + 1(전치 증가) b + a	a값을 증가한 뒤에 b + a를 계산
--	b + a--	b + a a = a – 1(후치 감소)	b + a를 계산한 뒤에 a값 감소
	b + --a	a = a – 1(전치 감소) b + a	a값을 감소한 뒤에 b + a를 계산

SECTION 03 선택 및 반복 제어문

POINT 103 선택 제어문

1) if – else

if	• 조건식의 결과에 따라 선택적으로 명령문을 실행 • 조건식이 '참'인 경우, 아래 블록 구조의 코드를 실행 • 블록 구조가 없는 경우에는 하나의 코드만 실행
if – else	• 조건식이 '참'인 경우와 '거짓'인 경우에 각각 실행해야 하는 명령이 다름 • else문은 조건식이 거짓인 경우 아래 블록의 명령을 수행하며, else문만 단독으로 사용할 수 없음
다중 if – else	• 실행되어야 할 명령의 분기가 셋 이상일 때 사용 • 분기마다 새로운 조건식을 세워야 하며, 마지막 else문은 조건을 입력하지 않음
삼항 연산자	• 변수의 단순 할당에 적용되는 if – else문을 간략히 표현할 수 있는 연산자 • 3개 중 한 개의 항은 조건식, 두 개의 항은 할당값

○ (〈조건식〉)?〈값1〉:〈값2〉

2) switch – case – default

switch	• 특정 데이터를 단일값과 비교하여 명령을 실행 • 비교 데이터는 숫자 또는 문자만 가능 • 데이터가 일치하면 해당 영역뿐 아니라 아래의 모든 코드도 함께 실행
default	• 모든 데이터가 일치하지 않는 경우에 수행할 코드를 입력하는 영역 • 일반적으로 가장 아래에 위치하며, 일치하는 데이터가 있는 경우에도 수행됨
break	• 데이터가 일치하는 경우, 해당 case 영역에 해당하는 코드만 실행하거나, 코드 수행의 중지점을 지정해야 하는 경우에 사용되는 키워드

POINT 104 반복문

1) 횟수 제한 반복문

for(〈초기식〉; 〈종료분기〉; 〈증감식〉){ 〈반복 영역〉 }

for	• 지정한 범위 또는 횟수만큼 해당 블록 반복 • 블록이 없다면 최초 한 행에 대해서 반복 수행 • break문을 통해 벗어날 수 있음
continue	• continue문 아래의 코드를 무시하고 다음 단계의 반복 진행 • if문과 결합하여 특정 조건에서만 continue를 수행하도록 구현 • break문과 continue문은 모든 반복문에서 사용 가능

기적의TIP 디버깅 표
- 반복문에 영향을 주는 변수와 반복 구역의 코드를 나열하여 표 형태로 구현한 것으로, 각자 편한 방법으로 변형하여 작성할 수 있다.
- 반복문의 반복 패턴을 파악하는 데 유용하다.
- 특별히 정해진 규칙은 없으며, 열은 코드의 순서, 행은 반복의 단계를 나타낸다.
- 첫 행에는 실행문을 입력하고, 두 번째 행부터는 해당 실행문의 결과값을 기록한다.
- 반복 전 수행되는 1회성 코드나 초기식은 미리 적용하여 표에 나타낸다.

2) 조건 제한 반복문

while	• 지정한 조건을 만족하는 동안 반복 구역의 코드 반복 • 조건을 먼저 판단한 다음 코드를 반복하므로 조건에 따라 전혀 반복이 되지 않을 수도 있음 • break문과 continue문 사용 가능
do – while	• 지정한 조건을 만족하는 동안 반복 구역의 코드 반복 • 코드를 먼저 실행한 다음에 조건을 판단하는 형태로, 최소 1회 반복 보장 • break문과 continue문 사용 가능
무한 반복 (Loop)	• 조건식의 결과가 항상 참인 경우, 반복 구역을 무한 반복 • 코드의 흐름과 업무 로직을 일치시키기 위해 Loop와 break를 활용하여 프로그램을 구현할 수 있음 • 언어마다 참값을 표현하는 방식이 다름

- C : while(1)
- Java : while(true)
- Python : while True:

POINT 105 함수

① 개념
- 필요할 때에 특정 기능을 반복할 수 있도록 작성된 일종의 작은 프로그램이다.
- 함수는 각각 별도의 블록으로 작성(정의)되며, 블록 안에서 호출된다.
- 함수가 호출되면 해당 함수가 모두 수행될 때까지 호출한 프로그램은 진행을 잠시 멈춘다.
- 일반적으로 함수는 입력(Input), 처리(Process), 출력(Output)으로 구현된다.

입력(Input)	함수 호출 시 전달된 인수를 매개변수에 저장
처리(Process)	매개변수를 약속된 기능으로 가공
출력(Output)	함수의 처리 결과를 호출 프로그램에 반환

② 표준 라이브러리

- C언어에서는 개발자 편의를 위해 미리 개발된 함수들을 기능별로 묶은 라이브러리를 제공한다.
- 전처리 지시자 #include를 이용해 필요한 라이브러리를 코드에 포함시킬 수 있다.

라이브러리	제공 기능	함수명	기능
stdio.h	데이터 입출력	printf()	서식에 의한 기본 출력
		scanf()	서식에 의한 기본 입력
		getchar()	문자 하나 입력
		putchar()	문자 하나 출력
math.h	수학	sqrt()	제곱근
		pow()	제곱수
		abs()	절대값
string.h	문자열 처리	strlen()	문자열 길이
		strcpy()	문자열 복사
		strcmp()	문자열 비교
stdlib.h	기본 데이터 표현	atoi()	문자열을 정수(int)로 변환
		atof()	문자열을 실수(float)로 변환
		atol()	문자열을 정수(long)로 변환
		rand()	난수

③ 함수의 정의와 호출   ⟨반환 타입⟩ ⟨함수명⟩(⟨매개변수⟩){ ⟨코드⟩ }

- 함수는 main 함수 블록의 바깥에서 정의된다.
- 반환 타입에는 반환될 값의 타입을 지정하고, 반환값이 없는 경우에는 void를 입력한다.
- 함수명과 매개변수에 할당할 인수를 통해 호출한다.
  ⟨함수명⟩(⟨인수⟩)

④ return

- 함수의 처리 결과 데이터를 함수 외부에서 활용하기 위해 사용한다.
- return이 수행되면 함수는 종료되고 함수의 호출 위치로 지정된 값이 반환된다.   ⟨함수명⟩(⟨인수⟩)
- 반환되는 값은 함수 정의에서 지정한 타입과 호환되는 타입이어야 한다.

⑤ 인수와 매개변수

- 함수 외부의 데이터를 함수 내부의 입력 데이터로 활용하기 위한 문법 구조이다.
- 함수 외부에서 함수로 넘겨주는 값을 인수라고 하고, 이 인수를 할당받는 변수를 매개변수라고 한다.
- 함수 정의에서 선언되며 인수의 데이터 타입과 호환되는 타입으로 매개변수를 선언해야 한다.
- 매개변수와 리턴을 활용하면 함수는 순수 데이터 처리에 대한 기능만을 가질 수 있게 된다.

⑥ 값에 의한 전달(Call By Value)

- 인수를 통해 매개변수로 전달되는 값은 복사된 값으로, 함수 내부 처리에 의해 원본이 변경되지 않는다.
- 변수에 다른 변수를 할당하는 것 역시 복사된 값이 할당되므로 두 변수는 서로 다른 값을 가진다.

SECTION 04 자료 구조와 포인터

POINT 106 배열과 구조체

1) 배열의 선언과 초기화
① 배열의 특징
- 하나의 식별자로 동일한 형식의 여러 데이터를 다룰 수 있다.
- 같은 크기와 타입의 공간이 연속적으로 생성된다.
- 저장되는 값의 크기는 다를 수 있지만, 데이터 타입은 같아야 한다.

② 배열의 선언
- 변수명 작성 규칙과 동일한 규칙을 사용하여 배열명을 선정한다.
- 배열의 크기(데이터의 개수)를 지정해야 하며, 초기화가 진행되어야 한다. ○──○ 〈자료형〉 〈배열명〉[〈크기〉];

③ 배열의 초기화
- 선언과 동시에 초기화하는 경우에는 중괄호를 이용하여 전체 초기화가 가능하다.
- 배열의 일부만 초기화하는 경우에는 나머지를 자동으로 0으로 초기화한다.
- 선언 이후에 초기화하는 경우에는 각 데이터를 하나하나 초기화해야 한다.

2) 배열의 사용
① 주소 상수 ○──○ 배열의 위치(주소)를 저장하고 있는 상수
- 배열명은 변수처럼 데이터를 할당할 수 없는 상수형 데이터이다.
- 연속적으로 나열되어 있는 배열 데이터의 첫 번째 시작 위치값을 가진다.
- 배열은 이 주소값을 기준으로 하여 첨자를 통해 데이터에 접근한다. ○──○ 배열명

② 첨자(Index)
- 동일한 간격으로 나열되어 있는 배열 데이터에 접근하기 위한 상대적 위치값이다.
- 〈배열명〉[〈첨자〉]의 형태로 사용하며, 배열이 첫 번째 시작 위치값을 가지고 있으므로 첨자의 시작은 0이다.
- 음수를 사용하거나 배열의 길이를 벗어나면 오류가 발생한다.

③ 반복문과 첨자
- 반복문의 반복용 변수를 첨자로 활용하면 배열의 데이터 할당과 연산, 출력을 효율적으로 구현할 수 있다.
- 배열의 첨자 위치에 반복용 변수를 삽입하여 단계별로 다른 위치에 접근한다.
- 첨자의 시작값에 유의하여 코드를 구현해야 한다. ○──○ 0

3) 2차원 배열
① 2차원 배열의 선언
- 배열의 데이터가 또 다른 배열인 구조로, 실제 값이 할당되는 곳은 마지막 차원의 배열이다.
- 2차원 배열의 선언과 사용에는 두 개의 대괄호를 사용한다.
- 1차원 배열은 2차원 배열의 주소 상수 역할을 한다.
○──○ 〈자료형〉 〈배열명〉[1차원 배열의 크기][2차원 배열의 크기];

② 2차원 배열의 초기화
- 2차원 배열들은 논리적으로는 떨어져 있지만 물리적으로는 연속된 공간에 나열된다.
- 2차원 배열의 초기화는 중괄호를 2중으로 겹쳐서 진행하며, 중괄호를 하나만 사용할 경우에는 배열의 순서에 맞춰서 할당된다.
- 편의상 행과 열로 표현하지만, 실제로는 연속된 공간에 나열되어 있다.

4) 구조체
① 사용자 정의 자료형
- C언어에서 기본으로 제공되는 자료형을 이용하여 새로운 자료형을 만드는 것이다.
- 배열과 달리 하나의 식별자로 서로 다른 형식의 데이터를 그룹으로 관리할 수 있다.
- 기존에 없던 자료형이므로 선언하기 전 자료형에 대한 정의가 우선시되어야 한다.

② 정의
〈struct〉 〈구조체 타입명〉{ 〈변수 선언〉[, ...] };
- main 함수 블록의 바깥에서 블록 구조로 정의한다.
- 구조체 정의 단계에서는 내부 변수를 초기화하지 않는다.

③ 변수 선언과 할당
- 정의된 구조체 타입과 struct 키워드를 활용하여 구조체 변수를 선언한다.
- 선언과 동시에 초기화가 가능하며 중괄호를 이용한다.
- 첨자가 아닌 구조체 변수명과 내부 변수명을 통해 데이터에 접근할 수 있다. ○──○ 〈구조체 변수명〉.〈내부 변수명〉

④ 비트 필드(Structure Bit Field)
- 정수 타입의 멤버 변수를 비트 단위로 쪼개서 사용할 수 있게하는 방법이다.
  - 〈정수 타입〉〈변수명〉: 〈비트 수〉;
- 비트 필드의 각 변수의 비트 수는 지정한 정수 타입보다 클 수 없다.
- 비트 필드 구조체의 크기는 정수 타입 단위로 증가한다.
  - 여러 타입의 변수가 있는 경우 : 가장 큰 타입을 기준으로 증가

POINT 107 포인터

1) 포인터의 특징
① 개념   ○ 변수명, 배열명 등
- 식별자가 아닌 주소값으로 특정 데이터에 접근할 수 있는 기능이다.
- 복사된 데이터가 아닌 원본 데이터를 가공할 수 있다.
- 포인터 활용을 위한 연산자는 &(Ampersand)와 *(Asterisk)가 있다.

② 포인터 변수
식별자 앞에 붙여서 해당 식별자의 주소값 도출 / 주소 데이터 앞에 붙여서 해당 위치로 접근
- 특정 데이터의 주소값을 저장하는 변수로 식별자 앞에 *을 붙여 선언한다. 〈참조할 자료형〉 *〈변수명〉; ○
- 포인터 변수의 크기는 고정되어 있으며 포인터 변수의 자료형은 참조할 데이터의 자료형을 의미한다.
- 특정 변수의 위치값을 저장한 포인터 변수는 해당 변수를 '가리킨다'라고 표현한다.

③ 참조에 의한 전달(Call By Reference)
- 인수 전달 시 복사된 데이터를 전달하는 것이 아닌 참조(위치)값을 전달함으로써 데이터 원본을 가공할 수 있다.
- 여러 식별자와 포인터를 통해 하나의 원본을 여러 위치에서 접근할 수 있다.

2) 배열과 포인터
① 포인터 연산   더하기, 빼기
int형 데이터의 주소값에 2를 더하는 경우 2×4(int 타입 크기)만큼 증가
- 데이터의 주소값을 가감 연산하는 경우, 해당 데이터의 타입 크기를 곱한 값으로 증감된다.
- 이러한 포인터 연산의 매커니즘은 배열의 첨자를 통한 접근 방식과 동일하므로, 배열 주소를 포인터 변수에 할당하게 되면 포인터 역시 배열처럼 사용할 수 있다.

② 2차원 배열과 포인터
- 2차원 데이터에 접근하기 위해서는 포인터가 2중으로 필요하다.
- 2차원 배열의 포인터 선언은 데이터 타입과 함께 배열의 길이도 계산에 포함되어야 한다.
  ○ 〈참조할 자료형〉 (*〈변수명〉)[〈2차원 배열 크기〉];

3) 메모리 동적 할당
① 동적 할당의 특징
- 고정 크기를 가지는 배열의 단점을 보완할 수 있는 기능이다.
- 기능 호출 시 전달되는 인수를 통해 동적인 크기로 연속된 공간(배열) 생성이 가능하다.
- 힙 메모리 영역에 생성되며 포인터와 첨자를 활용하여 접근할 수 있다.
- 동적 할당된 메모리의 제거를 위해서는 free 함수를 사용한다.

> **기적의 TIP** 메모리 영역 구분
> - code : 프로그램 코드
> - data : 전역/정적 변수
> - heap : 동적 할당 데이터
> - stack : 지역/매개 변수

② malloc
- 생성하고자 하는 공간의 총 크기를 byte 단위로 전달하고, 생성된 공간의 타입을 변환하여 사용한다.
  - (〈변환타입〉*) malloc (〈총 크기〉)
- 생성된 공간은 초기화되지 않으므로 별도 초기화 코드가 필요하다.

③ calloc
- 생성하고자 하는 공간의 단위 크기를 byte 단위로 개수와 함께 전달하고, 생성된 공간의 타입을 변환하여 사용한다.
  - (〈변환타입〉*) calloc (〈개수〉, 〈단위 크기〉)
- 생성된 공간은 0으로 초기화된다.

④ realloc
- 이미 생성된 메모리의 크기를 변경할 수 있다.
  - realloc(〈메모리 포인터〉, 〈총 크기〉)

SECTION 05 객체지향 방법론

POINT 108 객체지향 기술

1) 객체지향 방법론

- 현실의 개체(Entity)를 디지털 세계의 객체(Object)로 대응하여 표현하는 것이다.
- 개체의 특성들을 추상화하여 객체의 속성(Attribute)으로 표현하고, 개체의 특성과 관련된 기능을 객체의 메소드(Method)로 표현한다.
- 각 객체들은 서로 간의 통신을 통해 개체 사이의 관계를 표현한다.

장점	• 실제 세계와 유사한 구조의 프로그램 개발 가능 • 객체를 재사용하여 확장성, 유지보수 용이성, 개발 속도 상승 • 규모가 큰 프로그램 개발도 무리 없이 개발 가능
단점	• 객체를 이용한 개발은 쉽지만, 객체 자체의 설계가 어려움 • 객체 자체의 규모가 큰 경우에는 속도가 느려질 수 있음

2) 구성 요소

클래스 (Class)	• 객체의 타입을 정의하고 구현(Instantiation)하는 틀(Frame) • 유사한 성격을 가진 객체들의 공통된 특성을 추상화한 단위 • 객체가 가지는 속성과 객체가 수행하는 메소드를 정의한 것 • C언어의 구조체와 구조체를 연산하는 함수를 하나로 묶어 발전시킨 것
객체 (Object)	• 클래스에 의해 구현된 각각의 대상들을 총칭하는 것 • 객체마다 고유한 속성을 가지며 클래스에서 정의한 메소드 수행 가능
인스턴스 (Instance)	• 특정 클래스에 의해 구현된 (좁은 범위의) 객체
메시지 (Message)	• 객체 간 통신(상호작용)을 위해 서로 주고받는 인터페이스 • 객체들은 요청 메시지를 통해 메소드 수행 시작
메소드 (Method)	• 요청 메시지에 의해 객체가 수행해야 할 연산을 정의한 것 • C언어의 함수와 같은 개념을 가짐

3) 종류

캡슐화 (Encapsulation)	• 문제 해결에 필요한 속성과 메소드를 하나로 묶는 것 • 인터페이스가 단순해지고 재사용이 용이해짐
정보 은닉 (Information Hiding)	• 캡슐화의 가장 큰 목적으로 실제 구현되는 내용의 일부를 외부로부터 감추는 것 • 클래스 내부 속성과 메소드를 외부의 영향으로부터 보호할 수 있도록 설계하는 방법
추상화 (Abstract)	• 클래스들의 공통된 요소를 추출하여 상위 클래스로 구현 • 상위 클래스는 하위 클래스 구현을 위한 틀을 제공하며 상세한 구현은 하위 클래스가 담당함 • 현실 세계를 보다 자연스럽게 표현할 수 있음
상속 (Inheritance)	• 상위 클래스의 멤버를 하위 클래스에서 물려받도록 하는 것 ⟶ 속성과 메소드 • 하위 클래스는 대부분의 상위 클래스 요소를 재사용하거나 확장할 수 있음
다형성 (Polymorphism)	• 상속된 여러 하위 객체들이 서로 다른 형태를 가질 수 있게 하는 성질 • 오버로딩(Overloading)과 오버라이딩(Overriding) 기술로 동일한 메소드명으로 서로 다른 작업을 할 수 있음 • 둘 이상의 클래스에서 동일한 메시지에 대해 서로 다르게 반응할 수 있도록 함

동일한 이름의 여러 메소드 중, 매개변수로 전달되는 인수의 타입과 개수를 식별하여 적절한 메소드를 호출해 주는 기능

상속받은 메소드의 내부 기능을 새롭게 정의하는 기능

POINT 109 객체지향 개발 절차

1) 객체지향 분석 방법론

럼바우
(Rumbaugh)
	• 소프트웨어의 구성 요소를 다양한 그래픽 표기법을 이용하여 모델링하는 기법
	• 가장 일반적으로 사용하는 방법으로 객체지향 분석의 일반 이론으로 사용됨
	• 객체 모델링(정보 모델링), 동적 모델링, 기능 모델링 순으로 진행
	  – 객체 모델링 : 객체 다이어그램을 활용하여 객체와 객체 간의 관계 정의
	  – 동적 모델링 : 상태, 활동 다이어그램을 활용하여 기능의 흐름 표시
	  – 기능 모델링 : 자료 흐름도(DFD)를 활용하여 입출력 데이터, 세부 기능 결정

부치 (Booch)	• 미시적(Micro) 개발 프로세스와 거시적(Macro) 개발 프로세스를 모두 사용하는 분석 기법 • 클래스와 객체들을 분석 및 식별하고 클래스의 속성과 연산을 정의

야콥슨 (Jacobson)	• 사용자와 시스템이 상호작용하는 시나리오를 활용하여 분석하는 기법 ○ Use-Case
코드(Coad)와 요든(Yourdon)	• E-R 다이어그램을 사용하여 객체의 행위를 모델링하는 분석 기법 • 객체 식별, 구조 식별, 주제, 속성과 인스턴스 연결, 연산과 메시지 연결 등을 정의
워프스-브록 (Wirfs-Brock)	• 분석과 설계 간 구분이 없으며 고객 명세서를 평가하여 설계 작업까지 연속적으로 수행하는 분석 기법

2) 객체지향 설계 원칙
① 정의
- 분석이 완료된 모델을 구체적 절차로 표현하는 단계로, 사용자 중심의 대화식 프로그램 개발에 적합하다.
- 클래스를 객체로, 속성을 자료 구조로, 기능을 알고리즘으로 표현하는 것에 중점을 둔다.

② 종류(SOLID)

단일 책임(Single Responsibility)	• 하나의 클래스가 제공하는 모든 기능이 하나의 문제만 해결하도록 설계되어야 함 • 하나의 문제 해결을 위해서만 클래스가 변경되며, 낮은 결합도와 높은 응집도 유지가 보장됨
개방 폐쇄(Open-Closed)	• 확장에 대해서는 개방적이어야 하고 수정에 대해서는 폐쇄적이어야 함 • 기존 코드의 수정 없이 기능을 수정하거나 추가할 수 있도록 함
리스코프 치환(Liskov Substitution)	• 하위 클래스는 상위 클래스의 기능이 호환될 수 있어야 함 • 상위 클래스의 기능을 수행하기 위해 하위 클래스는 상위 클래스의 제약사항을 준수해야 함
인터페이스 분리(Interface Segregation)	• 하나의 포괄적인 인터페이스보다 다수의 구체적인 인터페이스를 구성해야 함 • 사용하지 않는 인터페이스는 구현하지 말아야 함
의존성 뒤집기(Dependency Inversion)	• 하위 클래스의 변경 사항이 상위 클래스에 영향을 미치지 않도록 구성해야 함 • 복잡한 클래스의 관계를 단순화하고 효율적인 커뮤니케이션이 가능하게 구성한다.

3) 객체지향 테스트

스레드 기반 테스트 (Thread Based Testing)	시스템에 대한 하나의 입력이나 이벤트 응답에 요구되는 클래스들의 집합을 통합(하향식)해가며 테스트
사용 기반 테스트 (Use Based Testing)	상위 클래스와 관계를 갖지 않는 수준에서 클래스들을 독립적으로 검사한 후 상위 클래스와 결합(상향식)해가며 테스트
검증과 시스템 테스트	사용자의 요구가 객체에 정확히 반영되었는지, 성능이나 인터페이스상 오류는 없는지 테스트

POINT 110 디자인 패턴(Design Pattern)

1) 개념
① 정의
> 디자인 패턴을 제안한 책의 공동 저자인 에리히 감마(Erich Gamma), 리처드 헬름(Richard Helm), 랄프 존슨(Ralph Johnson), 존 블리시데스(John Vlissides)를 지칭하는 용어

- 반복적인 문제들을 해결하기 위한 설계 패턴을 일반화한 것으로 GoF(Gang of Four) 디자인 패턴이라고도 한다.
- 모든 종류의 시스템 구조에 적용하는 소프트웨어 아키텍처와 달리 디자인 패턴은 구현 단계의 문제에 실제로 적용 가능한 해결 방법이다.
- 기능의 향상이 아닌 문제 해결을 통한 소프트웨어의 구조 변경, 코드의 가독성 등에 집중한다.
- 5가지의 생성 패턴, 7가지의 구조 패턴, 11가지의 행위 패턴으로 구분된다.

생성 패턴	• 클래스 정의, 객체 생성 방식에 적용 가능한 패턴 • Factory Method, Abstract Factory, Builder, Prototype, Singleton
구조 패턴	• 객체 간 구조와 인터페이스에 적용 가능한 패턴 • Adaptor, Bridge, Composite, Decorator, Facade, Flyweight, Proxy
행위 패턴	• 기능(알고리즘), 반복적인 작업에 적용 가능한 패턴 • Interpreter, Template Method, Chain of Responsibility, Command, Iterator, Mediator, Memento, Observer, State, Strategy, Visitor

② 구성 요소

패턴명과 구분	패턴의 이름과 패턴의 유형(생성, 구조, 행위)
문제 및 배경	패턴이 적용되는 분야 또는 배경, 해결 가능한 문제
솔루션	패턴을 구성하는 요소, 관계, 협동 과정
사례	간단한 적용 사례
결과	패턴을 사용할 때 이점과 영향
샘플 코드	패턴이 적용된 소스 코드

③ 특징
- 소프트웨어 구조 파악과 원활한 의사소통이 가능하다.
- 소프트웨어 개발의 생산성, 효율성, 재사용성, 확장성 등이 향상된다.
- 초기 비용이 많이 들고 객체지향 개발에만 사용할 수 있다.

2) 생성(Creational) 패턴

① Factory Method
- 상위 클래스에서는 객체를 생성하기 위한 인터페이스를 정의하고, 하위 클래스는 어떤 클래스의 인스턴스를 생성할 것인지를 결정하는 패턴이다.
- 객체를 생성하여 반환하는 메소드를 팩토리 메소드라고 하는데, 이 팩토리 메소드를 오버라이딩하여 객체를 반환하는 패턴이다.
- 사용자의 입력값이나 조건이 다른 상태에서 객체를 생성하는 경우에 적용할 수 있는 패턴이다.

② Abstract Factory
- 관련이 있는 서브 클래스를 묶어서 팩토리 클래스로 만들고, 조건에 따라 객체를 생성하는 패턴이다.
- 객체 생성 코드가 상위 클래스에 존재하여 생성된 객체를 하위 클래스가 받아서 사용한다.
- 다수의 클래스를 하나의 추상 클래스로 묶어서 관리할 수 있는 패턴이다.

> **기적의 TIP**
> Factory Method는 하나의 객체를 생성하기 위한 패턴이고, Abstract Factory는 여러 객체군을 생성하기 위한 패턴입니다.

③ Builder
- 객체 생성에 많은 인수가 필요한 복잡한 객체를 단계적으로 생성하는 패턴이다. ○ 캡슐화
- 복잡한 객체 생성 과정을 단계별로 분리하여 동일한 절차에서도 서로 다른 형태의 객체를 생성할 수 있게 한다.

④ Prototype
- 동일한 타입의 객체를 생성해야 할 때 필요한 비용을 줄이기 위한 패턴이다.
- 새로운 객체를 생성하는 것이 아닌 기존의 객체를 복사하여 특정 속성값을 변경한다.

⑤ Singleton
- 클래스가 오직 하나의 인스턴스만을 가지도록 하는 패턴이다.
- 접근 제한자와 정적 변수를 활용하며 다수의 인스턴스로 인한 문제를 방지할 수 있다. 성능 저하 등 ○

3) 구조(Structural) 패턴

① Adaptor
- 서로 다른 인터페이스를 가진 클래스들을 함께 사용할 수 있도록 하는 패턴이다.
- 클래스의 인터페이스를 다른 인터페이스로 변환하여 함께 작동하도록 해준다.

② Bridge
- 복잡하게 설계된 클래스를 기능부와 구현부로 분리한 뒤, 두 클래스를 연결하는 패턴이다.
- 기능과 구현을 분리하면 결합도는 낮아지고, 각 클래스를 독립적으로 변경, 확장할 수 있게 된다.
- 필요에 따라서 클래스 간의 관계 변경이 필요할 때는 상속이 아닌 브리지를 적용한다. 견고한 연결, 클래스 확장 편의성 ○
  ○ 느슨한 연결, 클래스 관계 변경 편의성

③ Composite
- 객체들의 관계를 트리 구조로 구성하여 단일 객체와 복합 객체를 동일하게 다루도록 하는 패턴이다.
- 다수의 클래스를 하나의 클래스로 취급할 수 있다.

④ Decorator
- 클래스 변경 없이 주어진 상황에 따라 기능을 추가하는 패턴이다.
- 기존 클래스의 메소드에 새로운 기능을 추가하거나 확장할 수 있다.

⑤ Facade
- 복잡한 서브 시스템들을 간편하게 사용할 수 있도록 단순화된 인터페이스를 제공하는 패턴이다.
- 다수의 하위 클래스들이 올바른 결합도를 갖도록 하여 의존 관계를 줄이고 복잡성을 낮출 수 있다.

⑥ Flyweight
- 메모리 사용량을 최소화하기 위해 객체들 간 데이터 공유를 극대화하는 패턴이다.
- 사용 빈도가 높을 것으로 예상되는 데이터를 중복 생성하지 않도록 외부 자료 구조에 저장하여 활용할 수 있도록 한다.

⑦ Proxy
- 특정 객체로의 접근을 해당 객체의 대리자를 통해 진행하는 패턴이다.
- 대리자를 통해 접근하여 원본 객체의 생성 연기, 원격 제어, 접근 제어 등을 결정할 수 있다.

4) 행위(Behavioral) 패턴

① Interpreter
- 언어의 문(Statement)을 평가(해석)하는 방법을 규정하는 패턴이다.
- 다양한 인수를 활용하여 여러 가지 명령을 처리할 수 있다.
  └─○ 매개변수

② Template Method
- 상위 클래스에서는 알고리즘의 뼈대를 정의하고 구체적인 단계는 하위 클래스에서 정의하는 패턴이다.
- 알고리즘의 구조를 변경하지 않고 알고리즘의 특정 단계들을 재정의할 수 있다. ─○ 고정적 기능

③ Chain of Responsibility
- 문제의 해결을 위한 일련의 처리 객체가 순서대로 문제를 해결하는 패턴이다.
- 각각의 처리 객체는 문제의 일정 부분을 처리할 수 있는 연산의 집합이고, 처리 객체에 의해 일부분이 해결된 문제는 다음 처리 객체로 넘겨져 계속 처리된다.
- 이 패턴은 결합을 느슨하게 하기 위해 고안되었으며, 가장 좋은 프로그래밍 사례로 꼽힌다.

④ Command
- 요청을 객체의 형태로 캡슐화하여 나중에 이용할 수 있도록 요청에 필요한 정보를 저장하는 패턴이다.
- 메소드 이름, 매개변수 등의 정보를 저장하여 복구, 취소 등이 가능하다.

⑤ Iterator
- 내부 구현을 노출시키지 않고 집약된 객체에 접근하고 싶은 경우에 적용하는 패턴이다. ─○ 집합
- 집합 객체에 대해 다양한 탐색 경로를 사용할 수 있고 서로 다른 집합 객체 구조에 대해서도 동일한 방법으로 접근할 수 있다.

⑥ Mediator
- 객체 간의 통신이 직접 이루어지지 않고 중재자를 통해 진행되어 결합도를 감소시키는 패턴이다.
- 복잡한 상호작용 관계를 단순화시킬 수 있어 객체 간 통신 복잡성을 줄일 수 있다.

⑦ Memento
- 롤백(Rollback)을 통해 객체의 상태를 이전 상태로 되돌릴 수 있는 기능을 제공하는 패턴이다.
- 객체의 캡슐화가 유지되는 상태에서 객체 내부 상태를 외부에 저장하여 복구가 가능하도록 한다.

⑧ Observer
- 객체의 상태 변화를 관찰하는 옵저버를 등록하여 상태 변화가 있을 때마다 등록된 옵저버에게 통지하는 패턴이다.
- 특정 객체에 변화가 생겼을 때, 옵저버는 다른 객체에 의존하지 않고 다른 객체에 통보해 줄 수 있다.

⑨ State
- 객체의 내부 상태에 따라 다른 기능을 수행하는 메소드를 구현하는 패턴이다.
- 객체의 상태에 따라 동일한 루틴에서도 다른 행동을 할 수 있다.

⑩ Strategy
- 문제 해결하는 데 있어 다양한 알고리즘이 적용될 수 있는 경우에 알고리즘을 별도로 분리하는 패턴이다.
- 특정 객체에 종속되지 않으며 알고리즘에 대한 확장과 변경이 용이하다. └─○ 캡슐화

⑪ Visitor
- 알고리즘을 자료 구조에서 분리하여 클래스를 수정하지 않고도 새로운 알고리즘을 추가할 수 있도록 하는 패턴이다.
- 분리된 알고리즘은 자료 구조를 방문(Visit)하여 문제를 해결하게 된다.

SECTION 06 객체지향 프로그래밍

POINT 111 클래스 설계

1) 클래스(Class)

① 개념
- 자바는 모든 코드를 클래스 단위로 구현한다.
- main 메소드를 포함하는 클래스를 가장 먼저 실행한다.
- 클래스는 틀(Frame)을 제공할 뿐 데이터는 인스턴스화를 통해 구현된다.

② 구성 ○─ 객체의 상태, 수치, 특성을 나타내는 변수
- 클래스의 구성 요소인 멤버에는 멤버 변수와 멤버 메소드가 있다. ○─ 객체에서 발생하는 모든 제어 및 기능, 요청 행위
- 멤버는 일반적으로 클래스의 외부 접근이 불가능하도록 접근을 제한해야 한다.
  ○─ 캡슐화

③ 기본 출력 메소드 ○─ "2+"+3 → "2+3"
- Java에서는 3가지 유형의 출력 메소드가 있으며, 더하기 연산을 이용해 문자열과 숫자의 결합이 가능하다.

출력	System.out.print()
출력 + 줄 바꿈	System.out.println()
서식에 의한 출력	System.out.printf()

④ 접근 제한자
- 클래스 내 멤버들의 접근 수준을 결정하는 토큰이다.
- 프로그램, 패키지, 하위 클래스, 자신의 클래스 순으로 접근 수준을 결정한다.

▶ 접근 제한자의 종류(패키지 기준)

public	어떤 패키지에서도 접근 가능
protected	같은 패키지와 자식(sub) 클래스에서만 접근 가능
default	같은 패키지에서만 접근 가능
private	클래스 내부에서만 접근 가능

2) 인스턴스(Instance)

① 인스턴스의 생성
- 새로운 인스턴스를 생성하여 적절한 타입의 참조형 변수에 할당하는 작업이다. ○─ 〈클래스명〉 〈변수명〉 = new 〈클래스명〉();
- new 키워드와 클래스명을 이용하며 인스턴스가 생성되는 동시에 생성자가 호출된다.
- 일반적으로 참조형 변수와 생성되는 인스턴스는 타입이 같지만 개발자의 의도에 따라 다르게 지정할 수 있다.

② 인스턴스의 멤버 접근 ○─ 변수, 메소드
- 외부에서 인스턴스의 멤버에 직접 접근하기 위해서는 객체 변수와 점(.)을 사용한다. 〈객체변수〉.〈멤버이름〉 ○─
- 내부에서 멤버에 접근을 하는 경우에는 구역을 고려하여 접근 방식을 달리한다. ○─ 블록 구조

③ 멤버 변수와 지역 변수 ○─ 메소드 정의
- 클래스 내부에 새로운 구역을 생성하게 되면 해당 구역은 외부와 독립된 지역으로 판단하므로 같은 이름으로 변수 생성이 가능하다. ○─ 인스턴스 변수와 클래스 변수
- 클래스 내부에 생성된 변수를 멤버 변수, 클래스 내부의 또 다른 구역에 생성된 변수를 지역 변수라고 한다.
- 지역 변수와 멤버 변수의 이름이 같은 경우엔 this 키워드로 구분하여 접근할 수 있다.

> **기적의 TIP**
> 변수의 위치에 따른 구분을 변수의 생존 주기(Scope)라고 하기도 합니다.

④ 클래스 변수
- 인스턴스 변수는 인스턴스마다 독립적으로 존재하며 특별한 경우가 아니라면 접근을 제한해 두는 것이 일반적이다.
- 같은 클래스로부터 생성된 모든 인스턴스가 함께 공유하는 데이터가 필요할 때에는 클래스 변수를 사용한다.
- 클래스 변수는 클래스가 코드에 언급되는 순간 생성되며, 프로그램이 끝날 때까지 유지된다.
  ○─ [〈접근제한자〉] static 〈자료형〉 〈변수명〉;

3) 생성자 메소드

① 특징
- 클래스 내부에 클래스명과 같은 이름으로 존재하는 특별한 메소드이다.
- 인스턴스가 생성될 때 자동으로 실행되며, 별도로 실행할 수 없고, 리턴문 사용이 불가능하다.
- 인스턴스 생성 시 멤버 변수 및 연관 객체들의 초기화 작업에 사용된다.

② 오버로딩(Overloading)
- 동일한 메소드명을 가진 메소드들을 매개변수의 개수와 유형을 기준으로 구분하여 실행해 주는 기술이다.
- 생성자 역시 메소드이므로 오버로딩 적용이 가능하다.

POINT 112 클래스 설계

1) 상속

① 특징
- 상위 클래스의 멤버 대부분을 하위 클래스에게 상속하여 상하위 클래스의 모든 멤버를 포함하여 인스턴스를 생성할 수 있게 하는 기술이다.
- extends 키워드를 사용하여 상속받을 상위 클래스를 지정한다. ┄┄┄○ class 〈하위 클래스명〉 extends 〈상위 클래스명〉 { ... }
- 상위 클래스는 하위 클래스들이 사용할 공통된 속성을 구현한다.
- 하위 클래스는 상위 클래스의 멤버를 재사용, 재정의, 추가 멤버를 확장하여 구현한다.

② 오버라이딩(Overriding)
- 상위 클래스의 메소드를 재정의하여 사용하는 기술이다.
- 상위 클래스와 동일한 메소드명과 매개변수를 지정하여 사용한다.

③ 업캐스팅
- 상속의 관계에서, 하위 클래스의 인스턴스를 상위 클래스 타입의 참조형 변수에 할당하는 것이다.
- 업캐스팅된 객체는 일반적으로 상위 클래스의 멤버에만 접근 가능하다.
- 상위 클래스의 메소드가 오버라이딩된 경우에는 업캐스팅이 되었어도 하위 클래스의 메소드가 수행된다.

할당 \ 생성	상위 객체	하위 객체
상위 참조형 변수	상위 멤버 접근	상위 멤버만 접근 (업캐스팅)
하위 참조형 변수	하위 멤버 접근 불가능 (오류)	상위+하위 멤버 접근

2) 추상 클래스

① 개념
- abstract 키워드를 이용한 선언부만 있고 구현부는 없는 메소드이다. ┄┄┄○ 중괄호
- 반드시 하위 클래스에서 오버라이딩해서 사용해야 한다.

② 특징
- 추상 메소드를 하나 이상 포함하는 클래스이다.
- 추상 클래스를 상속받는 하위 클래스는 추상 클래스의 기본 틀(Frame) 안에서 기능을 구현하게 되므로 클래스의 체계적인 설계가 가능해진다.
- 추상 클래스의 모든 추상 메소드를 오버라이딩하지 않으면 하위 클래스 역시 추상 클래스이다.

3) 인터페이스(Interface)

① 다중 상속의 문제점
- 자바는 원칙적으로 둘 이상의 상위 클래스를 상속받는 다중 상속을 금지하고 있다.
- 예를 들어, 클래스 A를 클래스 B, C가 상속받고 B, C를 다시 클래스 D가 상속받게 되었을 때, A의 멤버는 상속되는 경로가 불분명하여 부작용이 발생할 확률이 높아진다.
- 이러한 문제를 사전에 방지하면서 다중 상속의 이점을 가질 수 있는 기능이 인터페이스이다.

② 인터페이스의 특징
- 모든 메소드가 추상 메소드로만 구성된 클래스이다.
- 인터페이스는 상위 클래스의 상속을 받지 않기 때문에 다중 상속의 문제를 방지할 수 있다.
- 상속은 기존 클래스의 멤버를 확장하는 개념을 가지지만, 인터페이스는 확장된 클래스의 기능을 제한하거나 변경하는 다형성의 개념을 가진다.
- interface와 implements 키워드를 사용하여 구현, 상속받는다.

4) 예외 처리(Exception Handling)

① 정의
- 프로그램 실행 도중 문제(예외)가 발생하면 프로그램이 멈추거나 종료되는 것을 방지하기 위해 예외를 해결(처리)하는 코드를 구현하는 것을 의미한다.
- 괄호를 잘못 쓰거나, 함수명에 오타가 있는 등의 문법적인 부분 때문에 실행 전에 발생하는 문제를 문법 오류(Syntax Error)라고 하고, 문법이나 표현식에 문제는 없지만 의도하지 않은 작동 및 입력으로 문제가 발생하는 것을 예외(Exception)라고 한다.
- 예외를 식별할 영역을 별도로 지정하여 예외가 자주 발생하는 코드를 보완한다.

② 구성

try	예외 발생을 감지하는 코드 영역
catch	예외가 발생하면 수행되는 코드 영역
finally	(생략 가능) 예외 여부와 상관없이 항상 실행되는 블록

5) 스레드(Thread)
- 하나의 프로세스에서 둘 이상의 일을 동시에 수행하는 것을 의미한다. ┈o 프로그램
- 스레드 수행을 위해서 해당 클래스에 스레드 클래스를 상속받아서 구현한다. Thread, Runnable o┈
- 스레드를 구현할 때는 반드시 run 메소드를 재정의하여 스레드를 통해 수행될 코드를 정의한다. ┈o 오버라이딩

Thread 클래스 상속을 통한 스레드 구현	extends 키워드를 사용하며 start 메소드를 통해 스레드 실행
Runnable 인터페이스 상속을 통한 스레드 구현	implements 키워드를 사용하며 Thread 생성자를 통해 스레드 실행

> **기적의 TIP**
> Runnable 인터페이스 상속을 통해 스레드를 구현하면 Thread 클래스를 이용하는 것보다 복잡하지만, 다중 상속을 통해 좀 더 유연한 프로그래밍이 가능합니다.

SECTION 07 파이썬 프로그래밍

POINT 113 파이썬(Python)

1) 변수와 상수

① 변수의 선언
- 파이썬은 상수 리터럴(표기법)의 타입에 따라 변수의 타입이 자동으로 정해지는 동적 타이핑 방식이다.
- C나 Java와 달리 변수명 앞에 별도의 자료형을 명시하지 않는다.
- 파이썬에서는 한글도 변수명으로 사용 가능하지만 권장하지는 않는다.

② 정수형 상수

10진수	• 일반적인 수치 표현 방식 • 234, 231, -10, …
8진수	• 숫자 앞에 0o 또는 0O를 붙임 • 0o12, 0O35, …
16진수	• 숫자 앞에 0x 또는 0X를 붙임 • 0x12A, 0XFF, …
2진수	• 숫자 앞에 0b 또는 0B를 붙임 • 0b11101, 0B100011001, …

③ 실수형 상수

실수	• 소수점이 있는 10진수 형태 또는 지수 형태로 표현 • 0.15, 3.14159, 1.5e4, …
복소수	• 실수부+허수부j 형식으로 표현 • 5+6.5j, 0+1.4j, …

④ 문자열 상수
- 파이썬은 문자를 문자열로 통합하여 관리한다.
- 작은 따옴표와 큰 따옴표 모두 문자열로 인식한다("a", 'hello', "123", …).

2) 표준 입출력 함수

① 표준 입력 함수
- 키보드를 통해 프로그램으로 데이터를 입력받는 함수이다.
- 항상 문자열 형태로 입력받기 때문에 필요에 따라 다른 형태로 변환이 필요하다.
- 입력값에 대한 안내 문구를 지정할 수 있다.
- input([prompt])   ○ prompt
  - int() : 입력값을 정수형으로 변환
  - float() : 입력값을 실수형으로 변환

② 표준 출력
- 모니터를 통해 프로그램의 데이터를 출력한 뒤 줄바꿈을 하는 함수이다.
- 데이터 형식 그대로 출력이 가능하며 여러 인수를 통해 출력 방식을 조정할 수 있다.
- print(〈값〉[, …][,sep=〈구분자〉][,end=〈종료자〉])
  - sep=〈구분자〉 : 출력값들 사이에 출력될 구분 문자 지정(기본값은 띄어쓰기)
  - end=〈종료자〉 : 출력 종료 후에 출력될 종료 문자 지정(기본값은 줄바꿈)

③ 주석 처리
- 프로그램에 영향을 미치지 않고 개발에 참고할 내용을 코드상에 기록한 것이다.
- C언의 //와 대응되며 #문자를 통해 주석 처리한다.

```
name = input("이름 입력: ")
#문자열 입력받아 그대로 name 변수에 저장
age = int(input("나이 입력: "))
#정수로 변환하여 age 변수에 저장
sight = float(input("시력 입력: "))
#실수로 변환하여 sight 변수에 저장

print("당신의 이름은", name)
print("나이는", age, "시력은", sight)
```

입력	이름 입력: 이기적 나이 입력: 35 시력 입력: 1.2
결과	당신의 이름은 이기적 나이는 35 시력은 1.2

3) 연산자

① 산술 연산자

- 일반적인 산술 연산 외에 파이썬 전용 연산이 존재한다.

연산자	설명	예	결과
+	더하기	2 + 5	7
-	빼기	10 - 2	8
*	곱하기	5 * 3	15
/	나누기	4 / 2	2.0
//	몫	5 // 2	2
%	나머지	5 % 2	1
**	제곱	2 ** 4	16

○ 결과가 실수로 나옴

② 논리 비교 연산자

- 다수의 논리 데이터를 판단하는 연산이다.
- 파이썬은 하나의 데이터에 대한 두 개의 비교 연산을 동시에 처리할 수 있다.

③ 멤버 연산자

- 데이터가 특정 데이터 구조에 포함되는지 여부를 판단하는 연산이다.
- 〈찾을 데이터〉 [not] in 〈데이터 구조〉

POINT 114 자료 구조

1) 시퀀스 자료 구조

① 특징

- 하나의 식별자로 서로 다른 타입의 다수 데이터를 관리할 수 있는 자료 구조이다.
- 데이터가 순서대로 나열되어 있어 인덱싱과 슬라이싱을 통해 데이터를 탐색한다.
- 시퀀스 생성 시 별도의 크기를 지정하지 않는다.

▶ 대표적인 시퀀스 자료 구조

리스트(List)	가변형(수정 가능), 대괄호로 표현
튜플(Tuple)	불변형(수정 불가능), 소괄호로 표현
문자열	불변형(수정 불가능), 따옴표로 표현

② 인덱싱

- 첨자를 사용하여 시퀀스 요소 중 하나에 접근할 수 있는 기술이다.
- C언어의 배열처럼 0부터 시작하여 증가하며 우측 방향으로 진행된다.
- 인덱싱을 역순으로 진행하기 위해서는 첨자를 -1부터 시작하여 감소시킨다. ○ 좌측 방향

③ 슬라이싱

- 2개의 첨자를 사용하여 하나 이상의 시퀀스 요소에 접근할 수 있는 기술이다.
- 〈시퀀스명〉[〈시작첨자〉:〈종료첨자〉:〈단계값〉]
  - 시작 첨자의 위치부터 종료 첨자의 위치 바로 전까지 슬라이싱
- 특정 요소를 생략할 수 있다.

시작 첨자 생략	첫 요소부터 슬라이싱
종료 첨자 생략	마지막 요소까지 슬라이싱
단계값 생략	첨자 1씩 증가

- 종료 첨자의 값이 시퀀스의 길이보다 큰 경우에도 알아서 마지막까지만 슬라이싱한다.
- 단계값이 음수인 경우에는 역순으로 슬라이싱한다.
- 슬라이싱을 할당부(좌변)에서 사용하는 경우에는 해당 시퀀스 요소에 접근하여 데이터를 할당한다.
  - 할당에 필요한 개수와 실제 데이터 개수가 동일하지 않으면 오류 발생

> **기적의 TIP**
> 종료 첨자와 실제 슬라이싱되는 범위를 헷갈리지 말아야 합니다.

④ 리스트 관련 함수

- 리스트는 가변형 시퀀스이기 때문에 리스트를 수정할 수 있는 다양한 함수가 존재한다.
- 리스트에 데이터 요소를 추가할 수 있다.
  - 〈리스트〉.append(〈데이터〉) : 〈리스트〉의 마지막 위치에 〈데이터〉 추가
  - 〈리스트〉.extend(〈자료 구조〉) : 〈자료 구조〉의 요소들을 분해하여 〈리스트〉의 마지막 위치에 차례로 추가
  - 〈리스트〉.insert(〈위치〉, 〈데이터〉) : 〈데이터〉를 〈리스트〉의 〈위치〉에 삽입

> **기적의 TIP**
> 리스트의 위치값은 배열과 마찬가지로 0부터 시작한다는 점에 유의하세요. 또한 리스트 내부 리스트는 하나의 요소로 취급한다는 것 역시 알아두세요.

- 리스트의 데이터 요소를 추출하거나 삭제할 수 있다.
  - 〈리스트〉.index(〈데이터〉) : 〈데이터〉가 저장된 위치값 반환(〈데이터〉가 없을 경우에는 오류)
  - 〈리스트〉.remove(〈데이터〉) : 〈데이터〉와 일치하는 첫 번째 요소 삭제
  - del 〈리스트〉[〈위치〉] : 〈위치〉의 저장된 요소 삭제(슬라이싱도 가능) ○ del(〈리스트〉[〈위치〉])처럼 사용도 가능
  - 〈리스트〉.pop(〈위치〉) : 〈위치〉의 저장된 요소 추출(다른 곳에 저장 가능)
  - 〈리스트〉.count(〈데이터〉) : 〈리스트〉 내 〈데이터〉와 동일한 요소 개수 반환
  - 〈리스트〉.clear() : 〈리스트〉의 모든 요소 삭제
- 리스트는 가변형이므로 데이터 이동이 가능하여 정렬 및 반전이 가능하다.
  - 〈리스트〉.sort() : 〈리스트〉 요소를 오름차순으로 정렬
  - 〈리스트〉.sort(reverse=True) : 〈리스트〉 요소를 내림차순으로 정렬
  - 〈리스트〉.reverse() : 〈리스트〉 요소의 순서를 반전
- 리스트 원본을 유지하고 싶을 때는 사본을 만들어 정렬 및 반전이 가능하다.
  - sorted(〈리스트〉) : 〈리스트〉의 사본을 만들어 오름차순 정렬
  - sorted(〈리스트〉, reverse=True) : 〈리스트〉의 사본을 만들어 내림차순 정렬

> **기적의 TIP**
> 원본을 변형하고 싶을 때는 sort, 원본을 유지하고 싶을 때는 sorted를 사용합니다.

⑤ 리스트 컴프리헨션
- 리스트에 규칙적인 값을 생성할 때, 직접 값을 입력하지 않고 for문과 수식을 사용하여 생성하는 방법이다.
  - 〈리스트 변수〉=[〈표현식〉 for 〈변수〉 in 〈시퀀스〉 if 〈조건식〉]
  - 표현식에 변수 사용 가능
  - if부분은 생략 가능

2) 매핑형 자료 구조
① 특징
- 하나의 식별자로 서로 다른 타입의 다수 데이터를 관리할 수 있는 순서가 없는 자료 구조이다.
- 첨자(인덱싱)가 아닌 키값과 매핑되어 있는 데이터에 접근하는 방식이다.

② 딕셔너리(Dictionary)
- 키(Key)와 값(Value)의 쌍으로 구성된 데이터를 중괄호와 쉼표로 구분하여 정의한다.
- 데이터의 수정, 삽입, 삭제가 자유로운 가변형 데이터 구조이다.
- 키값이 존재하는 경우에는 값을 참조하고, 키값이 없는 경우에는 새로운 데이터를 생성한다.

③ 딕셔너리 관련 함수
- 딕셔너리 자료 구조는 매핑형이므로 위치값이 아닌 키값을 중심으로 함수가 구성되어 있다.
  - 〈딕셔너리〉.keys() : 딕셔너리에 저장된 키값만 추출
  - 〈딕셔너리〉.values() : 딕셔너리에 저장된 데이터값만 추출
  - 〈딕셔너리〉.items() : 딕셔너리에 저장된 키, 데이터 쌍을 튜플의 형태로 추출
  - 〈딕셔너리〉.get(〈키〉, 〈기본값〉) : 〈키〉값과 대응되는 데이터 반환. 만약 일치하는 〈키〉가 없을 경우 〈기본값〉 반환

> **기적의 TIP**
> 〈딕셔너리〉.get(〈키〉)는 〈딕셔너리〉[〈키〉]와 같은 동작을 하지만, 해당 키가 없을 경우에는 오류가 아닌 None을 출력합니다.

POINT 115 제어문

1) 구역 구분 ○ 띄어쓰기 4칸
- 파이썬에서는 들여쓰기 레벨을 통해 구역을 구분한다.
- 하위 영역이 필요한 문에는 콜론(:)을 사용한다.
- 들여쓰기 레벨이 같은 코드는 동일한 영역에 있다고 판단한다.

2) 선택 제어문

① if-elif-else
- 조건식의 참, 거짓 여부에 따라 프로그램의 흐름을 바꾼다.

if 〈조건식〉:	주어진 조건식이 참인 경우에 실행되는 영역
elif 〈조건식〉:	if문의 조건식이 거짓이고, elif문의 조건식이 참인 경우에 실행되는 영역
else:	모든 조건식이 거짓인 경우에 실행되는 영역

3) 반복 제어문

① for
- 지정한 데이터 구조를 순환하며 요소마다 반복 구역의 코드를 반복한다.
- 데이터 구조 요소들을 할당할 반복용 변수가 필요하다.
- for 〈변수〉 in 〈시퀀스〉:
  - 시퀀스 요소들을 하나하나 변수에 할당하며 반복 수행
- 모든 반복 제어문은 continue와 break의 사용이 가능하다.

② range
- 특정 범위의 정수를 나열하는 불변형 시퀀스로, for문과 결합하여 사용된다.
- range 함수를 통해 생성되고 3가지 인수가 필요하다.
- range(〈시작값〉, 〈종료값〉, 〈증가값〉)
  - 시작값부터 종료값 바로 전까지 증가값만큼 증가하는 정수 시퀀스 생성
  - 시작값은 생략 가능하며 기본값은 0
  - 증가값은 생략 가능하며 기본값은 1

③ while
- for문처럼 특정 횟수나 데이터의 개수 등을 지정하지 않고 반복의 기준을 정해서 진행되는 반복문이다.
- 조건식을 이용하여 반복의 기준을 정하며 조건식의 결과가 참인 동안 반복이 수행된다.

4) 함수(Function)

① 특징
- 파이썬에서는 함수(Function)와 메소드(Method)의 개념에 차이가 없지만, 일반적으로 외부에서 정의되는 것을 함수라고 하고 클래스 내부에 정의되는 것을 메소드라고 한다.
- 내장되지 않은 함수(메소드)를 불러와서 사용하는 경우에는 import 키워드를 사용한다.
- import 〈라이브러리명〉

② 함수 정의
- 함수 정의는 def 키워드를 사용하며 들여쓰기로 구분하여 내부 코드를 설계한다.
- 함수 정의의 마지막 줄에는 빈 줄을 추가하여 다른 함수와 구분될 수 있도록 한다.

③ 파이썬 프레임워크
- Django : 백엔드 웹 개발을 위한 강력하고 포괄적인 프레임워크
- NumPy : 과학 계산 및 수치 분석을 위한 라이브러리
- Scikit-learn : 머신러닝 알고리즘 개발 및 학습을 위한 라이브러리
- Scrapy : 웹 크롤링을 위한 프레임워크

POINT 116 객체지향 프로그래밍

1) 클래스(Class)

① 클래스 정의와 객체 생성
- class 키워드를 이용하여 클래스를 구현한다.
- 인스턴스 생성 시 new 키워드 없이 클래스명만으로 생성 가능하다.

② 메소드 정의와 호출
- 외부에 정의되는 함수와 달리 클래스 내부에 정의된다.
- 함수와 다르게 첫 번째 매개변수에 self가 기본으로 지정되지만 호출할 때는 무시하고 호출한다.
- 클래스 내에서 정의되는 메소드는 인스턴스를 통해서 호출된다.

③ self
- 참조 변수를 통해서 호출되는 메소드는 자기 자신(self)이 기본 인수로 지정된다.
- self 키워드를 통해서 멤버 변수 및 멤버 메소드에 접근할 수 있다.
- 클래스 외부에서 내부 인스턴스 변수에 접근할 때는 참조 변수가 self의 역할을 대신한다.

④ 생성자 메소드
- 파이썬의 생성자 메소드는 이미 정의된 이름을 사용한다.
- def __init__(self):
- 생성자 메소드는 인스턴스 생성 시 자동으로 호출되며 임의로 호출할 수 없다.
- 생성자 메소드와 self를 이용하면 인스턴스 변수 생성과 동시에 값을 할당할 수 있다.

○ 초기화

2) 캡슐화

클래스 변수	• 멤버 변수는 모든 인스턴스에서 접근 가능 • 클래스 변수는 클래스 구역에서 선언하며 하나의 변수를 모든 인스턴스에서 공유 • 메소드 내부에서 클래스 변수에 접근하기 위해서는 클래스명을 사용
private 변수	• 인스턴스 내부에서는 서로 공유가 가능하지만 외부에서는 접근 불가능 • 특별한 키워드 없이 변수 앞에 언더스코어(_)를 두 개 붙여서 선언

3) 상속

① 특징
- 기존의 클래스를 상속받아서 더 다양한 기능이 추가된 클래스를 디자인할 수 있다.
- 별도의 키워드 없이 클래스명만으로 상속을 구현할 수 있다.
- class 〈하위 클래스명〉(〈상위 클래스명〉):
- 상속받은 하위 클래스는 상위 클래스의 대부분을 사용할 수 있다.

② super()
- 상위 클래스 생성자에 인수 전달이 필요한 경우, 하위 클래스에서 상위 클래스 생성자를 별도로 호출해야 한다.
- 하위 클래스 내부에서 상위 클래스에 접근하기 위해서는 super 메소드를 활용한다.

③ 메소드 오버라이딩
- 상위 클래스의 메소드를 재정의하여 새로운 기능을 추가하거나 기능을 변경할 수 있다.

10 응용 SW 기초 기술 활용

SECTION

운영체제	150p
프로세스	155p
기억장치 관리	158p
네트워크 구축 관리	163p
통신망 기술	166p
통신 프로토콜	170p
정보 시스템 신기술 동향	175p

SECTION 01 운영체제

POINT 117 명령의 흐름

1) 명령어(Instruction)

① 명령이 전달되는 과정
- 사용자가 전달한 명령 문자열은 별도의 번역을 통해 bit 형태로 변환되어 전달된다.
- 전달받은 bit 형태의 명령은 순차적으로 수행되며 처리, 저장, 입출력 등을 진행한다.

데이터 처리	CPU에서 수행
데이터 저장	MEMORY에서 수행
데이터 입출력	각 입출력장치에서 수행

② CPU 제어 상태(Major State)
- 메모리에 기억되어 있는 명령어가 처리되는 일련의 사이클이다.
- CPU의 4가지 상태가 반복 수행된다.

인출 상태 (Fetch Cycle)	주기억장치에서 명령어를 인출하여 해석하는 단계
간접 상태 (Indirect Cycle)	피연산자의 위치(주소)를 파악하는 단계
실행 상태 (Execute Cycle)	해석된 명령어를 실행하는 단계
인터럽트 상태 (Interrupt Cycle)	인터럽트 발생 단계

2) 명령어 형식
- 명령어는 연산 코드(연산자)와 연산 대상(피연산자)으로 구성된다.

Op-Code (Operation Code)	비트수에 따라 명령어 개수 결정(2^3=8개)
Operand	연산 대상, 없거나 다수 존재 가능

- 연산자에는 전달(Transfer), 함수 연산(Function), 제어(Control), 입력(Input) 출력(Output) 기능이 있다.

▶ 명령어의 형식 ○ 오퍼랜드의 개수에 따라 구분

0-주소 명령어	• 오퍼랜드가 하나도 없는 명령어 형식 • push와 pop을 사용하는 스택 구조에서 사용
1-주소 명령어	• 오퍼랜드가 1개 있는 명령어 형식 • 일반적으로 누산기를 활용하여 연산
2-주소 명령어	• 오퍼랜드가 2개 있는 명령어 형식 • 두 오퍼랜드의 연산 결과를 마지막 오퍼랜드에 덮어씌움(기존값 제거)
3-주소 명령어	• 오퍼랜드가 3개 있는 명령어 형식 • 앞의 두 오퍼랜드의 연산 결과를 마지막 오퍼랜드에 할당하는 방식으로, 공간을 가장 많이 차지함

3) 명령어 주소 지정 방식
- 피연산자의 실제 위치에 접근하는 방식이다.
- 메모리 참조 횟수가 적을수록 접근 속도가 빠르다.

즉시(Immediate) 주소 지정	• 오퍼랜드에 데이터 주소가 아닌 실제 데이터가 존재하여 즉시 참조 가능한 방식 • 메모리 참조 횟수 : 0회 • 주소값이 아닌 실제 데이터가 할당되므로 데이터 크기에 따라 문제가 발생할 수 있음
직접(Direct) 주소 지정	• 오퍼랜드에 연산 대상의 주소값을 저장하는 방식 • 메모리 참조 횟수 : 1회 • 간단하지만 메모리 확장 및 변경에 어려움이 있음
간접(Indirect) 주소 지정	• 오퍼랜드에 연산 대상의 주소값이 저장되어 있는 곳의 주소값을 저장하는 방식 • 메모리 참조 횟수 : 2회 • 구조가 복잡하지만 주소의 길이에 상관없이 언제든 원하는 위치의 참조 가능
계산에 의한 주소 지정	• 오퍼랜드에 저장된 주소값과 특정 레지스터의 값을 연산하여 실제 데이터가 있는 위치를 계산하는 방식 • 인덱스 레지스터, 프로그램 카운터, 베이스 레지스터 등 사용

4) 레지스터(Register)

① 정의
- CPU의 연산에 필요한 데이터 및 상태값을 일시적으로 저장하는 장치이다.
- 메모리 중 가격 대비 용량이 가장 작고 속도는 가장 빠르다.
- 변화 신호가 발생할 때까지 하나의 비트값을 유지할 수 있는 플립플롭(Flip-Flop)과 래치(Latch)로 구성된다.
- 레지스터는 CPU의 구성 요소인 제어장치와 연산장치에서 사용되며 다양한 종류가 있다.
  - 비동기식
  - 동기식

② 제어장치(CU) ○ Control Unit
- 컴퓨터 내부의 모든 장치들의 동작이나 연산을 제어하는 장치이다.

▶ 제어장치에 필요한 레지스터 및 회로

메모리 주소 레지스터 (MAR)	주기억장치 내에 출입하는 데이터의 위치를 기억하는 레지스터
메모리 버퍼 레지스터 (MBR)	주기억장치 내에 출입하는 데이터가 잠시 저장되는 레지스터
프로그램 계수기(PC)	다음에 실행할 명령어들의 위치 보관
명령 레지스터(IR)	현재 실행 중인 명령어 보관
명령 해독기 (Decoder)	명령 레지스터에 있는 명령을 해독하는 회로
부호기(Encoder)	해독된 명령어를 신호로 생성하는 회로
번지 레지스터 (Address Register)	주기억장치의 번지를 기억하는 장치

③ 연산장치(ALU) ○ Arithmetic Logic Unit
- 제어장치의 명령에 따라 실제 연산을 수행하는 장치이다.

▶ 연산장치에 필요한 레지스터 및 회로

가산기(Adder)	누산기와 데이터 레지스터에 보관된 값을 더하는 회로
누산기(Accumulator)	연산의 결과를 일시적으로 보관하는 레지스터
보수기(Complementor)	뺄셈 연산을 위해 보수로 변경해 주는 회로
데이터 레지스터	연산에 사용될 데이터를 기억하는 레지스터
상태 레지스터	연산 중 발생되는 이벤트 상태를 기억하는 레지스터
인덱스 레지스터	주소 변경을 위해 사용되는 레지스터

5) 시스템 버스(System Bus)
- 장치와 장치 사이에 정보 교환을 위해 물리적으로 연결된 회선이다.

내부 버스	CPU 내부 요소 사이에서 정보를 전송하는 버스	
외부 버스	CPU와 주변장치 사이에서 정보를 전송하는 주소 버스	
	주소 버스 (Address bus)	• 기억장치의 주소값을 전달하는 단방향 버스 • Nbit의 주소 버스를 가진 시스템은 2^N개의 메모리 위치를 할당할 수 있음
	데이터 버스 (Data bus)	• 데이터 이동 경로를 제공하는 양방향 버스 • 다수의 분리된 회선으로 구성되며, 회선의 개수가 곧 전송가능한 비트 수를 의미함
	제어 버스 (Control bus)	• 주소 버스와 데이터 버스를 제어하여 데이터 흐름을 관리하는 양방향 버스 • 외부장치에서 CPU에 어떤 동작을 요구하는 각종 제어 신호가 전송됨

POINT 118 운영체제(Operation System)

1) 운영체제(OS)

① 개념
- 사용자가 컴퓨터 하드웨어를 효율적으로 운용할 수 있도록 인터페이스를 제공하는 시스템 소프트웨어이다.
- 시스템 리소스를 관리해 주고 다양한 서비스 프로그램을 제공한다.

▶ 운영체제에 속하는 프로그램

제어 프로그램	데이터 관리, 모니터링, 작업 제어
처리 프로그램	언어 번역기, 서비스 프로그램, 기타 응용

② 다양한 시간의 개념

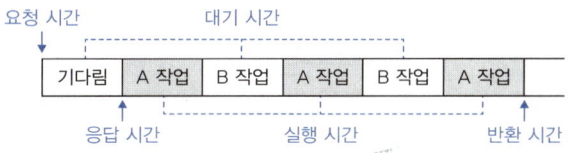

응답 시간 (Response time)	작업이 입력되고 처음 실행되기까지 걸린 시간 (반응 시간)
대기 시간 (Waiting time)	작업 시작 후 완료되기 전까지 중 작업이 진행되지 않은 시간
실행 시간 (Running time)	작업 시작 후 완료되기 전까지 중 작업이 진행된 시간
반환 시간 (Turnaround time)	실행 시간 + 대기 시간 = 작업 완료 시간

시간 간격 (Time Slice, Quantum)	프로세스가 운영체제로부터 할당받은 시간

③ **자원 관리 요소** — 생성, 제거, 스케줄링 등

프로세스 관리	프로세스의 생존 주기 전반
기억장치 관리	특정 프로세스에 사용되는 메모리의 할당 및 회수
주변장치 관리	입출력장치 등의 관리
파일 관리	파일의 생성 및 삭제, 변경 등의 관리

2) 종류

① 윈도우(Windows)
- 그래픽 사용자 인터페이스(GUI)를 기반으로 하여, 이미 지화되어 있는 메뉴나 기능을 마우스로 선택할 수 있어 초보자도 쉽게 사용 가능하다.
- 선점형 멀티태스킹을 통해 특정 응용 프로그램의 CPU 독점을 방지하고, 문제가 발생한 프로그램을 강제 종료할 수 있다.
- 한 대의 컴퓨터를 한 사람이 독점해서 사용하는 싱글 유저 시스템이다.
- 하드웨어 설치 시, 하드웨어 사용에 필요한 환경을 자동으로 구성(Plug&Play)해 준다.
- 이미지, 차트 등의 객체를 다른 문서에 연결하거나 삽입하여 편집(OLE)할 수 있다. — Object Linking and Embedding

② 유닉스(Unix)
- C언어를 기반으로 제작되어, 이식성이 우수하고 라이선스 비용이 저렴하다.
- 다수의 작업을 병행 처리할 수 있고, 다수의 사용자가 동시에 사용할 수 있다.
- 계층적 파일 시스템과 다양한 네트워크 기능이 존재한다.
- 마이크로(Micro) 커널을 사용한다. — 최소한의 기능 제공, 확장 가능

▶ 구성 요소

커널(Kernel)	핵심 시스템 관리
쉘(Shell)	사용자 명령 해석을 통해 시스템 기능 수행
유틸리티(Utility)	문서 편집, 언어 번역 등의 기능 제공

— 하드웨어 보호, 서비스, 프로세스, 메모리, 파일 관리 등

③ 리눅스(Linux)
- 유닉스 기반의 오픈 소스 시스템 소프트웨어이다.
- 다양한 배포 버전과 다양한 응용 프로그램을 제공한다.
- 모놀리식(Monolithic) 커널을 사용한다.
- 다양한 종류의 로그를 통해 서버의 상태 및 이력을 확인할 수 있다. — 확장 불가능, 간단한 구현, 빠른 속도

- console : 커널 관련 내용을 저장하지 않고 지정된 장치에 표시
- wtmp : 성공한 로그인/아웃, 시스템의 시작/종료 시간에 대한 로그를 기록
- utmp : 현재 로그인한 사용자의 상태에 대한 로그를 기록
- btmp : 실패한 로그인에 대한 로그를 기록
- lastlog : 마지막으로 성공한 로그인에 대한 로그를 기록
- boot.log : 부팅 시 나타나는 메시지를 기록
- cron : 작업 스케줄러의 작업 내역 기록
- messages : 커널에서 실시간으로 전송되는 메시지 기록
- maillog : 송수신되는 메일에 대한 로그 기록
- xferlog : FTP 접속 사용자에 대한 로그 기록
- secure : 시스템 접속에 대한 로그 기록

3) UNIX
① 주요 명령어

Windows	UNIX / LINUX	기능
DIR	ls	파일 목록 표시
COPY	cp	파일 복사
TYPE	cat	파일 내용 표시
REN	mv	파일 이름 변경
MOVE		파일 이동
MD	mkdir	디렉토리 생성
CD	chdir	디렉토리 위치 변경
CLS	clear	화면 내용 지움
ATTRIB	chmod	파일 속성 변경
FIND	find	파일 찾기
CHKDSK		디스크 상태 점검
FORMAT		디스크 초기화
	chown	소유자(권한) 변경
	exec	새로운 프로세스 수행
	fork	새로운 프로세스 생성
	fsck	파일 시스템 검사, 보수
	getpid	자신의 프로세스 정보를 얻음
	uname	시스템의 정보 출력
	mount	파일 시스템을 마운팅
	sleep n	n초간 대기
	who	접속한 사용자 출력

	&	백그라운드 작업 지시
	|	결과값을 다음 명령으로 연결
	grep	문자열 패턴 검색

② 파일 시스템(File System)
- 유닉스 파일 시스템은 계층 구조로 구성되어 있으며 디렉터리나 주변장치를 파일과 동일하게 취급한다.
- 파일 소유자, 그룹 및 그 외 다른 사람들로부터 사용자를 구분하여 파일을 보호한다.

▶ 파일의 형식

일반 파일 (Regular File)	어떤 형태의 데이터를 저장하는 파일
디렉터리 파일 (Directory File)	다른 파일들의 목록을 가지거나 그 파일들의 주소를 가리키는 포인터를 가지는 파일
특수 파일 (Special File)	장치의 드라이버에 의해 처리되는 파일

▶ 구성 요소

부트 블록(Boot Block)	부팅 시 필요한 코드를 저장하고 있는 블록
슈퍼 블록(Super Block)	전체 파일 시스템에 대한 정보를 저장하고 있는 블록
I – node 블록 (Index node Block)	각 파일이나 디렉터리에 대한 모든 정보를 저장하고 있는 블록
데이터 블록(Data Block)	디렉터리별로 디렉터리 엔트리와 실제 파일에 대한 데이터가 저장된 블록

③ 권한 설정
- 파일과 디렉터리의 권한을 변경하는 명령어 chmod를 사용하여 읽기, 쓰기, 실행 권한을 변경한다.
- '소유자, 그룹, 사용자' 순으로 권한을 지정하고, '읽기, 쓰기, 실행' 순으로 권한을 설정한다.
- 〈파일 타입〉〈소유자 권한〉〈소유그룹 권한〉〈일반사용자 권한〉
  - 파일 타입 : 일반 파일(-)과 디렉터리(d)로 구분
  - 읽기 권한 : 읽기 가능(r)과 불가능(-)으로 구분
  - 쓰기 권한 : 쓰기 가능(w)과 불가능(-)으로 구분
  - 실행 권한 : 실행 가능(x)과 불가능(-)으로 구분
- 각각의 권한에 2진수(1, 0)를 대응시켜 권한을 변경한 뒤에 다시 결합하여 10진수로 변환하여 표현한다.

가능 ○┄┄┄┄○ 불가능

4) Linux

① 쉘 스크립트
- 유닉스/리눅스 계열의 쉘에서 사용되는 명령어들의 조합으로 구성된 스크립트 언어이다.
- 스크립트를 작성하여 sh 파일로 저장한 뒤 필요할 때 또는 주기적으로 실행할 수 있다.

② 환경 설정

▶ 쉘 스크립트의 환경 설정 변수

$PATH	실행 파일을 찾을 경로
$HOME	현재 로그인한 사용자의 홈 디렉토리 경로
$LANG	쉘에서 사용하는 언어
$SHELL	로그인 시 사용하는 쉘 실행 파일 경로
$HISTSIZE	히스토리 파일에 저장되는 명령어의 수
$HISTFILE	히스토리 파일의 경로
$TMOUT	세션 유지 시간

▶ 쉘 스크립트의 환경 설정 명령어

env	전역 변수 설정 및 출력
set	사용자 환경 변수 설정
export	환경 변수 설정
echo	환경 변수 출력
setenv	사용자 환경 변수 출력
printenv	현재 설정되어 있는 환경 변수 출력
unset	환경 변수 해제

③ 기본 입출력
- 기본 입력은 read 명령어를 사용한다.
- 기본 출력은 echo 명령어를 사용하며 변수를 출력할 때는 $를 붙인다.

④ 선택 제어문

▶ 쉘 스크립트에 적용되는 조건 기호

-eq	같음	-lt	보다 작음
-ne	같지 않음	-le	작거나 같음
-gt	보다 큼	-a	and
-ge	크거나 같음	-o	or

- 쉘 스크립트의 if문은 논리적 구조가 다른 언어들과 크게 다르지 않지만, 표현 방식에 차이가 있다.

read a
if [$a -ge 80]; then echo "A"
elif [$a -ge 70]; then echo "B"
else echo "불합격"
fi

- 쉘 스크립트의 case문은 우측 괄호만 사용하거나 세미콜론(;)을 두 번 쓰는 등의 독특한 형식이 사용된다.

```
read month
case $month in "4" | "6" | "9" | "11")
    echo $month"월은 30일까지!";;
"2")
    echo $month"월은 28일까지!";;
*)
    echo $month"월은 31일까지!";;
esac
```

⑤ 반복 제어문

▶ 종류

for문	반복 횟수를 지정하여 코드를 반복 수행하며, 2가지 형식으로 구현 가능
while문	조건식을 만족하는 동안만 코드 반복 수행
until문	조건식을 만족하는 순간 코드 반복을 종료

- 반복 제어문의 종료 키워드는 모두 done을 사용한다.

SECTION 02 프로세스

POINT 119 프로세스

1) 프로세스(Process)

① 개념
- 메모리에 적재되어 실행되고 있는 프로그램이다.
- 각 프로세스에 CPU가 할당되어 수행되며, 프로세스 정보는 PCB에 기록된다.
- CPU 및 할당 상태에 따라 다양한 프로세스 상태를 가진다.

② PCB(Process Control Block)
- 프로세스에 대한 정보를 기록한 테이블이다.
- 프로세스가 생성될 때마다 고유의 PCB가 생성된다.
- Time Slice에 의해 문맥 교환(Context Switching)을 수행한다.

Time Slice가 작은 경우	문맥 교환 수, 인터럽트 횟수, 오버헤드 증가
Time Slice가 큰 경우	문맥 교환 수, 인터럽트 횟수, 오버헤드 감소

③ 프로세스의 상태
※ 실행되는 프로세스의 상태 정보 저장 후, 다른 프로세스 정보를 PCB에 적재하는 과정

준비(Ready)	CPU의 할당을 기다리는 상태
실행(Run)	CPU를 할당받아 작업이 진행되고 있는 상태
대기(Wait)	입출력 처리를 위해 잠시 작업이 멈춘 상태

④ 프로세스 전이 과정

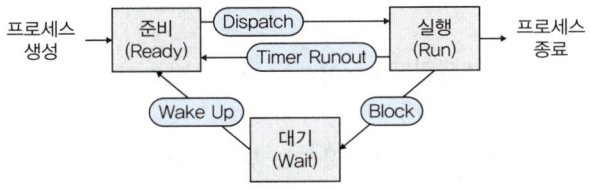

Dispatch	준비 상태의 프로세스를 실행 상태로 변경
Timer Runout	할당된 시간 안에 작업을 끝내지 못해 준비 상태로 변경
Block	실행 상태 프로세스가 입출력 처리를 위해 대기 상태로 변경
Wake Up	대기 상태 프로세스를 준비 상태로 변경

2) 인터럽트(Interrupt)

① 개념
- 수행 중인 프로세스가 특정 요인에 의해 일시 중지되었다가 다시 복귀하는 것이다.
- 프로세스의 재실행을 위해 중단 시점의 정보를 사전에 저장한다.

▶ 분류 ※ 입출력장치, 타이밍 장치, 전원 이상, 기계 착오 등

외부 인터럽트	외부적인 요인에 의해 발생하는 인터럽트
내부 인터럽트(Trap)	잘못된 명령이나 데이터를 사용할 때 발생하는 인터럽트
소프트웨어 인터럽트	요청에 의해 발생하는 인터럽트로

※ SVC(Super Visor Call)가 대표적

② 처리 절차
- 프로세스 실행 중 인터럽트가 발생하면 실행 중인 연산을 마무리한 뒤 프로세스를 일시 중단한다.
- 문맥 교환을 통해 CPU 할당을 전환하고 인터럽트 처리 루틴을 수행한다. ※ PCB, PC를 이용하여 프로세스 정보 저장
  - 인터럽트 원인 분석을 통해 필요한 서비스 루틴 수행
  - 우선순위에 따라 인터럽트 처리 루틴 수행
- PCB, PC 등에 저장된 프로세스 정보를 통해 프로세스 상태가 복구되고 재수행된다.

③ 프로세스 통신(IPC) ※ Inter Process Communication
- 직접적인 통신 방법이 없는 프로세스들이 통신을 하기 위해 사용하는 특별한 기법들이다.
- 실행 프로세스 간 통신을 가능하게 하는 메커니즘, 규칙이다.

▶ 대표적인 IPC 기법

공유 메모리(Shared Memory) 기법	공유 메모리 영역을 통해 데이터 교환, 빠르지만 불안정
메시지 전달(Message Passing) 기법	OS에 의해 데이터 교환, 느리지만 안정적

3) 스레드(Thread)
① 개념
- 프로세스 내에서 실행되는 흐름의 단위로 경량(Light Weight) 프로세스라고도 한다.
- 일반적으로 하나의 프로세스는 하나의 단일 스레드를 가지지만, 둘 이상의 스레드를 동시에 실행하는 다중 스레드 방식도 있다.
- 동일 프로세스 환경에서 스레드는 서로 독립적으로 다중 수행이 가능하다.

② 특징
- 다중 스레드의 독립 수행으로 병행성을 증진시킬 수 있다.
- 응용 프로그램의 응답 시간 단축과 처리율을 향상시킨다.
- 프로세스 간 통신이 향상되고 메모리의 낭비가 줄어든다.

③ 종류

사용자 레벨	• 사용자 라이브러리를 통해 구현 • 빠르지만 구현이 어려움
커널 레벨	• OS가 지원하는 스레드를 통해 구현 • 느리지만 구현이 쉬움
멀티 레벨	• 사용자 레벨과 커널 레벨 스레드를 혼합한 방식 • 빠르게 수행되어야 하는 스레드는 사용자 레벨로 작동하고, 안정성이 필요한 스레드는 커널 레벨로 작동

POINT 120 프로세스 스케줄링

1) 프로세스 스케줄링(Process Scheduling)
① 개념
- CPU 할당을 위해 프로세스들 사이의 우선순위를 부여, 관리하는 것이다.

▶ 할당 대상에 따른 분류

장기 스케줄링	어떤 프로세스를 커널에 등록할 것인지를 결정
중기 스케줄링	어떤 프로세스를 메모리에 할당할 것인지를 결정
단기 스케줄링	어떤 프로세스에 CPU를 할당할 것인지를 결정

▶ 실행 중인 프로세스의 강제 중단 여부에 따른 분류

비선점형 스케줄링	• 일괄 처리 중심(FIFO, SJF, HRN) • 중단 불가
선점형 스케줄링	• 실시간 처리 중심(RR, SRT, MFQ) • 중단 가능

② 원칙
- 중요 자원의 선점 및 안정성이 높은 프로세스가 우선순위를 가진다.
- 신속한 응답 시간, 효율적 자원 활용의 균형이 유지되어야 한다.
- 처리 능력을 높이고 대기 시간, 응답 시간 등을 줄일 수 있도록 스케줄링한다.

2) 비선점형 스케줄링(Non-preemptive Scheduling)
① FIFO(First In First Out)
- 프로세스가 도착(입력)한 순서대로 처리한다.
- 알고리즘이 가장 간단하지만, 평균 반환 시간이 길다.
  - 평균 반환 시간 = 평균 실행 시간+평균 대기 시간
  - 평균 실행 시간 = 총 실행 시간/프로세스 개수
  - 평균 대기 시간 = 총 대기 시간/프로세스 개수
  - 대기 시간 = 앞선 프로세스들의 실행 시간 합계−도착 시간

② SJF(Short Job First)
- 실행 시간이 가장 짧은 프로세스 순으로 처리한다.
- 실행 시간이 긴 작업일 경우 무한 대기(기아) 상태가 발생할 수 있다.
- 짧은 시간의 작업들이 많은 경우에 FIFO보다 평균 대기 시간이 적다.

③ HRN(Highest Response-ratio Next)
- FIFO와 SJF의 단점을 보완하여 개발된 방법이다.
- 대기 시간이 긴 프로세스의 우선순위를 높여서 긴 작업과 짧은 작업 간의 지나친 불평등을 해소할 수 있다.
- 우선순위 공식의 계산 결과가 큰 작업에 높은 우선순위를 부여(Aging)한다. ◦ (대기 시간)+(실행 시간)/(실행 시간)

3) 선점형 스케줄링(Preemptive Scheduling)
① RR(Round Robin)
- 동일한 Time Slice를 사용하는 시분할 처리 시스템에 효과적으로 적용된다.
- Time Slice 단위로 프로세스를 처리하는 방식으로, 계산 방식은 FIFO와 동일하다.
- Time Slice가 실행 시간보다 크면 FIFO와 동일한 결과를 보인다.

② SRT(Shortest Remaining Time)
- 작업이 끝나지 않은 프로세스의 남아 있는 실행 시간이 가장 작은 프로세스를 먼저 실행하는 방식이다.
- SJF 기법을 선점 형태로 변경한 기법으로, 점유 시간이 길어도 중요한 프로세스를 먼저 할당할 수 있다.

③ MFQ(Multilevel Feedback Queue)
- 짧은 작업이나 입출력 위주의 프로세스에 우선순위를 부여하기 위해 개발된 방식이다.
- 우선순위가 있는 각 큐가 있으며 큐마다 Time Slice가 존재한다. ┈○ 대기 리스트
- 낮은 큐일수록 Time Slice는 커지며, CPU 사용을 마친 프로세스는 낮은 큐로 이동된다.
- 맨 마지막 단계의 큐는 RR 스케줄링 방식을 사용한다.

POINT 121 프로세스 관련 기술

┈○ Mutual eXclusion
1) 상호 배제(Mutex)
① 임계 구역(Critical Section)
- 다수의 프로세스가 서로 공유하는 자원의 영역이다.
- 자원을 공유하는 프로세스는 동시 사용이 불가능(배타적)하며 독점도 불가능하다.
- 위의 특징을 활용하여 프로세스 간 통신에 임계 구역을 사용할 수도 있다.

② 상호 배제의 개념
- 하나의 프로세스만 임계 구역에 접근할 수 있도록 다른 프로세스의 접근을 차단하는 것이다.
- 상호 배제를 위해서는 다음의 요구조건이 충족되어야 한다.
  - 단일 프로세스만 임계 구역에 존재
  - 임계 구역 진입이 무한정 연기되지 않음
  - 임계 구역 내 프로세스가 다른 프로세스의 진입 차단 가능
  - 프로세스 속도나 개수에 영향을 받지 않음

③ 상호 배제 알고리즘

잠금	다른 프로세스가 접근할 수 없도록 잠금
인터럽트 봉쇄	임계 구역 사용 중 인터럽트 발생을 막아서 새로운 프로세스 접근 차단
엄격한 교대	다수의 프로세스가 하나의 임계 구역을 교대로 접근

- 현재 사용 중인 프로세스의 실행 시간이 길다면 다른 프로세스는 임계 구역을 사용하기 위해 계속해서 대기하게 되는데, 이를 바쁜 대기 현상(Busy Wait)이라고 한다.
- 바쁜 대기 현상이 증가하면 운영체제는 부담을 갖게 되어 컴퓨터 시스템의 전체 성능이 떨어지게 되는데, 이 현상을 제거하기 위해 세마포어 알고리즘을 사용한다.

④ 세마포어(Semaphore)
- 임계 구역을 지키기 위한 기존 상호 배제 알고리즘이 바쁜 대기 현상을 야기하는 것을 방지하고자 개발된 알고리즘이다.
- 프로세스가 이러한 바쁜 대기 현상을 방지하기 위해 잠시 재우고 나중에 깨워주는 방식을 사용한다.
- 세마포어 알고리즘에서 사용되는 공유 자원의 수를 나타내는 변수를 세마포어 변수(S)라고 한다.
  ┈○ Sleep, Wait, P 연산   ┈○ Wake up, Signal, V 연산

2) 교착 상태(Dead Lock)
① 개념
- 다수의 프로세스가 같은 자원의 할당을 요구하며 무한정 기다리고 있는 상태이다.

▶ 교착 상태가 발생하기 위한 필요 충분 조건

상호 배제(Mutual exclusion)	한 리소스는 한 번에 한 프로세스만이 사용 가능
점유와 대기(Hold and wait)	프로세스가 하나 이상의 리소스를 점유하고 있으면서 다른 프로세스가 가지고 있는 리소스를 기다리는 상태
비선점(No preemption)	프로세스가 리소스를 자발적으로 반환할 때까지 기다리는 상태
환형 대기(Circular wait)	각 프로세스가 순차적으로 다음 프로세스가 요구하는 자원을 가진 상태

② 해결 방안

예방(Prevention)	• 교착 상태의 필요 충분 조건 중 하나 이상을 부정하여 교착 상태를 예방하는 방법 • 상호 배제 부정, 점유와 대기 부정, 비선점 부정, 환형 대기 부정
회피(Avoidance)	• 안정적 상태를 유지할 수 있는 프로세스의 요청만 받아들이는 방식으로 교착 상태 발생 가능성을 회피하는 방법 • 은행원 알고리즘(Banker's Algorithm)
발견(Detection)	• 컴퓨터의 중단 원인이 교착 상태인지 다른 이유인지 파악하는 방법 • 공유 자원과 프로세스의 관계를 인접 행렬로 표현하여 파악
회복(Recovery)	• 교착 상태가 발생한 프로세스 중 중단할 프로세스를 정하여 자원을 빼앗는 방법 • 희생양을 정하는 기준 : 낮은 우선순위, 적은 진행률, 자원을 적게 사용, 기아(무한 대기) 상태 등으로 수행이 불가능한 프로세스

SECTION 03 기억장치 관리

POINT 122 기억장치 할당 기법

1) 주기억장치 관리 전략

① 관리의 필요성
- CPU가 접근해야 할 데이터를 보조기억장치에서 주기억장치로 적재하여 운영한다.
- 보조기억장치는 속도가 느리지만 용량이 크고 저렴하다.
- 주기억장치는 속도가 빠르지만 용량이 작고 비싸다.
- 한정된 주기억장치의 공간을 효율적으로 사용하기 위한 전략이 필요하다.

② 반입(Fetch) 전략
- 보조기억장치의 데이터를 언제 주기억장치로 적재할 것인지를 결정하는 것이다.

요구(Demand) 반입 전략	실행 중인 프로그램이 특정 데이터 참조를 요구할 때 적재하는 방법
예상(Anticipatory) 반입 전략	실행 중인 프로그램에 의해 참조될 데이터를 예상하여 적재하는 방법

③ 배치(Placement) 전략
- 새로 반입되는 데이터를 주기억장치의 어떤 공간에 위치시킬 것인지를 결정하는 전략이다.

최초 적합(First Fit)	데이터 배치가 가능한 공간 중 첫 번째 공간에 배치
최적 적합(Best Fit)	데이터 배치가 가능한 공간 중 여유 공간을 가장 적게 남기는 공간에 배치
최악 적합(Worst Fit)	데이터 배치가 가능한 공간 중 여유 공간을 가장 크게 남기는 공간에 배치

○ 단편화

④ 교체(Replacement) 전략
- 주기억장치의 모든 영역이 이미 사용 중인 상태에서 새로운 데이터를 배치하기 위해 기존 데이터 중 어느 것을 교체할 것인지를 결정하는 전략이다.
- FIFO, OPT, LRU, LFU, NUR, SCR 등이 있다.

⑤ 주기억장치 할당 기법
- 프로그램 및 데이터를 주기억장치에 어떻게 할당할 것인지에 대한 기법이다.

연속 할당 기법	단일 분할 할당, 다중 분할 할당
분산 할당 기법	페이징, 세그먼테이션

⑥ 단편화(Fragmentation)
- 주기억장치에서 공간의 할당 및 반납에 따라 공간들이 조각나 사용하지 못하게 되는 공간이다.

내부 단편화	데이터 및 프로그램을 할당하고 남은 공간
외부 단편화	데이터 및 프로그램의 크기가 커서 할당되지 못하는 공간

▶ 단편화 해결 방안

통합(Coalescing)	서로 인접해 있는 공간을 하나로 합치는 과정
압축(Compaction)	서로 떨어져 있는 공간까지 하나로 합치는 과정

2) 단일 분할 할당 기법

① 특징
- 주기억장치의 사용자 영역을 한 명의 사용자만 사용하도록 하는 기법이다.
- 초기의 운영체제에서 많이 사용하던 단순한 기법으로, 영역을 구분하는 레지스터가 사용된다.
- 프로그램의 크기가 작은 경우에는 영역이 낭비되고, 큰 경우에는 실행이 불가능하다.

② 오버레이(Overlay)
- 주기억장치보다 큰 프로그램을 실행하기 위한 기법이다.
- 프로그램을 분할하여 실행에 필요한 조각을 주기억장치에 적재한 후 프로그램을 실행한다.
- 주기억장치의 공간이 부족해지면 불필요한 조각을 중첩하여 적재한다.

③ 스와핑(Swapping)
- 프로그램 전체를 적재하여 사용하다가 다른 프로그램으로 교체하는 기법이다.
- 사용자 프로그램이 완료될 때까지 과정이 반복된다.

Swap In	보조기억장치에 있는 프로그램이 주기억장치로 이동되는 것
Swap Out	주기억장치에 있는 프로그램이 보조기억장치로 이동되는 것

3) 다중 분할 할당 기법

① 특징
Multiple contiguous Fixed parTition allocation
- 고정 분할 할당(MFT) 기법 또는 정적 할당(Static Allocation) 기법이라고도 한다.
- 프로그램을 실행하려면 프로그램 전체가 주기억장치에 위치해야 하고, 실행할 프로그램의 크기를 미리 알고 있어야 한다.
- 일정한 크기의 분할 영역에 다양한 크기의 프로그램들이 할당되므로, 단편화가 발생하여 주기억장치의 낭비가 많다.

② 고정 분할 할당 기법(MFT, Static Allocation)
- 주기억장치의 사용자 영역을 여러 개의 고정된 크기로 분할하여 데이터를 할당하는 기법이다.
- 실행할 프로그램의 크기를 미리 알고 있어야 하고 프로그램 전체가 주기억장치에 위치해야 한다.
- 단편화 발생으로 인해 주기억장치의 공간 낭비가 크다.

③ 가변 분할 할당 기법(MVT, Dynamic Allocation)
- 단편화를 줄이기 위해, 프로그램을 주기억장치에 적재하면서 필요한 만큼만 영역을 분할하는 기법이다.
- 주기억장치를 효율적으로 사용할 수 있으며, 다중 프로그래밍의 정도를 높일 수 있다.

POINT 123 가상기억장치

1) 가상기억장치
① 특징
- 보조기억장치의 일부를 주기억장치처럼 사용하여 용량이 큰 프로그램을 실행할 수 있도록 하는 기법이다.
- 프로그램을 다수의 블록으로 나누어 가상기억장치에 저장해 두고 필요한 블록만 주기억장치에 할당하는 방식이다.
- 스와핑 기법에서 발전된 것으로, 연속 할당 방식에서 발생하는 단편화 문제를 해결할 수 있다.

② 페이징(Paging) 기법
프로그램 ○┈┈┈┈
- 프로그램과 주기억장치의 영역을 동일한 크기의 페이지와 페이지 프레임으로 나눈 후, 페이지를 페이지 프레임에 적재하는 기법이다.
  ┈┈○ 주기억장치
- 외부 단편화는 발생하지 않지만, 내부 단편화는 발생할 수 있다.
- 페이지들의 위치 정보를 저장하는 페이지 맵 테이블을 사용하므로 비용 증가와 처리 속도 감소 영향이 있다.

③ 세그먼테이션(Segmentation) 기법
- 프로그램을 다양한 크기의 논리적인 세그먼트로 나눈 후, 주기억장치에 적재하는 기법이다.
- 내부 단편화는 발생하지 않지만, 외부 단편화는 발생할 수 있다.
- 세그먼트의 위치 정보를 저장하는 세그먼트 맵 테이블과 서로의 영역을 침범하지 않게 하는 장치가 필요하다.
- 세그먼트의 시작 주소와 상대 주소를 이용하여 실제 물리 주소를 계산할 수 있으며 상대 주소가 세그먼트 길이보다 큰 경우 에러가 발생한다. ┈○ 트랩

세그먼트	시작 주소	세그먼트 길이(크기)
0	100	300
1	700	500
2	1300	400
3	2300	500

> **기적의 TIP**
> 논리 주소쌍이 (1, 150)인 경우, 1번 세그먼트의 시작 주소가 700이므로 실제 물리 주소는 700+150=850입니다.

2) 페이지 교체 알고리즘
① 개념 ┈○ 적재하려는 페이지가 페이지 프레임에 존재하지 않는 상태
- 페이지 프레임이 비어있을 때, 차례대로 페이지를 적재한다.
- 페이지 부재가 발생하고 페이지 프레임에 빈 공간이 없을 때, 주기억장치에 적재하는 프레임을 교체하는 방식에 대한 알고리즘이다.

② OPT(OPTimal replacement)
- 가장 오랫동안 사용하지 않을 페이지를 교체하는 기법이다.
- 페이지 부재 횟수가 가장 적게 발생하는 가장 효율적인 알고리즘이다.
- 페이지 적중률(Hit Ratio) = 1-(페이지 부재 횟수/참조 횟수)

③ FIFO(First In First Out)
- 가장 먼저 적재된(오래된) 페이지를 교체하는 기법이다.
- 이해하기 쉽고, 프로그래밍 및 설계가 간단하다.

④ LRU(Least Recently Used)
- 최근에 가장 오랫동안 사용하지 않은 페이지를 교체하는 기법이다.
- 각 페이지마다 스택(Stack)을 두어 현 시점에서 가장 오랫동안 사용하지 않은 페이지를 교체한다.

⑤ LFU(Least Frequently Used)
- 사용 빈도가 가장 적은 페이지를 교체하는 기법이다.
- 자주 사용되는 페이지는 사용 횟수가 많아 교체되지 않고 사용된다.

⑥ NUR(Not Used Recently)
- LRU와 비슷한 알고리즘으로, 최근에 사용하지 않은 페이지를 교체하는 기법이다.
- 최근에 사용되지 않은 페이지는 향후에도 사용되지 않을 가능성이 높다는 것을 전제로, LRU에서 나타나는 시간적인 오버헤드를 줄일 수 있다.
- 최근 사용 여부를 확인하기 위해서 각 페이지마다 참조 비트와 변형 비트가 사용된다.
  - 참조 비트 : 호출되지 않을 때 0, 호출되었을 때 1
  - 변형 비트 : 변형되지 않을 때 0, 변형되었을 때 1

⑦ SCR(Second Chance Replacement)
- FIFO 기법의 단점을 보완하는 기법으로 오랫동안 주기억장치에 있던 페이지 중 자주 사용되는 페이지의 교체를 방지하기 위한 기법이다.

3) 페이지 관리 방식

① 페이지 크기의 영향

페이지 크기가 작을 경우	• 페이지 단편화 및 이동 시간 감소 • 효율적인 Working Set 유지와 Locality 일치성 상승 • 페이지 맵 테이블 크기 상승으로 인한 매핑 속도, 입출력 속도 저하
페이지 크기가 클 경우	• 페이지 단편화 및 이동 시간 증가 • 비효율적인 Working Set과 Locality 일치성 저하 • 페이지 맵 테이블 크기 감소로 인한 매핑 속도, 입출력 속도 상승

② Locality(구역성)
- 프로세스가 특정 페이지를 집중적으로 참조하게 되는 특성이다.
- 가상 기억장치 관리의 이론적 근거가 된다.

시간 구역성 (Temporal Locality)	특정 페이지를 일정 시간 동안 집중적으로 접근하는 특성
공간 구역성 (Spatial Locality)	특정 위치의 페이지를 집중적으로 접근하는 특성

③ 워킹 셋(Working Set)
- 프로세스가 특정 단위 시간 동안 자주 참조하는 페이지들의 집합이다.
- 워킹 셋을 주기억장치에 상주시킴으로써 페이지 교체 및 부재가 줄어들어 메모리 관리 안정성이 보장된다.
- 워킹 셋은 시간이 지남에 따라 변화된다.

④ 페이지 부재 빈도(PFF) 방식 ○ Page Fault Frequency
- 페이지 부재율에 따라 주기억장치에 있는 페이지 프레임의 수를 늘리거나 줄여서 페이지 부재율을 적정 수준으로 유지하는 방식이다.
- 부재율이 상한선을 넘어가면 좀 더 많은 페이지 프레임을 할당하고, 하한선을 넘어가면 페이지 프레임을 회수하는 방식이다.

⑤ 프리페이징(Prepaging)
- 사용이 예상되는 모든 페이지를 한 번에 프레임에 적재하여 초기의 과도한 페이지 부재를 방지하기 위한 기법이다.

⑥ 스래싱(Thrashing)
- 프로세스의 처리 시간보다 페이지 교체에 소요되는 시간이 더 많아지는 현상이다.
- 프로세스 수행 과정 중 자주 페이지 부재가 발생함으로써 나타나는 현상으로, 전체 시스템의 성능이 저하된다.
- 다중 프로그래밍의 정도가 더욱 커지면 스래싱이 나타나면서 CPU의 이용률은 급격히 감소하게 된다.
- 스래싱 현상을 방지하는 방법
  - 다중 프로그래밍의 정도를 적정 수준으로 유지
  - 페이지 부재 빈도를 조절하여 사용
  - 워킹 셋을 유지
  - 부족한 자원을 증설하고, 일부 프로세스를 중단
  - CPU 성능에 대한 자료의 지속적 관리 및 분석으로 임계치를 예상하여 운영

POINT 124 파일 편성(파일 설계)

1) 순차(Sequential) 편성
① 개념
- 입력되는 데이터의 논리적 순서에 따라 물리적으로 연속된 위치에 기록하는 편성 방식이다.
- 다음에 처리할 데이터가 바로 다음 위치에 있어 일괄 처리에 효율적이다.

② 특징 ┄┄○ 데이터가 낭비되는 공간 없이 저장된 정도
- 기록 밀도가 좋고 어떤 저장 매체에도 편성이 가능하다.
- 파일의 이후 처리가 불편하여 백업 등의 특별한 경우에 사용된다. ┄┄○ 추가, 변경, 삭제 등
- 탐색 속도는 빠른 편이지만 순차 탐색만 사용할 수 있어 탐색의 효율은 떨어진다.

2) 임의(Random) 편성
① 개념
- 해싱 등의 방법으로 키를 변환하여 일정한 순서 없이 임의로 데이터를 기록하는 편성 방식으로, 직접 편성이라고도 한다.
- 데이터 처리에도 해싱을 적용하여 보관된 데이터의 위치에 따른 처리 속도가 일정하다.

② 특징 ┄┄○ 해싱
- 키 변환을 통해 처리하고자 하는 데이터에 직접 접근이 가능하다.
- 키 변환에 의한 지연 시간, 공간의 낭비, 충돌 문제에 대한 해결 방안이 필요하다.

3) 색인(Indexed) 순차 편성
① 개념
- 데이터를 논리적 순서에 따라 물리적으로 연속된 위치에 기록하고, 저장 데이터에 대한 색인을 구성하여 색인을 통한 랜덤 처리와 일반 순차 처리를 병행할 수 있게 하는 편성 방식이다.

▶ 구분

정적 인덱스	• 인덱스의 내용은 변하지만 구조는 변하지 않는 방식 • 기본 데이터 구역의 빈 공간이 없어 별도의 구역 필요
동적 인덱스	• 추가될 데이터를 감안하여 인덱스를 구성하는 방식 • 기본 구역과 오버플로우 구역 구분 불필요

▶ 구성 요소   ○ 오버플로우

기본 구역 (Prime Area)	실제 데이터가 편성되는 구역으로 색인에 따라 물리적으로 연속된 위치에 기록
색인 구역 (Index Area)	기본 데이터 구역에 대한 색인(목차)를 구성하는 구역
	트랙 색인	가장 작은 단위의 색인
	실린더 색인	(트랙 색인이 많을 경우) 트랙 색인에 대한 색인
	마스터 색인	(실린더 색인이 많을 경우) 실린더 색인에 대한 색인
오버플로우 구역 (Overflow Area)	정적 인덱스 편성에서 새로 추가될 데이터가 기록되지 못할 때(넘칠 때) 별도로 기록하기 위한 구역
	실린더 오버플로우	실린더 색인별로 오버플로우 구역 설정
	독립적 오버플로우	(독립된, 하나의) 별도의 오버플로우 구역 설정

② 특징
- 순차 처리와 랜덤 처리를 통합하여 데이터 처리에 대한 융통성이 좋다.
- 색인 저장과 오버플로우 처리 등을 위한 별도의 공간이 필요하다.
- 데이터 처리가 용이하지만 처리 횟수가 많아지면 효율이 떨어지므로 재편성이 이루어져야 한다.

POINT 125 디스크 스케줄링

1) 디스크 드라이브
① 개념
- 데이터를 반영구적으로 저장하기 위한 하드웨어로, 원판 형태의 디스크가 수직적으로 여러 개 모인 형태이다.
- 디스크는 트랙과 섹터, 실린더 등으로 구성되며, 액세스 암과 헤드를 통해 데이터를 입출력한다.

트랙(Track)	디스크에 동심원 형태로 구성된 데이터 저장 경로
섹터(Sector)	트랙을 구성하는 최소 단위이자 데이터가 저장되는 단위
실린더(Cylinder)	모든 디스크의 특정 위치의 트랙에 대한 논리적인 집합
액세스 암(Access Arm)	데이터 액세스를 위해 특정 트랙에 디스크 헤드를 위치시키는 장치 ┄┄○ 실린더
디스크 헤드(Head)	데이터를 액세스하는 장치

- 디스크는 보조기억장치의 한 종류로서 기억장치 중 가장 속도가 느린 편에 속하며, CPU의 효율적인 데이터 처리를 위해 다양한 스케줄링 방법이 존재한다.

② 디스크 접근 시간
- 데이터 액세스를 위해 디스크가 사용하는 시간이다.

▶ 디스크 접근 시간

탐색 시간 (Seek Time)	액세스 암이 헤드의 위치를 특정 트랙으로 이동하는 데 걸리는 시간
회전 지연 시간 (Latency Time, Rotation Time)	디스크가 회전하여 헤드 밑에 특정 트랙을 위치시키는 데 걸리는 시간
전송 시간 (Transfer Time)	디스크의 데이터가 주기억장치로 전송되는 데 걸리는 시간

③ FCB(File Control Block)
- 운영체제가 특정 파일에 접근할 때 파악되어야 할 파일의 관리 정보를 저장해 둔 블록이다.
- 파일 디스크립터(File Descriptor)라고도 하며 보조기억장치에 저장되어 있다가 파일이 실행될 때 주기억장치로 옮겨진다. ○ 보조기억장치 유형, 파일ID, 주소, 파일 크기, 생성일 등

④ RAID(Redundant Array of Independent Disks)
- 다수의 하드 디스크 드라이브(HDD)를 하나의 드라이브처럼 사용하는 방식이다.
- 디스크의 접근 성능을 높이거나 안정성을 높이는 등의 다양한 방식이 존재한다.

RAID-0	다수의 HDD에 데이터 분산 입출력, 속도 향상, 안정성 매우 떨어짐
RAID-1	다수의 HDD에 데이터 복사 입출력(미러링), 안정성 향상
RAID-5	최소 3개의 HDD 중 하나를 복구용으로 사용, 안정성과 효율이 뛰어남
RAID-0+1	RAID-0으로 구성된 HDD을 다시 RAID-1로 구성
RAID-1+0	RAID-1로 구성된 HDD를 다시 RAID-0으로 구성(안정적)

2) 디스크 스케줄링

① FCFS(First Come First Served)
- 입출력 데이터 요청(큐)이 들어온 순서대로 처리하는 방식이다.
- 단순하고 공평하게 처리하지만, 요청이 있을 때마다 디스크 헤드의 이동 방향이 바뀌어 진행되므로 비효율적이다.

② SSTF(Shortest Seek Time First)
- 현재 디스크 헤드에서 가장 가까운 트랙의 요청을 먼저 처리하는 방식이다.
- Seek time을 최소화할 수 있고 처리량이 극대화된다.
- 응답 시간의 편차가 크고, 안쪽 및 바깥쪽 트랙의 요청에 대한 기아 현상 발생 가능성이 높아진다.

③ SCAN
- 현재 디스크 헤드가 진행되는 방향에 있는 요청을 전부 처리한 뒤, 반대 방향에 있는 요청을 처리하는 방식이다.
- 요청이 없어도 진행 방향의 마지막 트랙까지 진행된 후 반대 방향으로 진행된다. ○ 기아 현상, 응답 시간 편차
- 엘리베이터 기법이라고도 하며, SSTF의 단점을 보완한다.
- 양단(끝)의 트랙 요청에 대한 응답 시간이 늦어질 수 있다.
  ○ Circuler

④ C-SCAN
- 항상 바깥쪽 트랙에서 안쪽 트랙으로 진행하며 요청을 처리하는 방식이다.
- 스캔 도중 추가되는 요청이 있더라도 이전 요청을 모두 처리한 뒤 처리된다.
- SCAN 방식에 비해 조금 더 균등한 시간 배분이 가능해져 응답 시간의 편차가 매우 적다.
- 처리할 요청이 없어도 항상 양단으로 이동하기 때문에 비효율적이다.

⑤ LOOK, C-LOOK
- SCAN과 C-SCAN을 보완한 방식으로, 진행 방향의 요청이 없는 경우 양단까지 진행하지 않고 방향을 전환하여 처리한다.
- 불필요한 헤드 이동 시간을 제거할 수 있지만, 현재 진행 방향에 대한 트랙의 요청 여부를 판단해야 한다.

SECTION 04 네트워크 구축 관리

POINT 126 인터넷 구성

1) 데이터 통신 시스템

① 개념
- 정보처리 시스템과 통신 회선을 이용하여 데이터를 처리하고 전송하는 것을 데이터 통신이라고 한다. (컴퓨터 등)
- 대부분 컴퓨터를 활용하여 데이터를 처리하고 전송하기 때문에 컴퓨터 통신이라고도 한다.
- 데이터 통신이 가능한 컴퓨터들과 통신 회선이 결합된 구조를 데이터 통신 시스템이라고 한다.

② 구분

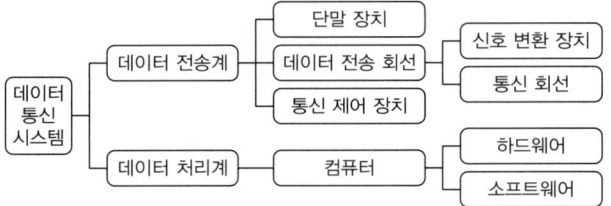

▶ 데이터 전송계

단말 장치(DTE)	데이터 입출력 및 오류 등을 제어하는 장치	
데이터 전송 회선	신호 변환 장치(DCE)	아날로그/디지털 신호를 서로 변환하는 장치
	통신 회선	데이터가 전송되는 선로
통신 제어 장치(CCU)	처리계와 전송계의 속도 차이를 조절하여 통신 기능을 보강해 주는 장치	

> **기적의 TIP**
> CCU는 CCP(Communication Control Processor)나 FEP(Front End Processor)라고도 합니다.

▶ 데이터 처리계

하드웨어	중앙처리장치(CPU), 기타 주변 장치
소프트웨어	시스템 소프트웨어, 응용 소프트웨어

2) 신호 변환 방식

① MODEM(MOdulator and DEModulator)의 신호 변환 (디지털 변조)

진폭 편이 변조(ASK)	반송파(Carrier Signal)의 진폭을 변화시키는 방식 (변조되어 전송되는 아날로그 신호)
주파수 편이 변조(FSK)	반송파의 주파수(주기)를 변화시키는 방식
위상 편이 변조(PSK)	반송파의 위상을 변화시키는 방식
진폭 위상 변조(QAM)	반송파의 진폭, 위상을 함께 변화시키는 방식

② DSU(Digital Service Unit)의 신호 변환
- 신호의 변조, 복조 방식이 단순하여 고속 전송에 효과적이다. (전압을 주지 않거나(0), 양극(+), 음극(-)으로 표현)

▶ 신호 변환 방식

단극 RZ(Return to Zero)	데이터가 1이면 전압을 한 쪽(+ 또는 -)에 주고, 0이면 주지 않는 방식
양극 NRZ(Non Return to Zero)	데이터가 1이면 양극, 0이면 음극에 전압을 주는 방식
맨체스터(Manchester)	하나의 펄스폭을 2개로 나누고, 1과 0을 반대로 구성하는 방식
바이폴라(Bipolar)	데이터가 1이면 전압을 양쪽에 번갈아 주고, 0이면 주지 않는 방식

③ CODEC(enCOder/DECoder)의 신호 변환
- 펄스 코드 변조 방식(PCM)을 적용하는 신호 변환 장치이다.
- PCM은 입력 신호를 표본화, 양자화, 부호화, 복호화, 여파화의 단계로 변환한다.

표본화(Sampling)	입력 신호를 일정 간격으로 추출하는 단계
양자화(Quantization)	표본화된 값을 정수화(반올림)하여 PAM 신호로 변환하는 단계
부호화(Encoding)	양자화된 값을 디지털 신호(0, 1)로 변환하는 단계
복호화(Decoding)	수신된 디지털 신호를 다시 PAM 신호로 복원하는 단계
여파화(Filtering)	복호화된 신호를 저역 필터기(Low Pass Filter)에 통과시켜 원래의 입력 신호와 비슷하게 재구성하는 단계

3) 데이터 전송 시스템

① 데이터 통신 방식

▶ 데이터 전송 방향에 따른 구분

단방향(Simplex)	데이터 전송 및 수신의 역할이 정해져 있는 형태 (TV, 라디오)
반이중(Half-duplex)	데이터 전송 및 수신의 역할을 서로 바꿀 수 있는 형태(무전기)
전이중(Full-duplex)	데이터 전송 및 수신이 동시에 가능한 형태(전화)

② 데이터 전송 방식

▶ 동기화(Synchronization) 여부에 따른 구분 *(송신측과 수신측의 송수신 작업 수행 시간을 정확히 맞추는 것)*

동기식 방식	• 전송 효율과 속도가 높으며, 프레임 단위로 전송 • 복잡하지만 고성능
비동기식 방식	• 소량의 데이터를 저속으로 전송하며, 문자 단위의 비트 블록을 전송 • 단순하고 저렴하지만 효율이 낮음

전송 비트에 동기화를 위한 제어 정보(문자)를 붙여서 프레임 구성

③ 동기식 전송 제어 문자

SYN(SYNchronous Idle)	문자 동기
SOH(Start Of Heading)	헤딩의 시작
STX(Start of TeXt)	본문의 시작 및 헤딩 종료
ETX(End of TeXt)	본문의 종료
ETB(End of Transmission Block)	블록 종료
EOT(End Of Transmission)	전송 종료와 데이터링크 해제
ENQ(ENQuiry)	상대편에 데이터 링크 설정과 응답 요구
DLE(Data Link Escape)	전송 제어 문자 구분자
ACK(ACKnowledge)	긍정 응답
NAK(Negative AcKnowledge)	부정 응답

4) 네트워크 장비

① 허브(Hub)

- 데이터 송수신을 위해 다수의 컴퓨터를 연결하는 장치로, 다수의 허브를 통해 구조적인 네트워크를 구축할 수 있다.

▶ 스위칭 여부에 따른 분류

더미(Dummy) 허브	네크워크 전체 대역폭을 컴퓨터들이 나눠 쓰는 방식(속도 저하)
스위칭(Switching) 허브	통신이 필요한 컴퓨터에 대역폭을 집중시키는 방식(속도 유지)

② 리피터(Repeater)

- 데이터 전송 중 감쇠되는 신호를 증폭시켜 목적지까지 안정적으로 도달하게끔 하는 장치다.

③ 브리지(Bridge)

- 서로 다른 근거리 네트워크 영역(LAN)을 연결하는 장치다. *(Local Area Network)*
- 같은 프로토콜을 사용하는 LAN과 LAN을 연결, 확장할 수 있고 데이터 움직임을 제어함으로써 트래픽을 조절하는 기능을 가진다.
- 일반적으로 데이터링크 계층에서 운용된다.

④ 스위치(Switch) *(전송 단위)*

- 허브의 기능을 확장한 것으로, 전송 중 패킷의 충돌이 일어나지 않도록 목적지로 지정된 포트로만 1:1로 데이터를 전송하는 장치다.
- 소프트웨어 기반으로 처리되는 브리지와 달리 하드웨어 기반으로 빠른 속도로 전송이 가능하다.
- 일반적으로 데이터링크 계층에서 운용된다.

▶ 계층에 따른 분류

Layer-2	패킷의 MAC주소를 읽어 스위칭, 간단한 구조, 데이터링크 계층에 위치
Layer-3	L2에 라우팅 기능 추가, 특정 프로토콜 기반, 네트워크 계층에 위치
Layer-4	프로토콜 기반, 부하 분산(Load Balancing) 기능 제공, 복잡한 설정

⑤ 라우터(Router)

- 서로 다른 프로토콜을 사용하는 네트워크를 연결하여 전송 목적지까지 최적의 경로를 설정해주는 장치다.
- 일반적으로 네트워크 계층에서 운용된다.

⑥ 게이트웨이(Gateway)

- 서로 다른 통신망에 접속하기 위한 관문의 역할을 하는 장치다.
- 자신의 네트워크에서 다른 네트워크로 이동하기 위해 반드시 거쳐야 하는 거점이다.

 **POINT 127 오류 제어**

1) 오류 발생의 원인

감쇠(Attenuation)	전송 거리에 따라 신호가 점차 약해지는 현상
지연 왜곡 (Delay Distortion)	하나의 전송 매체로 여러 신호를 전달할 경우 주파수에 따라 전달 속도가 달라지는 현상
상호 변조 잡음 (Intermodulation Noise)	서로 다른 주파수들이 하나의 전송 매체를 공유할 때 주파수 간 합이나 차로 인해 새로운 주파수가 생성되는 현상
충격 잡음 (Impulse Noise)	번개와 같이 외부적인 충격으로 발생하는 불규칙하고 높은 진폭에 의해 발생되는 잡음

2) 데이터 전송 프레임

- 송수신 비트열에 대해 부가적인 정보를 더하여 형식화한 데이터 블록이다.
- 데이터 전송 프레임은 동기식 전송에 사용된다.
- 문자 지향의 BSC와 비트 지향의 HDLC가 있다.

BSC 프레임	• 반이중 전송만 지원하며 P2P나 멀티포인트 방식에서 주로 사용 • 흐름 제어를 위해 Stop-and-Wait ARQ를 사용 • 오류 검출이 어렵고 전송 효율이 나쁨 • 주로 동기식 전송에 사용되지만 비동기식 방식이 사용되기도 함
HDLC 프레임	• 다양한 데이터 링크 형태에 적용됨 • 모든 데이터 통신 방식을 지원하는 동기식 전송 방식 • 흐름 제어를 위해 Go-Back-N, Selective Repeat ARQ를 사용 • 전송 효율과 신뢰성이 높음 • FLAG, ADDRESS, CONTROL, INFORMATION, FCS 등으로 구성

3) 오류 제어의 방식

수신측이 송신측으로 제어 문자(ACK, NAK)를 전송하기 위한 채널

FFC(Forward Error Correction)	• 데이터 전송 과정에서 발생한 오류를 검출하여 재전송 요구 없이 스스로 수정하는 방식 • 역채널이 필요 없고, 연속적인 데이터 흐름이 가능
BEC(Backward Error Correction)	• 데이터 전송 과정에서 오류가 발생하면 송신측에 재전송을 요구하는 방식 • 패리티 검사, 블록합 검사, CRC 검사를 사용하여 오류를 검출하고, ARQ로 오류를 제어

① 순방향(전진) 오류 제어(FEC)

해밍(Hamming) 코드	데이터의 오류 검출 및 직접 수정도 가능한 오류 수정 코드 (2bit / 1bit)
상승 코드	여러 비트의 오류가 있더라도 경계값(한계값) 디코딩을 사용하여 여러 비트의 오류를 수정하는 코드

② 역방향(후진) 오류 제어(BEC)

패리티(Parity) 검사	• 전체 비트열 내 1의 개수가 짝수(혹은 홀수) 개가 되도록 패리티 비트를 추가하는 방식 • 약속된 패리티 종류에 해당하지 않는 비트 배열이 도착하면 오류가 발생했다고 판단 • 2개의 오류가 동시에 발생하는 경우 검출 불가능 • 오류 비트의 위치 검출 불가능
블록합 검사	• 패리티 검사의 단점을 보완하는 방식 • 각 문자당 패리티 체크 비트와 전송 프레임의 모든 문자들에 대한 패리티 문자를 함께 전송하는 방식
CRC	• 오류가 한꺼번에 많이 발생(Bust Error)하는 블록합 검사의 단점을 보완한 방식 • 다항식 코드를 사용하여 오류 검출

Cyclic Redundancy Check, 순환 중복 검사

4) ARQ(Automatic Repeat reQuest)

오류(Error)가 발생할 경우 자동으로 송신측에 데이터의 재전송 요청

① Stop and Wait ARQ

- 송신측이 전송한 프레임에 대하여 수신측으로부터 응답 신호(ACK, NAK)를 받을 때까지 기다리는 방식이다.
- ACK가 오지 않은 경우, 프레임이 손실되거나 중복 등이 일어난 것으로 판단한다. (긍정 응답)
- 1개의 파이프 라인만 사용한다.

응답 신호를 받기 전에 보낼 수 있는 프레임 개수

② Go Back N ARQ

- 한 번에 여러 프레임을 보낸 후에 응답 신호를 기다리고, 신호를 받으면 후속 데이터를 전송하는 방식이다.
- 송신측이 NAK를 받게 되면, 해당 프레임뿐 아니라 당시에 보냈던 모든 프레임을 재전송한다. (부정 응답)

③ Selective Repeat ARQ

- Go Back N ARQ의 단점을 보완한 방식으로 오류가 난 부분만 재전송하는 방식이다.
- 빠른 재전송이 가능하지만 수신측의 처리 과정이 복잡해진다.

④ Adaptive ARQ

- 전송 효율을 극대화 하기 위해 데이터 프레임의 길이를 동적으로 변경하여 전송하는 방식이다.
- 수신된 데이터 프레임의 오류 발생률을 판단하여 송신측에 통보하면, 송신측은 발생률에 따라 긴 프레임이나 짧은 프레임을 전송한다.

(오류 발생률이 높은 경우 / 오류 발생률이 낮은 경우)

SECTION 05 통신망 기술

POINT 128 회선 공유 기술

1) 다중화기(MUX)
MUltipleXer
- 하나의 고속 전송 회선에 다수의 데이터 신호를 중복하여 만들어 전송하는 방식이다.
- 전송 회선의 이용 효율이 상승하고 집중화기(Concentrator)에 비해 단순하고 저렴하다.
- 전송 채널과 수신 채널의 개수가 같고, 단말기들의 속도의 합과 전송 회선의 속도가 일치해야 한다.
- 전송 회선의 채널을 정적이고 규칙적으로 배분하고 공유한다.

① 주파수 분할 다중화(FDM, Frequency Division Multiplexing)
- 전송 회선의 대역폭을 다수의 작은 채널로 분할하여 동시에 이용하는 방식이다.
- TV, 라디오 등에서 사용하는 방식으로 상호 변조 잡음(상호 간섭)이 발생할 수 있다.
- 단순한 기술로 비용이 저렴하고 상호 간섭을 막기 위해 보호대역이 필요하다.

② 시간 분할 다중화(TDM, Time Division Multiplexing)
- 전송 회선의 대역폭을 타임 슬롯(Time Slot)으로 나누어 채널에 할당하는 방식이다.
  전송되는 데이터의 시간적 위치 또는 주기적 시간 간격
- 복잡한 기술로 비용이 많이 들고 타임 슬롯이 낭비되는 경우가 많다.

▶ 동기화 여부에 따른 분류

S(Synchronous)TDM	채널을 정적으로 분배. 단순하지만 타임 슬롯 낭비 심함
A(Asynchronous)TDM	채널을 동적으로 분배. 다양한 기능 지원 필요 (비용 상승)

③ 코드 분할 다중화(CDM, Code Division Multiplexing)
- 주파수 분할 다중화 방식과 시분할 다중화 방식의 장점을 혼합한 방식이다.
- TDM으로 전송 신호를 할당하고, 할당된 타임 슬롯에는 FDM으로 할당하는 방식이다.
- 기존 방식들에 비해 품질과 보안성이 뛰어나다.

④ 파장 분할 다중화(WDM, Wavelength Division Multiplexing)
- FDM보다 발전된 방식으로, 광섬유 등을 매체로 광신호를 전송할 때 사용된다.
- 전송하고자 하는 여러 신호에 대해 서로 다른 파장을 할당하여 다중화 한다.
- 빛의 파장은 서로 간섭을 일으키지 않아 전송 투명성과 확장성이 향상된다.

2) 집중화기(Concentrator)
- 하나의 전송 회선을 하나의 단말기가 독점하여 사용하고 나머지 단말들은 버퍼에서 자신의 차례가 올 때까지 기다리는 방식이다.
- 전송 채널과 수신 채널의 개수가 다르고, 단말기들의 속도의 합이 전송 회선의 속도보다 큰 경우에 사용한다.
- 비동기 전송 방식을 사용하며 구현 기술이 복잡하여 비용이 많이 든다.
- 같은 전송 회선을 동적으로 공유하는 공유 회선 점유 방식(MAC)의 원리에 따라 다양한 방식으로 구성된다.
  Medium Access Control, 매체 접근 제어

① 예약 방식(Reservation)
- 데이터 스트림(길고 연속적인 정보)에 대해 적당한 방식으로 전송 회선의 타임 슬롯을 미리 예약하는 방식이다.

② 경쟁 방식(Contention)
- 트래픽이 적은 소량의 데이터 전송에 적합한 방식으로 대량의 데이터에 대해서는 성능이 떨어진다.
- 모든 단말기가 순서와 규칙 없이 경쟁을 통해 전송 회선을 점유하는 방식이다.
- ALOHA, slot-ALOHA, CSMA, CSMA/CD, CSMA/CA 등이 있다.

③ 순서적 할당 방식(RR, Round Robin)
- 컴퓨터가 단말기에게 전송할 데이터의 유무를 순서적으로 묻는 방식이다.
- Rolling, Token, FDDI 등이 있다.

④ 선택 방식(Selection)
- 데이터 전송을 위해 다수의 수신측 단말기 중 하나를 선택하여 전송하는 방식이다.
- BSC 방식과 SDLC 방식이 있다.

3) IEEE 802 표준 규약

- 미국 전기 전자 학회(IEEE) 산하에서 근거리 통신망(LAN)과 도시권 통신망(MAN) 표준을 담당하는 IEEE 802 위원회에서 제정한 일련의 표준 규약이다.

IEEE 802.3	CSMA/CD
IEEE 802.4	Token BUS
IEEE 802.5	Token RING
IEEE 802.8	Fiber optic LANs
IEEE 802.9	음성/데이터 통합 LAN
IEEE 802.11	무선 LAN(CSMA/CA)

▶ IEEE 802.11 추가 규정

IEEE 802.11a	OFDM 기술 사용
IEEE 802.11b	HR-DSSS 기술 사용
IEEE 802.11c	유선 LAN 및 무선 LAN과의 브리지 기능을 강화하기 위한 MAC 기능 수정
IEEE 802.11d	지리적 규제 영역을 넘은 로밍 규격
IEEE 802.11e	Qos 보안 강화를 위해 MAC 지원 기능 채택
IEEE 802.11f	AP 상호 간에 로밍
IEEE 802.11g	OFDM, DSSS 기술 사용

POINT 129 데이터 회선망

1) 네트워크의 형태(Topology)

버스형 (Bus Topology)	• 하나의 메인 통신 회선에 다수의 단말기가 연결되어 있는 형태 • 장점 : 간단한 구조, 단말기 추가/제거 용이, 단말기의 고장이 통신망에 영향 없음(신뢰성 상승) • 단점 : 메인 통신 회선의 길이 제한, 기밀 보장 어려움
성형 (Star Topology)	• 중앙의 메인 시스템을 중심으로 다수의 단말기가 연결되어 있는 형태 • 장점 : 단말기 추가/제거 용이, 교환 노드(중계기)의 수가 토폴로지 중 가장 적음 • 단점 : 메인 시스템이 고장나면 전체 통신망 마비
링형 (Ring Topology)	• 이웃하는 단말기를 P2P 방식으로 연결하는 형태 • 장점 : 양방향 데이터 전송, 특정 방향의 단말기가 고장나도 다른 방향으로 전송 가능 • 단점 : 단말기 추가/제거, 기밀 보호 어려움, 전송 지연 발생 가능성 높음
계층형 (Tree Topology)	• 인접한 단말기 간에는 하나의 통신 회선으로 연결(Star Topology)하고, 연결된 Star 토폴로지 간에는 Bus 토폴로지로 연결되는 형태 • 장점 : 분산 처리 시스템에 적용, 관리 및 확장이 용이함 • 단점 : 특정 회선에 과도한 트래픽, 메인 시스템이 고장나면 해당 토폴로지 마비
망형 (Mesh Topology)	• 공중 데이터 통신망에서 사용하는 방식으로 모든 단말기를 서로 연결한 형태 • 장점 : 회선 장애 시 다른 경로로 전송 가능(연결성 높음), 다수의 단말기로 다량의 통신 가능 • 단점 : 통신 회선의 총 길이가 가장 길고 구축 비용과 시간이 많이 소요됨

2) 회선의 종류

① 전용 회선

- 통신 회선이 P2P나 멀티 포인트 방식으로 고정되어 있는 방식이다.
- 속도가 빠르고 오류가 적고 유지 보수가 용이하다.
- 데이터 전송량이나 사용 시간이 많을 때 효율적이다.

② 교환 회선

- 필요에 따라 교환장치에 의해 송신측과 수신측이 연결되는 방식이다.
- 전용 회선에 비해 전송 송도가 느린 편이지만 통신 장치와 회선 비용을 줄일 수 있다.
- 데이터 전송량이나 사용 시간이 적을 때 효율적이다.

▶ 교환 회선의 구분

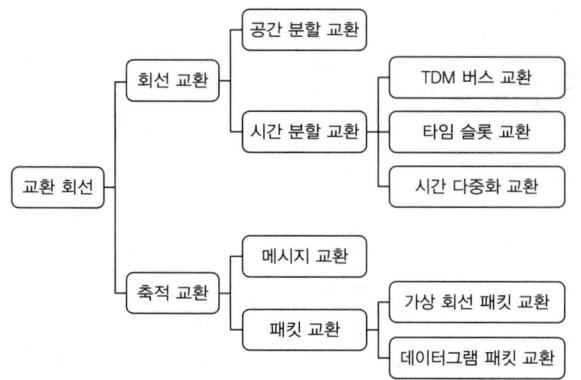

3) 회선 교환 방식
- 교환장치가 송신측과 수신측의 통신 회선을 물리적으로 연결시키는 방식이다.
- 데이터 전송 전에 통신 회선을 물리적으로 연결하여 고정 대역폭으로 전달된다.
- 접속에는 긴 시간이 소요되지만, 전송 지연이 거의 없어 실시간 전송이 가능하다.

공간 분할 교환(SDS)	기계식 접점과 전자식 접점 등을 사용하여 교환하는 방식
시간 분할 교환(TDS)	전자 부품이 갖는 고속성과 디지털 교환 기술을 사용하여 다수의 디지털 신호를 시분할적으로 동작시키는 방식

4) 축적 교환 방식
- 전송할 데이터를 송신측의 교환장치에 저장해 두었다가 해당 수신측의 전송 순서에 맞춰 전송하는 방식이다.
- 송신측과 수신측에 직접적인 접속 경로를 생성하지 않으므로 실시간 정보 교환에 부적합하다.
- 저장 매체를 경유하기 때문에 정보의 형식에 제약이 있다.

메시지(전문) 교환	• 교환기가 송신측의 메시지를 받아 저장하고 전송 순서가 되면 전송하는 방식 • 각 메시지마다 경로 설정 가능, 전송 지연 시간이 매우 김
패킷 교환	• 일정한 길이의 패킷으로 분할하여 전송하는 방식 • 빠른 응답 시간, 수신측에서 재조립 • 가상 회선 패킷 교환, 데이터그램 패킷 교환

① 가상 회선(Virtual Circuit) 패킷 교환
- 제어 패킷을 통해 가상의(논리적) 전송 경로를 확보한 뒤 데이터 패킷을 전송하는 방식이다.
- 전송 초기 단계에 논리적 연결 설정을 위한 작업이 필요하며 전송 경로에 종속적이다.
- 패킷의 전송 순서는 바뀌지 않고 그대로 전송되며 체증(Traffic)이 비교적 많이 발생한다.

② 데이터그램(Datagram) 패킷 교환
- 논리적 경로의 확보 없이 자유롭게 데이터 패킷을 전송하는 방식으로 제어 패킷이 필요 없다.
- 별도의 초기 설정이 필요 없고 전송 경로에 독립적이다.
- 패킷의 전송 순서는 바뀔 수 있고 트래픽이 비교적 적게 발생한다.

③ 패킷 교환 방식의 트래픽 제어 기법

흐름 제어 (Flow Control)	• 통신망 내 트래픽 제어의 원활한 흐름을 위해 노드 간 전송하는 패킷의 양이나 속도를 제어하는 방식 • 정지-대기 ARQ, 슬라이딩 윈도우(Sliding Window) 방식
혼잡 제어 (Congestion Control)	• 패킷의 대기 지연 시간이 너무 길어져 트래픽이 폭주하지 않도록 네트워크 측면에서 흐름을 제어하는 방식
교착 상태 회피 (Deadlock Avoidance)	• 패킷을 저장하는 공간이 포화 상태에 있을 때, 다음 패킷들이 기억장치에 진입하기 위해 무한정 기다리는 교착 상태를 회피하는 방식 • 교착 상태에 있는 단말기 중 하나를 선택하여 해당 패킷 버퍼를 폐기

POINT 130 라우팅 프로토콜

1) 라우팅(Routing)
- 데이터 패킷을 전송하는 데 있어 가장 빠르고 안정적인 경로를 설정하여 전송하는 기술이다.

▶ 경로 설정 전략

고정 경로 설정	데이터 패킷의 경로가 이미 정해져 있는 방식
범람(Flooding) 경로 설정	송수신 간에 존재하는 모든 경로로 패킷을 전송(복사)하는 방식
적응(Adaptive) 경로 설정	통신망의 상태에 따라 전송 경로가 바뀌는(동적) 방식

▶ 라우팅 프로토콜의 구분

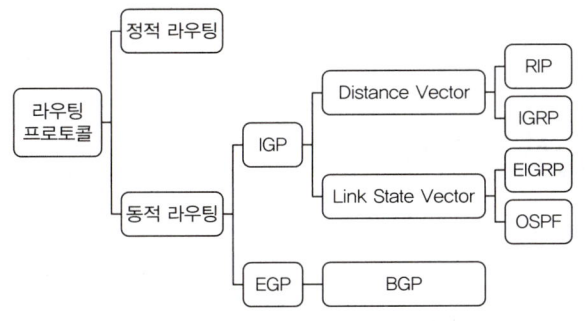

정적 라우팅	관리자가 경로를 직접 설정, 빠르고 안정적, 변화 대응 어려움
동적 라우팅	통신망의 상태에 따라 동적인 경로 설정, 라우터끼리 정보 공유
	내부 라우팅 프로토콜(IGP) — 같은 그룹 내 정보 공유
	외부 라우팅 프로토콜(EGP) — 다른 그룹과 정보 공유

2) 내부 라우팅 프로토콜

① Distance Vector

- 목적지까지 데이터를 전송하기 위한 거리와 방향만을 라우팅 테이블에 기록하는 방식이다.
- 라우팅 정보를 획득하면 인접 라우터들에게 목적지와 매트릭(정보)을 알린다.
- 변화가 없어도 주기적으로 라우팅 정보가 교환되므로 트래픽이 증가하고, 인접 라우터에 의해 라우팅 테이블이 구성되므로 전체 네트워크의 파악이 어렵다.
- 최단 경로 탐색에는 Bellman-Ford 알고리즘을 사용한다.

RIP(Routing Information Protocol)	• 최대 15홉 이하 규모의 네트워크를 주요 대상으로 하는 라우팅 프로토콜 • 최적의 경로를 산출하기 위한 정보로서 홉(거리값)만을 고려하므로, 실제로는 최적의 경로가 아닌 경우가 많음 • 특정 시간 간격으로 업데이트가 발생하므로 컨버전스 타임(Convergence Time)이 긺
IGRP(Internet Gateway Routing Protocol)	• 네트워크 변화에 대해 신속하게 반응할 수 있는 독립적 네크워크 내에서만 사용하는 프로토콜 • 라우팅 테이블 갱신을 위해 필요한 정보만 전송할 수 있어 회선 부하 감소 • 홉 카운트를 기준으로 정보를 전송하며 데이터 전송 시 다양한 타입의 서비스 지원

○ 라우터 간에 변경된 정보를 서로 주고받는 데 걸리는 시간

② Link State Vector

- 목적지까지 데이터를 전송하기 위한 모든 경로 정보를 라우팅 테이블에 기록하는 방식이다.
- 최단 경로 우선 알고리즘(SPF)을 사용한다.
- 네트워크 변화를 빠르게 감지하여 경로를 재설정할 수 있다.

EIGRP (Enhanced IGRP)	• 순차적으로 빠르게 패킷을 전달하는 신뢰성 있는 프로토콜 • VLSM을 지원하여 IP주소의 낭비를 막을 수 있음 • 보조 IP주소를 이용할 수 있고, 최대 홉 카운트는 224개
OSPF(Open Shortest Path First)	• VLSM 및 CIDR을 지원하는 대규모 기업 네트워크에서 가장 널리 사용되는 프로토콜 • RIP와 달리 라우팅 테이블의 변화가 발생하는 즉시 업데이트가 발생하므로 컨버전스 타임이 짧음 • 홉 카운트와 더불어 다양한 요소를 고려하여 경로를 선택하기 때문에 최적의 경로일 확률이 높음

3) 외부 라우팅 프로토콜

BGP(Border Gateway Protocol)	• 독립 운용되는 대규모 네트워크 그룹(AS) 간 네트워크 정보를 교환하기 위해 주로 사용되는 정책 기반 프로토콜 • Distance Vector 방식의 발전된 형태로, 최적의 경로를 찾는 라우팅 정보라기보다는 도달 가능성을 알리는 프로토콜에 가까움 • CIDR을 지원하며, 대규모 정보 처리 및 보안에 이점이 있고, 다양한 라우팅 변수(Routing Metric)를 활용할 수 있음

SECTION 06 통신 프로토콜

POINT 131 통신 프로토콜

1) 개념
- 서로 다른 시스템에 존재하는 노드 간의 원활한 통신을 위한 규칙과 약속의 개념이다.
- 외교적인 회의에서 의정한 사항을 기록한 국제 공문서인 '의정서(Protocol)'에서 유래하였다.

▶ 통신 프로토콜의 기본 구성 요소

구문(Syntax)	데이터 구성 형식, 신호 레벨 등에 대한 형식 규정 등
의미(Semantics)	데이터 제어 방식, 에러 처리 규정 등
시간(Timing)	속도 제어, 순서 관리 기법 등

2) 계층별 구조

OSI 7 Layer	TCP/IP Protocol	X.25
L7 Application Layer	Application (telnet, FTP, DHCP, TFTP, HTTP, SMTP, DNS, ANMP)	
L6 Presentation Layer		
L5 Session Layer		
L4 Transport Layer	Transport(TCP, UDP)	
L3 Network Layer	Internet(ICMP, ARP, RARP, IP)	Packet Layer
L2 Datalink Layer	Network Interface	Frame(Link) Layer
L1 Physical Layer		Physical Layer

상위 계층: L7~L5 / 하위 계층: L4~L1

3) 기능

주소 설정(Addressing)	각 전송 계층에 맞는 주소 지정
순서 제어(Sequence Control)	데이터 단위가 전송될 때 순서를 명시하는 기능
분할 및 재조립(Fragmentation & Reassembly)	전송할 데이터를 분할하여 전송 효율을 높이고 수신된 데이터를 재조립하는 기능
캡슐화(Encapsulation)	각 계층을 안전하게 통과하기 위해 데이터 정보를 하나로 묶음
흐름 제어(Flow Control)	송신측에서 오는 데이터의 양과 속도 조절
오류 제어(Error Control)	데이터 순서 오류, 시간 지연 등이 발생할 경우 재전송을 요구하는 기능
동기화(Synchronization)	데이터를 송수신하는 시점을 일치시키는 기능
다중화(Multiplexing)	하나의 전송 회선에서 다수의 시스템이 동시에 통신할 수 있는 기능

POINT 132 OSI 7 계층
○ Open System Interconnection

1) 개념
- 네트워크에서 통신이 일어나는 과정을 7단계의 계층으로 나눈 국제 표준이다.
- 통신이 일어나는 과정을 단계별로 이해하기 쉽고, 계층별 유지보수가 용이하다.

상위 계층	세션, 표현, 응용
하위 계층	물리, 데이터링크, 네트워크, 전송

2) 계층별 특징

① **물리 계층(Physical Layer)**
- 물리적 신호를 주고받는 계층으로, 물리적 전송 매체와 전송 신호 방식을 정의한다. ○ 비트 신호
- 데이터의 종류나 오류를 제어하지 않는다.
- 관련 장비 : 전송 회선, 허브, 리피터 등

② **데이터 링크 계층(Data Link Layer)**
- 물리 계층을 통해 노드 간 송수신되는 정보의 오류와 흐름을 관리하여 정보 전달의 안전성을 높이는 계층이다.
- MAC주소를 통해 통신하며 프레임 단위로 데이터를 전송한다.
- 관련 장비 : 브리지, 스위치 등

③ **네트워크 계층(Network Layer)**
- 주소를 정하고 경로를 선택하여 패킷을 전달해주는 계층이다. ○ 네트워크 계층의 기본 전송 단위
- 논리적 주소(IP) 부여를 통해 데이터를 목적지까지 가장 안전하고 빠르게 전달하는 라우팅 기능이 핵심이다.
- 관련 장비 : 라우터, L3 스위치 등

④ **전송 계층(Transport Layer)**
- 네트워크상 단말기 간의 신뢰성 있는 데이터 송수신을 제공할 수 있도록 지원하는 계층이다.
- 오류 검출과 복구, 흐름 제어, 중복 및 누락 검사, 다중화 등을 수행하며 세그먼트 단위로 데이터를 전송한다.
- 종단 간 통신을 다루는 최하위 계층으로 송수신 프로세스를 서로 연결해 준다. ○ TCP의 데이터 단위(UDP는 데이터그램)
- 관련 장비 : TCP, UDP 등

⑤ 세션 계층(Session Layer)
- 데이터 통신을 위한 양 끝단의 응용 프로세스가 통신을 관리하기 위한 방법을 제공하는 계층이다.
- 송수신 측 간의 관련성을 유지하고 대화 제어(Dialogue Control)를 담당한다. *통신장치들 간의 상호작용을 유지, 동기화 등의 연결 서비스 제공*
- 데이터 전송 중에 연결이 끊어지는 경우, 동기점(Synchronizatin Point)을 통해 오류를 복구한다. *전송이 어디까지 성공적으로 진행되었는지를 나타내는 위치값*

⑥ 표현 계층(Presentation Layer)
- 응용 프로세스 간에 데이터 표현상의 차이에 상관없이 통신이 가능하도록 독립성을 제공하는 계층이다.
- 데이터의 코드 변환, 데이터 압축, 암호화 등의 수행을 통해 응용 계층의 부담을 덜어준다.

⑦ 응용 계층(Application Layer)
- 네트워크 가상 터미널(Network Virtual Terminal)이 존재하여 서로 상이한 프로토콜에 의해 발생하는 호환성 문제를 해결하는 계층이다.
- 데이터 통신의 최종 목적지로 HTTP, FTP, SMTP, POP3, IMAP, Telnet 등과 같은 프로토콜을 적용하는 응용 프로그램을 통해 사용자에게 서비스가 제공된다.
- 최종 단계의 데이터 단위는 전문(Message)이다.

POINT 133 TCP/IP

1) Internet Protocol Suite
- 전송 제어 프로토콜(TCP)과 인터넷 프로토콜(IP)의 약자를 표현한 것(TCP/IP)으로, 인터넷 프로토콜 스위트(모음, 세트)라고도 한다.
- 데이터를 응용 프로그램에 맞추어 송수신하기 위한 프로토콜 및 필수 요건으로, 4계층으로 구성되어 OSI 7 계층 모델을 대체할 수 있다. *네트워크 인터페이스, 인터넷, 전송, 응용*
- TCP, IP뿐만 아니라 인터넷 관련 프로토콜을 총칭하는 용어이다.

2) 네트워크 인터페이스 계층
- 노드 간 신뢰성 있는 데이터 전송을 담당한다.
- OSI 7 계층의 물리 계층과 데이터링크 계층의 역할을 담당한다.

3) 인터넷 계층
① IP(Internet Protocol)
- 패킷 교환 네트워크에서 송수신 단말기 간 정보를 주고받는 데 사용하는 정보 위주 프로토콜이다.
- 데이터는 패킷 또는 데이터그램 단위로 나누어 전송되며 별도 경로 설정이 필요 없다.
- 비신뢰성과 비연결성이 특징으로, 패킷 전송 여부와 정확한 순서를 보장하려면 IP의 상위 프로토콜인 TCP를 사용해야 한다.
- IP의 주소 체계는 IPv4와 IPv6로 나뉘며 각각 별도의 헤더 구조를 가진다.

▶ 종류

ARP	IP주소를 MAC주소로 변환
RARP	MAC주소를 IP주소로 변환
ICMP	네트워크에 연결된 단말기의 운영체제에서 오류 메시지를 수신하는 데 사용

53번 포트 사용

② DNS(Domain Name Service) *숫자로 구성된 IP주소를 문자열의 구성으로 변환한 것*
- 문자열로 구성된 도메인 네임(Domain Name)을 숫자로 된 IP주소로 변환해 주는 서비스이다.
- 도메인 네임은 고유해야 하며 공백 없이 문자 및 숫자를 이용해 구성된다.
- 각 지역의 NIC를 통해 도메인 네임을 관리한다. *Network Information Center*

③ IPSec(IP Security)
- 보안에 취약한 구조를 가진 IP를 개선하기 위해 국제 인터넷 기술 위원회(IETF)에서 설계한 표준이다.
- IPv4에서는 보안이 필요한 경우에만 선택적으로 사용하였지만, IPv6부터는 기본 스펙에 포함되어 있다.

▶ 프로토콜

AH(Authentication Header)	발신지 인증, 데이터 무결성만을 보장
ESP(Encapsulating Security Payload)	발신지 인증, 데이터 무결성과 기밀성 모두 보장
IKE(Internet Key Exchange)	보안 관련 설정들을 생성, 키 교환

▶ IPSec의 동작 모드

전송 모드 (Transport Mode)	IP 헤더를 제외한 IP 패킷의 페이로드(Payload)만을 보호
터널 모드 (Tunneling Mode)	IP 패킷 전체를 보호

4) 전송 계층

① TCP(Transmission Control Protocol)
> 주소 지정, 다중화, 연결 유지, 패키징, 전송, 품질 관련 서비스, 흐름 제어 등

- 불안정한 인터넷 프로토콜(IP) 위에서 애플리케이션이 안정적으로 데이터를 송신하는 방법을 제공한다.
- 신뢰성 높은 데이터 전송을 위해 다양한 기능을 제공하므로 복잡한 프레임 구조를 가진다.
- 두 단말기 간 논리적 연결을 설정하여 데이터를 패킷 단위로 교환한다.
- 연결형 프로토콜로 통신 수립 단계 때문에 지연 시간이 발생한다.
  > 3-way 핸드셰이킹

② UDP(User Datagram Protocol)
- 신뢰성을 보장하지 않는 비연결성(비접속형) 통신을 제공하는 프로토콜이다.
- 흐름 제어 및 순서 제어가 없어 전송 속도는 빠르지만 신뢰성 보장이 어렵다.
- 스트리밍 서비스처럼 하나의 정보를 다수의 인원이 수신해야 하는 경우에 적합한 프로토콜이다.
- 신뢰성 제공을 위한 기능이 없어 상대적으로 간단한 프레임 구조를 가진다.

▶ 프로토콜

TFTP(Trivial File Transfer Protocol)	간단한 파일 전송
SNMP(Simple Network Management Protocol)	네트워크 관리 및 감시를 위해, 관리 정보 및 정보 운반
RIP(Routing Information Protocol)	소규모 또는 교육용 등의 간단한 네트워크에 사용되는 라우팅 프로토콜
NTP(Network Time Protocol)	컴퓨터 시간을 최상위 동기 클럭원에 동기화하는 프로토콜
RTP(Realtime Transport Protocol)	실시간 전송 지원 표준화를 위한 프로토콜

5) 응용 계층

① 전자 우편(E-mail)
- 온라인으로 편지를 주고받을 수 있는 서비스이다.
- 송수신자가 인터넷에 연결되어 있지 않아도 이용할 수 있으며 첨부, 전달, 답장 등의 부가 기능이 있다.

▶ 프로토콜
> 25번 포트 사용

SMTP	수신측 이메일 서버로 전송
POP3	수신측 이메일 서버에서 컴퓨터로 다운로드
MIME	멀티미디어 메일을 주고받기 위한 프로토콜

> 110번 포트 사용

> 143번 포트 사용

IMAP	이메일 서버에서 메일의 헤더를 분석하여 수신하기 전에 처리 (분류, 삭제 등)
S/MIME	전자 우편의 낮은 보안성을 보완하기 위해 메시지 기밀성, 무결성, 사용자 인증, 부인 방지 등의 기능을 제공하는 보안 프로토콜

② 원격 제어
- 인터넷상의 다른 컴퓨터를 자신의 컴퓨터처럼 사용할 수 있도록 하는 서비스이다.

▶ 암호화 여부에 따른 구분

telnet(Tele Network)	• 23번 포트 사용 • 데이터를 평문으로 전달(보안성 떨어짐)
SSH(Secure Shell)	• 22번 포트 사용 • 데이터를 암호화하여 전달(보안성 상승)

> World Wide Web

③ 웹 서비스(WWW)
- 웹상에서 일반 데이터 및 멀티미디어 데이터를 송수신하는 광역 정보 서비스이다.

▶ SSL 계층의 포함 여부에 따른 구분

HTTP	웹 서버와 사용자의 인터넷 브라우저 사이에 문서를 전송하기 위해 사용되는 프로토콜. 80번 포트 사용
HTTPS	HTTP에 SSL 계층을 포함하여 보안 기능(전체 통신 내용 암호화)이 강화된 프로토콜. 443번 포트 사용
S-HTTP	제공되는 페이지만 암호화

> **기적의 TIP**
> SSL(Secure Socket Layer)은 최근 TLS(Transport Layer Security Protocol)로 변경되었으나 시험에서는 SSL로 명칭하는 경우가 더 많습니다.

> File Transfer Protocol

④ 파일 전송(FTP)
- 인터넷 환경에서 파일을 업로드/다운로드할 수 있도록 하는 프로토콜이다.
  > 21번 포트 사용
- 익명으로 이용 가능하며 파일 타입에 따라 전송 모드를 다르게 설정한다.

▶ 프로토콜

Anonymous FTP	익명으로 이용 가능한 FTP
T(Trivial)FTP	FTP보다 더 단순한 방식의 간단한 파일 전송 프로토콜
Text(ASCII) Mode	문서 파일 전송
Binary Mode	이미지 파일 전송
R(Real-time)TP	네트워크상에서 멀티미디어를 전달하기 위한 통신 프로토콜

POINT 134 IP주소 체계

1) IPv4
① 개념
- IP주소는 전 세계의 인터넷이 가능한 기기에 부여되는 유일한 식별 주소이다.
- IPv4는 약 43억 개의 주소 지정이 가능한데 최근 주소의 양이 부족할 가능성이 높아짐에 따라 IPv6가 공표되었다.
- IPv4의 패킷 크기는 64KB로 제한되어 있다.
- 현재는 IPv4와 IPv6를 혼용하고 있으며 각 주소 체계의 변환을 담당하는 서비스(NAT)를 사용한다.
  - ○ Network Address Translator

② 주소 형식
- 8비트씩 4부분으로 구성되는 32비트 주소 체계이다.
- 각 자리는 0부터 255까지의 10진수로 표현하며 점(.)으로 구분한다.
- 네트워크 영역과 호스트 영역을 구분하는 5개의 클래스(A~E)가 있다.

③ IPv4의 클래스 구성
- A 클래스는 일반 사용자 대상 대규모 네크워크 환경에 쓰인다.
  - 주소 범위 : 0.0.0.0 ~ 127.255.255.255
- B 클래스는 일반 사용자 대상 중규모 네크워크 환경에 쓰인다.
  - 주소 범위 : 128.0.0.0 ~ 191.255.255.255
- C 클래스는 일반 사용자 대상 소규모 네크워크 환경에 쓰인다.
  - 주소 범위 : 192.0.0.0 ~ 223.255.255.255
- D 클래스는 멀티캐스팅 용으로 실제론 거의 사용되지 않는다.
  - 주소 범위 : 224.0.0.0 ~ 239.255.255.255
- E 클래스는 미래에 사용하기 위해 남겨둔 것으로 사용된 경우가 거의 없다.
  - 주소 범위 : 240.0.0.0 ~ 255.255.255.255

▶ 전송 방식

유니캐스트(Unicast)	1:1 방식으로 특정 수신자에게만 데이터를 전송하는 방식
멀티캐스트(Multicast)	N:M 방식으로 특정 그룹 수신자들에게 데이터를 동시 전송하는 방식
브로드캐스트(Broadcast)	같은 영역(도메인)에 있는 모든 단말기들에게 한 번에 전송하는 방식

2) IPv4의 주소 부족 문제 해결 방안
① CIDR(Classless Inter - Domain Routing)
- 한정된 IP주소를 불필요하게 사용하는 것을 방지하거나 라우터의 처리 부터를 경감시킬 목적으로 개발된 IP주소 할당 방식이다.
- 기존의 IPv4의 클래스 체계를 무시하고 네트워크 주소와 호스트 주소를 임의로 구분하여 사용한다.

② DHCP(Dynamic Host Configuration Protocol)
- 부족한 IP주소를 해결하기 위해 몇 개의 IP를 여러 사용자가 공유할 수 있도록 인터넷에 접속할 때마다 자동으로 IP주소를 동적으로 할당해 준다.

③ NAT(Network Address Translator)
- 사설 IP주소를 공인 IP주소로 바꿔주는 주소 변환기이다.
- 인터넷의 공인 IP주소를 절약할 수 있고 공격자로부터 사설망을 보호할 수 있다.

④ IPv6
- 32비트 체계의 IPv4를 넘어서는 128비트 체계의 주소 체계이다.

3) 서브넷팅(Subnetting)
① 개념
- 배정받은 하나의 네트워크 주소를 다시 여러 개의 작은 하위 네트워크로 나누어 사용하는 방식이다.
- IP주소 중 네트워크 주소와 호스트 주소를 식별하여 몇 비트를 네트워크 주소에 사용할지 정의한다.
- 서브넷 간의 호스트 수가 균일한지 가변적인지에 따라 FLSM과 VLSM으로 나뉜다.

② FLSM(Fixed Length Subnet Mask)
- 동일한 크기로 서브넷을 나누는 방식으로 각 그룹의 호스트 수가 유사한 경우에 유용한 방식이다.
- CIDR 형식으로 제공되는 네트워크 아이디와 나눠야 할 서브넷의 개수를 파악하여 나눈다.
  - 2의 제곱수인 2(1bit), 4(2bit), 8(3bit), 16(4bit), 32(5bit) 등의 단위로만 분할 가능
- 32비트 중 네트워크 비트를 제외한 호스트 비트에서 서브넷을 위한 비트를 부여한다.
  - 총 비트(32) - 네트워크 비트(24) = 호스트 비트
  - 8개의 서브넷 분할을 위해 호스트 비트의 왼쪽 3비트 할당

③ VLSM(Variable Length Subnet Mask)
- 동일하지 않은 크기로 서브넷을 나누는 방식이다.
- 여러 그룹의 호스트 수가 크게 차이나는 경우에 유용한 방식이다.

4) IPv6

① 개념   ○ IPv6 네트워크에 접속하는 순간 자동적으로 네트워크 주소를 부여받음
- IPv4의 단점을 보완하기 위해 네트워크 기능 확장성을 지원하고, 보안 및 서비스 품질 기능 등을 개선하였다.
- 주소 자동 설정(Auto Configuration) 기능을 통해 손쉽게 이용자의 단말을 네트워크에 접속시킬 수 있다.
- 점보그램 옵션 설정으로 패킷 크기 제한을 없앨 수 있어서 대역폭이 넓은 네트워크를 효율적으로 사용 가능하다.

② IPv6의 주소 형식
- 16비트씩 8부분으로 구성되는 128비트 주소 체계이다.
- 각 자리는 0부터 FFFF(65535)까지의 16진수로 표현하며 콜론(:)으로 구분한다.
- 연속되는 앞자리의 0은 생략할 수 있다.

▶ 전송 방식

유니캐스트(Unicast)	1:1 방식으로 특정 수신자에게만 데이터를 전송하는 방식
멀티캐스트(Multicast)	N:M 방식으로 특정 그룹 수신자들에게 데이터를 동시 전송하는 방식
애니캐스트(Anycast)	수신 가능한 가장 가까운 수신자에게 데이터를 전송하는 방식

SECTION 07 정보 시스템 신기술 동향

POINT 135 소프트웨어 관련 기술

① 키오스크(Kiosk)
- 백화점, 영화관, 쇼핑센터 등에 설치되며 일반적으로 터치스크린을 이용하여 운영되는 무인 종합 정보 시스템이다.

② Digital Twin
- 물리적인 자산을 컴퓨터에 동일하게 표현한 가상 모델로 물리적인 자산 대신 해야 할 일을 소프트웨어로 가상화함으로써 실제 자산의 특성에 대한 정확한 정보를 얻을 수 있는 기술이다.
- 자산의 최적화, 돌발사고 최소화, 생산성 증가 등 모든 과정의 효율성을 향상시킬 수 있다.

③ Mashup
- 웹에서 제공하는 정보 및 서비스를 이용하여 새로운 소프트웨어나 서비스, 데이터베이스 등을 만드는 기술이다.

④ 인공지능(AI) — Artificial Intelligence
- 인간의 두뇌와 같이 컴퓨터 스스로 추론, 학습, 판단 등 인간지능적인 작업을 수행하는 시스템이다.
- 인공지능 응용 분야에는 신경망, 퍼지, 패턴 인식, 전문가 시스템, 자연어 인식, 이미지 처리, 컴퓨터 시각, 로봇공학 등이 있다.

⑤ 딥 러닝(Deep Learning)
- 인간의 두뇌를 모델로 만들어진 인공 신경망을 기반으로 하는 기계 학습 기술이다.
- 컴퓨터가 마치 사람처럼 스스로 학습할 수 있어 특정 업무를 수행할 때 정형화된 데이터를 입력받지 않고 스스로 데이터를 수집, 분석하여 처리한다.

⑥ 블록체인(Blockchain)
- P2P 네트워크를 이용하여 온라인 금융 거래 정보를 온라인 네트워크 참여자의 디지털 장비에 분산 저장하는 기술을 의미한다.
- 비트코인 등 주식이나 부동산 등의 다양한 금융 거래에 사용이 가능하고, 보안과 관련된 분야에도 활용될 수 있어 크게 주목받고 있다.

⑦ 증강 현실(Augmented Reality)
- 사용자의 현실 세계에 3차원 가상 물체를 겹쳐 보여주는 기술이다.

⑧ 분산 원장 기술(DLT) — Distributed Ledger Technology
- 중앙 관리자나 중앙 데이터 저장소가 존재하지 않고 P2P 망 내의 참여자들에게 모든 거래 목록이 분산 저장되어 거래가 발생할 때마다 지속적으로 갱신되는 디지털 원장을 의미한다.
- 기존의 중앙 서버와 같이 집중화된 시스템을 유지 및 관리할 필요가 없고, 해킹의 위험도도 낮기 때문에 효율성과 보안성 면에서 크게 유리하다.

⑨ Hash
- 임의의 길이의 입력 데이터나 메시지를 고정된 길이의 값이나 키로 변환하는 기술이다.
- 데이터의 암호화가 아닌 무결성을 검증하기 위한 방법으로 사용된다.

⑩ 양자 암호키 분배(QKD) — Quantum Key Distribution
- 양자 통신을 위해 비밀키를 분배하여 관리하는 기술로, 두 시스템이 암호 알고리즘 동작을 위한 비밀키를 안전하게 공유하기 위해 양자 암호키 분배 시스템을 설치하여 운용하는 방식으로 활용된다.

⑪ 프라이버시 강화 기술(PET) — Privacy Enhancing Technology
- 개인정보 침해 위험을 관리하기 위한 핵심 기술로, 암호화, 익명화 등 개인정보를 보호하고 통제하는 기술을 통칭한다.

⑫ 그레이웨어(Grayware)
- 소프트웨어를 제공하는 입장에서는 악의성이 없더라도 사용자 입장에서는 유용하거나 악의적이라고 판단될 수 있는 애드웨어, 공유웨어, 스파이웨어 등의 총칭이다.

⑬ 리치 인터넷 애플리케이션(RIA) — Rich Internet Application
- 기존의 HTML보다 역동적이고 인터랙티브한 웹 페이지를 제공하는 제작 기술들의 통칭이다.

⑭ 시맨틱 웹(Semantic Web)
- 사람을 대신하여 컴퓨터가 정보를 읽고 이해하고 가공하여 새로운 정보를 만들어 낼 수 있도록 이해하기 쉬운 의미를 가진 차세대 지능형 웹이다.

⑮ 증발품(Vaporware)
- 판매 또는 배포 계획이 있었으나 실제로 고객에게 판매되거나 배포되지 않은 포스트웨어이다.

⑯ 오픈 그리드 서비스 아키텍처(OGSA) — Open Grid Service Architecture
- 애플리케이션 공유를 위한 웹 서비스를 그리드 상에서 제공하기 위해 만든 개방형 표준이다.

⑰ 소프트웨어 에스크로(Software Escrow)
- 소프트웨어 개발자의 지식재산권을 보호하고 사용자는 저렴한 비용으로 소프트웨어를 안정적으로 사용 및 유지보수받을 수 있도록 소스 프로그램과 기술 정보 등을 제3의 기관에 보관하는 것이다.

⑱ 복잡 이벤트 처리(CEP) — Complex Event Processing
- 실시간으로 발생하는 많은 사건들 중 의미가 있는 것만을 추출할 수 있도록 사건 발생 조건을 정의하는 데이터 처리 방법이다.
- 금융, 통신, 전력, 물류, 국방 등에서 대용량 데이터 스트림에 대한 요구에 실시간으로 대응하기 위하여 개발된 기술이다.

⑲ 보안 운영체제(Secure OS)
- 신뢰성 운영체제(Trusted OS)라고도 하며 컴퓨터 운영체제상에 내재된 보안상의 결함으로 인하여 발생할 수 있는 각종 해킹으로부터 시스템을 보호하기 위하여 기존의 운영체제 내에 보안 기능을 추가한 운영체제이다.
- 보안 계층을 파일 시스템과 디바이스, 프로세스에 대한 접근권한 결정이 이루어지는 운영체제의 커널 레벨로 낮춘 차세대 보안 솔루션이다.
- 컴퓨터 사용자에 대한 식별 및 인증, 강제적 접근 통제, 임의적 접근 통제, 재사용 방지, 침입 탐지 등의 보안 기능 요소를 갖춘 운영체제이다.

⑳ TCP wrapper
- 호스트 기반 네트워킹 ACL 시스템으로서, 리눅스(유닉스) 같은 운영체제의 인터넷 프로토콜 서버에서 네트워크 접근을 필터링(차단)하기 위해 사용된다.
- 접근 제어 목적을 위한 필터 역할을 하는 토큰으로서 사용되며, 호스트나 부분망 IP주소, 호스트명 쿼리 응답을 허용한다.

㉑ 텐서플로(TensorFlow)
- 구글(Google)사에서 개발한 오픈 소스 기계 학습(machine learning) 엔진이다.
- C++ 언어로 작성되었고, 파이선(Python) 응용 프로그래밍 인터페이스(API)를 제공한다.
- 스마트폰 한 대에서도 운영될 수 있고, 데이터센터에 있는 수천 대 컴퓨터에서도 동작될 수 있다.

㉒ Docker
- 컨테이너 응용 프로그램의 배포를 자동화하는 오픈 소스 엔진이다.
- 소프트웨어 컨테이너 안에 응용 프로그램들을 배치시키는 일을 자동화해 주는 오픈 소스 프로젝트 및 소프트웨어이다.

㉓ Metaverse
- 메타버스는 가상을 뜻하는 Meta와 우주를 뜻하는 Universe의 합성어이다.
- VR(가상현실)보다 진화한 개념으로, 현실세계와 같은 사회·경제·문화 활동이 이뤄지는 3차원의 가상세계를 가리킨다.

POINT 136 하드웨어 관련 기술

① Wearable Computing
- 컴퓨터를 옷이나 장신구처럼 몸에 착용할 수 있게 하는 기술이다.

② Memristor
- 메모리와 레지스터의 합성어로 전기가 없는 상태에서도 전사 상태를 저장할 수 있다.
- 인간의 뇌 시냅스와 같은 기능과 작동을 하는 회로소자로 인공 지능 분야에 활용된다.

③ 고가용성솔루션(HACMP) — High Availability Clustering Multiprocessing
- 안정적인 서비스 운영을 위해 2대 이상의 시스템을 하나의 클러스터로 묶어 장애 발생 시 즉시 다른 시스템으로 대체 가능한 환경을 구축하는 메커니즘을 의미한다.
- 클러스터, 이중화 기술 등이 있다.

④ 3D 프린팅
- 대상을 실제 손으로 만질 수 있는 물체로 만들어내는 것을 의미한다.

- 건축가나 항공우주, 전자, 공구 제조, 자동차, 디자인, 의료 분야 등에서 사용되고 있다.
- 여기에서 발전하여 4D 프린팅은 특정 환경에 따라 스스로 형태를 변화시키거나 제조되는 프린팅 기술이다.

⑤ N-Screen
- 복수의 다른 단말기에서 동일한 콘텐츠를 자유롭게 이용할 수 있는 서비스를 의미한다.
- Companion(Second) Screen은 N-Screen의 한 종류로, TV 방송 등의 내용을 공유하며 추가적인 기능을 수행할 수 있는 기기이다.

⑥ Thin Client PC
- 하드디스크나 주변 장치 없이 기본적인 메모리만 갖추고 서버와 네트워크로 운영되는 개인용 컴퓨터이다.
- 기억장치를 따로 두지 않기 때문에 데이터는 서버측에서 한꺼번에 관리한다.

⑦ 패블릿(Phablet)
- Phone과 Tablet의 합성어로, 태블릿 기능을 포함하는 5인치 이상의 대화면 스마트폰을 의미한다.

⑧ C-Type USB
- USB 표준 중 하나로, 기존 A형에 비해 크기가 작고 위아래 구분이 없다.
- 데이터 전송 속도는 초당 10Gbps이며, 전력은 최대 100w까지 전송된다.

⑨ MEMS(Micro Electro Mechanical Systems)
- 초정밀 반도체 제조 기술을 바탕으로 센서, 액추에이터 등 기계 구조를 다양한 기술로 미세 가공하여 전기기계적 동작을 할 수 있도록 한 초미세장치이다.

⑩ TrustZone 기술
- 하나의 프로세서를 일반 애플리케이션을 처리하는 일반 구역과 보안이 필요한 애플리케이션을 처리하는 보안 구현으로 분할하는 기술이다.

⑪ M(Millennial) DISC
- 한 번의 기록만으로 자료를 영구 보관할 수 있는 광 저장장치이다.
- 기존의 염료층에 표시하는 방식과 달리 물리적으로 조각하는 방식으로 빛, 열, 습기 등의 요인에 영향을 받지 않는다.

⑫ Cloud HSM(Cloud-based Hardware Security Module)
- 클라우드(데이터센터) 기반으로 암호화 키 생성, 저장, 처리 등을 하는 보안 기기이다.
- 클라우드 HSM을 이용하면 클라우드에 인증서를 저장하므로 기존 HSM 기기나 휴대폰에 인증서를 저장해 다닐 필요가 없다.
- 기술적으로 네트워크 연결 상태에서 부하 처리에 무리가 없어야 하며, 유연한 확장성을 보장해야 한다.
- 하드웨어적으로 구현되므로 소프트웨어식 암호 기술에 내재된 보안 취약점을 해결할 수 있다.

POINT 137 데이터베이스 관련 기술

① Big Data
- 기존의 관리 방법이나 분석 체계로는 처리하기 어려운 막대한 양의 정형 또는 비정형 데이터 집합이다.
- 기업이나 정부, 포털 등이 빅데이터를 효과적으로 분석하여 새로운 가치를 창출하고 있다.

② Broad Data
- 다양한 채널에서 소비자와 상호 작용을 통해 생성된 기업 마케팅에 있어 효율적이고 다양한 데이터이며, 이전에 사용하지 않거나 알지 못했던 새로운 데이터나 기존 데이터에 새로운 가치가 더해진 데이터이다.

③ Digital Archiving
- 디지털 정보 자원을 장기적으로 보존하기 위한 작업이다.
- 아날로그 콘텐츠는 디지털로 변환한 후 압축하여 저장하고, 디지털 콘텐츠는 체계적으로 분류하고 메타 데이터를 만들어 DB화한다.

④ Hadoop
- 오픈 소스를 기반으로 한 분산 컴퓨팅 플랫폼이다.
- 가상화된 대형 스토리지를 형성하고 그 안에 보관된 거대한 데이터 세트를 병렬로 처리할 수 있도록 개발된 자바 소프트웨어 프레임워크이다.

맵리듀스(MapReduce)	흩어져 있는 데이터를 연관성 있는 것들끼리 묶는 작업(Map)을 수행한 뒤, 중복 데이터를 제거하고 원하는 데이터를 추출하는 작업(Reduce) 수행
스쿱(Sqoop)	하둡(Hadoop)과 관계형 데이터베이스 간에 데이터를 전송할 수 있도록 설계된 도구

⑤ Tajo
- 우리나라가 주도하는 하둡 기반의 분산 데이터웨어하우스 프로젝트이다.
- 맵리듀스를 사용하지 않고 SQL을 사용한다.

⑥ Data Diet
- 데이터를 삭제하는 것이 아니라 압축하고, 중복된 정보는 중복을 배제하고, 새로운 기준에 따라 나누어 저장하는 작업이다.
- 기업의 데이터베이스에 쌓인 방대한 정보를 효율적으로 관리하기 위해 대두된 방안으로, 같은 단어가 포함된 데이터들을 한 곳에 모아 두되 필요할 때 제대로 찾아내는 체계를 갖추는 것이 중요하다.

⑦ Data Warehouse
- 기업의 전략적 관점에서 효율적인 의사 결정을 지원하기 위해 데이터의 시계열적 축적과 통합을 목표로 하는 기술의 구조적, 통합적 환경이다.

⑧ Linked Open Data
- 사용자가 정확하게 원하는 정보를 찾을 수 있도록 웹상의 모든 데이터와 데이터베이스를 무료로 공개하고 연계하는 것이다.
- 웹에 게시되는 데이터에 식별자(URI)를 부여하고 관련 정보를 구조적으로 제공하는 연계 데이터를 저작권 없이 무료로 제공하여 사용자가 정보를 다양하고 효율적으로 활용할 수 있도록 한다.
- 데이터를 재사용할 수 있고, 데이터 중복을 줄일 수 있다는 장점이 있다.

⑨ Data Mining
- 대용량 데이터에서 의미 있는 통계적 패턴이나 규칙, 관계를 찾아내 분석하여 유용하고 활용할 수 있는 정보를 추출하는 기술이다.

⑩ QBE(Query by Example)
- 데이터베이스에 대한 전문 지식이 없는 사용자가 쿼리문 작성 대신, 예시를 사용하여 데이터를 요청하는 방식이다.

POINT 138 네트워크 관련 기술

① 블루투스(Bluetooth)
- 근거리 무선 접속을 지원하기 위해 사용되는 대표적인 통신 기술이다.
- 휴대폰, 노트북, 이어폰, 핸드폰 등을 기기 간에 서로 연결해 정보를 교환하는 근거리 무선 기술 표준을 의미한다.

② 유비쿼터스(Ubiquitous)
- 시간과 장소에 상관 없이 자유롭게 네트워크에 접속할 수 있는 정보 통신 환경이다.
- 컴퓨터는 물론 가전제품 등 다양한 기기로 언제 어디서나 네트워크 접속이 가능해야 한다.

③ Smart Grid
- 전기 및 정보통신기술을 활용하여 전력망을 지능화, 고도화 함으로써 고품질의 전력 서비스를 제공하고 에너지 이용 효율을 극대화하는 전력망이다.

④ Wibro(Wireless Broadband Internet)
- 이동하는 상태에서도 초고속 인터넷을 이용할 수 있는 무선 휴대 인터넷 서비스이다.

⑤ Mesh Network
- 기존 무선 랜의 한계 극복을 위해 등장하였으며, 대규모 디바이스의 네트워크 생성에 최적화되어 차세대 이동통신, 홈 네트워킹, 공공 안전 등의 특수 목적을 위한 새로운 방식의 네트워크 기술이다.

⑥ VoIP(Voice over Internet Protocol)
- 컴퓨터 네트워크상에서 음성 데이터를 IP 데이터 패킷으로 변환하여 일반 데이터망에서 음성 통화를 가능하게 해주는 기술이다.

⑦ RFID(Radio Frequency IDentification)
- 모든 사물에 전자 태그를 부착하고 무선 통신을 이용하여 최대 10m 내의 사물의 정보 및 주변 상황 정보를 감지하는 센서 기술이다.
- 태그(Tag), 안테나(Antenna), 리더기(Reader), 서버(Server) 등의 요소로 구성된다.

⑧ NFC(Near Field Communication)
- RFID 기술 중 하나로 최대 통신 거리가 10cm 이내로 좁은 비접촉식 통신 기술이다.
- 통신 장비 중 최대 통신 가능 거리가 가장 좁다.

⑨ WIPI(Wireless Internet Platform for Interoperability)
- 이동통신 업체 간에 같은 플랫폼을 사용하도록 함으로써 국가적 낭비를 줄이자는 목적으로 추진된 한국형 무선 인터넷 플랫폼이다.

⑩ Wi-Fi(Wireless Fidelity)
- 무선 접속 장치(AP)가 설치된 곳 주변에서 전파나 적외선 전송 방식을 이용하여 무선 인터넷을 할 수 있는 근거리 무선 통신망이다.

⑪ WAP(Wireless Application Protocol)
- 무선 인터넷 전송 규약으로 휴대 전화와 인터넷 통신 또는 다른 컴퓨터와의 통신을 위해 실시되는 국제 기준이다.

⑫ VPN(Virtual Private Network)
- 공용 네트워크를 사설 네트워크처럼 사용할 수 있도록 제공하는 기술이다.

SSL VPN	OSI 4 계층 이상에서 암호화, 구축이 간편
IPSec VPN	OSI 3 계층에서 암호화, 보안성이 높음

⑬ Beacon
- 근거리에 있는 스마트폰을 자동으로 인식하여 필요한 데이터를 전송할 수 있는 무선 통신 장치이다.
- 최대 50m 거리에서도 무선으로 통신할 수 있다.

⑭ Foursquare
- 위치 기반 소셜 네트워크 서비스이다.
- 자신의 위치를 지도상에 표시하고, 방문한 곳의 정보를 남길 수 있는 체크인 기능을 제공한다.

⑮ PICONET
- 여러 개의 독립된 통신 장치가 블루투스 및 UWB 기술을 사용하여 통신망을 형성하는 무선 네트워크 구축 기술이다.
- TDM 기술을 사용하며 주국(Master)을 통해 일대다로 통신이 이루어진다.

⑯ MQTT(Message Queuing Telemetry Transport)
- TCP/IP 프로토콜 위에서 동작하는 발행-구독 기반의 메시징 프로토콜이다.
- 사물 통신, 사물 인터넷과 같이 대역폭이 제한된 통신 환경에 최적화 하여 개발된 푸시 기술 기반의 경량 메시지 전송 프로토콜이다.
- 메시지 매개자(Broker)를 통해 송신자가 특정 메시지를 발행하고 수신자가 메시지를 구독하는 방식으로 IBM이 주도하여 개발되었다.

⑰ 클라우드 컴퓨팅
- 컴퓨터나 휴대폰과 같은 통신 기기를 이용해 언제 어디서나 서비스를 이용할 수 있도록 하는 기술이다.
- 처리해야 하는 작업 및 데이터를 인터넷으로 연결된 다른 컴퓨터로 처리하는 기술이다.
- 응용 프로그램이나 데이터를 자신의 컴퓨터에 설치할 필요 없이 이용 가능하다.

SaaS(Software as a Service)	인프라와 운영체제, 소프트웨어까지 갖춰져 있는 서비스
PaaS(Platform as a Service)	개발을 위한 하드웨어 및 소프트웨어 구축이 되어 있는 서비스
PaaS-TA	미래창조과학부와 한국정보화진흥원이 개발한 클라우드 플랫폼
IaaS(Infrastructure as a Service)	서버, 스토리지, 네트워크 등의 인프라를 임대하는 서비스
BaaS(Blockchain as a Service)	블록체인의 기본 인프라를 추상화 하여 블록체인 응용 기술을 제공하는 서비스

⑱ 소프트웨어 정의 데이터센터(SDDC) — Software Defined Data Center
- 모든 하드웨어가 가상화되어 가상 자원의 풀(Pool)을 구성하고, 데이터센터 전체를 운영하는 소프트웨어가 필요한 기능 및 규모에 따라 동적으로 자원을 할당, 관리하는 역할을 수행하는 데이터센터이다.
- 컴퓨팅, 네트워킹, 스토리지, 관리 등을 인력 개입 없이 모두 소프트웨어로 정의한다.

SDC(Computing)	소프트웨어 정의 컴퓨팅 환경으로 서버의 CPU, 메모리에 대해서 소프트웨어 명령어 기반으로 제어할 수 있는 컴퓨터
SDN(Networking)	개방형 API를 통해 네트워크의 트래픽 전달 동작을 소프트웨어 기반 컨트롤러에서 제어/관리하는 가상화 네트워크 기술
SDS(Storage)	서버와 전통적인 스토리지 장치에 장착된 이질적이고 연결되어 있지 않은 물리적 디스크 드라이브를 하나의 논리적인 스토리지로 통합한 가상화 스토리지 기술
프로비저닝(Provisioning)	SDDC 자원에 대한 할당 관리 기술

⑲ Zing
- 기기를 키오스크에 갖다 대면 원하는 데이터를 바로 가져올 수 있는 기술이다.
- 10cm 이내 거리에서 3.5Gbps 속도로 데이터 전송이 가능한 초고속 근접무선통신(NFC)이다. — Near Field Communication
- 몇 초 안에 기가급 대용량 콘텐츠를 주고받을 수 있어 무선 저장장치, 서비스 단말기 등에 적합하다.

⑳ 애드혹 네트워크(Ad-hoc network)
- 노드(node)들에 의해 자율적으로 구성되는 기반 구조가 없는 네트워크이다.
- 멀티 홉 라우팅 기능에 의해 무선 인터페이스가 가지는 통신 거리상의 제약을 극복할 수 있어 긴급 구조, 긴급 회의, 전쟁터에서의 군사 네트워크 등에 응용할 수 있다.

㉑ DPI(Deep Packet Inspection)
- OSI 7 Layer 전 계층의 프로토콜과 패킷 내부의 콘텐츠를 파악하여 침입 시도, 해킹 등을 탐지하고 트래픽을 조정하기 위한 패킷 분석 기술이다.

㉒ IoT(Internet of Things)
- 유형 혹은 무형의 사물들이 다양한 방식으로 서로 연결되어 개별 객체들이 제공하지 못했던 새로운 서비스를 제공하는 것이다.

㉓ ZigBee
- 저속, 저비용, 저전력의 무선 망을 위한 기술로 주로 무선 개인 영역 통신망(WPAN) 기반의 홈 네트워크및 무선 센서망에서 사용되는 기술이다.

㉔ IBN(Intent Based Networking)
- 네트워크 관리자가 의도한 바를 시스템이 자동으로 파악하여 네트워크 구성 및 운영을 최적화하는 지능형 네트워킹 기술이다.
- 인간의 언어에 가까운 방식으로 네트워크를 관리하고, AI와 자동화 기술을 통해 네트워크 운영의 효율성을 극대화한다.

11 제품 소프트웨어 패키징

SECTION

제품 소프트웨어 패키징 ……………………… 182p
제품 소프트웨어 매뉴얼 작성 ………………… 186p
제품 소프트웨어 버전 관리 …………………… 189p

SECTION 01 제품 소프트웨어 패키징

POINT 139 사용자 중심 패키징 수행

1) 제품 소프트웨어 패키징
① 개념
- 개발이 완료된 제품 소프트웨어를 고객에게 전달하기 위한 형태로 묶어내는 것이다.
- 설치와 사용에 필요한 모든 내용(제반 절차 및 환경 등)을 포함하는 매뉴얼이 포함되어야 한다.
- 제품 소프트웨어에 대한 패치 및 업그레이드를 위해 버전 관리를 수행할 수 있어야 한다.

② 특징
- 제품 소프트웨어의 이용자는 개발자가 아닌 사용자이므로 사용자의 편의성을 중심으로 구성된다.
- 사용자의 실행 환경을 이해하고, 범용적인 환경에서 사용이 가능하도록 패키징한다.
- 사용자의 편의성을 위해 지속적인 관리를 진행한다. ○ 버전 관리와 릴리즈 노트 등

2) 제품 소프트웨어 패키징을 위한 모듈 빌드
① 소프트웨어 모듈 및 패키징
- 소프트웨어 모듈화를 통해 성능의 향상, 디버깅, 테스트, 통합 및 수정을 용이하게 해야 한다.
- 모듈의 개념을 정확히 적용하여 기능 단위로 패키징함으로써 모듈화의 이점을 최대한 활용할 수 있다.
- 배포 전 테스트 및 수정 단계에서도 모듈 단위로 분류하여 작업을 진행한다.

② 소프트웨어 빌드
- 소스 코드를 컴퓨터에서 실행할 수 있는 제품 소프트웨어의 단위로 변환하는 과정 및 결과물이다.
- 소스 코드가 실행 코드로 변환되는 컴파일 과정이 핵심이며, 결과물에 대한 상세 확인이 필요하다.
- 소프트웨어 빌드 자동화 도구를 활용하면 컴파일 이외에도 다양한 유틸리티를 활용할 수 있다. ○ Ant, Make, Maven, Gradle, Jenkins 등

3) 사용자 중심 패키징 수행
① 사용자 실행 환경의 이해
- 고객 편의성을 위해 사용자 실행 환경을 우선 고려하여 패키징을 진행한다. ○ OS, 시스템 사양, 고객의 운용 방법 등
- 여러 가지 실행 환경을 고려해야 하는 경우 해당 환경들에 맞는 배포본을 분류하여 패키징 작업을 여러 번 수행한다.

② 사용자 관점에서의 패키징 고려 사항
- 사용자의 시스템 사양의 최소 수행 환경을 정의한다.
- 사용자가 직관적으로 확인할 수 있는 UI를 제공하고, 매뉴얼과 일치시킨다. ○ OS, CPU, 메모리 용량 등
- 하드웨어와 함께 통합 적용되는 경우에는 Managed Service 형태로 제공하는 것이 좋다.
- 안정적인 배포가 가장 중요하고, 다양한 사용자의 요구 반영을 위해 항상 변경 및 개선 관리를 고려하여 패키징해야 한다.

4) 수행 절차
① 기능 식별
- 소스 기능을 통해 처리되는 기능 수행을 위한 입출력 데이터를 식별한다.
- 소스 내부의 메인 함수의 기능 식별, 관련 데이터의 흐름 및 출력 절차를 확인한다.
- 메인 함수 이외의 호출 함수를 정의하고 이에 대한 출력값을 식별한다.

② 모듈화
- 모듈로 분류할 수 있는 기능 및 서비스 단위로 분류한다.
- 여러 번 호출되는 공유 함수 및 재활용 함수를 분류한다.
- 모듈화를 위해 결합도와 응집도를 식별해 내고 모듈화 수행을 준비한다.

③ 빌드 진행
- 빌드 진행을 위한 소스 코드 및 결과물을 준비한다.
- 정상적으로 빌드가 되는 기능 및 서비스를 사전에 분류한다.
- 빌드 도구의 사전 선택 확인 및 빌드 도구를 통한 빌드를 수행한다.

④ 사용자 환경 분석
- 패키징 수행 시 실제 사용할 사용자의 최소 사용자 환경을 사전에 정의한다.
- 모듈 단위의 여러 가지 기능별 사용자 환경을 여러 방면으로 테스트한다.

⑤ 패키징 적용 시험
- 사용자 환경과 같은 환경으로 패키징을 적용하여 소프트웨어 테스트를 수행한다.
- 소프트웨어가 UI 및 시스템 환경과 맞지 않는 것이 있는지, 불편한 부분이 있는지 사전에 체크한다.

⑥ 패키징 변경 개선
- 사용자 입장을 반영하여 재패키징에 대비해 변경 부분을 정리한다.
- 현재 사용자 환경 내에서 가능한 최소 수준의 개선 포인트를 도출한다.
- 도출된 변경점을 기준으로 모듈, 빌드 수정을 하고 재배포를 수행한다.

POINT 140 사용자 중심 패키징 수행

1) 릴리즈 노트(Release Note)
① 개념 (상세 서비스를 포함하여 회사가 제공하는 제품을 수정, 변경, 개선하는 일련의 작업)
- 릴리즈 노트는 릴리즈 정보를 사용자의 편의성을 위해 공유할 수 있도록 문서화된 것이다.
- 릴리즈 노트는 개발팀에서 직접 책임(Ownership)을 가지고 명확하고 정확하여 완전한 정보를 제공해야 한다.

② 특징
- 테스트의 진행 이력, 개발팀이 제공 사양을 얼마나 준수했는지 확인할 수 있다.
- 사용자에게 소프트웨어에 대한 보다 더 확실한 정보를 제공한다.
- 기본적으로 전체적인 제품의 수행 기능 및 서비스의 변화를 공유한다.
- 자동화 개념을 적용하여 전체적인 버전 관리 및 릴리즈 정보를 체계적으로 관리할 수 있다.

2) 릴리즈 노트 작성
① 작성 항목

Header	문서 이름(릴리즈 노트 이름), 제품 이름, 버전 번호, 릴리즈 날짜, 참고 날짜, 노트 버전 등
개요	제품 및 변경에 대한 간략한 전반적 개요
목적	릴리즈 버전의 새로운 기능 목록과 릴리즈 노트의 목적에 대한 간략한 개요, 버그 수정 및 새로운 기능 기술
이슈 요약	버그의 간단한 설명 또는 릴리즈 추가 항목 요약
재현 항목	버그 발견에 따른 재현 단계 기술
수정/개선 내용	수정/개선의 간단한 설명 기술
사용자 영향도	버전 변경에 따른 최종 사용자 기준의 기능 및 응용 프로그램상의 영향도 기술
SW 지원 영향도	버전 변경에 따른 SW의 지원 프로세스 및 영향도 기술
노트	SW 및 HW Install 항목, 제품, 문서를 포함한 업그레이드 항목 메모
면책 조항	회사 및 표준 제품과 관련된 메시지, 프리웨어, 불법 복제 방지, 중복 등 참조에 대한 고지 사항
연락 정보	사용자 지원 및 문의 관련한 연락처 정보

② 추가 작성 및 개선 사항 발생의 예외 케이스
- 릴리즈 정보의 예외 케이스 발생에 따른 추가 및 개선 항목이 나타날 수 있으므로 릴리즈 노트의 항목이 추가될 수 있다.
- 테스트 단계에서 베타 버전이 출시되거나, 긴급 버그 수정, 자체 기능 향상, 사용자 요청 등의 특이한 케이스 등이 발생할 수 있으므로 이러한 경우에도 추가 항목이 작성되어야 한다.

3) 작성 절차
① 모듈 식별
- 모듈화 및 빌드 수행 후 릴리즈 노트 기준의 항목을 순서대로 정리한다.
- 소스 코드 기능을 통해 처리되는 데이터와 기능 및 데이터의 흐름을 정리한다.
- 메인 함수 이외의 호출 함수를 정의하고 이에 대한 출력값을 식별한다.

② 릴리즈 정보 확인
- 릴리즈 노트 작성을 위한 문서명, 제품명의 릴리즈 기존 정보를 확인한다.
- 최초 패키징 버전 작성을 위한 버전 번호와 초기 릴리즈 날짜를 확인한다.
- 매번 패키징 수행 진행 날짜 및 릴리즈 노트의 갱신 버전을 확인한다.

③ 릴리즈 노트 개요 작성
- 빌드 이후에 제품 및 패키징 변경에 대한 사항을 간략히 메모한다.
- 버전 번호 내용, 버전 관리 사항 등을 릴리즈 노트에 기록한다.

④ 영향도 체크
- 이슈, 버그 발생에 따른 영향도를 상세 기술한다.
- 발생된 버그의 설명, 개선한 릴리즈 항목을 기술한다.
- 버그 발견을 위한 재현 테스트 및 재현 환경을 기록한다.

⑤ 정식 릴리즈 노트 작성
- 앞서 정의된 내용을 포함하여 정식 릴리즈 노트에 기본 사항을 포함하여 기술한다.
- 이전 정보의 릴리즈 노트 개요, 개선에 따른 원인 재현 내용, 영향도 등을 상세히 기술한다.

⑥ 추가 개선 항목 식별
- 추가 개선에 따른 추가 항목을 식별하여 릴리즈 노트를 작성한다.
- 정식 노트를 기준으로 추가 개선 버전에 대해서 점차적으로 버전을 향상하여 릴리즈 노트를 작성해 나간다.

POINT 141 패키징 도구 활용

1) 제품 소프트웨어 패키징 도구
① 개념
- 제품 소프트웨어 패키징 작업 진행 및 안정적 유통을 지원하는 도구이다.
- 불법 복제로부터 디지털 콘텐츠의 지적 재산권을 보호해 주는 보안 기능을 포함한다.

② 활용 시 주의사항
- 사용자에게 배포되는 소프트웨어이므로 반드시 내부 콘텐츠에 대한 암호화 및 보안을 고려해야 한다.
- 여러 가지 콘텐츠 및 단말기 간 DRM(디지털 저작권 관리 기술) 연동을 고려한다.
- 사용자 입장에서 불편해질 수 있는 문제를 고려하여 최대한 효율적으로 적용한다.
- 제품 소프트웨어의 종류에 맞는 알고리즘을 선택하여 배포 시 범용성에 지장이 없도록 한다.

2) 제품 소프트웨어 저작권 보호
① 저작권(Copyright)
- 문학 또는 예술의 범위에 속하는 창작물인 저작물에 대한 배타적 독점적 권리로 타인의 침해를 받지 않을 고유한 권한이다.

② 디지털 저작권 보호 기술
- 콘텐츠 및 컴퓨터 프로그램과 같이 복제가 용이한 저작물에 대해 불법 복제 및 배포 등을 막기 위한 기술적인 방법을 통칭한다.
- 저작권 보호 기술의 특성
  - 사용자 인가를 거쳐 콘텐츠 복제의 제한적 허용
  - Clearing House를 통한 요금 부과
  - 보안 기능 고려를 위해 업무 규칙과 암호를 함께 패키징

3) DRM(Digital Rights Management)

① 디지털 저작권 관리 구성 요소

- 콘텐츠 제공자, 콘텐츠 분배자, 콘텐츠 소비자 간의 패키징 배포 및 관리의 주체를 중앙의 클리어링 하우스에 이관하여 키 관리 및 라이선스 발급 관리를 진행한다.

콘텐츠 제공자 (Contents Provider)	콘텐츠를 제공하는 저작권자
콘텐츠 분배자 (Contents Distributor)	암호화된 콘텐츠 제공(쇼핑몰 등)
패키저(Packager)	콘텐츠를 메타 데이터와 함께 배포 가능한 단위로 묶는 기능
보안 컨테이너	원본을 안전하게 유통하기 위한 전자적 보안 장치
DRM 컨트롤러	배포된 콘텐츠의 이용 권한을 통제
클리어링 하우스 (Clearing House)	키 관리 및 라이선스 발급 관리

② 보안 기능 중심의 패키징 도구 기술 및 활용

- 올바른 패키징 도구의 활용을 위해서는 암호화/보안 기능 중심의 요소 기술을 정확히 이해하고 있어야 한다.
- 이 기술을 바탕으로 패키징 도구를 이용하여 나오는 결과물에 대한 신뢰도를 향상시킬 수 있다.

암호화(Encryption)	콘텐츠 및 라이선스를 암호화하고, 전자 서명을 할 수 있는 기술
키 관리 (Key Management)	콘텐츠를 암호화한 키에 대한 저장 및 배포 기술
암호화 파일 생성 (Packager)	콘텐츠를 암호화하기 위한 기술
식별 기술(Identification)	콘텐츠에 대한 식별 체계 표현 기술
저작권 표현 (Right Expression)	라이선스의 내용 표현 기술
정책 관리 (Policy management)	라이선스 발급 및 사용에 대한 정책 표현 및 관리 기술
크랙 방지 (Tamper Resistance)	크랙에 의한 콘텐츠 사용 방지 기술
인증(Authentication)	라이선스 발급 및 사용의 기준이 되는 사용자 인증 기술

③ 패키징 도구 적용 관련 기술적 동향

- 패키징 도구 제공 업체에 의해 개발되면서 각종 기술들이 표준화를 통해 통합 플랫폼화되었다.
- 클라우드 환경에서 디지털 콘텐츠의 투명한 접속, 이용, 이동 등의 사용 편리성을 보장한다.
- 특정 도구나 환경에서만 적용되지 않도록 범용성을 확보하고 상호 호환성을 위한 표준화 적용에 노력한다.

SECTION 02 제품 소프트웨어 매뉴얼 작성

POINT 142 제품 소프트웨어 설치 매뉴얼

1) 제품 소프트웨어 매뉴얼
① 개념
- 제품 소프트웨어 개발 단계부터 적용한 기준이나 패키징 이후 설치 및 사용자 측면의 주요 내용 등을 문서로 기록한 것이다.
- 사용자 중심의 기능 및 방법을 나타낸 설명서와 안내서를 의미한다.
- 실제 개발자들이 많이 겪어 보지 못하는 영역이기 때문에, 개발보다도 더 어려움을 겪는 작업이다.

② 작성 원칙
- 설치 매뉴얼은 개발자의 기준이 아닌 사용자의 기준으로 작성한다.
- 최초 설치 실행부터 완료까지 순차적으로 작성한다.
- 각 단계별 메시지 및 해당 화면을 순서대로 전부 캡처하여 설명한다.
- 설치 중간에 이상 발생 시 해당 메시지 및 에러에 대한 내용을 분류하여 설명한다.

2) 작성 항목
① 기본 작성 항목

목차	매뉴얼 전체의 내용을 순서대로 요약
개요	설치 매뉴얼의 구성, 설치 방법, 순서 등
서문	문서 이력, 주석, 설치 도구의 구성 등
기본 사항	소프트웨어 개요, 설치 관련 파일, 설치 아이콘, 프로그램 삭제, 관련 추가 정보 등

② 작성 상세 지침
- 제품 소프트웨어의 설치 방법을 순서대로 상세하게 설명해야 한다.
- 소프트웨어 설치에 관련된 기술적인 지원이나 제품 서비스를 받을 수 있는 연락 수단을 설명해야 한다. …… 유선 및 E-mail, 웹 사이트
- 제품 키의 보존, 저작권 정보, 불법 등록 사용 금지 등의 사용자 준수 사항을 권고한다.

3) 작성 절차
① 기능 식별
- 소프트웨어 자체의 목적 및 내용과 전체적인 기능을 흐름 순으로 정리하여 설명한다.

② UI 분류
- 화면 중심으로 UI와 메뉴를 순서대로 분류하고, 사전에 작성된 UI 정의서를 항목별로 분류한다.
- 설치 매뉴얼 기준의 양식을 목차에 맞게 UI를 분류한다.

③ 설치/백업 파일 확인
- 제품을 설치할 파일 및 백업 파일명 및 폴더 위치를 확인한다.
- 실행, 환경, 로그, 백업 등의 다양한 파일 들을 확인하고 기능을 숙지한다.

④ Uninstall 절차 확인
- 제품을 제거할 때 필요한 언인스톨 파일과 단계를 순서대로 기술한다.
- 언인스톨 이후 설치 전 상태로의 원복을 최종 확인한다.

⑤ 이상 Case 확인
- 설치 진행 시 이상 메시지 등에 대한 케이스를 발생시키고, 이에 따른 메시지를 정리한다.
- 다양한 이상 현상의 내용에 맞는 메시지가 간결하고 정상적으로 표시되는지 확인한다.

⑥ 최종 설치 완료 결과 적용
- 설치 최종 완료 후 이에 대한 메시지 및 최종 결과를 캡처하여 기술한다.
- 최종 매뉴얼을 정리 검토하고 최종적으로 정상 결과를 적용한다.

POINT 143 제품 소프트웨어 사용자 매뉴얼

1) 제품 소프트웨어 사용자 매뉴얼
① 기본 사항
- 사용자 매뉴얼은 제품의 기능부터 고객 지원에 대한 안내까지를 포함하는 문서이다.
- 설치와 사용에 필요한 제반 절차 및 환경 등 전체 내용을 포함하는 매뉴얼을 작성한다.
- 개발된 컴포넌트 사용 시 알아야 할 내용, 패키지의 기능과 인터페이스, 포함된 메소드 등의 설명이 포함된다.

② 작성 절차
- 사용자 매뉴얼을 작성하는 절차는 작성 지침 정의, 사용자 매뉴얼 구성 요소 정의, 구성 요소별 내용 작성, 사용자 매뉴얼 검토의 단계로 구성된다.
- 사용자 매뉴얼 작성은 컴포넌트 명세서 및 구현 설계서로부터 구현된다.

2) 작성 항목
① 기본 작성 항목
구성, 실행 방법, 점검 기준, 설정 방법

목차	매뉴얼 전체의 내용을 순서대로 요약
개요	제품 소프트웨어의 주요 특징에 대해 정리
서문	문서 이력, 주석, 기록 항목 등
기본 사항	소프트웨어 개요, 사용 환경, 관리, 모델 및 버전별 특징, 기능 및 인터페이스 특징, 소프트웨어 구동 환경 등

② 작성 상세 지침
- 소프트웨어의 사용 방법을 다양한 측면에서 상세하게(화면 캡처 활용) 설명한다.
- 소프트웨어 설치에 관련된 기술적인 지원이나 제품 서비스를 받을 수 있는 연락 수단을 설명해야 한다.
  - 유선 및 E-mail, 웹 사이트
- 제품 키의 보존, 저작권 정보, 불법 등록 사용 금지 등의 사용자 준수 사항을 권고한다.

POINT 144 제품 소프트웨어 배포용 미디어

1) 제품 소프트웨어 배포본
① 개념
- 제품 소프트웨어 배포본은 개발된 컴포넌트 또는 패키지에 대해 제품화하고 배포 정보를 포함한 산출물이다.
- 소프트웨어의 버전, 시스템 설치 및 운영을 위한 요구사항, 설치 방법, 달라진 기능, 알려진 버그 및 대처 방법 등을 포함하여 배포한다.

② 중요 사항
- 제품 소프트웨어의 배포본은 최종 완성된 제품으로 안정성을 고려하여 배포한다.
- 신규 및 변경을 고려하여 배포본에는 고유 버전 및 배포 단위의 기준을 정한다.
- 배포용 미디어를 제작할 때에는 저작권 및 보안에 유의하여 제작한다.
- 자체의 고유 시리얼 넘버(Serial Number)를 반드시 부착하고 복제 및 사후 지원을 고려하여 제작한다.

2) 제품 소프트웨어 배포용 미디어 제작
① 설치 파일 및 매뉴얼의 미디어 기본 구성

버전 정보	제품 소프트웨어 패키징의 버전 정보
요구 사양	시스템이 설치되고 운영되기 위한 H/W, S/W의 사양
설치 방법	설치하고 운영 가능하게 하는 방법
새로운 기능	이전 버전에 비해 나아진 기능
알려진 오류/ 대처 방법	현재까지 개발된 시스템의 알려진 오류를 기술, 대처 방안 포함
제약 사항	현재까지 개발된 시스템이 설치, 운영상의 제약사항 포함

② 배포용 미디어 제작 방법
- 배포용 미디어는 온라인, 오프라인으로 각각 제작할 수 있으며, 각 유형별로 특성에 맞추어 제작해야 한다.

온라인 미디어	실행 파일로 통합, 기능 패치, 호환성 제공
오프라인 미디어	고유 시리얼 넘버를 포함하여 불법 유통 방지(관리 시스템 사전 확보)

3) 제품 소프트웨어 배포용 미디어 제작 절차

① 제품 소프트웨어 배포용 미디어 선정
- 배포용 미디어의 유형(온라인/오프라인)을 선정한다.
- 미디어 작성 SW/HW를 통해 배포용 미디어를 작성한다.

② 시리얼 넘버 등록 및 관리 체계 확인
- 시리얼 넘버의 부여 체계 및 규칙을 사전에 정의하고 관리 체계를 수립(시스템화)한다.

③ 설치 파일 및 매뉴얼을 최종 확인
- 실제 설치가 가능한 정상 설치 파일인지 확인한다.
- 설치 매뉴얼 및 사용자 매뉴얼을 미디어 제작전에 최종 확인한다.

④ 명세서대로 구현되었는지 검토
- 제작된 배포용 미디어와 매뉴얼에 대한 테스트가 완료되었는지 최종 확인한다.

⑤ 충분한 정보를 담았는지 검토
- 제품 설치 및 사용에 이상이 없도록 소프트웨어와 문서 정보가 포함되었는지 확인한다.

⑥ 인증을 받았는지 확인 후 배포
- 미디어 제작 이전에 인증 활동을 통하여 인증을 받았는지 확인 후 배포한다.

SECTION 03 제품 소프트웨어 버전 관리

POINT 145 제품 소프트웨어 버전 등록

1) 제품 소프트웨어 패키징의 형상 관리
① 형상 관리 도구
- 프로그램의 개발 단계별 산출물의 변경 사항 등을 관리하는 기능을 제공하는 환경이다. ○ 소스 코드, 문서, 개발 이력 등
- 소프트웨어의 변경 사항(버전)을 체계적으로 추적하고 통제할 수 있는 솔루션이다.

② 형상 관리의 중요성
- 제품 소프트웨어는 지속적으로 변경되므로 이에 대한 개발 통제가 중요하다.
- 제품 소프트웨어의 형상 관리가 잘 되지 않으면 배포판의 버그 및 수정에 대한 추적의 결여 및 무절제한 변경이 난무할 수 있으며, 제품 소프트웨어의 가시성(Visibility)의 결핍이 일어나게 되고 전체적인 조망이나 Insight가 결여되어 장기적인 관리 체계에 문제를 야기할 수 있다.

> **기적의 TIP**
> 시험에 자주 나오는 개념이라 어려운 말을 그대로 옮겨서 설명하였지만, 문제를 발견하거나 발견된 문제의 원인을 분석하는 데 필요한 요소들이 한눈에 잘 들어오지 않는다고 이해하세요.

2) 제품 소프트웨어의 버전 등록 상세 기법
① 형상 관리 도구의 기능

Check-Out	저장소(repository)로부터 원하는 버전의 소프트웨어 형상의 사본을 컴퓨터로 가져오는 기능
Check-In	개발자가 수정한 소스 코드를 저장소로 업로드하는 기능
Commit	저장소 업로드가 성공적으로 완료되었을 때, 반영을 최종 승인하는 기능
Update	저장소와 컴퓨터의 형상을 동기화 하는 기능(소스 코드 수정 전에 반드시 수행)
Import	비어있는 저장소에 처음 소스를 업로드하는 기능
Export	버전 관리 파일을 뺀 순수 소스 코드 파일만 받아오는 기능

② 일반적인 작업 단계별 버전 등록 절차

추가(Add)	개발자가 신규로 어떤 파일을 저장소에 추가
인출(Check-out)	추가되었던 파일을 개발자가 인출
예치(Commit)	개발자가 인출된 파일을 수정한 다음, 저장소에 예치
동기화(Update)	Commit 작업 이후 새로운 개발자가 자신의 작업 공간을 동기화
차이(Diff)	기존 개발자가 처음 추가한 파일과 이후 변경된 파일의 차이 확인

POINT 146 형상 관리 도구

1) 제품 소프트웨어 형상 관리 도구
① 개념
- 형상 관리를 기존의 개발 도구에 단순히 포함하는 형태를 벗어나 ALM(Applicaton Lifecycle Management)의 형태로 발전 중이다. ○ 전체 라이프 사이클 관리
- ITIL 기반의 ITSM 도입으로 SW뿐 아니라 HW까지 전체적인 서비스 관점으로 형상 관리를 진행한다.
- 형상 관리는 EAMS, PPM 등의 전사적 IT Governance의 한 부분으로 정의되어 비즈니스 영속성을 유지하기 위해 통합관리된다.

② 사용 목적
- 최종 배포본 이후의 소프트웨어 변경 관리, 추가 버전 등의 관리 편의성이 상승한다.
- 사용자 문의에 대한 수작업 및 유지보수의 생산성이 개선된다.
- 적은 비용과 인력의 투입만으로 형상 관리가 가능해진다.
- 성능이 좋은 도구라도 사용이 미숙하다면 오히려 개발 복잡도가 증가할 수 있다.

③ 사용 시 유의사항
- 효율적인 형상 관리 도구 사용을 위해 다양한 기능을 활용하고, 문제 발생 시 해결 매뉴얼의 사전 준비가 필요하다.
- 제품 소프트웨어의 지속적인 형상 관리와 형상 관리의 기준이 필요하다. 〈공식적인 합의〉
- 배포 후 수정 중인 소프트웨어의 형상 관리 도구 사용은 최대한 신중하게 진행한다.

④ 사용의 필요성
- 형상 관리 지침에 의거 버전에 대한 정보에 언제든지 접근할 수 있어야 한다.
- 인가되지 않은 사용자가 소스를 수정할 수 없도록 해야 한다.
- 동일한 프로젝트에 대해서 여러 개발자가 동시에 개발할 수 있어야 한다.
- 에러 발생 시 최대한 빠른 시간 내에 복구한다.
- 사용자의 요구에 따라 적시에 최고 품질의 소프트웨어를 공급해야 한다.

- CVS(Concurrent Versions System) : 서버와 클라이언트로 구성되어 다수의 인원이 동시에 범용적인 운영체제로 접근 가능하여 형상 관리를 가능케 하는 도구로, 클라이언트가 이클립스 도구에 내장되어 있다.
- SVN(Subversion) : CVS의 단점을 보완한 형상 관리 도구로, 사실상 업계 표준으로 사용되고 있다.
- RCS(Revision Control System) : CVS와 달리 소스 파일의 수정을 한 사람으로 제한하는 형상 관리 도구이다.
- Bitkeeper : SVN과 비슷한 중앙 통제 방식의 버전 컨트롤 툴로서 대규모 프로젝트에서 빠른 속도를 내도록 개발된 형상 관리 도구이다.
- Git : 리눅스 커널의 버전 컨트롤을 하는 Bitkeeper를 대체하기 위해 나온 형상 관리 도구이다.
- Clear Case : IBM에서 제작된 복수의 서버와 클라이언트가 연계되는 구조이며 서버의 추가가 가능한 형상 관리 도구이다.

2) 유형별 특징

① 방식에 따른 유형

공유 폴더	개발이 완료된 파일은 공유 폴더에 복사하고 담당자는 자신의 PC로 다운로드하여 동작여부 확인 후 각 개발자들이 동작 여부 확인	RCS, SCCS
클라이언트/서버	중앙 서버에서 형상 관리 시스템이 항시 동작되며, 개발자들의 작업 내역을 축적할 수 있고 모니터링 가능	CVS, SVN
분산 저장소	중앙의 원격 저장소에서 개발자들의 개인 로컬 저장소에 복사하여 개발한 뒤, 다시 원격 저장소에 반영	Git, Bitkeeper

② 구분에 따른 유형

저장소 구분	로컬 형상 관리 시스템	rsc
	중앙 집중형 형상 관리 시스템	CVS, SVN, Clear Case
	분산형 형상 관리 시스템	Git, Mercurial
소스 공개 유형	Open Source 관리 도구	CVS, SVN
	상용 형상 관리 도구	PVCS, Clear Case

실기 최신문제집

최신 기출문제

CONTENTS

최신 기출문제 2024년 02회 ·················· 192p
최신 기출문제 2024년 01회 ·················· 202p

최신 기출문제 2023년 03회 ·················· 211p
최신 기출문제 2023년 02회 ·················· 220p
최신 기출문제 2023년 01회 ·················· 230p

최신 기출문제 2022년 03회 ·················· 240p
최신 기출문제 2022년 02회 ·················· 249p
최신 기출문제 2022년 01회 ·················· 257p

최신 기출문제 2021년 03회 ·················· 265p
최신 기출문제 2021년 02회 ·················· 274p

최신 기출문제 2024년 02회

01 아래 Java코드의 수행 결과로 출력되는 결과를 쓰시오.

```java
public class Main{
    static void fn(int[] a, int[] b){
        if(a==b) System.out.print("O");
        else System.out.print("X");
    }
    static void fn(int a, int b){
        if(a==b) System.out.print("O");
        else System.out.print("X");
    }
    public static void main(String[] args) {
        int[] ar1 = new int[]{1, 2, 3};
        int[] ar2 = new int[]{1, 2, 3};
        int[] ar3 = new int[]{1, 2, 3, 4};
        fn(ar1, ar2);
        fn(ar2, ar3);
        fn(ar1[1], ar3[1]);
    }
}
```

▶ 답안기입란

02 아래에서 설명하는 용어를 쓰시오.

- 정규화된 논리 데이터 모델을 시스템 운영의 단순화를 위해 중복, 통합, 분할 등을 수행하는 데이터 모델링 기법이다.
- 완벽한 수준의 정규화를 진행하면 일관성과 안정성은 증가하지만 성능이 저하될 수 있으므로 성능 향상을 위해 테이블을 통합, 분할, 추가하는 과정이다.

▶ 답안기입란

03 ⟨사원⟩ 테이블은 사원번호, 이름, 거주지, 부서 속성으로 구성되어있다. 아래는 지시사항과 그에 맞는 SQL문장이다. ⟨빈칸⟩에 적절한 코드를 쓰시오.

상황 : ⟨사원⟩ 테이블에 "기획부", "박영진", "1111" 데이터추가
SQL : [ㄱ] 사원(사원번호, 이름, 부서) VALUE('1111', '박영진', '기획부');
상황 : ⟨사원⟩ 테이블에서 "홍길동" 삭제
SQL : DELETE FROM 사원 [ㄴ];
상황 : ⟨사원⟩ 테이블에서 "홍길동"의 거주지를 "인천"으로 변경
SQL : UPDATE [ㄷ] WHERE 이름='홍길동';

▶ 답안기입란

ㄱ :
ㄴ :
ㄷ :

04 아래 ⟨수강생⟩ 테이블의 Cardinality와 Degree를 쓰시오.

[수강생]

학번	이름	거주지	연락처
111	가희	서울	010-1234
222	나연	인천	010-1235
333	상철	인천	010-1236
444	영진	경기	010-1237

▶ 답안기입란

Cardinality :

Degree :

05 아래에서 설명하는 용어를 쓰시오.

- 보안에 취약한 구조를 가진 IP를 개선하기 위해 국제 인터넷 기술 위원회(IETF)에서 설계한 표준이다.
- IPv4에서는 보안이 필요한 경우에만 선택적으로 사용하였지만 IPv6부터는 기본 스펙에 포함된다.
- IP계층에서의 보안성 제공을 위해 AH, ESP, IKE 프로토콜로 구성된다.
- 동작 모드는 전송 모드와 터널 모드로 나뉜다.
  - 전송 모드 : IP 헤더를 제외한 IP 패킷의 페이로드(Payload)만을 보호
  - 터널 모드 : IP 패킷 전체를 보호

▶ 답안기입란

06 아래에서 설명하는 응집도를 〈보기〉에서 찾아 쓰시오.

모듈의 기능 수행으로 인한 출력 결과를 다른 모듈의 입력값으로 사용하는 경우의 응집도

[보기]

Communication, Procedural, Temporal, Logical, Functional, Sequential

▶ 답안기입란

07 내부 구현을 노출시키지 않고 집약된(집합) 객체에 접근하고 싶은 경우에 적용하는 디자인 패턴을 〈보기〉에서 찾아 쓰시오.

[보기]

Singleton, Adapter, Iterator, Factory Method, Composite, Observer, Abstract Factory, Proxy, Strategy, Builder, Decorator, Command

▶ 답안기입란

08

3 2

09

ㄱ: 가상 회선 방식 (Virtual Circuit)
ㄴ: 데이터그램 방식 (Datagram)

10 아래 C 코드를 수행한 결과를 쓰시오.

```c
#include <stdio.h>
void fn(int a, int b){
    int t = a;
    a = b;
    b = t;
}
int main(){
    int a=5, b=3, s=0;
    fn(a, b);
    switch(b){
        case 1:
            s+=2;
        case 3:
            s+=4;
        case 5:
            s+=8;
    }
    printf("%d", s);
    return 0;
}
```

▶ 답안기입란

11.

4

12.

35/10

13 RIP는 소규모 네트워크를 대상으로 수행되는 라우팅 프로토콜이다. 경로를 산출하는 기준이 거리 값(홉: 경로상의 라우터 수) 하나로, 속도 등이 고려되지 않아 실제로는 최적의 경로가 아닌 경우가 많다. 아래의 네트워크에서 F 노드로 갈 수 있는 경로를 RIP 방식으로 구하시오. (단, 출발은 A 노드이고 간선은 비용을 산출한 것이다.)

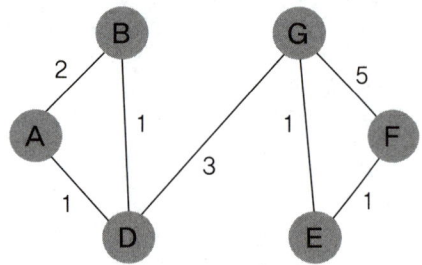

▶ 답안기입란

14 아래에서 설명하는 암호화 용어를 쓰시오.

- DES를 대체하는 미국의 표준 대칭키 블록 알고리즘이다.
- 128bit의 블록 크기와 가변 길이 키(128/192/256)를 가진다.
- 키의 길이에 따라 10/12/14 라운드를 진행한다.
- 메모리를 적게 사용하고 속도가 빨라 모바일 장비에서도 사용할 수 있다.

▶ 답안기입란

15

아래 C 코드의 수행 결과를 쓰시오.

```c
#include <stdio.h>
int main(){
    int ar[3][3] = {1, 2, 3, 4, 5, 6, 7, 8, 9};
    int *p[2] = {ar[1], ar[2]};
    printf("%d", p[0][1] + *(p[1]+2) + **p);
    return 0;
}
```

▶ 답안기입란

16

아래와 같은 프로세스, 도착 시간, 실행 시간이 존재할 때, 평균 대기시간을 쓰시오. (단, 결과는 소수점 1자리까지 계산한다.)

프로세스	도착 시간	실행 시간
P1	0	10
P2	2	6
P3	4	4

▶ 답안기입란

17
아래 Java 코드를 수행한 결과를 쓰시오.

```java
public class Main{
    public static void main(String[] args) {
        String s = "acsvsdcxcd";
        int[] v = new int[26];
        for(int i=0; i<10; i++){
            char c = s.charAt(i);
            if(v[c-'a']==0){
                System.out.print(c);
                v[c-'a']=1;
            }
        }
    }
}
```

▶ 답안기입란

acsvdx

18
아래에서 설명하는 결합도는 무엇인지 쓰시오.

- 전달 대상 모듈에게 값만 전달하는 것이 아니라 제어 요소를 함께 전달하는 경우이다.
- 전달되는 제어 요소에 따라 대상 모듈의 처리 절차가 달라진다.

▶ 답안기입란

제어 결합도 (Control Coupling)

19 아래 C 코드의 수행 결과를 쓰시오.

```c
#include <stdio.h>
struct s{
    int n;
    struct s *p;
};
int main(){
    struct s a, b;
    struct s *k;

    a.n = 10;
    b.n = 20;
    k = &a;
    a.p = &b;

    printf("%d", k->p->n);

    return 0;
}
```

▶ 답안기입란

20 아래 Java 코드의 수행 결과를 쓰시오.

```java
public class Main{
    public static void main(String[] args) {
        String s = "Don't put all your eggs in one basket";
        String[] a = s.split("o");
        System.out.print(a.length);
    }
}
```

▶ 답안기입란

최신 기출문제 2024년 01회

01
응집도는 모듈의 내부 요소들의 관계가 얼마나 밀접한지를 나타내는 정도를 나타낸다. 아래는 응집도를 낮은 품질에서 높은 품질 순으로 나열한 것이다. 〈빈칸〉에 적절한 용어를 쓰시오.

우연적 응집도 → [ㄱ] 응집도 → [ㄴ] 응집도 → [ㄷ] 응집도 → 통신적 응집도 → 순차적 응집도 → 기능적 응집도

▶ 답안기입란

ㄱ :
ㄴ :
ㄷ :

02
아래 C 코드를 수행 후 출력되는 결과를 쓰시오.

```c
#include <stdio.h>
int main(){
    int n1=13, n2=23, a;
    a = n1<n2 ? 2 : 3;
    if(a%2==0) n1<<a;
    else n2<<a;
    printf("%d", n1+n2);
    return 0;
}
```

▶ 답안기입란

03 아래의 〈강의정보〉 테이블은 강의코드가 기본키로 설정되어있다. 강사명은 강의코드에 의해 종속되는데, 강의명에 의해서도 종속이 되고 있는 상태이다. 이러한 문제를 제거하기 위한 정규화 단계를 쓰시오.

[강의정보]

강의코드	강의명	강의실	강사명
A01	정보처리	302	가희
A02	컴퓨터활용	301	나연
A03	데이터베이스	402	상철
A04	네트워크	404	영진
A05	정보처리	403	가희

강의코드	강의명	강의실
A01	정보처리	302
A02	컴퓨터활용	301
A03	데이터베이스	402
A04	네트워크	404
A05	정보처리	403

강의명	강사명
정보처리	가희
컴퓨터활용	나연
데이터베이스	상철
네트워크	영진

▶ 답안기입란

04 아래 Java 코드를 수행한 결과를 쓰시오.

```java
class A{
    static int c = 0;
    static A fn(){
        c++;
        return new A();
    }
    int fa(){
        return c;
    }
}public class Main{
    public static void main(String[] args) {
        A a = A.fn();
        A b = A.fn();
        A c = A.fn();
        System.out.println(c.fa());
    }
}
```

▶ 답안기입란

05 아래 설명에 해당하는 라우팅 프로토콜은 무엇인지 〈보기〉에서 찾아 쓰시오.

VLSM 및 CIDR을 지원하는 대규모 기업 네트워크에서 가장 널리 사용되는 프로토콜이다.
라우팅 테이블의 변화가 발생하는 즉시 업데이트가 발생하므로 컨버전스 타임이 짧다.
홉 카운트와 더불어 다양한 요소를 고려하여 경로를 선택하기 때문에 최적의 경로일 확률이 높다.

[보기]

IGP, BGP, RIP, IGRP, OSPF, EIGRP

▶ 답안기입란

06 3개의 빈 프레임이 존재하고, 페이지 참조 열이 아래와 같을 때, LRU 알고리즘에 의해 발생하는 페이지 부재 횟수를 쓰시오.

[3, 0, 2, 2, 4, 1, 2, 0]

▶ 답안기입란

07 아래 Java 코드의 메소드 수행 순서를 차례로 쓰시오.

```
class A{
    A(){    ---①
        System.out.print("D");
    }
    void fb(){    ---②
        System.out.print("R");
    }
}class B extends A{
    B(){    ---③
        System.out.print("E");
    }
    void fb(){    ---④
        super.fb();
        System.out.print("A");
        fa();
    }
    void fa(){    ---⑤
        System.out.print("M");
    }
}public class Main{
    public static void main(String[] args) {
        A a = new B();
        a.fb();
    }
}
```

▶ 답안기입란

(①) → (　　) → (　　) → (　　) → (　　)

08 아래의 설명을 읽고 해당하는 조인의 종류를 쓰시오.

[ㄱ] : 오른쪽 테이블의 모든 행을 포함하고, 왼쪽 테이블은 일치하는 행만 포함
[ㄴ] : 두 테이블에서 공통되는 값을 가진 행만 포함
[ㄷ] : 두 테이블의 모든 행을 조합하여 모든 가능한 조합을 생성

▶ 답안기입란

ㄱ :
ㄴ :
ㄷ :

09 아래 SQL 문장은 〈정보처리〉과목에서 "A"학점을 얻은 학생 중, 〈데이터보안〉과목을 수강중인 학생의 정보를 출력한다. 〈빈칸〉에 적절한 코드를 쓰시오.

[SQL]
```
SELECT 학번, 이름 FROM 데이터보안
WHERE 학번 [  빈칸  ];
```

▶ 답안기입란

10 잠행적이고 지속적인 컴퓨터 해킹 프로세스들의 집합으로, 단체, 국가, 사업체 등을 표적으로 오랫동안 상당한 정도의 은밀한 형태의 공격을 지속하는 것을 의미하는 용어를 쓰시오.

▶ 답안기입란

11 아래 C 코드의 수행 결과를 쓰시오.

```c
#include <stdio.h>
#include <string.h>
int main(){
    char s[8] = {"ABCDEFGH"};
    char t[8];
    char *p = s;
    int a=0, b=strlen(s)-1, c=0;
    while(c<b){
        t[c++] = *(p+a++);
        t[b--] = *(p+a++);
    }
    for(int i=0; i<8; i++)
        printf("%c",t[i]);
    return 0;
}
```

▶ 답안기입란

12. 123.100.0.255

13. 루트킷(Rootkit)

14. 11112222

15 아래 Python 코드의 수행 결과를 쓰시오.

```
s = ["Seoul", "Busan", "Jeju", "Gwangju", "Incheon"]
a = ""
for i in s:
    a+=i[2]
print(a)
```

▶ 답안기입란

16 각 조건이 참 또는 거짓이 되는 모든 경우의 수를 고려하여 테스트 케이스를 설계하고, 각 조건이 결과에 독립적으로 영향을 미치는지를 검증하는 가장 엄격한 테스트 커버리지는 무엇인지 쓰시오.

▶ 답안기입란

17 아래 Java 코드에서 ㉠,㉡ 에 적용된 객체지향 기술은 무엇인지 쓰시오

```
class A{
    void fn( ){
        System.out.println("A");
    }
}
class B extends A{
    void fn( ){   ----㉠
        System.out.println("B");
    }
}
public class Main{
    public static void main(String[ ] args) {
        A a = new B( );   ---㉡
        a.fn( );
    }
}
```

▶ 답안기입란

ㄱ :
ㄴ :

18 아래 설명에 해당하는 디자인 패턴을 〈보기〉에서 찾아 쓰시오.

- 관련이 있는 서브 클래스를 묶어서 팩토리 클래스로 만들고, 조건에 따라 객체를 생성하는 패턴이다.
- 객체 생성 코드가 상위 클래스에 존재하여 생성된 객체를 하위 클래스가 받아서 사용한다.
- 다수의 클래스를 하나의 추상 클래스로 묶어서 관리할 수 있는 패턴이다.

[보기]

Proxy, Abstract Factory, Builder, Adaptor, Composite, Template Method

▶ 답안기입란

19.

NBOKW

20.

3

최신 기출문제 2023년 03회

01 아래 C 코드의 수행 결과를 쓰시오.

```c
#include <stdio.h>

void main( ) {
    char *p = "KOREA";
    printf("%s\n", p);
    printf("%s\n", p+2);
    printf("%c\n", *p);
    printf("%c\n", *(p+0));
    printf("%c\n", *p+1);
}
```

▶ 답안기입란

02 아래 설명에 해당하는 용어를 영문약어로 쓰시오.

하나의 전송로를 여러 대의 단말이 함께 사용하기 위해서 제어하는 방식이다.
B-ISDN의 중심이 되는 전송/교환 기술로 모든 정보를 53바이트의 고정길이로 취급한다.

▶ 답안기입란

03 아래 설명에 해당하는 용어를 〈보기〉에서 찾아 쓰시오

모든 하드웨어가 가상화되어 가상 자원의 풀(Pool)을 구성하고, 데이터 센터 전체를 운영하는 소프트웨어가 필요한 기능 및 규모에 따라 동적으로 자원을 할당, 관리하는 역할을 수행하는 데이터 센터이다.
컴퓨팅, 네트워킹, 스토리지, 관리 등을 인력 개입 없이 모두 소프트웨어로 정의한다.

[보기]

Zing, SDDC, MQTT, VPN, VoIP, RFID

▶ 답안기입란

04 인터넷 사용자들이 비밀번호를 제공하지 않고 다른 웹사이트 상의 자신들의 정보에 대해 웹사이트나 애플리케이션의 접근 권한을 부여할 수 있는 공통적인 수단으로서 사용되는, 접근 위임을 위한 개방형 표준은 무엇인지 쓰시오.

▶ 답안기입란

05 아래 Java 코드를 수행한 결과를 작성하시오.

```java
class A{
    A(){
        System.out.print("K");
    }
    void fb(){
        System.out.print("R");
    }
}
class B extends A{
    B(){
        System.out.print("O");
    }
    void fb(){
        super.fb();
        System.out.print("E");
        fa();
    }
    void fa(){
        System.out.print("A");
    }
}
public class Main{
    public static void main(String[] args) {
        A a = new B();
        a.fb();
    }
}
```

▶ 답안기입란

06 아래 설명에 따라 a.txt 파일의 권한을 부여하는 리눅스 명령을 작성하시오.

소유자 : 모든 권한 부여
그룹 사용자 : 읽기, 쓰기 권한 부여
사용자 : 읽기, 실행 권한 부여

▶ 답안기입란

07 아래 설명에 해당하는 네트워크 용어를 쓰시오.

> 인터넷에 연결된 대부분의 가정이나 사무실은 공인 IP 주소의 부족과 네트워크 관리의 효율성을 위해 사설 IP 주소를 사용한다.
> 그러나 인터넷에 접속하려면 공인 IP 주소가 필요하므로 사설 IP 주소를 공인 IP 주소로 변환하여 인터넷에 접속할 수 있도록 해줄 수 있는 기술이 필요하다.

▶ 답안기입란

08 목적지까지 데이터를 전송하기 위한 거리와 방향만을 라우팅 테이블에 기록하는 방식을 가진 라우팅 프로토콜을 〈보기〉에서 찾아 쓰시오.

[보기]

EIGRP, IGRP, RIP, OSPF, BGP

▶ 답안기입란

09 아래 C 코드의 수행 결과를 쓰시오.

```c
#include <stdio.h>
int fa(int n) {
    if (n == 0)
        return 1;
    return n * fa(n-1);
}
int main(){
    printf("%d", fa(6));
    return 0;
}
```

▶ 답안기입란

10 아래는 정보의 접근 통제 정책에 대한 표이다. 〈빈칸〉에 적절한 용어를 쓰시오.

정책	[ㄱ]	[ㄴ]	[ㄷ]
권한 부여	시스템	데이터소유자	중앙관리자
접근 결정	보안등급	신분	역할
정책 변경	고정적	변경 용이	변경 용이
장점	안정적, 중앙집중적	구현 용이, 유연함	관리 용이

▶ 답안기입란

ㄱ :
ㄴ :
ㄷ :

11 아래 C 코드가 정상적으로 수행되기 위해 〈빈칸〉에 적절한 코드를 쓰시오. (단, 코드는 포인터 변수 p를 사용해야 한다.)

```
#include <stdio.h>
#include <string.h>
struct k{
    int a;
    char s[10];
};
int main(){
    struct k b;
    struct k *p=&b;
    p->a = 20;
    strcpy(p->s, "Jane");
    printf("%d %s", [ ㄱ ], [ ㄴ ]);
    return 0;
}
```

▶ 답안기입란

12

아래 Python 코드의 수행 결과를 쓰시오.

```
s = "Talk is cheap show me the code"
a = s.split()
print(a[3][3])
```

▶ 답안기입란

13

아래의 설명을 읽고 적절한 순수 관계 연산자의 기호 형태를 쓰시오.

[ㄱ] : 지정된 속성만을 추출하여 수직적(속성) 부분 집합을 구하는 연산
[ㄴ] : 조건에 맞는 튜플을 추출하여 수평적(튜플) 부분 집합을 구하는 연산
[ㄷ] : 대상 릴레이션(R)에서 다른 릴레이션(S) 속성의 데이터와 일치하는 튜플 중, 다른 릴레이션의 속성과 일치하는 속성을 제거한 릴레이션을 생성하는 연산

▶ 답안기입란

ㄱ :
ㄴ :
ㄷ :

14

아래의 수강생 테이블은 학번을 기본키로 사용하고 있고, 동아리 테이블은 학번을 외래키로 설정하여 수강생 테이블의 학번을 참조하고 있는 상태이다. 아래 데이터 현황을 참고하여 현재 발생한 무결성 침해 요소를 쓰시오.

[수강생]

학번	이름	거주지	연락처
111	가희	서울	010-1234
222	나연	인천	010-1235
333	상철	인천	010-1236
444	영진	경기	010-1237

[동아리]

학번	가입일	관심사
111	6.2	…
222	5.15	…
333	7.12	…
555	6.18	…

▶ 답안기입란

15 같은 그룹의 하위 모듈들을 묶어주는 패키지 간의 의존 관계를 표현하는 다이어그램은 무엇인가?

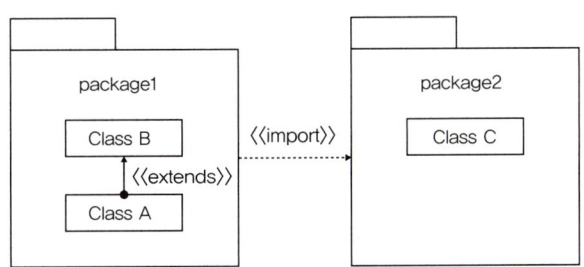

▶ 답안기입란

16 입력한 점수에 따라 학점을 출력하는 프로그램에 대한 테스트 계획이 아래와 같을 때, 수행되는 테스트 기법으로 가장 적절한 것은 무엇인지 쓰시오

점수	학점
100~90	A
89~80	B
79~70	C
69~60	D
0~59	F

테스트 데이터	100	101	80	69	59	-1
기대 결과	A	오류	B	D	F	오류
실제 결과	…	…	…	…	…	…

▶ 답안기입란

17 아래 Python 코드를 수행하여 〈10〉을 입력하면 출력되는 값은 무엇인지 쓰시오.

```
n = int(input("숫자를 입력하세요: "))
s = 0

for i in range(1, n):
    if n % i == 0:
        s += i

print(s)
```

▶ 답안기입란

18 아래는 orders 테이블과 returns 테이블의 order_id를 모두 합치는 SQL 문장이다. 가져오는 값의 중복을 허용한다고 했을 때, 〈빈칸〉에 해당하는 코드를 쓰시오.

```
SELECT order_id FROM orders
[   빈칸   ]
SELECT order_id FROM returns;
```

▶ 답안기입란

19

```java
class Parent {
    int fa(int num) {
        if (num <= 1) return num;
        return fa(num - 1) + fa(num - 2);
    }
}
class Child extends Parent {
    int fa(int num) {
        if (num <= 1) return num;
        return fa(num - 2) + fa(num - 3);
    }
}
public class Main {
    public static void main (String[ ] args) {
        Parent obj = new Child( );
        System.out.print(obj.fa(4));
    }
}
```

20

```
1   class A{
2       int fn(int num) {
3           return num+10;
4       }
5   }
6   public class Main {
7       public static void main (String[ ] args) {
8           int num = 10;
9           int a = fn(num);
10          System.out.print(a);
11      }
12  }
```

최신 기출문제 2023년 02회

01 아래 설명에 해당하는 용어를 쓰시오.

데이터나 시스템의 무단 변경을 막아 정보의 신뢰성을 보장하는 보안 기술로 데이터 위변조를 방지하여 해킹이나 사이버 공격으로부터 시스템을 안전하게 보호하는 역할을 한다.
디지털 서명, 해시 함수, 시간 도장 등을 통해 구현할 수 있으며 데이터의 무결성 보장, 시스템 보안 강화, 신뢰성 확보가 가능하다.

▶ 답안기입란

02 아래 설명에 해당하는 디자인 패턴을 〈보기〉에서 찾아 쓰시오.

[ㄱ] : 객체 생성에 많은 인수가 필요한 복잡한 객체를 단계적으로 생성하는 패턴
[ㄴ] : 클래스가 오직 하나의 인스턴스만을 가지도록 하는 패턴

[보기]

Factory Method, Builder, Singleton, Decorator, Facade, Flyweight, Proxy, Command, Iterator, Mediator, Observer, Strategy

▶ 답안기입란

ㄱ :
ㄴ :

03 아래 Java 코드는 오류가 발생한다. 오류가 발생하는 행 번호를 쓰시오.

```
1   class a{
2     int c = 10;
3   }
4   class b{
5     int x = a.c + 10;
6   }
7   public class Main{
8     public static void main(String[] args) {
9       b t = new b();
10      System.out.print(t.x);
11    }
12  }
```

▶ 답안기입란

04 아래 테스트 모듈과 그 설명을 올바르게 연결시키시오.

Test Suites • • 테스트 대상 컴포넌트나 모듈, 테스트 케이스의 집합

Test Case • • 존재하지 않는 상위 모듈의 역할을 하는 더미 모듈

Test Driver • • 상위 모듈의 테스트를 위한 최소한의 기능만 가지는 더미 모듈

Test Stub • • 입력값, 실행 조건, 기대 결과 등의 집합

05 아래 이미지는 애플리케이션과 데이터베이스가 구축되는 프로세스를 단계별로 나타낸 것이다. 〈빈칸〉에 해당하는 용어를 쓰시오.

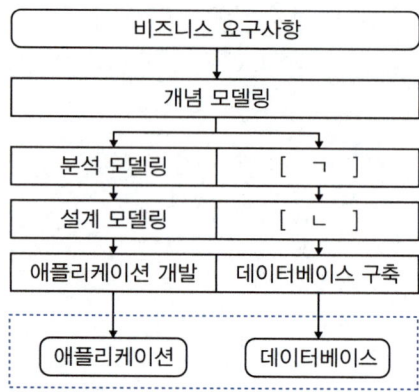

▶ 답안기입란

ㄱ :
ㄴ :

06 클라우드 컴퓨팅은 통신 기기를 이용해 언제 어디서나 다른 컴퓨터를 통해 작업 및 데이터를 처리하는 기술이다. 관련 서비스에 대한 설명에 해당하는 용어를 〈보기〉에서 찾아 쓰시오.

[ㄱ] : 서버, 스토리지, 네트워크 등의 인프라를 임대하는 서비스
[ㄴ] : 개발을 위한 하드웨어 및 소프트웨어 구축이 되어 있는 서비스

[보기]

SaaS, PaaS, IaaS, BaaS

▶ 답안기입란

ㄱ :
ㄴ :

7

08 아래 C 코드는 선택 정렬을 구현한 것이다. 〈빈칸〉에 알맞은 코드를 쓰시오.

```c
#include <stdio.h>

int main() {
    int n, i, j, min, temp;
    printf("정렬할 숫자의 개수를 입력하세요: ");
    scanf("%d", &n);
    int arr[n];
    printf("정렬할 숫자들을 입력하세요: ");
    for (i = 0; i < n; i++)
        scanf("%d", &arr[i]);
    for (i = 0; [ ㄱ ]; i++) {
        min = i;
        for (j = i + 1; j < n; j++) {
            if (arr[j] < arr[min])
                min = j;
        }
        temp = arr[i];
        arr[i] = [ ㄴ ];
        arr[min] = temp;
    }
    for (i = 0; i < n; i++)
        printf("%d ", arr[i]);
    return 0;
}
```

▶ 답안기입란

09

```
30 10 20 50 40
```

10

조건 커버리지(Condition Coverage)

11

ㄱ: 제곱법(Mid-Square)
ㄴ: 숫자분석법(Digit Analysis)
ㄷ: 기수변환법(Radix Conversion)

12 아래 C 코드는 배열 요소들의 평균을 출력하지만 오류가 발생한다. 그 이유를 약술하시오.

```c
#include <stdio.h>
int main() {
    int a[] = {45, 30, 35, 45, 50};
    int n = sizeof(a) / sizeof(a[0]);
    int s = 0, avg;

    for (int i = 0; i < n; i++)
        s += a[i];
    avg = (double)s / n;

    printf("%.2lf\n", avg);
    return 0;
}
```

▶ 답안기입란

13 아래의 〈수강정보〉 테이블에 〈데이터〉를 추가하는 SQL 문장을 작성하시오.

[수강정보]

강의코드	강의명	담당교수	강의실
a-101	정보처리기사	박영진	302호

[데이터]

강의코드	강의명	담당교수	강의실
b-101	컴퓨터활용능력	한진만	304호

▶ 답안기입란

14 Orders 테이블과 Orders 테이블을 참조하는 외래 키 제약 조건이 있는 모든 테이블을 삭제하는 SQL문장을 작성하시오.

▶ 답안기입란

15 아래의 〈보기〉에서 비대칭키 암호화 알고리즘을 모두 찾아 쓰시오.

[보기]

RSA, AES, SEED, ECC, DSA, ARIA, RC4, DES

▶ 답안기입란

16 아래 Java 코드의 출력 결과를 쓰시오.

```java
public class Main{
    public static void main(String[] args) {
        String a = "dream";
        String b = "dream";
        String c = a;
        String d = new String("dream");
        System.out.println(a==b);
        System.out.println(a==d);
        System.out.println(c.equals(d));
    }
}
```

▶ 답안기입란

17.

ㄱ: 18:29
ㄴ: 7:9
ㄷ: 12:17

18.

㉢

19

```
m = 67900
v = [50000, 10000, 5000, 1000, 500, 100]
a = []
for i in v:
    a.append(m//i)
    m=m-(m//i)*i
print(a)
```

▶ 답안기입란

[1, 1, 1, 2, 1, 4]

20

```
s = ['A', 'B', 'C', 'D']
t = []
a = ""

t.append(s.pop(0))
t.append(s.pop(0))
t.append(s.pop(0))
a += t.pop()
a += t.pop()
t.append(s.pop(0))
a += t.pop()
a += t.pop()

print(a)
```

▶ 답안기입란

CBDA

최신 기출문제 2023년 01회

01 아래 C 코드를 수행하여 출력되는 결과를 쓰시오.

```c
#include <stdio.h>
int b2d(char *s) {
  int dec = 0;
  int pr = 1;
  for (int i = sizeof(s) - 1; i >= 0; i--) {
    dec += (s[i] - '0') * p;
    p *= 2;
  }
  return dec;
}
int main(){
    printf("%d", b2d("00101101"));
    return 0;
}
```

▶ 답안기입란

02 OSI 7계층 중 2계층(데이터링크)에서 구현되며, 터널링을 위해 단말 노드를 상호 인식/인증시켜 주는 프로토콜은 무엇인지 영문이 포함된 약어로 쓰시오.

▶ 답안기입란

03 ⟨빈칸⟩을 채워 테이블 "R"에서 인원이 20명 이상인 "학과"별로 가장 높은 "점수"를 출력하는 SQL문을 완성하시오.

[SQL]

SELECT 학과, MAX(점수) AS 최고점수 FROM R [빈칸];

▶ 답안기입란

04 자바스크립트 및 XML 등의 기술을 결합한 것으로, 비동기적으로 필요한 부분만 백그라운드 처리가 가능하여 전체 웹페이지를 새로 고치지 않아도 수정된 정보를 확인할 수 있게 하는 기술은 무엇인지 영문 약어로 쓰시오.

▶ 답안기입란

05 테이블 R에서 "동아리"에 가입하지 않은 학생을 삭제하는 SQL 문장을 작성하시오. (동아리에 가입되지 않은 학생은 동아리 필드가 비어 있음)

▶ 답안기입란

06 아래에서 설명하는 용어를 ⟨보기⟩에서 찾아 쓰시오.

- 인터넷상의 다른 컴퓨터를 자신의 컴퓨터처럼 사용할 수 있도록 하는 서비스이다.
- 22번 포트를 사용하며 데이터를 암호화하여 전달하여 보안성이 향상되었다.

[보기]

SSH, telnet, SSL, HTTP, SMTP, TCP, FTP

▶ 답안기입란

07 아래 Java 코드에 적용된 객체 지향 기술을 쓰시오. (단, 캡슐화 및 정보은닉은 제외)

```java
class Person {
  private String name;
  private int age;

  public Person(String name, int age) {
    this.name = name;
    this.age = age;
  }

  public Person(String name) {
    this.name = name;
    this.age = 0;
  }

  public Person(int age) {
    this.name = "Unknown";
    this.age = age;
  }

  public Person() {
    this.name = "Unknown";
    this.age = 0;
  }
}

public class Main
{
  public static void main(String[] args) {
      Person person = new Person("Jane Doe");
  }
}
```

▶ 답안기입란

08 아래 Java 코드는 배열을 오름차순 선택 정렬한다. 〈빈칸〉에 적절한 코드를 쓰시오.

```
public class Main {
  public static void selectionSort(int[] arr) {
    for (int i = 0; i < arr.length - 1; i++) {
    int minIndex = i;
    for (int j = i + 1; j < arr.length; j++)
      if (arr[j] ( ㄱ ) arr[minIndex]) minIndex = j;
    swap(arr, i, minIndex);
    }
  }

  public static void swap(int[] arr, int i, int j) {
    int temp = arr[i];
    ( ㄴ );
    arr[j] = temp;
  }
  public static void main(String[] args) {
    int[] arr = {78, 34, 90, 12, 56};
    selectionSort(arr);
    for (int i = 0; i < arr.length; i++)
      System.out.print(arr[i]+" ");
  }
}
```

▶ 답안기입란

ㄱ :
ㄴ :

09 아래 설명을 읽고, 〈빈칸〉에 적절한 패킷 교환 방식을 쓰시오.

- (ㄱ) : 제어 패킷을 통해 가상의(논리적) 전송 경로를 확보한 뒤 데이터 패킷을 전송하는 방식이다. 전송 초기 단계에 논리적 연결 설정을 위한 작업이 필요하며 전송 경로에 종속적이다.
- (ㄴ) : 논리적 경로의 확보 없이 자유롭게 데이터 패킷을 전송하는 방식으로 제어 패킷이 필요 없다. 별도의 초기 설정이 필요 없고 전송 경로에 독립적이다.

▶ 답안기입란

ㄱ :
ㄴ :

10 아래 설명을 읽고, 〈빈칸〉에 적절한 릴레이션 관련 용어를 〈보기〉에서 찾아 쓰시오.

- (ㄱ) : 하나의 개체(레코드)를 표현하는 완전하고 고유한 정보 단위
- (ㄴ) : 하나의 속성 값이 가질 수 있는 모든 원자(분해할 수 없는) 값의 집합
- (ㄷ) : 현실 세계의 대상을 데이터베이스로 표현하고자 하는 논리적인 표현 단위

[보기]

Entity Type, Attribute, Domain, Tuple, Relation, Relation Schema, Relation Occurrence, Degree, Cardinality

▶ 답안기입란

ㄱ :
ㄴ :
ㄷ :

11 아래 설명이 나타내는 용어는 무엇인지 쓰시오.

- 바이러스처럼 다른 파일에 기생하지 않고 독립적으로 자신을 복제하여 확산한다.
- 전파 속도가 매우 빠르며 시스템에 과부하를 일으켜 마비시킨다.

▶ 답안기입란

12 아래 C 코드를 수행하여 출력되는 결과를 쓰시오.

```c
#include <stdio.h>
int main() {
  char str1[]="present";
  char str2[]="preserv";
  int len = sizeof(str1);

  int diff = 0;
  for (int i = 0; i < len; i++) {
    if (str1[i] != str2[i])
      diff++;
  }

  printf("%d\n", diff);
  return 0;
}
```

▶ 답안기입란

13 아래 Java 코드를 수행한 결과를 쓰시오.

```java
class Animal {
  public void makeSound() {
    System.out.println("Animal is making a sound.");
  }
}
class Cat extends Animal {
  public void makeSound() {
    System.out.println("Meow!");
  }
}
public class Main {
  public static void main(String[] args) {
    Animal animal = new Cat();
    animal.makeSound();
  }
}
```

▶ 답안기입란

14 복잡하게 설계된 클래스를 기능부와 구현부로 분리한 뒤, 두 클래스를 연결하는 디자인 패턴은 무엇인지 〈보기〉에서 찾아 쓰시오.

[보기]

Factory Method, Abstract Factory, Builder, Prototype, Adaptor, Bridge, Composite, Decorator, Iterator, Mediator, Memento, Observer

▶ 답안기입란

15 아래의 C 코드를 결정 커버리지로 테스트하기 위해 필요한 테스트케이스는 몇 개인지 쓰시오.

```c
#include <stdio.h>
int main() {
    int n=38;
    if (n%2==0)
        printf("Even");
    else
        printf("Odd");
    return 0;
}
```

▶ 답안기입란

16 아래 Java 코드가 정상적으로 수행되기 위해 〈빈칸〉에 들어가야 하는 코드를 쓰시오.

```java
class A {
    ( 빈칸 ) void fa() {
        System.out.println("Youngjin");
    }
}
public class Main {
    public static void main(String[] args) {
        A.fa();
    }
}
```

▶ 답안기입란

17 아래 설명을 읽고, Python에서 제공하는 자료 구조의 유형 중, 〈빈칸〉에 해당하는 용어를 쓰시오.

- (ㄱ) : 서로 다른 형태의 값을 저장할 수 있는 가변 시퀀스 자료 구조
- tuple : 서로 다른 형태의 값을 저장할 수 있는 불변 시퀀스 자료 구조
- (ㄴ) : 정렬되지 않는 고유한 값을 저장할 수 있는 자료 구조
- dictionary : 키-값 쌍의 형태로 값을 저장할 수 있는 자료 구조
- (ㄷ) : 변수에 값이 없거나 할당되지 않았음을 의미

▶ 답안기입란

ㄱ :
ㄴ :
ㄷ :

18 아래 스키마에 대한 설명을 읽고, 〈빈칸〉에 알맞은 용어를 쓰시오.

- (ㄱ) : 특정 사용자의 입장에서 필요한 데이터베이스의 구조를 정의
- (ㄴ) : 모든 사용자(조직)의 입장에서 필요한 데이터베이스의 구조를 정의
- (ㄷ) : 물리적인 저장장치 입장에서 데이터베이스가 저장되는 방법이나 구조를 정의

▶ 답안기입란

ㄱ :
ㄴ :
ㄷ :

19 네트워크에 연결된 단말기의 운영체제에서 오류 메시지를 수신하는 데 사용되는 제어 메시지 프로토콜은 무엇인지 〈보기〉에서 찾아 쓰시오.

[보기]

telnet, FTP, DHCP, TFTP, HTTP, SMTP, DNS, ANMP, TCP, UDP, ICMP, ARP

▶ 답안기입란

20 아래 C 코드를 수행한 결과를 쓰시오.

```c
#include <stdio.h>
void fb(char *a, char *b) {
    char temp = *a;
    *a = *b;
    *b = temp;
}
void fa(char *str) {
    int e = sizeof(str)-1;
    for (int i = 0; i <= e / 2; i++)
        fb(&str[i], &str[e-i]);
}
int main() {
    char str[10] = "youngjin";
    fa(str);
    printf("%s", str);
    return 0;
}
```

▶ 답안기입란

최신 기출문제 2022년 03회

01 아래 형상 관리 도구를 관리 방식에 따라 나눈 설명을 보고, 빈칸에 들어갈 알맞은 용어를 쓰시오.

- (ㄱ) : 중앙 서버에서 형상 관리 시스템이 항시 동작되며, 개발자들의 작업 내역을 축적할 수 있고 모니터링이 가능한 방식이다(CVS, SVN 등).
- (ㄴ) : 개발이 완료된 파일은 공유 폴더에 복사하고 담당자는 자신의 PC로 다운로드하여 동작 여부를 확인 후, 각 개발자들이 동작 여부를 확인하는 방식이다(RCS, SCCS 등).
- (ㄷ) : 중앙의 원격 저장소에서 개발자들의 개인 로컬 저장소에 복사하여 개발한 뒤, 다시 원격 저장소에 반영하는 방식이다(Git, Bitkeeper 등).

▶ 답안기입란

ㄱ :
ㄴ :
ㄷ :

02 아래에서 설명하는 보안 관련 용어를 약어로 쓰시오.

- 다양한 보안 장비와 서버, 네트워크 장비 등으로부터 보안 로그와 이벤트 정보를 수집한 후 정보들 간의 연관성을 분석하여 위협 상황을 인지하고, 침해 사고에 신속하게 대응하는 보안 관제 솔루션이다.
- ESM의 진화된 형태로 볼 수 있으며 네트워크 하드웨어 및 응용 프로그램에 의해 생성된 보안 경고의 실시간 분석을 제공한다.
- 방화벽, 안티바이러스 솔루션, 서버, 네트워크 장비 등으로부터 수집한 다양한 로그와 보안 이벤트 데이터를 빅데이터 기반으로 분석한다.

▶ 답안기입란

03 아래 E – R 다이어그램의 요소에 대한 설명을 참고하여 빈칸에 적절한 기호를 쓰시오. (기호를 그리지 말고 글로 표현해야 정답으로 인정)

- (ㄱ) : 개체 간 연관되는 관계
- (ㄴ) : 개체의 정보를 나타내는 고유의 특성
- (ㄷ) : 식별 가능한 현실 세계의 대상을 표현

▶ 답안기입란

ㄱ :
ㄴ :
ㄷ :

04 아래 UML의 구성 요소 중 구조적 다이어그램에 해당하는 것을 [보기]에서 모두 찾아 쓰시오.

[보기]

클래스, 시퀀스, 상태, 유스케이스, 객체, 활동, 컴포넌트

▶ 답안기입란

05 아래에서 설명하는 정보 보안 관련 용어는 무엇인지 영문으로 쓰시오.

가장 기본적인 인증 시스템으로, '모든 인증을 하나의 시스템에서'라는 목적하에 개발된 것이다. 즉, 시스템이 몇 대가 되어도 하나의 시스템에서 인증에 성공하면 다른 시스템에 대한 접근 권한도 모두 얻을 수 있다.

▶ 답안기입란

06 아래 설명을 읽고, 빈칸에 해당하는 관계 대수 기호를 쓰시오.

- (ㄱ) : 릴레이션에서 조건에 맞는 튜플을 추출하여 수평적(튜플) 부분 집합을 구하는 연산이다.
- (ㄴ) : 릴레이션에서 지정된 속성만을 추출하여 수직적(속성) 부분 집합을 구하는 연산이다.
- ⋈ : 두 릴레이션에서 조건에 맞는 튜플을 하나로 합친 릴레이션을 생성하는 연산이다.
- ÷ : 대상 릴레이션(R)에서 다른 릴레이션(S) 속성의 데이터와 일치하는 튜플 중, 다른 릴레이션(S)의 속성과 일치하는 속성을 제거한 릴레이션을 생성하는 연산이다.

▶ 답안기입란

ㄱ :
ㄴ :

07 아래에서 설명하는 용어는 무엇인지 쓰시오.

- 반복적인 문제들을 해결하기 위해 설계 패턴들을 일반화한 것이다.
- 모든 종류의 시스템 구조에 적용하는 소프트웨어 아키텍처와 달리 구현 단계의 문제에 실제로 적용 가능한 해결 방법이다.
- 기능의 향상이 아닌 문제 해결을 통한 소프트웨어의 구조 변경, 코드의 가독성 등에 집중한다.

▶ 답안기입란

08 192.168.1.0/25의 주소를 부여받아 고정 길이 서브넷 마스크 방식(FLSM)을 사용해 3개의 네트워크로 분할하고자 할 때, 두 번째 서브넷의 브로드캐스트 주소를 쓰시오.

▶ 답안기입란

09 과거의 경험이나 확인자의 감각에 의존하여 테스트 케이스를 설계하는 블랙박스 테스트 기법은 무엇인지 쓰시오.

▶ 답안기입란

10 아래에서 설명하는 프로세스 스케줄링 방식은 무엇인지 쓰시오.

- 동일한 Time Slice를 사용하는 시분할 처리 시스템에 효과적으로 적용된다.
- Time Slice 단위로 프로세스를 처리하는 방식으로, 계산 방식은 FIFO와 동일하다.
- Time Slice가 실행 시간보다 크면 FIFO와 동일한 결과를 보인다.

▶ 답안기입란

11 아래 설명 중, 빈칸에 해당하는 용어를 쓰시오.

- (ㄱ) : 친분이나 심리 등을 이용하는 비기술적인 수단으로 개인정보를 얻어내는 공격 기법
- (ㄴ) : 정보를 수집한 후, 분석에 활용되지 않는 다량의 데이터

▶ 답안기입란

ㄱ :
ㄴ :

12 아래 설명 중, 빈칸에 해당하는 용어를 쓰시오.

- (ㄱ) : 하나의 프로세서 내에 일반 애플리케이션을 처리하는 일반 구역과 보안이 필요한 애플리케이션을 처리하는 보안 구역으로 분할하는 기술이다.
- (ㄴ) : 사이트에 접속할 때 주소를 잘못 입력하거나 철자를 빠뜨리는 실수를 이용하기 위해 이와 유사한 유명 도메인을 미리 등록하는 것으로, URL 하이재킹(Hijacking)이라고도 한다.

▶ 답안기입란

ㄱ :
ㄴ :

13 학생 릴레이션에 AA학과 20명, BB학과 25명, CC학과 30명의 학생이 저장되어 있으며 복수 전공자는 없을 때, 아래의 [SQL]을 수행한 결과 릴레이션의 기수를 쓰시오.

[SQL]

- ㄱ : SELECT 학과명 FROM 학생;
- ㄴ : SELECT DISTINCT 학과명 FROM 학생;
- ㄷ : SELECT COUNT(DISTINCT 학과명) FROM 학생 WHERE 학과명='BB';

▶ 답안기입란

ㄱ :
ㄴ :
ㄷ :

14 [학생] 릴레이션과 [성적] 릴레이션을 아래 [SQL]을 통해 정의하고 데이터를 추가하였다. 이후, 수행되는 [SQL]의 결과 릴레이션의 값을 쓰시오.

[SQL]

```
CREATE TABLE 학생(
    학번 INT PRIMARY KEY,
    학생명 CHAR(20),
    학과 CHAR(20)
);
CREATE TABLE 성적(
    학번 INT, 점수 INT,
    FOREIGN KEY(학번) REFERENCES 학생(학번)
        ON DELETE CASCADE
);
INSERT INTO 학생 VALUES(11, "다은", "AA");
INSERT INTO 학생 VALUES(22, "미래", "BB");
INSERT INTO 학생 VALUES(33, "혜림", "BB");
INSERT INTO 학생 VALUES(44, "미란", "CC");
INSERT INTO 학생 VALUES(55, "경택", "CC");

INSERT INTO 성적 VALUES(11, 70);
INSERT INTO 성적 VALUES(22, 80);
INSERT INTO 성적 VALUES(33, 70);
INSERT INTO 성적 VALUES(55, 90);
```

- ㄱ : SELECT COUNT(학과) FROM 학생;
    DELETE FROM 학생 WHERE 학과="BB";
- ㄴ : SELECT COUNT(학번) FROM 성적;

▶ 답안기입란

ㄱ :
ㄴ :

15 아래 파이썬 코드를 수행하여 출력되는 결과를 쓰시오.

```
a=[1, 2, 3, 4, 5]
b=list(map(lambda num : num+10, a))
print(b)
```

▶ 답안기입란

16 아래 C 코드를 수행한 후, 변수 cnt의 값은 얼마인지 쓰시오.

```
#include <stdio.h>
int main() {
    int temp, cnt=0, i, j;
    for(i=2; i<=30; i++){
        temp=0;
        for(j=1; j<=i/2; j++)
            if(i%j==0) temp+=j;
        if(i==temp) cnt++;
    }
    return 0;
}
```

▶ 답안기입란

17. 아래 C 코드를 수행하여 출력되는 결과를 쓰시오.

```c
#include <stdio.h>
int main() {
    int score[5] = {75, 80, 50, 80, 90};
    int rank[5] = {1, 1, 1, 1, 1};
    int i, j;
    for(i=0; i<5; i++){
        for(j=0; j<5; j++){
            if(score[i]<score[j]) rank[i]++;
        }
        printf("%d ",rank[i]);
    }
    return 0;
}
```

▶ 답안기입란

4 2 5 2 1

18. 아래 C 코드를 수행한 후, 배열 ar의 모든 요소의 합은 얼마인지 쓰시오.

```c
#include <stdio.h>
int main() {
  int ar[5][5] = {
    {0,0,1,0,1},
    {0,1,0,1,0},
    {1,1,0,0,0},
    {1,0,1,0,1},
    {0,0,0,1,1}};
  int i, j, h, g;
  for(i=0; i<5; i++)
    for(j=0; j<5; j++)
      if(ar[i][j]>0)
        for(h=i+1; h<5; h++)
          for(g=j+1; g<5; g++)
            if(ar[h][g]>0) ar[i][j]++;
  return 0;
}
```

▶ 답안기입란

34

19 아래 Java 코드를 수행하여 출력되는 결과를 쓰시오.

```java
public class Main{
  public static void makeArray(int[] ar){
    for(int i = 0; i<5; i++)
      ar[i] = i;
  }
  public static void main(String[] args){
    int[] ar = new int[5];
    makeArray(ar);
    for(int i=0; i<5; i++)
      System.out.print(ar[i] + " ");
  }
}
```

▶ 답안기입란

20 아래 Java 코드를 수행하여 출력되는 결과를 쓰시오.

```java
public class Main{
  public static void main(String[] args){
    int a = 0;
    for(int i=1; i<999; i++)
      if(i%3==0 && i%2!=0)
        a = i;
    System.out.print(a);
  }
}
```

▶ 답안기입란

최신 기출문제 2022년 02회

01 아래에서 설명하는 대칭키 암호화 알고리즘은 무엇인지 [보기]에서 찾아 쓰시오.

- 국내 국가보안연구소를 중심으로 학계, 연구계가 공동으로 개발하여 정부 및 공공기관에서 범용적으로 사용하는 대칭키 블록 암호 알고리즘이다.
- AES 알고리즘이 개선된 것으로 128bit의 블록 크기를 가진다.
- 키 길이(128/192/256)에 따라 라운드(12/14/16)를 진행한다.

[보기]

DES, RSA, AES, IDEA, DSA, SEED, ARIA

▶ 답안기입란

02 아래 설명 중, 빈칸에 들어갈 다중 행 비교 연산자를 쓰시오.

- IN : 메인 쿼리의 비교 조건이 서브 쿼리의 결과 중에서 하나라도 일치하면 참
- SOME : 메인 쿼리의 비교 조건이 서브 쿼리의 결과 중에서 하나라도 일치하면 참
- (빈칸) : 메인 쿼리의 비교 조건이 서브 쿼리의 결과 중에서 모든 값이 일치하면 참
- EXISTS : 메인 쿼리의 비교 조건이 서브 쿼리의 결과 중에서 만족하는 값이 하나라도 존재하면 참

▶ 답안기입란

03 아래 [이미지]에서, 모듈 C의 제어도(Fan-Out)를 쓰시오.

[이미지]

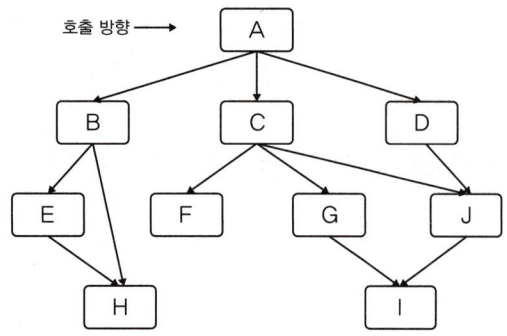

▶ 답안기입란

04 아래 설명 중, 빈칸에 해당하는 용어를 쓰시오.

- (ㄱ) : 원하는 정보가 무엇(What)인지에 대해 정의하는 비절차적 언어이다. 수학의 술어 해석(Predicate Calculus)에 기반한다.
- (ㄴ) : 원하는 정보와 그 정보를 어떻게(How) 유도하는가를 정의하는 절차적 언어이다. 일반 집합 연산자과 순수 관계 연산자로 구분된다.

▶ 답안기입란

ㄱ :
ㄴ :

05 아래에서 설명하는 통신 프로토콜의 관련 용어를 쓰시오.

- 인터넷 상의 다른 컴퓨터를 자신의 컴퓨터처럼 사용할 수 있도록 하는 서비스이다.
- 23번 포트를 사용하며, 데이터를 평문으로 전달하기 때문에 보안성이 떨어진다.

▶ 답안기입란

06 아래에서 설명하는 객체 지향 설계 원칙(SOLID)은 무엇인지 쓰시오.

- 하위 클래스는 상위 클래스의 기능이 호환될 수 있어야 한다.
- 상위 클래스의 기능을 수행하기 위해 하위 클래스는 상위 클래스의 제약사항을 준수해야 한다.

▶ 답안기입란

07 학생 릴레이션에는 학번, 이름, 반, 연락처, 주소 컬럼이 존재하고 9개의 튜플이 존재한다. 아래의 연산을 적용했을 때, 결과 릴레이션에 대한 차수(Degree)는 몇인지 쓰시오.

π 이름, 반, 연락처 (학생)

▶ 답안기입란

08 아래 설명 중 빈칸에 해당하는 네트워크 용어를 영문 약어로 쓰시오.

- (   )(은)는 공용 네트워크를 사설 네트워크처럼 사용할 수 있도록 제공하는 기술이다.
- SSL (   ) : OSI 4 계층 이상에서 암호화, 구축이 간편함
- IPSec (   ) : OSI 3 계층에서 암호화, 보안성이 높음

▶ 답안기입란

09 아래의 [보기] 중, 화이트박스 테스트 기법에 해당하는 용어를 전부 찾아 쓰시오.

[보기]

기초 경로, 동등 분할, 경계값 분석, 루프 검사, 조건 검사, 오류 예측, 원인–결과 그래프

▶ 답안기입란

10 아래의 [보기] 중, 외부 라우팅 프로토콜(EGP)에 해당하는 것을 전부 찾아 쓰시오.

[보기]

BGP, IGRP, RIP, EIGRP, OSPF

▶ 답안기입란

11 192.168.120.0/26의 주소를 부여받아 다시 4개의 네트워크로 서브네팅하였다. ip subnet-zero를 적용한 환경에서의 2번째 서브넷의 네트워크 주소와 사용 가능한 호스트 개수를 쓰시오.

▶ 답안기입란

12 아래 목적 기반 테스트에 대한 설명 중, 빈칸에 해당하는 용어를 한글로 쓰시오.

- (ㄱ) : 실패를 유도하여 정상 복귀가 가능한지 테스트
- 안전(Security) : 소스 코드 내의 보안 결함에 대한 테스트
- 강도(Stress) : 과부하 시에도 시스템이 정상 작동하는지 테스트
- (ㄴ) : 응답 시간, 처리량, 반응 속도 등의 테스트
- 구조(Structure) : 시스템 내부 로직, 복잡도 등을 테스트
- (ㄷ) : 변경된 코드에 대한 새로운 결함 여부 테스트
- 병행(Parallel) : 변경된 코드에 기존과 동일한 테스트 진행 후 결과 비교

▶ 답안기입란

ㄱ :
ㄴ :
ㄷ :

13 아래 [표]와 설명을 참고하여, 빈칸에 알맞은 종속성을 [보기]에서 찾아 쓰시오. (표 속성의 밑줄은 기본키를 의미한다.)

[표]

학번	과목	이름	성적
111	컴퓨터	A	70
222	컴퓨터	B	80
111	수학	A	75
222	수학	B	75

- 이름 속성은 학번 속성에 대해 (ㄱ) 종속성을 가진다.
- 성적 속성은 학번과 과목 속성에 대해 (ㄴ) 종속성을 가진다.

[보기]

Partial Functional, Flexibility, Transitive, Completeness, Full Functional, Integration

▶ 답안기입란

ㄱ :
ㄴ :

14 아래 [회원] 릴레이션에 대해 [SQL] 문장을 실행한 결과의 기수를 쓰시오.

[회원]

회원번호	이름	연락처	주소	등급
01	A	1111	서울	GOLD
02	B	2222	인천	VIP
03	C	3333	서울	VIP
04	D	4444	일산	SILVER
05	E	5555	부산	GOLD

[SQL]

SELECT COUNT(*) FROM 회원 WHERE 주소 IN('서울', '인천') OR 등급='VIP'

▶ 답안기입란

15 아래 파이썬 코드를 실행하여 출력되는 결과를 쓰시오.

```
a = "Boogie Drum"
b = "seoul kspo"
ab = a[:3] + b[6:8]
print("Youngjin %s" % ab)
```

▶ 답안기입란

16 아래 C 코드를 수행하여 출력되는 결과를 쓰시오.

```
#include <stdio.h>
struct nums{
    int a;
    int b;
};
int main()
{   struct nums k = {0, 0};
    int i;
    for(i=1; i<5; i++){
        k.a += i;
        k.b += i*2-1;
    }
    printf("%d", k.b-k.a);
    return 0;
}
```

▶ 답안기입란

17. 8

18. 9 1 3

19 아래 Java 코드를 수행하여 출력되는 결과를 쓰시오.

```java
public class Main{
   public static void main(String args[])
      int k=3;
      switch(k){
         case 1:   k-=2;
         case 2:   k*=3;
         case 3:   k+=2;
         case 4:   k%=3;
         case 5:   k|=0;
      }
      System.out.println(k);
   }
}
```

▶ 답안기입란

20 아래 Java 코드를 수행하여 출력되는 결과를 쓰시오.

```java
class Ta{
    int n;
    Ta(int n){
        this.n = n;
    }
    int sum(){
        int n = 0;
        for(int i=1; i<=this.n; i++)
            n += i;
        return n;
    }
}
public class Main{
    public static void main(){
        Ta a = new Ta(8);
        a.n = 10;
        System.out.println(a.sum());
    }
}
```

▶ 답안기입란

최신 기출문제 2022년 01회

정답 367p

01 아래 설명에 해당하는 RAID 유형을 숫자로 쓰시오.

- 빠른 데이터 입출력을 위해 스트라이핑(Striping)을 구현하는 방식이다.
- 다수의 디스크에 데이터 입출력을 분산시켜 매우 빠른 속도를 나타낸다.
- 데이터를 분할하여 각각의 디스크에 나눠 저장하는 방식으로, 데이터 안정성이 매우 떨어진다는 단점이 있다.

▶ 답안기입란

02 아래 설명 중, 빈칸에 해당하는 용어를 [보기]에서 찾아 쓰시오.

- (ㄱ) : 변경되었던 데이터를 취소하고 원래의 내용으로 복원하는 기능이다.
- (ㄴ) : 원래 내용으로 복원되었던 데이터를 log를 통해 다시 앞의 내용으로 되돌리는 기능이다.

[보기]

Commit, Undo, RollBack, CheckPoint, Redo, SavePoint

▶ 답안기입란

ㄱ :
ㄴ :

03 아래 기술된 용어를 영문 약어로 변환하여 쓰시오.

IEEE 802.11의 무선 네트워킹 표준으로 사용되는 보안 프로토콜이다. IEEE 802.11i의 작업 그룹과 와이파이 얼라이언스에서 WEP를 하드웨어의 교체 없이 대체하기 위해 고안되었다.

▶ 답안기입란

04 사용자 인터페이스 중, 아래 설명에 해당하는 용어를 영문 약어로 쓰시오.

사람의 음성이나 행동, 촉각 등을 통해 컴퓨터와 상호작용하는 환경이다.

▶ 답안기입란

05 아래 분석 기법에 대한 설명 중, 빈칸에 해당하는 용어를 [보기]에서 찾아 쓰시오.

- (ㄱ) : 소스 코드를 실행하지 않고 코드의 표준, 스타일, 복잡도 및 결함 등을 찾아내는 분석 기법
- (ㄴ) : 소스 코드를 실행하여 프로그램의 흐름과 연산 결과, 메모리 및 스레드 결함 등을 찾아내는 분석 기법

[보기]

Static, Execution, Code, Dynamic, Analysis, Debug

▶ 답안기입란

ㄱ :
ㄴ :

06 아래 설명에 해당하는 용어를 쓰시오.

자바 프로그래밍 언어용 유닛 테스트 프레임워크로, 테스트 주도 개발 면에서 중요하며 SUnit과 함께 시작된 XUnit이라는 이름의 유닛 테스트 프레임워크 계열의 하나이다. 컴파일 타임에 JAR로써 링크된다.

▶ 답안기입란

07 아래 [보기]에서, 화이트박스 테스트 기법을 3가지 찾아 쓰시오.

[보기]

Equivalence Partitioning Testing, Condition Testing, Boundary Value Analysis, Cause – Effect Graphing Testing, Loop Testing, Comparison Testing, Data Flow Testing, Error Guessing

▶ 답안기입란

08 아래 기술된 용어를 영문 약어로 쓰시오.

정보 통신 서비스 제공자가 정보 통신망의 안정성 및 신뢰성을 확보하여 정보 자산의 기밀성, 무결성, 가용성을 실현하기 위한 관리적, 기술적 수단과 절차 및 과정을 체계적으로 관리, 운용하는 체계이다.

▶ 답안기입란

09 아래 데이터베이스 용어에 대한 설명 중, 빈칸에 해당하는 용어를 [보기]에서 찾아 쓰시오.

- 슈퍼키는 (ㄱ)(을)를 만족하는 속성이 없을 때, 둘 이상의 속성을 합쳐서 튜플을 식별할 수 있게 만들어진 속성으로 (ㄴ)(을)를 만족시키지 못한다.
- 후보키는 릴레이션에 존재하는 모든 튜플에 대해 (ㄱ)(와)과 (ㄴ)(을)를 모두 만족시키는 속성이다.

[보기]

유일성, 무결성, 투명성, 최소성, 다형성, 유연성

▶ 답안기입란

ㄱ :
ㄴ :

10 아래 설명에 해당하는 공격 유형을 쓰시오.

> APT 공격에서 주로 쓰이는 공격이며, 공격 대상이 자주 방문하는 홈페이지의 Web Exploit(웹 취약점)을 이용하여 악성코드를 심은 뒤, 사용자가 모르게 해당 악성코드를 다운로드 받게 하고, 다운로드 된 악성코드를 통해 공격을 하는 방식이다.

▶ 답안기입란

11 아래 V-모델의 이미지 중, 빈칸에 해당하는 용어를 쓰시오.

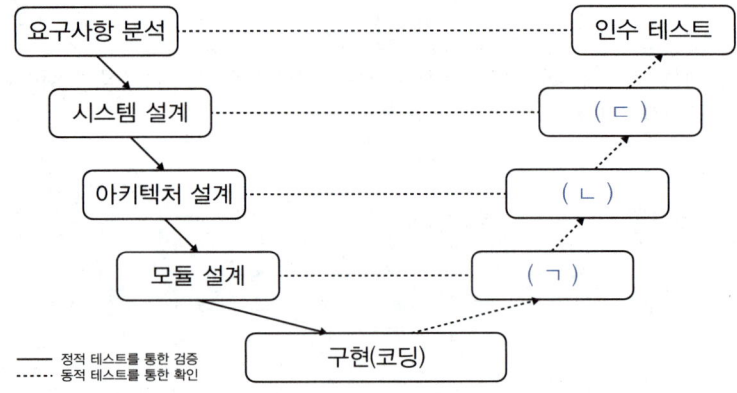

▶ 답안기입란

ㄱ :
ㄴ :
ㄷ :

12 데이터베이스의 이상 현상 중, 삭제 이상에 대해 약술하시오.

▶ 답안기입란

13 아래 기술된 [조건]에 맞게 출력되도록 SQL을 작성하시오.

[조건]

성적 테이블에서 name과 score 속성을 score 기준 내림차순하여 조회

▶ 답안기입란

14 아래 파이썬의 자료구조 관련 함수에 대한 설명 중, 빈칸에 해당하는 용어를 [보기]에서 찾아 쓰시오.

- (ㄱ) : 인수로 전달된 (순회 가능한) 자료구조를 분해하여 요소별로 추가하는 메소드
- (ㄴ) : 리스트의 내부 요소 하나를 추출하는 메소드(추출된 요소는 리스트 내부에서 삭제됨)
- (ㄷ) : 리스트 내부 요소들의 배열 순서를 반대로 뒤집는 메소드

[보기]

pop, remove, del, sort, reverse, extend, insert, append

▶ 답안기입란

ㄱ :
ㄴ :
ㄷ :

15 아래 파이썬 코드의 실행 결과를 쓰시오.

```
def exam(num1, num2=2):
    print('a=', num1, 'b=', num2)
exam(10)
```

▶ 답안기입란

16 아래 C 코드의 실행 결과를 쓰시오. (단, 사용자 입력값은 5라고 가정한다.)

```c
#include <stdio.h>
int func(int a) {
    if (a <= 1) return 1;
    return a * func(a - 1);
}
int main() {
    int a;
    scanf("%d", &a);
    printf("%d", func(a));
}
```

▶ 답안기입란

17 아래 C 코드의 실행 결과가 4321일 때, 빈칸에 해당하는 코드를 쓰시오.

```c
#include <stdio.h>
int main() {
    int number = 1234;
    int div = 10;
    int result = 0;
    while (number __ㄱ__ 0) {
        result = result * div;
        result = result + number __ㄴ__ div;
        number = number __ㄷ__ div;
    }
    printf("%d", result);
}
```

▶ 답안기입란

18 아래 C 코드의 실행 결과를 쓰시오.

```c
#include <stdio.h>
int isPrime(int number) {
    int i;
    for (i=2; i<number; i++) {
        if (number % i == 0) return 0;
    }
    return 1;
}
int main(void) {
    int number = 13195, max_div=0, i;
    for (i=2; i<number; i++)
        if (isPrime(i) == 1 && number % i == 0)
            max_div = i;
    printf("%d", max_div);
    return 0;
}
```

▶ 답안기입란

19 아래 Java 코드 중, 빈칸에 해당하는 코드를 쓰시오.

```java
class Car implements Runnable{
    int a;
    public void run(){
        system.out.println("message");
    }
}
public class Main{
    public static void main(String args[]){
        Thread t1 = new Thread(new _____ ());
        t1.start();
    }
}
```

▶ 답안기입란

20 아래 Java 코드의 실행 결과를 쓰시오.

```java
class YG {
    int a;
    int b;
}
public class Main {
    static void func1(YG m){
        m.a *= 10;
    }
    static void func2(YG m){
        m.a += m.b;
    }
    public static void main(String args[]){
        YG m = new YG();
        m.a = 100;
        func1(m);
        m.b = m.a;
        func2(m);

        System.out.printf("%d", m.a);
    }
}
```

▶ 답안기입란

최신 기출문제 2021년 03회

01 아래 빈칸에 알맞은 용어를 쓰시오.

( ) Spoofing은 주소 결정 프로토콜 메시지를 변조시켜 공격하고자 하는 특정 IP주소를 해커 자신의 매체 접근 주소(MAC, Media Access Control)로 연결시켜 해당 IP로 전달되는 개인정보 등의 데이터를 중간에서 가로채기하는 공격 행위이다.

▶ 답안기입란

02 다음은 결합도(Coupling)에 대한 설명이다. 설명에 해당하는 결합도의 종류를 영문으로 쓰시오.

- 모듈 간의 인터페이스로 값만 전달되는 것이 아니라 제어 요소를 전달하는 경우이다.
- 모듈이 전달하는 인수(제어 요소)로 인해 다른 모듈의 처리 절차가 변경되는 종속적인 관계이다.

▶ 답안기입란

03 아래 설명에 해당하는 용어를 [보기]에서 찾아 쓰시오.

입력 데이터 간의 관계와 출력에 미치는 영향을 분석하여 효용성이 높은 테스트 케이스를 설계한다. 원인은 입력 조건을 의미하고 결과는 입력 조건의 결과를 의미하며, 원인과 결과 간의 논리적 관계를 boolean 연산자를 사용하여 표현한다.

[보기]

Equivalence Partitioning Testing, Boundary Value Analysis, Cause – Effect Graphing Testing, Comparison Testing, Error Guessing

▶ 답안기입란

04 아래 설명에 해당하는 암호화 알고리즘 용어를 영문 약어로 쓰시오.

- 1975년 미국 NBS에서 발표한 개인키 암호화 알고리즘이다. 블록 크기는 64비트이며, 키 길이는 56비트이다.
- 이 알고리즘을 3번 적용하여 보안을 더욱 강화한 케이스도 있지만, 컴퓨터의 발전에 따라 몇 시간 정도면 해독이 가능해져 현재는 NIST(과거 NBS)에서 발표한 AES 등이 채용된다.

▶ 답안기입란

05 아래 설명의 빈칸에 해당하는 용어를 쓰시오.

( ) 다이어그램은 ( )(와)과 ( ) 사이의 관계를 표현하여 시스템의 구조를 설명하고 문제점을 파악하는 데 활용된다.
( ) 다이어그램의 요소에는 ( ) Name, Attribute, Operation(method)가 있다.

▶ 답안기입란

06 아래 설명에 해당하는 객체지향 디자인 패턴의 종류를 쓰시오.

객체를 생성하기 위한 인터페이스를 정의하여 어떤 클래스가 인스턴스화 될 것인지 서브 클래스가 결정하도록 하는 패턴이다. 사용자의 입력값이나 조건이 다를 경우 조건에 맞는 다른 객체를 생성할 때 필요하며 서브 클래스가 인스턴스를 결정하도록 하고 책임을 위임하는 패턴이다.

▶ 답안기입란

07 아래 파일 구조(접근 방법) 설계에 대한 설명 중, 빈칸에 해당하는 용어를 쓰시오.

- 파일 구조에는 순차 접근, (　　) 접근, 해싱 접근이 있다.
- 그 중 (　　)(은)는 순차 파일에서 원하는 데이터를 빠르게 검색하고 추출할 수 있도록 일정한 순서에 따라 별도로 정리하여 놓은 (　　)(을)를 구성하여 편성하는 방식이다. 먼저 (　　)(을)를 찾고, 그 (　　)(이)가 가리키는 위치의 데이터 파일에 접근하여 원하는 레코드를 참조한다. 레코드를 구분할 수 있는 키와 함께 레코드가 기억된 위치값을 가지고 있으며, 검색 속도를 향상시킬 수 있다.

▶ 답안기입란

08 아래 설명에 해당하는 용어를 영문 약어로 쓰시오.

초보자도 쉽게 사용할 수 있게 메뉴나 기능을 마우스로 선택할 수 있도록 인터페이스를 적용한 것을 말한다. 마이크로소프트의 Windows, 애플의 mac OS 등에서 채용한 사용자 인터페이스로 메뉴, 아이콘 등의 그래픽 요소를 통해 시스템과 상호작용하는 UI이다.

▶ 답안기입란

09 DCL의 명령어 중, GRANT에 대해 약술하시오.

▶ 답안기입란

10 아래는 정보 보호 기술인 AAA에 대한 설명이다. 각 설명에 맞는 답을 [보기]에서 찾아 쓰시오.

- (ㄱ) : 시스템 접근을 시도하는 송신측에서 제시한 신분이 타당한지 수신측에서 검증하는 과정
- (ㄴ) : 인증을 통해 검증된 사용자가 어떤 권한을 가지며 어떤 자원 및 시스템에 접근할 수 있는지 설정하는 과정
- (ㄷ) : 사용자의 시스템 사용 시간, 이용 정보, 사용 위치 등에 대한 정보를 수집하는 과정

[보기]

Authentication, Availability, Accounting, Authorization, Cryptography

▶ 답안기입란

ㄱ :
ㄴ :
ㄷ :

11 아래 OSI 7 Layer에 대한 각 설명과 대응되는 적절한 계층을 쓰시오.

- (ㄱ) : 노드 간의 신뢰성 있는 데이터 전송을 보장하기 위해 전송 데이터에 대한 오류와 흐름을 제어한다.
- (ㄴ) : IP주소를 제공하는 계층으로, 노드를 거쳐갈 때마다 가장 안전하고 빠른 경로를 설정해준다.
- (ㄷ) : 코드 문자 등을 번역하여 일관되게 전송하고 압축, 해제, 보안 등의 기능을 담당한다.

▶ 답안기입란

ㄱ :
ㄴ :
ㄷ :

12. 아래 설명 중, 빈칸에 해당하는 용어를 [보기]에서 찾아 쓰시오.

눈에 보이지 않는 것을 개념적으로 표현하는 것을 '추상화'라고 하며, 이는 실세계의 복잡한 상황을 간결하고 명확하게 개념화 하는 것이다. (ㄱ)(은)는 하나의 사물과 다른 사물이 '전체'와 '부분'의 관계이면서도 서로 독립적인 관계를 나타내는 것이고, (ㄴ)(은)는 하나의 사물이 다른 사물의 상위 개념인 관계를 나타내며 "is – a" 관계를 기본으로 한다. 하위 사물의 관점으로 상위 개념으로 올라갈수록 일반화가 된다.

[보기]

Specialization, Generalization, Inheritance, Aggregation, Classification

▶ 답안기입란

ㄱ :
ㄴ :

13. 아래의 테스트 케이스 중, 빈칸에 해당하는 용어를 [보기]에서 찾아 쓰시오.

식별자 ID	테스트 항목	(ㄱ)	(ㄴ)	(ㄷ)
YJ-A002	로그인 기능	회원정보 화면	ID : test0908 PW : test8698!@	로그인 성공
YJ-A006	로그인 기능	회원정보 화면	ID : test0908 PW : 임의문자	로그인 실패

[보기]

요구사항, 입력값, 실행 조건, 기대 결과, 작업 환경

▶ 답안기입란

ㄱ :
ㄴ :
ㄷ :

14

아래 테이블에서 아래와 같은 SQL 코드를 실행했을 때의 결과를 쓰시오.

A

CODE	NAME
1234	steve
5678	james
1024	sally

B

NO	RULE
1	j%
2	%s%

[SQL]

```
SELECT COUNT(*) CNT FROM A CROSS JOIN B WHERE A.NAME LIKE B.RULE;
```

▶ 답안기입란

15

아래의 소프트웨어 통합 테스트에 대한 설명 중, 빈칸에 해당하는 용어를 쓰시오.

- (ㄱ) 통합 테스트는 프로그램의 하위 모듈에서 상위 모듈 방향으로 통합하면서 테스트하는 기법이다. 주요 제어 모듈의 상위 모듈에 종속되어 있는 하위 모듈의 그룹을 클러스터로 결합하여 진행하며 데이터 입출력을 확인하기 위한 더미 모듈인 (ㄴ)(이)가 필요하다.
- (ㄴ)(은)는 아직 존재하지 않는 상위 모듈의 역할(인터페이스)을 하는 시험용 모듈을 말한다.

▶ 답안기입란

ㄱ :
ㄴ :

16. 아래 Java 코드의 실행 결과를 쓰시오.

```java
class Connection {
    static private Connection inst = null;
    private int count = 0;
    static public Connection get() {
        if(inst == null) {
            inst = new Connection();
            return inst;
        }
        return inst;
    }
    public void count(){
        count++;
    }
    public int getCount(){
        return count;
    }
}

public class Main{
    public static void main(String[] args) {
        Connection conn1 = Connection.get();
        conn1.count();
        Connection conn2 = Connection.get();
        conn2.count();
        Connection conn3 = Connection.get();
        conn3.count();
        System.out.print(conn1.getCount());
    }
}
```

▶ 답안기입란

17. 아래 Java 코드의 실행 결과를 쓰시오.

```java
public class Main {
    public static void main(String[] args) {
        int a = 3, b = 4, c = 3, d = 5;
        if((a == 2 | a == c) & !(c > d) & (1 == b ^ c != d)) {
            a = b + c;
            if(7 == b ^ c != a) {
                System.out.println(a);
            } else {
                System.out.println(b);
            }
        } else {
            a = c + d;
            if(7 == c ^ d != a) {
                System.out.println(c);
            } else {
                System.out.println(d);
            }
        }
    }
}
```

▶ 답안기입란

7

18. 아래 파이썬 코드의 실행 결과를 쓰시오.

```
a, b = 100, 200
print(a==b)
```

▶ 답안기입란

False

19 아래 C 코드의 실행 결과를 쓰시오.

```c
#include <stdio.h>

int main(){
    int *arr[3];
    int a = 12, b = 24, c = 36;
    arr[0] = &a;
    arr[1] = &b;
    arr[2] = &c;

    printf("%d\n", *arr[1] + **arr + 1);
}
```

▶ 답안기입란

20 아래 C 코드의 실행 결과를 쓰시오.

```c
#include <stdio.h>

struct jsu {
    char name[12];
    int os, db, hab, hhab;
};

int main(){
    struct jsu st[3] = {{"데이터1", 95, 88},
                        {"데이터2", 84, 91},
                        {"데이터3", 86, 75}};
    struct jsu* p;

    p = &st[0];

    (p+1)->hab = (p+1)->os + (p+2)->db;
    (p+1)->hhab = (p+1)->hab + p->os + p->db;

    printf("%d\n", (p+1)->hab + (p+1)->hhab);
}
```

▶ 답안기입란

최신 기출문제 2021년 02회

01 아래에서 설명하는 용어를 쓰시오.

> 네트워크 구성을 위한 액세스 포인트 등의 특정 기반 구조가 없는 자율적으로 구성되는 네트워크로서, 무선 인터페이스를 사용하여 서로 통신하고, 멀티 홈 라우팅 기능으로 통신 거리 제약을 극복하는 특징이 있다. 긴급 재난, 전쟁 등의 임시 네트워크로 활용되고 있다.

▶ 답안기입란

02 병행 제어 기법 중, 하나의 트랜잭션에서 갱신하는 데이터를 다른 트랜잭션이 접근하지 못하도록 상호배제하는 행위를 의미하는 용어를 쓰시오.

▶ 답안기입란

03

아래 이미지와 같이 부분 함수적 종속성(Partial Functional Dependency)을 제거하여 완전 함수적 종속을 만족하는 정규형은 무엇인지 쓰시오. (밑줄친 속성이 주 식별자이다.)

[정규화 전 테이블]

직원코드	직원명	담당업무
M01	양준석	고객상담
M01	양준석	마케팅
M02	이은서	마케팅
M02	이은서	판매

[정규화 후 테이블]

직원코드	직원명
M01	양준석
M02	이은서

직원코드	담당업무
M01	고객상담
M01	마케팅
M02	마케팅
M02	판매

▶ 답안기입란

04

아래 설명 중, 빈칸에 들어갈 용어를 약어로 쓰시오.

( ) 알고리즘은 미국 국립 표준 기술연구소(NIST)에서 공모하여 선정된 DES의 약한 암호화 강도를 대체할 수 있는 대칭키 알고리즘이다. 128비트의 암호화 블록, 128/192/256비트의 다양한 키 길이를 가진다.

▶ 답안기입란

05 아래 설명 중, 빈칸에 들어갈 용어를 쓰시오.

> 디자인 패턴 중, (   ) 패턴은 반복적으로 사용하는 객체들의 상호 작용을 패턴화한 것으로, 큰 작업을 여러 개의 객체로 분리하는 방법 및 기능의 구체적인 알고리즘을 정의하는 패턴이다. 패턴의 종류로는 Interpreter, Observer, Command 등이 있다.

▶ 답안기입란

06 테스트 하네스는 테스트를 지원하기 위한 환경(코드 및 데이터)을 말한다. 테스트 하네스의 구성 요소 중, 하향식 테스트 환경에서 상위 모듈의 테스트를 위한 최소한의 기능만 가지는 테스트용 하위 모듈을 무엇이라 하는지 쓰시오.

▶ 답안기입란

07 아래 설명 중, 빈칸에 들어갈 용어를 쓰시오.

> - (ㄱ)(은)는 사용자가 시스템을 이용하면서 느끼게 되는 총체적인 경험을 의미한다. 기술을 효용성 측면이 아닌 사용자의 만족감이나 감정 등의 삶의 질을 향상시키는 방향으로 보는 새로운 개념이다.
> - (ㄴ)(은)는 사용성과 접근성 향상을 위해 사용자와 시스템 간의 상호작용이 원활하도록 도와주는 하드웨어 및 소프트웨어로써, 가독성과 편리성이 향상되며 사용자의 소프트웨어 만족도에 가장 큰 영향을 준다.

▶ 답안기입란

ㄱ :
ㄴ :

08 아래 설명 중, 빈칸에 들어갈 용어를 쓰시오.

- (ㄱ) : 패킷 전송 전에 미리 가상 경로를 확보하여 전송하는 방식이며, 송수신국 사이에 논리적 연결 및 초기 설정이 필요하므로 종속적인 패킷 교환 방식이다.
- (ㄴ) : 경로를 확보하지 않고 개별적으로 전송하는 방식이며, 논리적 연결 및 초기 설정이 필요하지 않으므로 독립적인 패킷 교환 방식이다.

▶ 답안기입란

ㄱ :
ㄴ :

09 아래 설명 중, 빈칸에 들어갈 용어를 [보기]에서 찾아 쓰시오.

- (ㄱ) : 모든 구문을 적어도 한 번 수행하는 커버리지
- (ㄴ) : 결정문이 적어도 한 번은 참과 거짓의 결과를 수행하는 커버리지
- (ㄷ) : 결정문 내의 각 조건이 적어도 한 번은 참과 거짓의 결과가 되도록 수행하는 커버리지

[보기]

구문(문장), 결정/조건, 다중 조건, 결정(분기), 조건

▶ 답안기입란

ㄱ :
ㄴ :
ㄷ :

10 아래 설명 중, 빈칸에 들어갈 용어를 [보기]에서 찾아 쓰시오.

- (ㄱ) : 입출력 간의 연관성은 없지만, 모듈의 기능들이 하나의 문제 해결을 위해 순차적으로 수행되는 경우의 응집도
- (ㄴ) : 모듈의 기능들이 동일한 입출력 데이터를 사용하여 서로 다른 기능을 수행하는 경우의 응집도
- (ㄷ) : 모듈 내부의 모든 기능 요소들이 단일 문제를 해결하는 데 수행되는 경우의 응집도

[보기]

기능적, 순차적, 교환적, 절차적, 시간적, 논리적, 우연적

▶ 답안기입란

ㄱ :
ㄴ :
ㄷ :

11 객체지향 분석 방법론의 가장 대표적인 럼바우 데이터 모델링에 대한 세부 유형에 대한 설명을 참고하여 빈칸에 알맞은 용어를 [보기]에서 찾아 쓰시오.

- (ㄱ) : 사용자 요구사항을 분석하여 입출력 데이터를 결정한다. 객체들의 제어 흐름과 상호작용 순서를 자료 흐름도 (DFD)로 나타낸다.
- (ㄴ) : 객체들의 기능과 상태, 조건과 활동 등을 파악하여 상태 또는 활동 다이어그램으로 나타낸다.
- (ㄷ) : 업무 영역에서 요구하는 객체를 식별하고 객체에 포함될 속성 및 자료구조를 객체 다이어그램을 통해 나타낸다.

[보기]

Function, Class, Information, Dynamic, Component, Package

▶ 답안기입란

ㄱ :
ㄴ :
ㄷ :

12 트랜잭션의 특징 중 원자성(atomicity)에 대하여 약술하시오.

▶ 답안기입란

13 성적 테이블에서 Score가 90점 이상인 학생의 등급을 "A"로 변경하는 SQL문을 작성하고자 한다. 빈칸에 알맞은 용어를 쓰시오.

학생ID	Name	Score	Grade
1001	유명환	95	A
1002	이가빈	90	B
1003	송진아	80	C
1004	엄재운	70	D

[SQL]

(ㄱ) 성적 (ㄴ) Grade='A' WHERE Score>=90;

▶ 답안기입란

ㄱ :
ㄴ :

14 아래의 두 테이블(학생정보, 학과정보)을 JOIN하여 학번, 이름, 학과, 담당교수 데이터를 조회하는 SQL문이다. 빈칸에 알맞은 용어를 쓰시오.

학번	이름	성별	학과
1001	유길동	남	컴퓨터
1002	최지우	여	컴퓨터
1003	이광석	남	경영
1004	김지민	여	디자인

학과	담당교수	인원
컴퓨터	김피씨	50
디자인	강미술	40
경영	최경영	45
물리	이물리	48

[SQL]
```
SELECT 학번, 이름, 학생정보.학과, 담당교수
    FROM 학생정보 JOIN 학과정보( ㄱ )
        학생정보.학과 = 학과정보.( ㄴ );
```

▶ 답안기입란

ㄱ :
ㄴ :

15 성적 테이블에서 이씨 성을 가진 학생의 Name과 Score를 조회하는 SQL문이다. 빈칸에 알맞은 용어를 쓰시오. (단, 출력 결과는 Score를 기준으로 내림차순 정렬된다.)

학생ID	Name	Score	Grade
1001	유명환	95	A
1002	이가빈	90	B
1003	송진아	80	C
1004	엄재운	70	D

[SQL]
```
select Name, Score from 성적
    where Name like '( ㄱ )'
    order by Score ( ㄴ );
```

▶ 답안기입란

ㄱ :
ㄴ :

16. 아래 파이썬 코드의 실행 결과를 쓰시오.

```
a = 100
result = 0

for i in range(1, 3):
    result = a >> i
    result = result + 1
print(result)
```

▶ 답안기입란

17. 아래 C 코드의 실행 결과를 쓰시오.

```
int mp(int base, int exp);
int main() {
    int res;
    res = mp(2, 10);
    printf("%d", res);
    return 0;
}
int mp(int base, int exp) {
    int res = 1;
    for(int i= 0; i<exp; i++) {
        res *= base;
    }
    return res;
}
```

▶ 답안기입란

18 아래 C 코드의 실행 결과를 쓰시오.

```c
int main() {
    int ary[3];
    int s = 0;
    *(ary + 0) = 1;
    ary[1] = *(ary + 0) + 2;
    ary[2] = *ary+ 3;
    for(int i = 0; i < 3; i++) {
        s = s + ary[i];
    }
    printf("%d", s);
}
```

▶ 답안기입란

19 다음 Java 코드는 음수와 양수를 판단하여 결과를 출력해준다. 아래 코드가 정상적으로 실행되도록 빈칸에 알맞은 키워드를 [보기]에서 찾아 쓰시오.

```java
public class Main {
    public static void main(String[] args) {
        System.out.print(check(1));
    }

    _____ String check(int num) {
        return (num >= 0) ? "positive" : "negative";
    }
}
```

[보기]

public, static, protected, default, private

▶ 답안기입란

20 다음 Java 코드의 실행 결과를 쓰시오.

```
public class ovr{
    public static void main(String[] args) {
        ovr a = new ovr();
        ovr2 b = new ovr2();
        System.out.println(a.san(3,2) + b.san(3,2));
    }
    int san(int x, int y) {
        return x + y;
    }
}
class ovr2 extends ovr{
    int san(int x, int y) {
        return x - y + super.san(x, y);
    }
}
```

▶ 답안기입란

실기 최신문제집

실전 모의고사

CONTENTS

실전 모의고사 01회	284p
실전 모의고사 02회	291p
실전 모의고사 03회	297p
실전 모의고사 04회	303p
실전 모의고사 05회	310p
실전 모의고사 06회	316p
실전 모의고사 07회	323p
실전 모의고사 08회	329p
실전 모의고사 09회	336p
실전 모의고사 10회	343p

실전 모의고사 01회

정답 373p

01 정보 시스템에 손상의 원인을 제공하는 보안상의 약점을 의미하는 SW 개발 보안 관련 용어는 무엇인지 쓰시오.

▶ 답안기입란

02 블랙박스 테스트(Black Box Test) 기법 중 입력 조건에 유효한 값과 무효한 값을 균등하게 하여 테스트하는 기법은 무엇인지 [보기]에서 찾아 쓰시오.

[보기]

Cause – Effect Graphing Testing, Comparison Testing, Boundary Value Analysis, Equivalence Partitioning Testing, Error Guessing

▶ 답안기입란

03 WORKS 릴레이션에서 'PNO'가 1~3인 사원의 '주민등록번호'를 검색하는 SQL문을 작성하시오. 단, IN 키워드를 사용하시오.

▶ 답안기입란

04 아래 [학생] 릴레이션을 대상으로 하는 [SQL문]의 결과를 쓰시오. (필드명을 제외한 예상 출력 데이터만 쓰시오.)

[학생]

학생	학생명	국어	영어	수학
111	서버들	87	88	93
222	오미르	78	85	92
333	남보라	73	80	90

[SQL]

SELECT SUM(수학) FROM 학생 WHERE 학생명<>'오미르';

▶ 답안기입란

05 악성 프로그램 중, 파괴 기능 없이 확산의 목적을 가지고 끊임없는 자기복제를 통해 시스템에 과부하를 주는 형태의 공격을 하는 것은 무엇인지 쓰시오.

▶ 답안기입란

06 데이터 흐름을 순차적으로 암호화하는 방식으로, 평문과 키 스트림을 XOR 연산하여 암호문을 생성하고 실시간 음성 및 영상 스트리밍에 활용하는 암호는 무엇인지 쓰시오.

▶ 답안기입란

07 아래는 C 언어로 작성된 피보나치 수열을 출력하는 프로그램이다. 6번째로 출력되는 수는 무엇인지 쓰시오.

```c
int main() {
    int a=1, b=1, num;
    printf("1 1");
    for(int i=0; i<10; i++) {
        num = a + b;
        a = b;
        b = num;
        printf("%d", num);
    }
}
```

▶ 답안기입란

08 아래 C 언어로 작성된 프로그램이 정상 작동하기 위해 빈칸에 입력해야 하는 코드는 무엇인지 쓰시오.

```c
#include <stdio.h>
#include < _____ >
int main() {
    char s[20] = "korea";
    char *p = "pure";
    strcat(s, p);
    printf("%s", s);
}
```

▶ 답안기입란

09 아래 C 언어로 작성된 프로그램의 실행 결과를 쓰시오.

```c
int main() {
  int ar[4][2]= {{1}, 2, 3, 4};
  printf("%d", ar[2][0]);
  return 0;
}
```

▶ 답안기입란

10 아래 Java 언어로 작성된 프로그램이 정상 작동되도록 빈칸에 적절한 코드를 쓰시오.

```java
class Person {
  String name;
  public Person(String name) {
      this.name = name;
  }
}
class Student extends Person {
  String dept;
  public Student(String name) {
      _____ (name);
  }
}
public class Main {
  public static void main(String[] args) {
      Student s = new Student("GilDong");
      System.out.print(s.name);
  }
}
```

▶ 답안기입란

11 아래 Python 언어로 작성된 프로그램은 사용자 입력값이 60에서 80 사이일 때 "정상 범위입니다."를 출력한다. 프로그램이 정상 작동하도록 빈칸에 알맞은 코드를 쓰시오. (단, and, or, range, in 등의 키워드 없이 단순 비교 연산을 이용해서 코드를 완성하시오.)

```
val = int(input())
if (_____):
    print("정상 범위입니다.")
```

▶ 답안기입란

12 다음은 스와핑에 대한 설명이다. 빈칸에 알맞은 용어를 쓰시오.

스와핑 기법은 프로그램 전체를 할당하여 사용하다가 필요에 따라 다른 프로그램으로 교체하는 기법으로 사용자 프로그램이 완료될 때까지 교체 과정을 여러 번 수행할 수 있다.
- (ㄱ) : 주기억장치에 있는 프로그램이 보조기억장치로 이동되는 것
- (ㄴ) : 보조기억장치에 있는 프로그램이 주기억장치로 이동되는 것

▶ 답안기입란

13 분산 처리 시스템의 투명성 중, 어떤 작업을 수행하기 위해 분산 데이터베이스상에 존재하는 어떠한 데이터의 물리적인 위치의 고려 없이 동일한 명령을 사용할 수 있어야 한다는 특징을 가지는 투명성은 무엇인지 쓰시오.

▶ 답안기입란

14 다음이 의미하는 용어를 쓰시오.

- 비즈니스 요구사항을 표현한 상위 수준의 모델로, 데이터 모델의 골격을 설계한다.
- 주요 엔티티 타입, 기본 속성, 관계, 주요 업무 기능 등을 포함한다.
- 주요 업무 영역에 포함되는 주요 엔티티 타입 간의 관계를 파악하여 주요 업무 규칙을 정의한다.

▶ 답안기입란

15 OSI 7 계층 중, 물리적인 하드웨어 전송 기술로 이루어져 있으며 전기적, 기계적인 신호를 주고받는 역할을 하는 계층으로 통신 케이블, 허브, 리피터 등의 장비가 대표적인 계층은 무엇인지 [보기]에서 찾아 쓰시오.

Network, Presentation, Physical, Transport, Datalink, Session, Application

▶ 답안기입란

16 암호화 키, 패스워드 등이 소스 코드에 상수 형태로 존재하는 코드를 무엇이라 하는지 쓰시오.

▶ 답안기입란

17 다음이 설명하는 용어를 쓰시오.

네트워크에서 송신자의 신원을 증명하는 방법으로, 송신자가 자신의 비밀키로 암호화한 메시지를 수신자가 송신자의 공개키로 해독하는 과정이다.

▶ 답안기입란

18 다음이 설명하는 악성 코드는 무엇인지 쓰시오.

> 인터넷 사용자의 컴퓨터에 침입하여 내부 문서 및 파일을 암호화한 뒤에 암호 해독용 프로그램 제공을 조건으로 사용자에게 돈을 요구하는 공격 방식이다.

▶ 답안기입란

19 다음이 설명하는 용어를 쓰시오.

> 클라우드 컴퓨팅 기반 서비스 중 하나로, 블록체인의 기본 인프라를 추상화하여 블록체인 응용 기술을 제공하는 서비스이다.

▶ 답안기입란

20 다음이 설명하는 디지털 변조 방식을 쓰시오.

> - 디지털 데이터의 1과 0을 위상(각도, 위치)을 다르게 하여 전송하는 방식이다.
> - 위상을 다르게 하면 여러 개의 신호를 만들 수 있어 전송 속도(용량)가 빨라진다.

▶ 답안기입란

실전 모의고사 02회

정답 374p

01 아래는 암호화 알고리즘에 대한 설명이다. 빈칸에 해당하는 용어를 쓰시오.

- (ㄱ) 알고리즘 : 암호화만 가능한 알고리즘(Hash 기반 알고리즘)
- (ㄴ) 알고리즘 : 암호화/복호화가 가능한 알고리즘(대칭키, 비대칭키)

▶ 답안기입란

02 아래의 [보기] 중, 시간 복잡도가 가장 빠른 것은 무엇인지 쓰시오.

[보기]

O(N), O(N²), O(N!), O(logN), O(2ᴺ), O(NlogN)

▶ 답안기입란

03 두 릴레이션 A, B에 대해 B 릴레이션의 모든 조건을 만족하는 튜플들을 릴레이션 A에서 분리해 내어 프로젝션하는 관계 대수의 연산 기호를 쓰시오.

▶ 답안기입란

04 학생 테이블에서 성별이 '남'인 학생의 학번과 성명, 연락처 속성을 이용하여 학번, 이름, 전화번호 속성으로 구성된 '3학년연락처' 뷰를 생성하는 SQL문을 작성하시오.

▶ 답안기입란

05 컴퓨터 바이러스의 대표적인 3대 기능을 쓰시오.

▶ 답안기입란

06 아래 C 언어로 작성된 프로그램은 2~100 사이의 소수(prime number)를 판별하여 출력한다. 빈칸에 알맞은 코드를 쓰시오.

```c
int main() {
  int num, i;
  for (num = 2; num <= 100; num++) {
    for (i = 2; i < num; i++) {
      if (num % i == 0) _____ ;
    }
    if (i == num) printf("%d", num);
  }
  printf("\n");
  return 0;
}
```

▶ 답안기입란

07 아래 C 언어로 작성된 프로그램의 실행 결과를 쓰시오.

```c
int main() {
  int ar[2][3]= {1, 2, 3, 4, 5, 6};
  printf("%d", ar[0][1]);
  return 0;
}
```

▶ 답안기입란

08 아래 C 언어로 작성된 프로그램의 실행 결과가 '8'이 되기 위한 코드를 빈칸에 쓰시오. (포인터 변수 p를 사용)

```c
int main() {
  int ar[4][2]= {1, 2, 3, 4, 5, 6, 7, 8};
  int *p = ar;
  printf("%d", *( _____ ));
  return 0;
}
```

▶ 답안기입란

09 Java 언어의 대표 기술 중 하나로, 부모 클래스로부터 상속받은 메소드를 자식 클래스에서 재정의하는 것을 무엇이라고 하는지 쓰시오.

▶ 답안기입란

10 Python에서 클래스의 생성자 메소드를 구현할 때, 사용하는 식별자를 쓰시오.

▶ 답안기입란

11 교착상태 해결 방안 중, 회복(Recovery)은 교착상태가 발생한 프로세스 중 희생양을 정하여 자원을 빼앗는 방식이다. 희생양을 정하는 기준을 간략히 쓰시오.

▶ 답안기입란

12 주기억장치보다 큰 사용자 프로그램을 실행하기 위한 기법으로, 주기억장치의 공간이 부족해지면 적재된 조각 중 불필요한 조각을 중첩하여 적재하는 방식은 무엇인지 쓰시오.

▶ 답안기입란

13 정규화의 목적을 간략히 쓰시오.

▶ 답안기입란

14 다음이 설명하는 용어를 쓰시오.

- RFID 기술 중 하나로 최대 통신 거리가 10cm 이내로 좁은 비접촉식 통신 기술이다.
- 통신 장비 중 최대 통신 가능 거리가 가장 좁다.

▶ 답안기입란

15 모든 연산이 수행되거나 하나도 수행되지 말아야 한다는 트랜잭션의 특징은 무엇인지 쓰시오.

▶ 답안기입란

16 OSI 7 계층에서 종단 간 신뢰성 있고 효율적인 데이터를 전송하기 위해 오류 검출과 복구, 흐름 제어를 수행하는 계층을 쓰시오.

▶ 답안기입란

17 정규화된 엔티티, 속성, 관계를 시스템의 성능 향상과 개발 운영의 단순화를 위해 중복, 통합, 분리 등을 수행하는 데이터 모델링 기법을 쓰시오.

▶ 답안기입란

18 다음이 설명하는 용어를 영문 약어로 쓰시오.

기존의 원천 시스템에서 데이터를 추출하여 목적 시스템의 데이터베이스에 적합한 형식으로 변환한 후, 목적 시스템에 적재하는 일련의 과정을 의미한다.

▶ 답안기입란

19 절차형 SQL의 종류 3가지를 쓰시오.

▶ 답안기입란

20 다음이 설명하는 용어를 쓰시오.

- TCP/IP 프로토콜 위에서 동작하는 발행 – 구독 기반의 메시징 프로토콜이다.
- 메시지 매개자(Broker)를 통해 송신자가 특정 메시지를 발행하고 수신자가 메시지를 구독하는 방식으로 IBM이 주도하여 개발되었다.

▶ 답안기입란

실전 모의고사 03회

정답 375p

01 다음 설명에 부합하는 요구사항 검증 방식은 무엇인지 쓰시오.

> 요구사항 명세서 작성자를 제외한 전문적인 검토 그룹이 상세히 결함을 분석하는 방식

▶ 답안기입란

02 아래는 통합 테스트에서 사용되는 더미 모듈에 대한 설명이다. 빈칸에 적절한 용어를 쓰시오.

> - (ㄱ) : 상위(제어) 모듈에 의해 호출되는 모듈의 기능을 테스트하기 위한 시험용 하위 모듈
> - (ㄴ) : 아직 존재하지 않는 상위 모듈의 역할(인터페이스)을 하는 시험용 모듈

▶ 답안기입란

03 아래에서 설명하는 SQL의 종류를 영문 약어로 쓰시오.

> - 테이블의 데이터를 조회하고 조작(삽입, 갱신, 삭제)할 때 쓰인다.
> - 대표적 명령 : SELECT, INSERT, DELETE, UPDATE

▶ 답안기입란

실전 모의고사 03회 297

04 학생 릴레이션은 학번, 성명, 과목 속성으로 이루어져 있다. 해당 릴레이션에 '1234', '길동', '정보처리'의 값을 삽입하는 SQL 문장을 작성하시오.

▶ 답안기입란

05 Python 코드에서, 내장되지 않은 함수를 불러와야 할 때 사용하는 키워드는 무엇인지 쓰시오.

▶ 답안기입란

06 불법적인 외부 침입으로부터 내부 네트워크의 정보를 보호하기 위한 시스템으로 내부와 외부 네트워크 사이의 정보 흐름을 안전하게 통제하는 역할을 하는 것은 무엇인지 쓰시오.

▶ 답안기입란

07 아래 C 언어로 작성된 프로그램의 실행 결과를 쓰시오.

```
int main() {
    int a=5, r=2, total=a, n=2;
    for(int i=0; i<3; i++) {
        a*=r;
        total+=a;
    }
    printf("%d", total);
}
```

▶ 답안기입란

08 아래 C 언어로 작성된 프로그램의 실행 결과를 쓰시오.

```
int main() {
  char a, b;
  char *pa=&a, *pb=&b;
  int res = sizeof(*pa)+sizeof(*pb);
  printf("%d", res);
  return 0;
}
```

▶ 답안기입란

09 아래 C 언어로 작성된 프로그램은 배열 a의 요소 전체를 역순으로 출력한다. 코드가 정상 작동되도록 빈칸을 채우시오.

```
int main() {
  int a[5]= {1, 2, 3, 4, 5};
  _____ ;
  for(int i=0; i<5; i++)
    printf("%d", *(p+(4-i)));
  return 0;
}
```

▶ 답안기입란

10 Java 언어 중, 한 클래스 내에 이미 사용하려는 이름과 같은 이름을 가진 메소드가 있더라도 매개변수의 개수 또는 타입이 다르면 같은 이름을 사용해서 메소드를 정의할 수 있도록 하는 기술은 무엇인지 쓰시오.

▶ 답안기입란

11 Python 코드가 각각의 지역을 구분할 때 중괄호 대신 사용하는 것은 무엇인지 쓰시오.

▶ 답안기입란

12 교착상태 해결 방안 중, 은행원 알고리즘과 같이 안정적 상태를 유지할 수 있는 프로세스의 요청만 받아들이는 방식은 무엇인지 [보기]에서 찾아 쓰시오.

[보기]

Circular, Prevention, Avoidance, preemption, Hold, Detection, Recovery, exclusion

▶ 답안기입란

13 다음 주기억장치 관리 전략 중, 빈칸에 해당하는 용어를 쓰시오.

- (ㄱ) : 데이터 배치가 가능한 공간 중 첫 번째 공간에 배치
- (ㄴ) : 데이터 배치가 가능한 공간 중 여유 공간(단편화)을 가장 적게 남기는 공간에 배치
- 최악 적합(Worst Fit) : 데이터 배치가 가능한 공간 중 여유 공간(단편화)을 가장 크게 남기는 공간에 배치

▶ 답안기입란

14 소프트웨어 테스트에서, 모든 결함의 80%는 20%의 기능에 집중된다는 법칙은 무엇인지 쓰시오.

▶ 답안기입란

15 아래에서 설명하는 용어를 쓰시오.

> 대용량 테이블을 논리적인 작은 테이블로 나누어 성능 저하 방지와 관리를 용이하게 하는 것으로, 범위(Range) 분할, 해시(Hash) 분할, 조합(Composite) 분할 등이 있다.

▶ 답안기입란

16 아래에서 설명하는 디스크 스케줄링 방식은 무엇인지 쓰시오.

> - 현재 디스크 헤드에서 가장 가까운 트랙의 요청을 먼저 처리하는 방식이다.
> - Seek time을 최소화할 수 있고, 처리량이 극대화된다.
> - 응답 시간의 편차가 크고, 안쪽 및 바깥쪽 트랙의 요청에 대한 기아 현상 발생 가능성이 높아진다.

▶ 답안기입란

17 다음이 의미하는 용어를 쓰시오.

> 프로세스가 특정 단위 시간 동안 자주 참조하는 페이지들의 집합을 뜻하며, 이것을 주기억장치에 상주시킴으로써 페이지 교체 및 부재가 줄어들어 메모리 관리 안정성이 보장된다.

▶ 답안기입란

18 Python 코드에서, while문을 이용해 코드를 무한 반복(Loop)하기 위해서는 while 헤더(첫 줄)를 어떻게 코딩해야 하는지 쓰시오.

▶ 답안기입란

19 다음이 설명하는 용어를 쓰시오.

- 근거리 무선 접속을 지원하기 위해 사용되는 대표적인 통신 기술이다.
- 휴대폰, 노트북, 이어폰, 핸드폰 등을 기기 간에 서로 연결해 정보를 교환하는 근거리 무선 기술 표준을 말한다.

▶ 답안기입란

20 다음이 설명하는 용어를 쓰시오.

기존 무선 랜의 한계 극복을 위해 등장하였으며, 대규모 디바이스의 네트워크 생성에 최적화되어 차세대 이동통신, 홈 네트워킹, 공공 안전 등의 특수 목적을 위한 새로운 방식의 네트워크 기술이다.

▶ 답안기입란

실전 모의고사 04회

정답 376p

01 아래 리팩토링(Refactoring)에 대한 설명 중, 빈칸에 해당하는 용어를 쓰시오.

- 코드의 (ㄱ)(은)는 바뀌지 않은 상태에서 (ㄴ)(을)를 개선하는 것이다.
- 완성된 코드의 (ㄴ)(을)를 좀 더 안정되게 설계하는 기술이다.
- 소프트웨어의 디자인을 개선하여 가독성을 높인다.

▶ 답안기입란

02 아래 하향식 통합에 대한 설명 중, 빈칸에 적절한 용어를 쓰시오.

메인 제어 모듈을 시작으로 제어의 경로를 따라 아래 방향으로 이동(통합)하면서 테스트를 진행하는 방식이다.
- (ㄱ) 우선 : 해당 모듈에 종속되어 있는 모듈을 우선 탐색하는 기법
- (ㄴ) 우선 : 해당 모듈과 같은 레벨에 위치한 모듈을 우선 탐색하는 기법

▶ 답안기입란

03 데이터 정의어(DDL)에 해당하는 명령을 [보기]에서 찾아 쓰시오.

[보기]

ALTER, GRANT, ROLLBACK, CREATE, SELECT, REVOKE, COMMIT, INSERT

▶ 답안기입란

04 학생 테이블의 학과 속성값을 오름차순 정렬하여, '학생_인덱스'라는 이름으로 인덱스를 정의하는 SQL문을 작성하시오.

▶ 답안기입란

05 시스템 인증의 종류로, 사용자 인증을 위한 신분 확인 요소 중 출입 카드나 OTP 등의 소지품을 통해 인증을 수행하는 것을 무엇이라 하는지 쓰시오.

▶ 답안기입란

06 아래 C 언어로 작성된 프로그램의 출력 결과를 쓰시오.

```
#include <stdio.h>
#include <string.h>
int main() {
    char s[20] = "korea";
    char *p = "pure";
    strcat(s, p);
    printf("%s", s);
}
```

▶ 답안기입란

07 아래 C 코드의 출력 결과가 10이 나오기 위해서 빈칸에 들어가야 할 코드를 쓰시오.

```c
#include <stdio.h>
int main() {
  int n = 4;
  int *p = _____ ;
  *p = 10;
  printf("%d", n);
}
```

▶ 답안기입란

08 아래 C 언어로 작성된 프로그램의 실행 결과를 쓰시오.

```c
#include <stdio.h>
int main() {
  int a=10, b=5;
  printf("%d, ", a / b * 2);
  printf("%d, ", ++a * 3);
  printf("%d, ", a>b && a != 5);
}
```

▶ 답안기입란

09 아래 Java 언어로 작성된 프로그램의 실행 결과를 쓰시오.

```java
public class Main {
    public static int[] makeArray(int n) {
        int[] t = new int[n];
        for(int i = 0; i < n; i++) {
            t[i] = (i*9)%10;
        }
        return t;
    }
    public static void main(String[] atgs) {
        int[] a = makeArray(4);
        for(int i = 0; i < a.length; i++)
            System.out.print(a[i] + " ");
    }
}
```

▶ 답안기입란

10 아래 Python 코드를 수행하면 "빨간색"이 출력된다. 빈칸에 적절한 코드를 쓰시오.

```
class ClassicCar:
    color = "빨간색"
    def test(self):
        color = "파란색"
        print( _____ )
father = ClassicCar()
father.test()
```

▶ 답안기입란

11 비선점형(Non Preemption) 방식은 현재 실행 중인 프로세스를 다른 프로세스가 강제적으로 중단시킬 수 없는 방식이며, 일괄 처리 시스템에 적당하다. [보기]에서 비선점형 방식을 찾아 쓰시오.

[보기]

FIFO, MFQ, KGB, RR, SJF, PPT, SRT, HRN

▶ 답안기입란

12 다음은 교착상태(DeadLock)가 발생할 수 있는 필요 충분 조건에 대한 설명이다. 빈칸에 들어갈 알맞은 용어를 쓰시오.

- (ㄱ) : 한 리소스는 한 번에 한 프로세스만이 사용할 수 있다.
- (ㄴ) : 어떤 프로세스가 하나 이상의 리소스를 점유하고 있으면서 다른 프로세스가 가지고 있는 리소스를 기다린다.
- 비선점(Non preemption) : 프로세스가 작업을 마친 후 리소스를 자발적으로 반환할 때까지 기다린다.
- (ㄷ) : 각 프로세스는 순환적으로 다음 프로세스가 요구하는 자원을 가진다.

▶ 답안기입란

13 정규화 과정 중 제1정규형에 대해 간략히 서술하시오.

▶ 답안기입란

14 아래 로킹과 관련된 표에서 빈칸에 해당하는 용어를 쓰시오. (증가, 감소 중 선택하여 입력)

로크 단위	로크 개수	병행 제어 기법	병행성 수준	오버헤드
작음	많음	복잡	높아짐	(ㄱ)
큼	적음	단순	낮아짐	(ㄴ)

▶ 답안기입란

15 OSI 7 계층의 하위 계층을 [보기]에서 모두 찾아 쓰시오.

[보기]

Network, Presentation, Transport, Datalink, Physical, Session, Application

▶ 답안기입란

16 전자우편 서비스에서 수신측의 이메일 서버에서 컴퓨터로 다운로드하는 프로토콜이 무엇인지 [보기]에서 찾아 쓰시오.

[보기]

FTP, IMAP, HTTP, SMTP, TCP, MIME, POP3

▶ 답안기입란

17 다음이 설명하는 용어를 쓰시오.

- 사용자가 시스템에 로그인 한 순간부터 로그아웃 할 때까지의 구간으로, 이 구간에는 사용자 인증이 유지되어 추가적인 인증이 필요 없다.
- 금융거래 등의 중요한 정보 이용 시에는 지속적이고 추가적인 인증이 필요하다.

▶ 답안기입란

18 다음이 설명하는 용어를 쓰시오.

특정 취약점에 대한 보안 패치나 대응법이 발표되기 전에 해당 취약점을 이용하여 위협을 가하는 공격 방법이다.

▶ 답안기입란

19 다음이 설명하는 용어를 쓰시오.

침입 방지 시스템의 구성 요소 중 하나이며 내외부 네트워크 사이에서 게이트웨이 역할을 하는 호스트로, 외부 공격에 대한 방어 기능을 담당하는 컴퓨터이다.

▶ 답안기입란

20 다음이 설명하는 용어를 쓰시오.

기업의 전략적 관점에서 효율적인 의사 결정을 지원하기 위해 데이터의 시계열적 축적과 통합을 목표로 하는 기술의 구조적, 통합적 환경이다.

▶ 답안기입란

실전 모의고사 05회

01 클린 코드(Clean Code)의 작성 원칙에 해당하는 것을 [보기]에서 찾아 쓰시오.

[보기]

가독성, 계층성, 종속성 배제, 중복성 제거, 상속화

▶ 답안기입란

02 설계 기반 테스트 중, 주어진 명세를 기반으로 테스트 케이스를 구현하여 테스트하는 기법을 무엇이라 하는지 쓰시오.

▶ 답안기입란

03 데이터 제어어(DCL)에 해당하는 명령을 [보기]에서 찾아 쓰시오.

[보기]

REVOKE, COMMIT, ROLLBACK, SELECT, GRANT, INSERT, ALTER, CREATE

▶ 답안기입란

04. 아래 두 테이블에 대한 교차곱(Cartesian Product)의 기수를 쓰시오.

R

회원번호	이름	과목
1	홍길동	영어
2	김경희	국어
3	안재홍	수학

×

S

성별	지역
남	서울
여	인천

▶ 답안기입란

05. 접근 통제 모델 중 무결성을 강조하는 모델로, 위조 방지보다 변조 방지가 더 중요한 금융이나 회계 등의 자산 데이터 정보를 다루기 위한 상업용 모델은 무엇인지 쓰시오.

▶ 답안기입란

06. 정상적인 경우에는 사용되지 않아야 할 주소 공간(메모리)이나, 원래는 경계선 관리가 적절하게 수행되어 덮어쓸 수 없는 부분에 해커가 임의의 코드를 덮어씀으로써 발생하는 취약점을 이용하는 공격은 무엇인지 쓰시오.

▶ 답안기입란

07. 아래 C 언어로 작성된 프로그램의 실행 결과를 쓰시오.

```c
int main() {
  int a = (21 / 4) * 4;
  int b = (a * a) / a;
  printf("%d%d", a, b);
}
```

▶ 답안기입란

08

```
int main() {
  int sw=1, n=2;
  printf("1");
  for(int i=1; i<5; i++) {
    if(sw==1)
      printf("+");
    printf("%d", n++*sw);
    sw *= -1;
  }
}
```

▶ 답안기입란

1+2-3+4-5

09

```
int main() {
    double score=3.7;
    _____ = score;
    switch(i) {
    case 4:
        printf("A+"); break;
    case 3:
        printf("B+"); break;
    case 2:
        printf("C+"); break;
    case 1:
        printf("D+"); break;
    default:
        printf("F"); break;
    }
}
```

▶ 답안기입란

int i

10 아래 Java 언어로 구현된, 캡슐화가 적용된 클래스이다. 인스턴스 변수를 외부에서 간접 참조 및 할당할 수 있도록 빈칸에 적절한 코드를 쓰시오.

```
class Book{
  private String name;
  private String author;

  public void setName(String name){ ____ㄱ____ }
  public void setAuthor(String author){ ____ㄴ____ }
  public String getName(){ return name; }
  public String getAuthor(){ return author; }
}
```

▶ 답안기입란

11 아래 Python 언어로 작성된 프로그램의 실행 결과를 쓰시오.

```
s = "Hello Python"
print(s[6:7], s[-4:])
```

▶ 답안기입란

12 쉘 스크립트(Shell Script)에서 case문을 끝내는 키워드를 쓰시오.

▶ 답안기입란

13 프로세스 내에서의 작업 단위로서, 시스템의 여러 자원을 할당받아 실행하는 프로그램 단위를 뜻하는 용어를 쓰시오.

▶ 답안기입란

14 정규화 과정 중 제2정규형에 대해 간략히 서술하시오.

▶ 답안기입란

15 병행 제어 기법 중 로킹(Locking)에서 로크의 단위가 큰 경우에 해당하는 특징을 모두 고르시오.

ㄱ. 로크의 개수가 적어져 병행 제어 기법이 단순해진다.
ㄴ. 로크의 개수가 많아져 병행 제어 기법이 복잡해진다.
ㄷ. 병행성(공유도) 수준이 낮아지고 오버헤드가 감소한다.
ㄹ. 병행성(공유도) 수준이 높아지고 오버헤드가 증가한다.

▶ 답안기입란

16 FTP는 인터넷에서 파일을 주고 받을 수 있도록 하는 프로토콜로, 다른 컴퓨터가 접속하면 파일의 업로드와 다운로드 서비스를 제공한다. 이 프로토콜의 2가지 전송 모드를 쓰시오.

▶ 답안기입란

17 TCP 프로토콜은 상대방과의 통신 수립 단계 때문에 지연 시간이 생기는데, 3단계로 이루어진 통신 수립 단계를 의미하는 용어를 쓰시오.

▶ 답안기입란

18 다음이 설명하는 용어를 영문으로 쓰시오.

> 다양한 채널에서 소비자와 상호 작용을 통해 생성된, 기업 마케팅에 있어 효율적이고 다양한 데이터이며, 이전에 사용하지 않거나 알지 못했던 새로운 데이터나 기존 데이터에 새로운 가치가 더해진 데이터이다.

▶ 답안기입란

19 다음이 설명하는 용어를 쓰시오.

> PCB(Process Control Block)는 프로세스에 대한 정보를 기록한 테이블로 Time Slice에 의해 ( )(을)를 수행한다. ( )(은)는 실행되는 프로세스의 상태 정보 저장 후, 다른 프로세스 정보를 PCB에 적재하는 과정이다.

▶ 답안기입란

20 다음이 설명하는 용어를 쓰시오.

> 디지털 정보 자원을 장기적으로 보존하기 위한 작업으로, 아날로그 콘텐츠는 디지털로 변환한 후 압축하여 저장하고, 디지털 콘텐츠를 체계적으로 분류한 후 메타 데이터를 만들어 DB화하는 작업이다.

▶ 답안기입란

실전 모의고사 06회

01 아래 설명에 해당하는 용어를 영문으로 쓰시오. (대소문자 관계 없음)

- 중복을 최소화한 가독성이 좋고 단순한 코드이다.
- 로직의 이해가 빠르고 수정 속도가 빨라진다.
- 오류를 찾기 용이하고 유지보수 비용이 낮아진다.

▶ 답안기입란

02 아래 설명에 해당하는 용어는 무엇인지 쓰시오.

입력 조건의 경계에서 오류가 발생할 확률이 높다는 점을 이용하여 입력 조건의 경계값으로 테스트 케이스를 생성한다.

▶ 답안기입란

03 STUDENT 테이블에 대한 조회 권한을 'Jane'에게 부여하는 SQL문을 작성하시오.

▶ 답안기입란

04

아래의 SQL 문장은 키가 170~179cm인 한국팀의 플레이어를 조회한다. 틀린 부분을 찾아 올바르게 고쳐 쓰시오. (문장 전체가 아닌 틀린 부분만 명확히 판단이 되면 정답으로 인정)

```
SELECT player_name, height FROM player
WHERE team_id = 'Korea' AND height BETWEEN 170 OR 180;
```

▶ 답안기입란

05

다음은 접근통제 정책의 비교표이다. 빈칸에 알맞은 용어를 영문 약어로 쓰시오.

정책	(ㄱ)	(ㄴ)	(ㄷ)
권한 부여	시스템	중앙 관리자	데이터 소유자
접근 결정	보안 등급	역할	신분
정책 변경	고정적	변경 용이	변경 용이
장점	안정적, 중앙 집중적	관리 용이	구현 용이, 유연함

▶ 답안기입란

06 아래 C 언어로 작성된 프로그램의 실행 결과를 쓰시오.

```c
int main() {
  int data[5] = {10, 6, 7, 9, 3};
  int temp;
  for (int i = 0; i < 4; i++)
    for (int j = i + 1; j < 5; j++)
      if (data[i] < data[j]) {
        temp = data[i];
        data[i] = data[j];
        data[j] = temp;
      }
  printf("%d", data[2]);
}
```

▶ 답안기입란

07 아래는 C 언어로 작성된, 두 수를 입력받아서 차이값을 출력하는 프로그램이다. 입력되는 수에서 어떤 수가 클지 모르는 상황에서 차이값이 음수가 나오지 않도록 빈칸에 알맞은 코드를 쓰시오. (단, 두 수는 같은 값을 입력하지 않는다.)

```c
int main() {
  int a, b;
  scanf("%d %d", &a, &b);
  if(a>b)
    printf("%d, %d의 차이값은 %d입니다.", a, b, ( ㄱ ));
  else
    printf("%d, %d의 차이값은 %d입니다.", a, b, ( ㄴ ));
}
```

▶ 답안기입란

08 아래 C 언어로 작성된 프로그램의 실행 결과를 쓰시오.

```
int main() {
  int a=10, b=4;
  printf("%d", ++a/5 << b/2-1*2);
}
```

▶ 답안기입란

09 아래 Java 언어로 구현된 클래스는 내부 변수의 직접적인 접근을 막고 특정 메소드를 통해 값을 할당받아 출력해 주고 있다. 이와 관련된 객체지향 프로그래밍 기술을 아래 [보기]에서 찾아 쓰시오.

```
class Student{
  private String name;
  private int age;

  public void setName (String name){ this.name = name; }
  public void setAge (int age){ this.name = name; }
  public String getName(){ return name; }
  public int getAge(){ return age; }
}
```

[보기]

Abstract, Inheritance, Encapsulation, Polymorphism, Substitution

▶ 답안기입란

10 아래 Python 언어로 작성된 프로그램의 실행 결과를 쓰시오.

```
a = ['A', 'b', 'C']
a.pop(1)
a.append('B')
a.insert(1, 'G')
a.remove('B')
print(a)
```

▶ 답안기입란

11 다음은 커널(Kernel)에 대한 설명이다. 빈칸에 알맞은 커널의 종류를 쓰시오.

- (ㄱ) : 구현이 간단하고 속도가 빠르며, 임의 기능을 적재하여 동적으로 사용할 수 없다.
- (ㄴ) : 시스템 운영에 필요한 최소한의 기능들만을 제공하며, 사용자가 필요한 기능을 추가하여 운영체제를 확장할 수 있도록 한다.

▶ 답안기입란

12 아래 프로세스의 상태 전이 과정에 대한 설명 중, 빈칸에 알맞은 용어를 영문으로 쓰시오.

- Dispatch : 준비 상태의 프로세스가 실행 상태로 변하는 과정
- (ㄱ) : 실행 상태의 프로세스가 할당된 시간을 다 사용했지만 아직 작업을 끝내지 못한 경우 다시 준비 상태로 넘어가는 과정
- (ㄴ) : 실행 상태의 프로세스가 입출력에 의한 작업을 위해 대기 상태로 변하는 과정
- Wake Up : 입출력 등이 완료되어 대기 상태의 프로세스가 준비 상태로 변하는 과정

▶ 답안기입란

13 정규화 과정 중 이행적 함수 종속을 제거한 릴레이션 스키마는 무엇인지 쓰시오.

▶ 답안기입란

14 아래 제5정규형에 대한 설명 중, 빈칸에 해당하는 용어를 쓰시오.

- 후보키를 통하지 않은 (　　)(을)를 제거한 릴레이션 스키마이다.
- (　　)(은)는 정규화를 통해서 분해된 각 릴레이션이 분해 전 릴레이션으로 재구성될 수 있는 것이다.
- 릴레이션에 존재하는 모든 (　　)성은 릴레이션의 후보키를 통해서만 성립된다.

▶ 답안기입란

15 다음이 의미하는 용어를 영문으로 쓰시오.

- 네트워크 장비를 관리 감시하기 위한 목적으로 UDP 상에 정의된 응용 계층 표준 프로토콜이다.
- 네트워크 관리 및 감시를 위한 관리 정보를 운반하는 역할을 한다.

▶ 답안기입란

16 아래에서 설명하는 용어는 무엇인지 쓰시오.

- 패킷 교환 네트워크에서 송수신 단말기 간 정보를 주고받는 데 사용하는 정보 위주의 프로토콜이다.
- 데이터는 패킷 또는 데이터그램 단위로 나누어 전송되며 별도의 경로 설정이 필요 없다.
- 비신뢰성과 비연결성이 특징으로, 패킷 전송 여부와 정확한 순서를 보장하려면 상위 프로토콜인 TCP를 사용해야 한다.

▶ 답안기입란

17 다음이 설명하는 용어를 쓰시오.

- 데이터를 삭제하는 것이 아니라 압축하고, 중복된 정보는 중복을 배제하고, 새로운 기준에 따라 나누어 저장하는 작업이다.
- 기업의 데이터베이스에 쌓인 방대한 정보를 효율적으로 관리하기 위해 대두된 방안으로, 같은 단어가 포함된 데이터들을 한 곳에 모아 두되 필요할 때 제대로 찾아내는 체계를 갖추는 것이 중요하다.

▶ 답안기입란

18 다음이 설명하는 용어를 쓰시오.

- 근거리 무선 접속을 지원하기 위해 사용되는 대표적인 통신 기술이다.
- 휴대폰, 노트북, 이어폰, 핸드폰 등을 서로 연결해 정보를 교환하는 근거리 무선 기술 표준을 말한다.

▶ 답안기입란

19 기존에 마련되어 있는 법령이나 표준, 가이드라인 등으로 기준선을 정하여 위험을 분석하는 위험 분석 접근법은 무엇인지 [보기]에서 골라 쓰시오.

[보기]

Informal, Detailed, Baseline, Intentional, Accidental, Combined

▶ 답안기입란

20 다음이 설명하는 악성 코드를 쓰시오.

- 정상적인 파일로 가장해 컴퓨터 내부에 숨어 있다가 특정 포트를 열어 공격자의 침입을 도와 정보를 유출시킨다.
- 정상적인 파일에 포함되어 함께 설치되며 자체 감염 기능은 존재하지 않는다.

▶ 답안기입란

실전 모의고사 07회

01 아래에서 설명하는 것은 무엇인지 쓰시오.

- 반복되는 테스트 데이터 재입력 작업을 자동화할 수 있다.
- 사용자 요구 기능의 일관성 검증에 유리하다.
- 테스트 결과값에 대한 객관적인 평가 기준을 제공한다.
- 테스트 결과의 통계 작업과 그래프 등 다양한 시각화 요소를 제공한다.
- UI가 없는 서비스의 경우에도 정밀한 테스트가 가능하다.

▶ 답안기입란

02 화이트박스 테스트의 제어 구조 검사 3가지를 쓰시오.

▶ 답안기입란

03 판매실적 테이블에 대해 도시가 서울인 지역의 지점명, 판매액을 출력하고자 한다. 판매액을 기준으로 내림차순을 하여 출력하기 위한 SQL문을 작성하시오.

▶ 답안기입란

04 특정 테이블을 삭제해야 할 때, 해당 테이블을 참조하는 테이블이 있다면 삭제를 취소하는 삭제 옵션을 쓰시오.

▶ 답안기입란

05 접근 통제 정책 3가지를 영문 약어로 쓰시오.

▶ 답안기입란

06 다음의 네트워크 공격 기술에 대한 설명이 의미하는 용어를 쓰시오.

> 개인정보와 낚시의 합성어로, 불특정 다수에게 지인 또는 신뢰할 수 있는 기관으로 가장하여 이메일, 문자 메시지, 전화 등으로 개인정보 및 금융정보를 불법으로 알아내는 공격 방식이다.

▶ 답안기입란

07 아래 C 언어로 작성된 프로그램으로 3과 5의 공배수를 구하기 위해 빈칸에 알맞은 코드를 쓰시오.

```
int main() {
  int score[5] = {17, 15, 24, 18, 27};
  int cnt=0;
  for(int i=0; i<5; i++) {
    if( _____ ) cnt++;
  }
  printf("%d", cnt);
}
```

▶ 답안기입란

08 아래 C 언어로 작성된 프로그램의 실행 결과를 쓰시오.

```c
int main()
{
  char a, b;
  char *pa=&b, *pb=&a;
  int res = sizeof(a)+sizeof(b)==sizeof(pa)+sizeof(pb);
  printf("%d", res);
  return 0;
}
```

▶ 답안기입란

09 아래는 C 언어로 작성된, 할당받은 두 수를 나눠 몫과 나머지를 출력하는 프로그램이다. 빈칸에 가장 적절한 코드를 쓰시오.

```c
int main() {
  int a=10, b=3;
  printf("%d 나누기 %d의 몫은 ( ㄱ )입니다.\n", a, b, a/b);
  printf("%d 나누기 %d의 나머지는 ( ㄴ )입니다.", a, b, a%b);
}
```

▶ 답안기입란

10 다음이 설명하는 SW 개발 보안의 특성은 무엇인지 쓰시오.

정보가 제3자나 오류에 의해 위조나 변조되지 않고 의도한 사용 결과와 일치하는 속성

▶ 답안기입란

11 아래 Java 언어로 작성된 프로그램의 실행 결과를 쓰시오.

```java
class Lecture {
  String title;
  String lecturer;
  Lecture(String title) {
    this(title, "강사 미정");
  }
  Lecture(String title, String lecturer) {
    this.title = title;
    this.lecturer = lecturer;
  }
}
public class Main {
  public static void main(String[] args) {
    Lecture a = new Lecture("정보처리", "고소현");
    Lecture b = new Lecture("정보보안");
    System.out.println(a.title + " : " + a.lecturer);
    System.out.println(b.title + " : " + b.lecturer);
  }
}
```

▶ 답안기입란

12 아래 Python 언어로 작성된 프로그램의 실행 결과를 쓰시오.

```python
a = {"귤": 40, "사과": 50}
a['포도'] = 70
a['귤'] = 60
print(a['귤']+a["사과"])
```

▶ 답안기입란

13
다음은 유닉스의 기본 구성에 대한 설명이다. 빈칸에 알맞은 용어를 쓰시오.

- (ㄱ) : 유닉스의 핵심 요소로, 핵심 시스템을 관리하고 서비스를 제공한다.
- (ㄴ) : 사용자 명령을 입력받아 시스템 기능을 수행하는 명령 해석기이다.
- (ㄷ) : 문서 편집, 데이터베이스 관리, 언어 번역, 네트워크 기능 등을 제공한다.

▶ 답안기입란

14
프로세스의 주요 상태 중, 대기 상태에 대한 설명을 간략히 쓰시오.

▶ 답안기입란

15
[학생] 릴레이션의 기본키는 학번이고 종속 관계가 아래의 식과 같을 때, 어떤 정규화 작업이 필요한지 쓰시오.

학번 → 이름
{학번, 과목} → 교수

▶ 답안기입란

16
고급 정규형에 해당하는 것을 [보기]에서 찾아 쓰시오.

[보기]

1NF, 2NF, 3NF, BCNF, 4NF, 5NF

▶ 답안기입란

17 TCP에서 가상 회선이 처음 개설될 때 두 시스템 간에 정확한 메시지를 전송하기 위해 사용하는 플래그(제어 비트)가 무엇인지 영문 약어로 쓰시오.

▶ 답안기입란

18 RARP의 반대 개념으로, 호스트의 IP주소(논리적 주소)를 호스트와 연결된 네트워크 접속 장치의 물리적 주소(MAC)로 번역해 주는 프로토콜이 무엇인지 영문 약어로 쓰시오.

▶ 답안기입란

19 다음이 설명하는 RAID 유형은 무엇인지 쓰시오.

> 다수의 하드 디스크 드라이브에 데이터를 분산하여 입출력하는 방식으로, 입출력 속도는 향상되지만 안정성이 매우 떨어지는 방식이다.

▶ 답안기입란

20 다음이 설명하는 용어를 [보기]에서 찾아쓰시오.

> 복수의 다른 단말기에서 동일한 콘텐츠를 자유롭게 이용할 수 있는 서비스

[보기]

Digital Twin, Mashup, Memristor, Phablet, N-Screen

▶ 답안기입란

실전 모의고사 08회

01 테스트 오라클의 유형을 2가지 이상 쓰시오.

▶ 답안기입란

02 아래에 나열된 일반적인 테스트 프로세스 중 빈칸의 단계에 들어갈 내용을 쓰시오.

계획 → 분석 및 디자인 → (　) → 수행 → 결과 평가 및 보고서 작성

▶ 답안기입란

03 성적 테이블에서 학과가 "정보통신" 학과이고 점수가 80점대인 학생의 모든 정보를 출력하기 위한 SQL문을 작성하시오. (단, 조건에는 반드시 BETWEEN을 포함하여 작성하시오.)

▶ 답안기입란

04 특정 테이블을 삭제해야 할 때, 해당 테이블을 참조하는 테이블도 함께 삭제하기 위한 삭제 옵션은 무엇인지 쓰시오.

▶ 답안기입란

05 보안에 문제가 되는 부분을 제거하거나 교체하는 방식으로 코딩하는 것을 무엇이라 하는지 쓰시오.

▶ 답안기입란

06 블록 암호(Block Cipher)에 대해 간략히 쓰시오.

▶ 답안기입란

07 아래 C 언어로 작성된 프로그램의 실행 결과를 쓰시오.

```c
int main() {
    int score[5] = {17, 15, 24, 18, 27};
    int cnt=0;
    for(int i=0; i<5; i++) {
        if(score[i]%2 + score[i]%3 != 0) cnt++;
    }
    printf("%d", cnt);
}
```

▶ 답안기입란

08 아래 C 언어로 작성된 프로그램은 입력한 두 수 사이의 자연수의 합계를 출력하고 있다. 빈칸에 알맞은 코드를 쓰시오. (두 수를 포함하여 합계를 내고, 음수 및 중복 수는 입력하지 않는다.)

```c
int main() {
    int a, b, st, ed, sum=0;
    scanf("%d %d", &a, &b);
    if(a>b){
        st=b; ed=a;
    }else{
        st=a; ed=b;
    }
    for(int n=( ㄱ ); n<=( ㄴ ); n++)
        sum += n;
    printf("%d", sum);
}
```

▶ 답안기입란

09 아래 C 언어로 작성된 프로그램은 2단부터 7단까지의 구구단을 출력한다. 빈칸에 알맞은 코드를 쓰시오.

```c
int main() {
    for (int i = 2; i <= ( ㄱ ); i++) {
        for (int j = 1; j <= ( ㄴ ); j++) {
            printf("%d x %d = %d\n", i, j, i*j);
        }
        printf("\n");
    }
    return 0;
}
```

▶ 답안기입란

10 아래 Java 언어로 작성된 프로그램은 에러가 발생한다. 그 이유를 간략히 쓰시오.

```java
class Student {
  void study(){
    System.out.println("공부");
  }
}
class Friend extends Student {
  void play(){
    System.out.println("놀자");
  }
}
public class Main {
  public static void main(String[] args) {
    Student a = new Student();
    a.play();
  }
}
```

▶ 답안기입란

11 아래 Python 언어로 작성된 프로그램의 실행 결과를 쓰시오.

```python
a = ["seoul", "songdo", "jongro", "korea"]
print(a[3][::-1])
```

▶ 답안기입란

12 아래 운영체제의 자원 관리 분야에 대한 설명 중, 빈칸에 알맞은 용어를 쓰시오.

- (ㄱ) 관리 : 프로세스의 생성과 제거, 시작 및 정비, 스케줄링 등을 담당한다.
- 기억장치 관리 : 프로세스에게 메모리 할당 및 회수 등을 담당한다.
- (ㄴ) 관리 : 입출력 장치의 스케줄링 및 관리를 담당한다.
- (ㄷ) 관리 : 파일의 생성과 삭제, 변경, 유지 등의 관리를 담당한다.

▶ 답안기입란

13 다음이 의미하는 용어를 쓰시오.

- C 언어를 기반으로 제작되었으며, 이식성이 우수하다.
- 하나 이상의 작업을 병행 처리할 수 있고, 둘 이상의 사용자가 동시에 시스템을 사용할 수 있다.
- 표준이 정해져 있고 제품의 공급 업체(Vendor)가 많으며 라이선스 비용이 저렴하다.
- 계층적 파일 시스템과 풍부한 네트워킹 기능이 존재한다.
- 쉘 명령어 프로그램과 사용자 위주의 시스템 명령어가 제공된다.

▶ 답안기입란

14 완전 함수 종속에 대해 간략히 서술하시오.

▶ 답안기입란

15 아래 설명에 해당하는 용어를 쓰시오.

- 데이터와 다른 데이터(또는 애플리케이션)가 의존 관계에 있는 특성으로, 관계형 모델을 설계할 때 고려해야 하는 가장 중요한 요소이다.
- 이것으로 인해 서로의 변경, 삽입, 삭제 등에 제약이 따르거나 데이터 무결성이 훼손된다.
- 함수 종속, 다가(다치) 종속, 조인 종속이 있다.

▶ 답안기입란

16 다음이 의미하는 용어를 쓰시오.

- 보안에 취약한 구조를 가진 IP를 개선하기 위해 국제 인터넷 기술 위원회(IETF)에서 설계한 표준이다.
- IPv4에서는 보안이 필요한 경우에만 선택적으로 사용하였지만, IPv6부터는 기본 스펙에 포함된다.
- IP 계층에서의 보안성 제공을 위해 AH, ESP, IKE 프로토콜로 구성된다.

▶ 답안기입란

17 아래에서 설명하는 IP 주소 형식은 무엇인지 쓰시오.

- 8비트씩 4 부분으로 구성되는 32비트 주소 체계이다.
- 각 자리는 0부터 255까지의 10진수로 표현하며 점(.)으로 구분한다.

▶ 답안기입란

18 다음이 설명하는 용어를 쓰시오.

인터넷이나 기타 디지털 매체를 통해 유통되는 데이터의 저작권 보호를 위해 데이터의 안전한 배포를 활성화하거나 불법 배포를 방지하기 위한 시스템(기술)이다.

▶ 답안기입란

19 IPv6의 3가지 전송 방식을 쓰시오.

▶ 답안기입란

20 다음이 설명하는 용어를 쓰시오.

- 하드 디스크나 주변 장치 없이 기본적인 메모리만 갖추고 서버와 네트워크로 운영되는 개인용 컴퓨터이다.
- 기억장치를 따로 두지 않기 때문에 데이터는 서버측에서 한꺼번에 관리한다.

▶ 답안기입란

실전 모의고사 09회

정답 381p

01 다음이 의미하는 용어를 쓰시오.

- McCabe가 제안한 것으로 대표적인 화이트박스 테스트 기법이다.
- 설계서나 소스 코드를 기반으로 흐름도를 작성하여 논리적 순환 복잡도(Cyclomatic complexity)를 측정한다.
- 측정된 결과를 기반으로 실행 경로의 복잡도를 판단한다.

▶ 답안기입란

02 다음은 테스트 오라클의 종류에 대한 설명이다. 빈칸 ( ) 안에 들어갈 용어를 영문으로 쓰시오.

- 참(True) 오라클 : 모든 입력값에 대하여 기대 결과를 생성(발생된 오류 모두 검출)
- 샘플링(Sampling) 오라클 : 특정 몇 개의 입력값에 대해서만 기대 결과 제공
- ( ) 오라클 : 샘플링 오라클을 개선, 특정 입력값에 대해 기대 결과를 제공하고, 나머지 값들에 대해서는 추정으로 처리
- 일관성 검사(Consistent) 오라클 : 애플리케이션 변경이 있을 때, 수행 전과 후의 결과값이 동일한지 확인

▶ 답안기입란

03 학적 테이블에서 전화번호가 비어 있는 학생명을 모두 검색하기 위한 SQL문을 작성하시오.

▶ 답안기입란

04
아래 [성적] 테이블에서 성명에 '길'이 포함되는 학생의 성명과 점수를 출력하는 SQL문을 작성하시오.

[성적]

성명	과목	점수
홍길동	A	70
정광조	B	80
강순길	C	75
최현승	D	80
정민정	E	90

▶ 답안기입란

05
정보보안의 요소 3가지(CIA)를 쓰시오.

▶ 답안기입란

06
컴퓨터 바이러스의 시스템 공격 유형 중, 데이터가 다른 송신자로부터 전송된 것처럼 꾸며서 무결성을 위협하는 행위는 무엇인지 쓰시오.

▶ 답안기입란

07 아래 C 코드는 점수가 70 이상일 경우 "합격"을, 60 이상일 경우 "재시험"을, 그렇지 않으면 "불합격"을 출력하는 프로그램이다. 프로그램이 정상 작동하도록 빈칸에 알맞은 코드를 쓰시오.

```c
int main() {
  int score = 85;
  switch( _____ ) {
  case 9:
  case 8:
  case 7:
    printf("합격"); break;
  case 6:
    printf("재시험"); break;
  default:
    printf("불합격"); break;
  }
}
```

▶ 답안기입란

08 아래는 C 언어로 작성된, 윤년을 계산하는 프로그램이다. 프로그램이 정상 작동하도록 빈칸에 알맞은 코드를 쓰시오. (윤년은 4의 배수이면서 100의 배수가 아닌 년도와 400의 배수인 년도이다.)

```c
int main() {
  int year;
  printf("년도를 입력하세요 : ");
  scanf("%d",&year);
  if(((year % 4 == 0) __ㄱ__ (year % 100 != 0)) __ㄴ__ (year % 400 == 0))
    printf("%d년은 윤년입니다.\n",year);
  else
    printf("%d년은 윤년이 아닙니다.\n",year);
}
```

▶ 답안기입란

09 아래 C 언어로 작성된 프로그램의 실행 결과를 쓰시오.

```c
int main() {
  int score[5] = {70, 80, 75, 60, 90};
  int up=0, m=0;
  for(int i=0; i<5; i++) {
    if(score[i]>=70) up++;
    if(m<score[i]) m=score[i];
  }
  printf("%d, %d", up, m);
}
```

▶ 답안기입란

10 아래 Java 언어로 작성된 프로그램의 실행 결과를 쓰시오.

```java
class Person {
    void study(){
       System.out.println("인생공부");
    }
}
class Student extends Person {
    void study(String sub){
       System.out.print(sub + "공부/");
    }
}
public class Main {
    public static void main(String[] args) {
        Student a = new Student();
        a.study("수학");
        a.study();
    }
}
```

▶ 답안기입란

11 아래 Python 언어로 작성된 프로그램의 실행 결과를 쓰시오.

```
list_a = ["라면", "김밥", "제육", "False", 50, [10, True, 30]]
print(list_a[5][:2])
```

▶ 답안기입란

12 버스란 주변 장치 간의 정보 교환을 위해 연결된 통신 회선으로, CPU 내부 요소 사이의 정보를 전송하는 내부 버스와 CPU와 주변 장치 사이의 정보를 전송하는 외부 버스가 있다. 외부 버스 중 단방향 버스를 모두 쓰시오.

▶ 답안기입란

13 운영체제에서 사용하는 시간의 개념 중, 프로세스가 운영체제로부터 할당받은 단위 시간을 의미하는 용어를 쓰시오.

▶ 답안기입란

14 정규화 과정 중 제4정규형에 대해 간략히 서술하시오.

▶ 답안기입란

15 아래 설명에 해당하는 정규형을 쓰시오.

- 이행적 함수 종속성(Transitive Dependency)을 가진 속성이 제거된 릴레이션 스키마이다.
- 결정자이자 종속자에 해당하는 속성을 기준으로 릴레이션을 분할한다.

▶ 답안기입란

16 IPv4의 주소 부족 문제 해결 방안 중 하나로, 기존의 IPv4의 클래스 체계를 무시하고 네트워크 주소와 호스트 주소를 임의로 구분하여 사용하는 방식을 무엇이라 하는지 쓰시오.

▶ 답안기입란

17 아래 설명에 해당하는 용어를 영문 약어로 쓰시오.

IPv4의 주소 부족 문제 해결 방안 중 하나로, 부족한 IP주소를 해결하기 위해 몇 개의 IP를 여러 사용자가 공유할 수 있도록 인터넷에 접속할 때마다 자동으로 IP주소를 동적으로 할당해 주는 기술이다.

▶ 답안기입란

18 다음이 설명하는 용어를 쓰시오.

- P2P 네트워크를 이용하여 온라인 금융 거래 정보를 온라인 네트워크 참여자의 디지털 장비에 분산 저장하는 기술을 의미한다.
- 비트코인 등 주식, 부동산 등의 다양한 금융 거래에 사용이 가능하고, 보안과 관련된 분야에도 활용될 수 있어 크게 주목받고 있다.

▶ 답안기입란

19 다음이 설명하는 용어를 쓰시오.

소프트웨어를 제공하는 입장에서는 악의성이 없더라도 사용자 입장에서는 유용하거나 악의적이라고 판단될 수 있는 애드웨어, 공유웨어, 스파이웨어 등의 총칭이다.

▶ 답안기입란

20 다음이 설명하는 용어를 영문 약어로 쓰시오.

- DAS의 빠른 처리와 NAS의 파일 공유의 장점을 혼합한 방식이다.
- 서버와 저장장치를 연결하는 전용 네트워크를 별도로 구성한다.
- 저장장치 및 파일 공유가 가능하고 확장성, 유연성, 가용성이 뛰어나다.

▶ 답안기입란

실전 모의고사 10회

정답 383p

01 다음이 의미하는 용어를 쓰시오.

- 프로그램의 내부 로직이 아닌, 기능을 중심으로 테스트를 진행하는 것이다.
- 요구사항의 만족 여부, 결과값 등을 기준으로 테스트를 진행한다.
- 동등 분할, 경계값 분석, 오류 예측 등의 기법이 존재한다.

▶ 답안기입란

02 다음은 인수 테스트의 한 종류에 대한 설명이다. 빈칸 (　) 안에 들어갈 용어를 쓰시오.

(　　)(은)는 개발자의 장소에서 사용자가 개발자 앞에서 행하는 테스트 기법이며, 오류와 사용상의 문제점을 사용자와 개발자가 함께 확인하면서 기록한다.

▶ 답안기입란

03 다음의 성적 테이블에서 학생별 점수의 최대값을 구하기 위한 SQL문을 작성하시오.

성명	과목	점수
홍길동	국어	80
홍길동	영어	68
홍길동	수학	97
강감찬	국어	58
강감찬	영어	97
강감찬	수학	65

▶ 답안기입란

04 아래 성적 테이블에서 국어 과목 점수의 평균을 구하기 위한 SQL문을 작성하시오.

성명	과목	점수
홍길동	국어	80
홍길동	영어	68
홍길동	수학	97
강감찬	국어	58
강감찬	영어	97
강감찬	수학	65

▶ 답안기입란

05 정보보호는 정보의 수집 및 가공, 저장, 검색, 송수신 중 발생할 수 있는 정보의 훼손과 변조, 유출 등을 방지하기 위한 관리적, 기술적 수단을 마련하는 것이다. 정보 보호의 목표 중, 데이터 송수신 사실에 대한 증명을 통해 해당 사실을 부인하지 못하도록 하는 것은 무엇인지 쓰시오.

▶ 답안기입란

06 아래 C 언어로 작성된 프로그램의 실행 결과를 쓰시오.

```c
int main() {
  int data[5] = {20, 35, 17, 29, 23};
  int temp;
  for (int i = 0; i < 4; i++) {
    for (int j = i + 1; j < 5; j++) {
      if (data[i] > data[j]) {
        temp = data[i];
        data[i] = data[j];
        data[j] = temp;
      }
    }
  }
  for(int i = 0; i < 5; i++) {
    printf("%d ", data[i]);
  }
}
```

▶ 답안기입란

17 20 23 29 35

07 아래 C 언어로 작성된 프로그램의 결과로 '2'가 출력되기 위해서는 ㄱ~ㅁ 중 어느 곳에 어떤 코드를 입력해야 하는지 쓰시오.

```
int main() {
  int a=3, k=1;
  switch(a) {
  case 3:
    k++;
    (  ㄱ  );
  case 6:
    k+=3;
    (  ㄴ  );
  case 9:
    k--;
    (  ㄷ  );
  case 10:
    k*=2;
    (  ㄹ  );
  default:
    k=0;
    (  ㅁ  );
  }
  printf("%d", k);
}
```

▶ 답안기입란

08 아래 C 언어로 작성된 프로그램의 실행 결과를 쓰시오.

```
int main() {
  int a=2, d=3, total=a, n=2;
  for(int i=0; i<5; i++) {
    total+=a+(n-1)*d;
    n++;
  }
  printf("%d", total);
}
```

▶ 답안기입란

09 아래 Java 언어로 작성된 프로그램의 실행 결과를 쓰시오.

```
class Person {
  void study(){
    System.out.println("취미생활");
  }
}
class Student extends Person {
  void study(){
    System.out.println("학교생활");
  }
}
public class Main {
  public static void main(String[] args) {
    Person a = new Person();
    Student b = new Student();
    Person c = new Student();
    a.study();
    b.study();
    c.study();
  }
}
```

▶ 답안기입란

10 아래 Python 언어로 작성된 프로그램의 실행 결과를 쓰시오.

```
list_a = ["True", "5, 8", "False", [[50], 30, 20]]
print(list_a[2][3])
```

▶ 답안기입란

11 다음이 설명하는 용어를 쓰시오.

- CPU의 연산에 필요한 데이터 및 상태값을 일시적으로 저장하는 장치이다.
- 메모리 중 가격 대비 용량이 가장 작고 속도는 가장 빠르다.
- 변환 신호가 발생할 때까지 하나의 비트값을 유지할 수 있는 플립플롭(FlipFlop)과 래치(Latch)로 구성된다.

▶ 답안기입란

12 레지스터는 CPU 내부의 특정 2개의 장치에서 주로 사용된다. 이 장치들은 무엇인지 쓰시오.

▶ 답안기입란

13 아래 설명에 해당하는 정규형을 쓰시오.

- 원자값이 아닌 값을 가지는 속성이 제거된 릴레이션 스키마이다.
- 원자값을 보장하기 위한 정규화로, 해당 단계를 만족하여도 불필요한 데이터 중복으로 인해 이상 현상의 해결이 보장되지는 않는다.

▶ 답안기입란

14 제2정규형에 대해 약술하시오.

▶ 답안기입란

15
빈칸을 채워 서브넷 마스크에 대한 설명을 완성하시오.

> 배정받은 하나의 네트워크 주소를 다시 여러 개의 작은 하위 네트워크로 나누어 사용하는 방식을 말한다.
> - (ㄱ) : 다양한 크기로 서브넷을 나누는 방식이다.
> - (ㄴ) : 동일한 크기로 서브넷을 나누는 방식이다.

▶ 답안기입란

16
IPv6의 주소 형식에 대한 문장의 빈칸에 알맞은 값을 쓰시오.

> - (ㄱ)비트씩 8 부분으로 구성되는 128bit 주소 체계이다.
> - 각 자리는 0부터 65535까지의 16진수로 표현하며 (ㄴ)(으)로 구분한다.

▶ 답안기입란

17
다음이 설명하는 용어를 쓰시오.

> - 인간의 두뇌를 모델로 만들어진, 인공 신경망을 기반으로 하는 기계 학습 기술이다.
> - 컴퓨터가 마치 사람처럼 스스로 학습할 수 있어 특정 업무를 수행할 때 정형화된 데이터를 입력받지 않고 스스로 데이터를 수집, 분석하여 처리한다.

▶ 답안기입란

18. 다음이 설명하는 용어를 쓰시오.

> 백화점, 영화관, 쇼핑센터 등에 설치되며 일반적으로 터치 스크린을 이용하여 운영되는 무인 종합 정보 시스템이다.

▶ 답안기입란

19. 아래 설명을 읽고, 빈칸에 해당하는 관계 대수 기호를 쓰시오.

- σ : 릴레이션에서 조건에 맞는 튜플을 추출하여 수평적(튜플) 부분 집합을 구하는 연산이다.
- (ㄱ) : 릴레이션에서 지정된 속성만을 추출하여 수직적(속성) 부분 집합을 구하는 연산이다.
- (ㄴ) : 두 릴레이션에서 조건에 맞는 튜플을 하나로 합친 릴레이션을 생성하는 연산이다.
- ÷ : 대상 릴레이션(R)에서 다른 릴레이션(S) 속성의 데이터와 일치하는 튜플 중, 다른 릴레이션(S)의 속성과 일치하는 속성을 제거한 릴레이션을 생성하는 연산이다.

▶ 답안기입란

20. 다음이 설명하는 용어를 쓰시오.

- 원하는 정보와 그 정보를 어떻게(How) 유도하는가를 정의하는 절차적 언어이다.
- 일반 집합 연산자과 순수 관계 연산자로 구분된다.

▶ 답안기입란

실기 최신문제집

정답 & 해설

CONTENTS

최신 기출문제 정답 & 해설 ····················· 352p
실전 모의고사 정답 & 해설 ····················· 373p

최신 기출문제 정답 & 해설

최신 기출문제 2024년 02회   192P

01 XXO
02 반정규화(De-Normalization)
03 ㄱ : INSERT INTO
    ㄴ : WHERE 이름='홍길동'
    ㄷ : 사원 SET 거주지='인천'
04 Cardinality : 4
    Degree : 4
05 IPSec(IP Security)
06 Sequential
07 Iterator
08 3 2
09 ㄱ : 가상 회선(Virtual Circuit) 방식
    ㄴ : 데이터그램(Datagram) 방식
10 12
11 5
12 35/10
13 A D C F
14 AES(Advanced Encryption Standard)
15 18
16 4
17 acsvdx
18 제어(Control) 결합도
19 20
20 4

01번 해설

fn(int[] a, int[] b)에서의 a==b : a와 b에 할당된 객체들이 동일한 객체인지 비교
fn(int a, int b)에서의 a==b : a와 b에 할당된 데이터가 같은지 비교

04번 해설

Cardinality : 행개수
Degree : 열개수

08번 해설

바깥쪽 for문은 s를 순회하고, 안쪽 for문은 a와 b를 순회한다.
if(s[i+c]!=a[c]) break;
s를 순회하며 a문자열과 글자 단위로 비교한다. 만약, 일치하지 않는 글자가 있다면 for문을 바로 중단한다.
if(c==2) ac++;
안쪽 반복문이 중단되지 않고 끝까지 수행된다면 변수 c의 값은 2이다. 따라서, c==2는 반복문이 온전히 종료되었는지를 판단한다. 반복문이 완료되었다면, 문자열 패턴이 일치했으므로 ac값을 증가시킨다.

10번 해설

fn(a, b);
fn함수에서 수행되는 swap은 fn지역 내부에서만 진행되므로 main지역의 a, b는 변경되지 않는다. 따라서, switch(b)의 b는 5가 아니라 30이다.

11번 해설

while(*b) : 종료문자 '₩0'은 Null문자로, 정수로 치면 0에 해당한다. 따라서, 종료문자를 만날때까지 a++, b++ 을 반복한다.
a++, b++ : a와 b는 포인터 변수 이므로 ++은 위치값을 증가시킨다.
*a = '₩0' : 따라서, b 문자열의 종료문자를 만난 위치와 같은 위치에 a문자열에도 종료 문자를 할당한다.
i=0; s1[i]!='₩0'; i++ : 문자열의 처음부터 '₩0'가 새롭게 추가된 위치까지의 글자 개수를 반환한다. 즉, s2의 문자개수와 같은 값이 출력된다.

12번 해설

(n[i]/2)%2==0 || n[i]%2==0
자신의 절반의 값(정수 나눗셈이므로 소수점 이하 버림)이 짝수이거나, 자신이 짝수인 수 : 0, 1, 2, 4, 5, 6, 8, 9

13번 해설

RIP는 거치는 라우터의 개수(홉)가 가장 적은 경로를 계산한다.

15번 해설

	ar[][0]	ar[][1]	ar[][2]
ar[0][]	1	2	3
ar[1][] p[0]	4 **p	5 p[0][1]	6
ar[2][] p[1]	7	8	9 *(p[1]+2)

16번 해설

진행시간	0	1	2	3	4	5	6	7	8	9	10	11	12	13	14	15	16	17
P1	●	●	●	●	●	●	●	●	●	●	●	●	●	●	●	●	●	●
P2			●	●	●	●	●	●										
P3				●	●	●	●	●	●	●	●	●						

17번 해설

int[] v = new int[26] : 알파벳 소문자 개수만큼 배열을 생성한다(0으로 초기화).
char c = s.charAt(i) : 문자열내 문자를 차례로 할당한다.
v[c-'a']==0 : 문자에서 'a'를 빼면 해당 문자의 순서를 파악할 수 있다. 따라서, 해당 순서의 문자가 탐색된 적이 있는지를 파악하는 코드이다.
v[c-'a']=1 : 탐색된 적이 없다면, 해당 문자를 출력하고 탐색여부를 1로 변경한다.

19번 해설

k-)p-)n
포인터 k가 가리키는 구조체(a)의 포인터 p가 가리키는 구조체(b)의 변수 n의 값

20번 해설

"Don't put all your eggs in one basket"
s.split("o") : "o"를 기준으로 문자열 s를 분할한다. s에는 "o"가 3개 있으므로 총 4개의 문자열로 분해된다.

최신 기출문제 2024년 01회

01 ㄱ : 논리적
　ㄴ : 시간적
　ㄷ : 절차적
02 36
03 제3정규형(3NF)
04 3
05 OSPF
06 6
07 (①) → (③) → (④) → (②) → (⑤)
08 ㄱ : RIGHT (OUTER) JOIN
　ㄴ : INNER JOIN
　ㄷ : CROSS JOIN
09 IN(SELECT 학번 FROM 정보처리 WHERE 학점='A')
10 지능형 지속 공격(advanced persistent threat, APT)
11 ACEGHFDB
12 123.100.1.255
13 루트킷(Rootkit)
14 11112222
15 osjac
16 변형 조건/결정 커버리지(MC/DC)
17 ㄱ : 오버라이딩
　ㄴ : 업캐스팅
18 Abstract Factory
19 NBOKW
20 3

02번 해설

a = n1〈n2 ? 2 : 3;
n1〈n2 이 참이므로 a=2
if(a%2==0) n1〈〈a;
a는 짝수이므로 n1〈〈2 수행. 그러나 수행 결과를 다시 n1에 할당하지 않았으므로 n1의 값은 변하지 않는다. 따라서, n1+n2은 13+23과 같다.

03번 해설

종속자 C의 결정자가 B 외에도 A가 추가로 존재하는 종속 관계인 이행적 함수 종속성(Transitive Dependency)을 제거하는 정규화

04번 해설

클래스(static이 붙은) 변수는 클래스 명으로 접근 가능하며, 프로그램이 끝날 때까지 유지되고 모든 인스턴스와 공유된다.

06번 해설

참조 열	3	0	2	2	4	1	2	0
프레임1	3	3	3	3	4	4	4	0
미사용	0	1	2	3	0	1	2	0
프레임2		0	0	0	0	1	1	1
미사용		0	1	2	3	0	1	2
프레임3			2	2	2	2	2	2
미사용			0	0	1	2	0	1
	부재	부재	부재		부재	부재		부재

07번 해설

상속된 클래스의 인스턴스 생성시, 상위 클래스의 생성자를 먼저 호출한다.
오버라이딩은 업캐스팅을 무시하고 하위 메소드를 호출할 수 있다.
super 키워드로 호출된 메소드는 오버라이딩되어 있어도 상위 메소드를 호출한다.

11번 해설

#include <string.h>
b=strlen(s)-1
배열 s의 크기-1 = 배열의 가장 마지막 위치값
t[c++] = *(p+a++);
배열 t의 첫 위치부터 올라가며 할당, 배열 s의 첫 요소부터 차례로 할당
t[b--] = *(p+a++);
배열 t의 마지막 위치부터 내려가며 할당, 배열 s의 첫 요소부터 차례로 할당

12번 해설

ip subnet-zero 미적용이므로 6에서 7로 변경
서브넷 $2^2 < 7 <= 2^3$ 이므로 네트워크 비트는 3bit
32(전체bit)-22(서브넷마스크bit)-3(서브넷bit) = 7bit = 2^7 = 서브넷당 128개의 호스트
0번 서브넷 : 123.100.1.0 ~ 127(미사용)
1번 서브넷 : 123.100.1.128(네트워크 주소) ~ 255(브로드캐스트 주소)

14번 해설

재귀호출 전 출력("1")은 전부 미리 출력되고, 재귀호출 후 출력("2")은 전부 호출된 뒤에 출력된다.

15번 해설

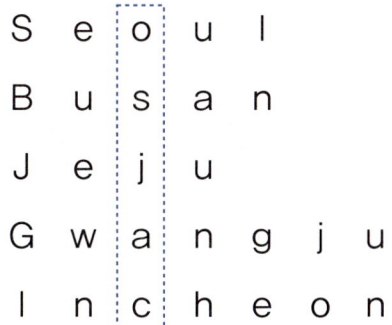

17번 해설

오버라이딩 : 상속받은 메소드를 재정의
업캐스팅 : 상위타입 객체 변수에 하위 객체를 할당

19번 해설

c-'A' : 특정 문자에서 'A'를 빼면, 'A'와 특정 문자 사이의 글자 개수를 구할 수 있다. 다시 말해, 'A'문자 부터 특정 문자까지의 거리를 구할 수 있다.
+10 : 현재 거리에서 10글자 뒤의 위치를 구한다.
%26 : 10글자 뒤의 위치가 마지막 글자(Z)를 넘어가면 다시 처음('A')부터 진행할 수 있도록 하는 코드이다.
즉, 평문을 10칸 오른쪽에 있는 문자로 대치하는 코드이다.

20번 해설

거주지가 서울이거나, 점수가 80 이상인 남학생의 수

최신 기출문제 2023년 03회 211P

01 KOREA
　　REA
　　K
　　K
　　L
02 ATM
03 SDDC
04 OAuth(Open Authorization)
05 KOREA
06 chmod 765 a.txt
07 N.A.T.(Network Address Translation)
08 RIP, IGRP
09 720
10 ㄱ : MAC
　　ㄴ : DAC
　　ㄷ : RBAC
11 ㄱ : p→a
　　ㄴ : p→s
12 w
13 ㄱ : π
　　ㄴ : σ
　　ㄷ : ÷
14 참조 무결성 훼손
15 패키지 다이어그램
16 경계값 분석(Boundary Value Analysis)
17 8
18 UNION ALL
19 0
20 9

01번 해설

p+2 : p[2]의 위치(R)부터 문자열 출력
*p : P[0]를 문자 출력
*(p+0) : P[0]를 문자 출력
*p+1 : P[0] 다음(+1) 문자 출력

05번 해설

```java
class A{
    A(){
        System.out.print("K");
    } ②
    void fb(){
        System.out.print("R");
    }
}
class B extends A{
    B(){
        System.out.print("O");
    }
    void fb(){
        super.fb(); ④
        System.out.print("E");
        fa(); ⑤
    }
    void fa(){
        System.out.print("A");
    }
}public class Main{
    public static void main(String[] args){
        A a = new B(); ①
        a.fb(); ③
    }
}
```

06번 해설

4 : 읽기
2 : 쓰기
1 : 실행

08번 해설

Distanse Vactor : 목적지까지 데이터를 전송하기 위한 거리와 방향만을 라우팅 테이블에 기록하는 방식
RIP, IGRP는 Distanse Vactor의 하위 분류이다.

09번 해설

fn(6) = 6 * fn(5)
fn(5) = 5 * fn(4)
fn(4) = 4 * fn(3)
fn(3) = 3 * fn(2)
fn(2) = 2 * fn(1)
fn(1) = 1

11번 해설

p–>a : 포인터 변수 p가 가리키는 구조체 변수의 a값에 접근
p–>s : 포인터 변수 p가 가리키는 구조체 변수의 s값에 접근

12번 해설

s.split() : 공백을 기준으로 문자열을 분할하여 리스트화

14번 해설

참조 관계가 존재하는 두 개체 간 데이터의 일관성을 보증하는 특성이다.
참조하는 열은 참조되는 열(식별자)에 존재하지 않는 값(555)을 참조할 수 없다.

16번 해설

입력 조건의 경계에서 오류가 발생할 확률이 높다는 점을 이용하여 입력 조건의 경계값을 테스트 케이스로 설계하는 기법

17번 해설

			if{	}
n	s	i	n%i==0	s+=i
10	0	1	TRUE	1
10	1	2	TRUE	3
10	3	3	FALSE	
10	3	4	FALSE	
10	3	5	TRUE	8
10	8	6	FALSE	
10	8	7	FALSE	
10	8	8	FALSE	
10	8	9	FALSE	

19번 해설

오버라이딩된 메소드는 업캐스팅을 무시하므로 Child의 fa가 실행된다.
fa(4) : fa(2)+fa(1)
fa(2) : fa(0)+fa(–1)
fa(1) : 1
fa(0) : 0
fa(–1) : –1

20번 해설

클래스 내부의 멤버 메소드는 인스턴스 생성 후에 호출이 가능하다.

최신 기출문제 2023년 02회

01 템퍼 프루핑(Tamper Proofing)
02 ㄱ : Builder
　　ㄴ : Singleton
03 5
04
- Test Suites — 테스트 대상 컴포넌트나 모듈, 테스트 케이스의 집합
- Test Case — 입력값, 실행 조건, 기대 결과 등의 집합
- Test Driver — 존재하지 않는 상위 모듈의 역할을 하는 더미 모듈
- Test Stub — 상위 모듈의 테스트를 위한 최소한의 기능만 가지는 더미 모듈

05 ㄱ : 논리 (데이터) 모델링
　　ㄴ : 물리 (데이터) 모델링
06 ㄱ : IaaS
　　ㄴ : PaaS
07 7
08 ㄱ : i < n - 1
　　ㄴ : arr[min]
09 30 10 20 50 40
10 조건(Condition) 커버리지
11 ㄱ : 제곱법(Square)
　　ㄴ : 숫자분석법(Digit Analysis)
　　ㄷ : 기수변환법(Radix Conversion)
12 실수로 계산된 값을 정수형 변수에 할당하고, 그 값을 다시 실수 형태로 출력하고 있다.
13 INSERT INTO 수강정보 VALUES ('b-101', '컴퓨터활용능력', '한진만', '304호')
14 DROP TABLE Orders CASCADE;
15 RSA, ECC, DSA
16 true
　 false
　 true
17 ㄱ : s[18:29]
　　ㄴ : s[7:9]
　　ㄷ : s[12:17]
18 ⓒ
19 [1, 1, 1, 2, 1, 4]
20 CBDA

03번 해설

인스턴스 변수는 클래스 이름으로 접근할 수 없다. 해당 코드의 오류를 없애기 위해서는 static이 필요하다.

06번 해설

SaaS : 인프라와 운영체제, 소프트웨어까지 갖춰져 있는 서비스
BaaS : 블록체인의 기본 인프라를 추상화하여 블록체인 응용기술을 제공하는 서비스

07번 해설

```
#include <stdio.h>
int main() {
    int i, c = 0;
    for (i=1; i<=2024; i++){
    // 1부터 2024까지 증가하며 변수 i에 할당
        if(i%100==0) c=0;
        // i가 100의 배수이면 변수 c를 0으로 초기화
        if(i%4==0) c++;
        // i가 4의 배수이면 변수 c를 1증가
    }
    printf("%d\n", c);
    // i가 2000일 때, 변수 c가 초기화된 다음 증가하므로
    return 0;
    // 2000, 2004, ..., 2020, 2024일 때 1씩 증가
}
```

08번 해설

선택 정렬은 왼쪽 값과 "오른쪽 나머지 값들의 최소값"을 비교하여 스왑하는 방식으로 왼쪽 값의 비교는 마지막 요소의 바로 전 (-1)까지만 진행된다.
스왑 공식 : A=B, B=C, C=A

09번 해설

ar[i] = ar[(i+3)%5] : 자신과 3칸 떨어진 요소와 스왑
1회전 : 40 20 30 10 50
2회전 : 40 50 30 10 20
3회전 : 30 50 40 10 20
4회전 : 30 10 40 50 20
5회전 : 30 10 20 50 40

10번 해설

- 구문(Statement) 커버리지 : 모든 구문을 한 번 이상 수행하는 테스트 커버리지
- 결정(Decision) 커버리지 : 결정문의 결과가 참과 거짓의 결과를 수행하는 테스트 커버리지
- 조건(Condition) 커버리지 : 결정문 내부 개별 조건식의 결과가 참과 거짓의 결과를 수행하는 테스트 커버리지
- 조건/결정 커버리지 : 결정문의 결과와 결정문 내부 개별 조건식의 결과가 참과 거짓의 결과를 수행하는 테스트 커버리지

13번 해설

모든 속성에 순서대로 데이터를 추가할 때는 속성명을 생략할 수 있다.

16번 해설

a, b, c는 같은 객체를 사용하고 있다.
d는 (내용은 같지만) 다른 객체이다.
문자열==문자열 : 같은 객체인지 비교
문자열.equals(문자열) : 같은 내용인지 비교

17번 해설

0	1	2	3	4	5	6	7	8	9	10	11	12	13	14	15	16	17
p	y	t	h	o	n		i	s		a		g	r	e	a	t	

18	19	20	21	22	23	24	25	26	27	28	29	30	31	32	33	34	35	36	37
p	r	o	g	r	a	m	m	i	n	g		l	a	n	g	u	a	g	e

18번 해설

i["s_over"])=d and i["s_data"]==0 : 변수 d값이 s_over보다 작고, s_data가 0인 경우
m>i["s_over"]-d : s_over에서 d를 뺀 값이 m보다 작은 경우
a = i : 해당 딕셔너리를 a에 별도 할당

19번 해설

m	i	a.append(m//i)	m=m-(m//i)*i
67900	50000	1	17900
17900	10000	1	7900
7900	5000	1	2900
2900	1000	2	900
900	500	1	400
400	100	4	0

20번 해설

t.append(s.pop(0)) : s의 가장 왼쪽 요소를 추출(삭제)하여 t의 가장 오른쪽에 추가
a += t.pop() : t의 가장 오른쪽 요소를 추출(삭제)하여 a에 누적
a는 문자열이므로 오른쪽으로 문자가 연결됨

최신 기출문제 2023년 01회

230P

01 45
02 L2TP(Layer 2 Tunneling Protocol)
03 GROUP BY 학과 HAVING COUNT(*))=20
04 AJAX
05 DELETE FROM R WHERE 동아리 IS NULL
06 SSH
07 (생성자) 오버로딩
08 ㄱ : <
    ㄴ : arr[i] = arr[j]
09 ㄱ : 가상 회선(Virtual Circuit)
    ㄴ : 데이터그램(Datagram)
10 ㄱ : Tuple
    ㄴ : Domain
    ㄷ : Entity Type
11 웜(Worm)
12 2
13 Meow
14 Bridge
15 2
16 static
17 ㄱ : 리스트(list)
    ㄴ : 집합(set)
    ㄷ : None(대소문자 주의)
18 ㄱ : 외부
    ㄴ : 개념
    ㄷ : 내부
19 ICMP
20 nijgnuoy

01번 해설

sizeof(s)	문자열은 1바이트 문자가 모인 것이므로 sizeof(〈문자열〉)은 문자열의 개수를 뜻한다.
(s[i] – '0')	아스키 코드에 의해 '0'–'0'은 같은 값을 빼는 것이므로 0이며, '1'–'0'은 다음 값에서 현재 값을 빼는 것이므로 1이다.
p *= 2	p는 1부터 시작해서 2배씩 누승된다.

따라서 이 코드는, 문자열을 역으로 순회하면서 10진수로 변환하는 코드이다.

02번 해설

만점 방지용으로 새로 나온 개념이다.

03번 해설

그룹별 개수(인원수)를 체크하려면 HAVING을 이용해야 한다.

04번 해설

AJAX(Asynchronous Java Script and XML)는 자바스크립트, XML, 비동기가 핵심 키워드이다.

06번 해설

SSH(Secure Shell)는 공개키 방식의 암호 방식을 사용하여 원격지 시스템에 접근한 후 암호화된 메시지를 전송할 수 있는 시스템이다.

07번 해설

같은 이름의 메소드+다른 형식의 매개변수 : 오버로딩
같은 이름의 메소드+같은 형식의 매개변수 : 오버라이딩

08번 해설

스왑 공식 C=A, A=B, B=C
arr[j] < arr[minIndex]) minIndex = j;
minIndex에 j가 할당된다는 것은 arr[j]가 arr[minIndex]보다 작다는 뜻이다.

12번 해설

| if (str1[i] != str2[i]) diff++; | • 같은 변수를 첨자로 사용한다는 것은 같은 위치를 비교한다는 뜻이다.
• 두 문자열의 각 문자가 서로 다른 경우 diff를 증가시킨다. |

13번 해설

| Animal animal = new Cat(); | 상위 타입 객체 변수에 하위 타입 인스턴스 할당 : 업캐스팅 |
| animal.makeSound(); | 오버라이딩된 메소드는 업캐스팅보다 우선된다. (하위 메소드 호출) |

15번 해설

- 결정문은 하나 이상의 조건식으로 인해 프로그램의 분기가 발생하는 지점이다.
- 결정 커버리지는 결정문이 참, 거짓을 한 번씩 나타내도록 테스트하는 것으로, 결정문들의 참 또는 거짓이 나올 수 있는 경우의 수만큼 테스트케이스가 필요하다.
- 문제의 코드는 결정문이 하나 있으므로 2개의 테스트케이스가 필요하다.

16번 해설

객체 변수명이 아닌 클래스명으로 멤버에 접근하기 위해서는 static 키워드가 붙어야 한다.

20번 해설

| int e = sizeof(str)-1; | 문자열의 마지막 위치값(문자열 길이-1) |
| fb(&str[i], &str[e-i]); | i은 정순, e(마지막 위치)-i는 역순으로 진행되므로 양쪽 끝에서부터 문자열 교환 |

포인터를 이용한 스왑 함수(fb)가 아니었다면 원본은 변하지 않는다는 점에 주의한다.

최신 기출문제 2022년 03회

01 ㄱ : 클라이언트/서버
   ㄴ : 공유 폴더
   ㄷ : 분산 저장소
02 SIEM
03 ㄱ : 마름모
   ㄴ : 타원
   ㄷ : 직사각형
04 클래스, 객체, 컴포넌트
05 SSO 또는 Single Sign On
06 ㄱ : σ
   ㄴ : π
07 디자인 패턴 또는 Design Pattern
08 192.168.0.95/27
09 오류 예측 또는 Error Guessing
10 RR 또는 Round Robin
11 ㄱ : 사회 공학 공격 또는 Social Engineering Attack
   ㄴ : 다크 데이터 또는 Dark Data
12 ㄱ : Trust Zone
   ㄴ : 타이포스쿼팅 또는 Typosquatting
13 ㄱ : 75
   ㄴ : 3
   ㄷ : 1
14 ㄱ : 3
   ㄴ : 2
15 [11, 12, 13, 14, 15]
16 2
17 4 2 5 2 1
18 33
19 0 1 2 3 4
20 993

02번 해설

- SIEM(보안 정보 및 이벤트 관리)은 해당 회차 시험에서 새로 추가된 정보 보안 관련 신기술 용어이다.
- 조직에서 비즈니스에 문제를 일으키기 전에 보안 위협을 탐지, 분석 및 대응하도록 도와주는 솔루션이다.
- SIM(보안 정보 관리)과 SEM(보안 이벤트 관리)의 기능을 하나의 보안 관리 시스템으로 통합하였다.
- 여러 원본에서 이벤트 로그 데이터를 수집하고 실시간 분석을 바탕으로 정상적인 범위를 벗어나는 활동을 식별하여 적절한 조치를 취한다.
- 잠재적인 사이버 공격에 신속하게 대응하고 규정 준수 요구 사항을 충족할 수 있도록 조직 네트워크의 활동에 대한 가시성을 제공한다.
- 빅데이터 기반 시스템이라는 점이 ESM과의 가장 큰 차이점이다.

03번 해설

답안을 정확하게 작성해야 정답 처리되므로 ㄴ을 '원', ㄷ을 '사각형'으로 쓰면 틀린 표현이다.

08번 해설

- 25의 의미
  - 7비트(32-25)의 영역(128개의 호스트)을 할당받음
- 3개의 네트워크로 분할
  - 2의 제곱수로만 분할 가능하므로 4개로 분할
  - 7비트 중, 2비트(0~3)를 사용하여 네트워킹
  - 00XXXXX, 01XXXXX, 10XXXXX, 11XXXXX
  - ip subnet-zero가 적용되지 않았으므로 00XXXXX은 사용 불가
- 따라서, 1번째 네트워크를 사용하지 못하므로 3번째 네트워크의 브로드캐스트 주소가 정답이다.

		네트워크 주소		브로드캐스트 주소	
		서브넷	호스트	서브넷	호스트
192.168.1.	00	00	0000	00	1111
	10진수 변환	0		31	
192.168.1.	00	01	0000	01	1111
	10진수 변환	32		63	
192.168.1.	00	10	0000	10	1111
	10진수 변환	64		95	
192.168.1.	00	11	0000	11	1111
	10진수 변환	96		127	

11번 해설

해당 회차 시험에서 새로 추가된 정보 보안 관련 신기술 용어이다.

사회 공학 공격(Social Engineering Attack)	• 사회 공학(Social Engineering) 기법 • 인간 상호 작용의 깊은 신뢰를 바탕으로 사람들을 속여 정상 보안 절차를 깨트리기 위한 비기술적 침입 수단 • 사람과 사람 사이에 존재하는 기본적인 신뢰를 바탕으로 공격을 하거나 원하는 정보를 취득하는 행위
다크 데이터(Dark Data)	• 정보를 수집한 후 저장만 하고 분석에 활용하고 있지 않는 다량의 데이터 • 사용되지 않고 저장공간만 차지하고 있는 불필요한 정보 • 정형화된 데이터가 아닌 이미지, 영상, 소리 등의 형태로 존재하여 분석이 어려움

12번 해설

해당 회차 시험에서 새로 추가된 정보 보안 관련 신기술 용어이다.

Trust Zone	• 하나의 장치에 분리된 두 개의 환경을 제공하여 보안이 필요한 정보를 격리된 환경에서 안전하게 보호하는 기술 • 하나의 프로세서 내에 일반 애플리케이션을 처리하는 일반 구역과 보안이 필요한 애플리케이션을 처리하는 보안 구역으로 분할
타이포스쿼팅 (Typosquatting)	• URL 하이재킹(Hijacking) • 사이트에 접속할 때 주소를 잘못 입력하거나 철자를 빠뜨리는 실수를 이용하기 위해 이와 유사한 유명 도메인을 미리 등록하는 것 • 유명 사이트와 유사한 도메인을 미리 선점해 광고 사이트로 만들어두고, 인터넷 사용자의 실수를 이용하여 해당 사이트로 이동하게 만드는 방법

14번 해설

학생 테이블의 BB학과 튜플(22, 33 학번)을 삭제할 때, CASCADE에 의해 성적 테이블의 튜플(22, 33 학번)도 함께 삭제된다.

15번 해설

- lambda는 새롭게 추가된 개념으로, 매개변수를 간단히 연산하여 반환하는 이름 없는(익명) 함수를 정의하는 기능이다.
- 쉼표로 구분하여 왼쪽에는 람다식을, 오른쪽에는 부여할 인수를 입력한다.
- 람다식은 콜론(:)을 기준으로 왼쪽에는 람다식 키워드와 매개변수를, 오른쪽에는 연산식을 입력한다. 이때, 전달받은 인수가 시퀀스(리스트)이므로 map 함수를 통해 시퀀스 요소마다 람다식을 적용하여 새로운 결과 시퀀스를 생성한다.
- 마지막으로 이 결과 시퀀스를 list 타입으로 변환하여 출력한다. (따라서 정답에 대괄호가 반드시 포함되어야 한다.)

16번 해설

```c
#include <stdio.h>
int main() {
  int temp, cnt=0, i, j;
  for(i=2; i<=30; i++){
    temp=0;    //임시변수 초기화
    for(j=1; j<=i/2; j++)
    //약수 체크를 위해 자신(i)의 절반까지만 반복
      if(i%j==0) temp+=j; //약수일 경우 임시변수에 누적
    if(i==temp) cnt++;
    //누적된 값과 자신이 같으면 (완전수) cnt 증가
  }   //6(1+2+3)과 28(1+2+4+7+14)이 완전수
  return 0;
}
```

17번 해설

```c
#include <stdio.h>
int main() {
  int score[5] = {75, 80, 50, 80, 90};
  int rank[5] = {1, 1, 1, 1, 1};
  //순위는 초기값을 1 또는 0으로 하여 진행
  int i, j;
  for(i=0; i<5; i++){
  //2중 반복(종료값이 같다는 점 주의)
    for(j=0; j<5; j++){
      if(score[i]<score[j]) rank[i]++;
      //자신보다 큰 값이 있으면 순위값 증가
    }   //순위 초기값이 0일 경우 <= 사용
    printf("%d ",rank[i]);
  }
        return 0;
}
```

18번 해설

```
#include <stdio.h>
int main() {
  int ar[5][5] = {
    {0,0,1,0,1},
    {0,1,0,1,0},
    {1,1,0,0,0},
    {1,0,1,0,1},
    {0,0,0,1,1}};
  int i, j, h, g;
  for(i=0; i<5; i++)   //2중 반복문으로 배열 전체 순회
    for(j=0; j<5; j++)
      if(ar[i][j]>0)   //0보다 큰 요소에 대해 2차 반복 수행
        for(h=i+1; h<5; h++)
          //현재 요소의 오른쪽 아래의 요소들 전체 순회
            for(g=j+1; g<5; g++)
              if(ar[h][g]>0) ar[i][j]++;
              //순회 중 0보다 큰 요소만큼 현재 요소 값 증가
  return 0;
}
```

19번 해설

```
public class Main{
  public static void makeArray(int[] ar){
    for(int i = 0; i<5; i++)  ③ 0~4를 차례로 배열에 할당
      ar[i] = i;
  }
  public static void main(String[] args){
    int[] ar = new int[5];   ① 배열 생성(초기화 안 됨)
    makeArray(ar);           ② makeArray 호출
    for(int i=0; i<5; i++)
      System.out.print(ar[i] + " ");
  }
}
```

20번 해설

누적 코드가 아니므로 1~998 안에서, 3의 배수이면서 홀수 중 가장 큰 수인 993이 정답이다.

최신 기출문제 2022년 02회

249P

01 ARIA
02 ALL
03 3
04 ㄱ : 관계 해석
   ㄴ : 관계 대수
05 telnet
06 리스코프 치환 또는 Liskov Substitution
07 3
08 VPN
09 기초 경로, 루프 검사, 조건 검사
10 BGP
11 네트워크 주소 : 192.168.120.16/28
   호스트 개수 : 14
12 ㄱ : 회복 또는 Recovery
   ㄴ : 성능 또는 Performance
   ㄷ : 회귀 또는 Regression
13 ㄱ : Partial Functional
   ㄴ : Full Functional
14 1
15 Youngjin Books
16 6
17 8
18 9 1 3
19 2
20 55

03번 해설

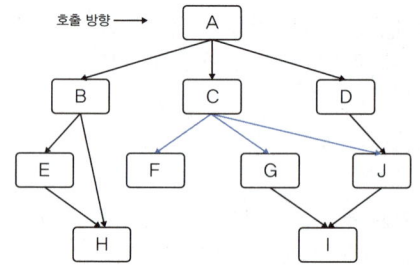

07번 해설

차수(Degree) : 열(속성)의 개수

10번 해설

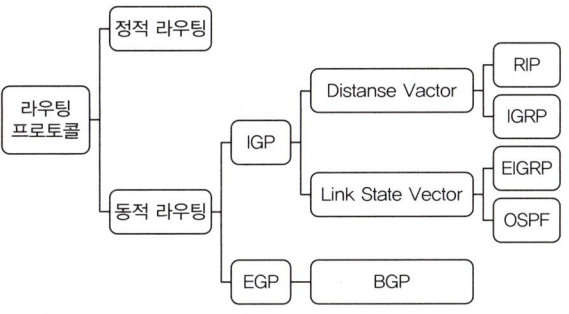

11번 해설

- 26의 의미
  - 6비트(32-26)의 영역(64개의 호스트)을 할당받음
- 4개의 네트워크로 서브네팅
  - 6비트 중, 2비트(0~3)를 사용하여 네트워킹
  - 00XXXX, 01XXXX, 10XXXX, 11XXXX
  - 기존 서브넷마스크(26)에 2비트를 더해 28로 변경
- 따라서, 4개의 비트 영역(16개)으로 호스트 지정
  - 서브넷별 첫 주소와 마지막 주소는 각각 네트워크 주소와 브로드캐스트 주소로 사용
  - 지정된 비트 영역에서 2를 뺀 수가 서브넷별 호스트 개수

		네트워크 주소		브로드캐스트 주소	
		서브넷	호스트	서브넷	호스트
192.168.1.	00	00	0000	00	1111
	10진수 변환	0		15	
192.168.1.	00	01	0000	01	1111
	10진수 변환	16		31	
192.168.1.	00	10	0000	10	1111
	10진수 변환	32		47	
192.168.1.	00	11	0000	11	1111
	10진수 변환	48		63	

14번 해설

등급이 VIP이거나 서울 또는 인천에 거주하는 회원수는 3이지만, 문제에서는 결과값이 아니라 결과 릴레이션의 튜플 수를 묻고 있다.

16번 해설

```
#include <stdio.h>
struct nums{
  int a;
  int b;
};
int main(){
  struct nums k = {0, 0};    //구조체 변수 k를 0으로 초기화
  int i;
  for(i=1; i<5; i++){        //1부터 5 전까지 1~4 반복
    k.a += i;                //1, 2, 3, 4 누적 = 10
    k.b += i*2-1;            //1, 3, 5, 7 누적 = 16
  }
  printf("%d", k.b-k.a);     //16-10
  return 0;
}
```

17번 해설

```
#include <stdio.h>
int st_len(char *s){
//인수로 전달받은 문자열(위치)을 저장
  int cnt=0, i=0;
  while(1){     //문자열의 첫 문자부터
    if(s[i++]=='\0')break;
    //종료문자('\0')가 나올 때까지 반복
    cnt++;
    //종료문자가 아니라면 cnt 증가
  }
  return cnt;
}
int main(){
  int c = st_len("Standard");
  printf("%d", c);
  return 0;
}
```

18번 해설

```
#include <stdio.h>
int main(){
   int ar[10] = {1, 2, 3, 4, 5, 6, 7, 8, 9, 10};
   int de[10] = {0};      //전체 요소를 0으로 초기화
   int i, *pa=ar, *pd=de;      //배열에 각각 포인터 변수 지정
   for(i=0; i<10; i++){
      pd[(i+2)%10] = *(pa+i);
      //ar 배열 요소를 각 위치 +2에 해당하는 위치의
   }      //de 배열에 할당(%10에 의해 첨자 순환 가능)
   for(i=0; i<5; i++){   //i++이 2번이므로 2씩 증가
      printf("%d ", pd[i++]);
      //0, 2, 4번째 저장된 de 배열 요소 출력
   }
   return 0;
}
```

19번 해설

```
public class Main{
   public static void main(){
      int k=3;
      switch(k){      //k가 3이므로 case 3부터 진행
         case 1:   k-=2;
         case 2:   k*=3;
         case 3:   k+=2;
         //break가 없으므로 아래 코드 전체 수행
         case 4:   k%=3;
         case 5:   k|=0;
         //0과 비트or 연산이므로 값이 변하지 않는다.
      }
      System.out.println(k);
   }
}
```

20번 해설

```
class Ta{
   int n;
   Ta(int n){
      this.n = n;    ② 인스턴스 변수 n에 8 할당
   }
   int sum(){
      int n = 0;     ⑤ 로컬 변수 n을 0으로 초기화
      for(int i=1; i<=this.n; i++)
         n += i;   1~10(③에서 10으로 할당)을 로컬 변수 n에 누적
      return n;  누적된 n 반환
   }
}
public class Main{
   public static void main(){
      Ta a = new Ta(8);   ① Ta인스턴스 a 생성(인수로 8 전달)
      a.n = 10;           ③ a의 인스턴스 변수 n에 10 할당
      System.out.println(a.sum());
      ④ a의 sum 메소드를 호출하여 ⑥ 결과 출력
   }
}
```

최신 기출문제 2022년 01회　　　257P

01　0
02　ㄱ : Undo
　　ㄴ : Redo
03　TKIP
04　NUI
05　ㄱ : Static
　　ㄴ : Dynamic
06　JUnit
07　Condition Testing, Loop Testing, Data Flow Testing
08　ISMS
09　ㄱ : 유일성
　　ㄴ : 최소성
10　Watering Hole
11　ㄱ : 단위 테스트
　　ㄴ : 통합 테스트
　　ㄷ : 시스템 테스트
12　데이터를 삭제할 때, 원치 않는 다른 데이터 역시 함께 삭제되는 현상이다.
13　SELECT name, score FROM 성적 ORDER BY score DESC;
14　ㄱ : extend
　　ㄴ : pop
　　ㄷ : reverse
15　a= 10 b= 2
16　120
17　ㄱ : >
　　ㄴ : %
　　ㄷ : /
18　29
19　Car
20　2000

03번 해설

임시 키 무결성 프로토콜(Temporal Key Integrity Protocol)

08번 해설

정보 보호 관리 체계(Information Security Manangement System)

15번 해설

- def exam(num1, num2=2): : 매개변수 num2는 전달된 값이 없을 경우 2를 할당받는다.
- 정답 작성 시 띄어쓰기에 유의하여야 한다.

16번 해설

func(a)	a<=1	a*func(a-1)
func(5)	false	5×func(4) = 120
func(4)	false	4×func(3) = 24
func(3)	false	3×func(2) = 6
func(2)	false	2×func(1) = 2
func(1)	true(return 1)	

17번 해설

```
while (number > 0) {
//number가 0이 되기 전까지 반복 수행
    result = result * div;
    //result의 자릿수를 왼쪽으로 한 칸 이동(43일 경우 430으로)
    result = result + number % div;
    //number의 1의 자리 숫자를 result에 누적
    number = number / div;
    //number의 1의 자리 숫자를 제거(1234일 경우 123으로)
```

18번 해설

```c
#include <stdio.h>
int isPrime(int number) {
    int i;
    //2부터 넘겨받은 인수 전까지 반복
    for (i=2; i<number; i++) {
        //number의 약수가 존재하면 0 반환
        if (number % i == 0) return 0;
    }
    return 1;    //그렇지 않다면 1 반환
}
int main(void) {
    int number = 13195, max_div=0, i;
    //2부터 13195 전까지 반복
    for (i=2; i<number; i++)
        //isPrime(i)의 결과가 1이면서 i가 number의 약수이면
        //즉, 소수(Prime Number)면서 자신의 약수이면
        if (isPrime(i) == 1 && number % i == 0)
            //max_div에 i값 할당
            max_div = i;
    printf("%d", max_div);
    return 0;
}
//결국, 소인수분해를 통한 최대 약수를 구하는 문제
//13195 = 5 × 7 × 13 × 29이므로, 최대 약수는 29
```

19번 해설

- 스레드는 Runnable 인터페이스를 상속받은 클래스를 통해 생성된 인스턴스를 통해 구현된다.
- 이 문제에서 Runnable 인터페이스를 상속받은 클래스는 Car가 유일하며, new 키워드를 통해 생성될 수 있는 인스턴스 역시 Car 타입이 유일하다.

20번 해설

```java
class YG {
    int a;
    int b;
}
public class Main {
    static void func1(YG m){
        m.a *= 10; //100*10
    }
    static void func2(YG m){
        m.a += m.b; //1000+1000
    }
    public static void main(String args[]){
        YG m = new YG(); //인스턴스 생성 후 변수 a에 100 할당
        m.a = 100;
        func1(m);
        m.b = m.a; //m.b = 1000;
        func2(m);

        System.out.printf("%d", m.a);
    }
}
```

최신 기출문제 2021년 03회

265P

01 ARP
02 Control Coupling
03 Cause-Effect Graphing Testing
04 DES
05 Class
06 Factory Method
07 색인 또는 Index
08 GUI
09 데이터 객체의 생성, 삭제, 삽입 등의 권한을 부여한다. 권한을 부여받은 대상은 옵션에 따라 자신이 부여받은 권한을 다른 대상에게 부여할 수 있다.
10 ㄱ : Authentication
　　ㄴ : Authorization
　　ㄷ : Accounting
11 ㄱ : 데이터링크 계층
　　ㄴ : 네트워크 계층
　　ㄷ : 표현 계층
12 ㄱ : Aggregation
　　ㄴ : Generalization
13 ㄱ : 실행 조건
　　ㄴ : 입력값
　　ㄷ : 기대 결과
14 4
15 ㄱ : 상향식
　　ㄴ : 테스트 드라이버
16 3
17 7
18 False
19 37
20 501

14번 해설

• 조인 결과

A CROSS JOIN B

CODE	NAME	NO	RULE
1234	steve	1	j%
1234	steve	2	%s%
5678	james	1	j%
5678	james	2	%s%
1024	sally	1	j%
1024	sally	2	%s%

• SQL 해석

~ WHERE A.NAME LIKE B.RULE;

- NAME 중 RULE에 해당하는 튜플만 조회
- j% : j로 시작하는 문자열(1, 5번 튜플 해당 안 됨)
- %s% : s가 포함되는 문자열

16번 해설

```
class Connection {
    static private Connection inst = null;
    private int count = 0;
    //인스턴스 생성 시 호출되는 메소드
    static public Connection get() {
        //inst가 비었을 경우에만 인스턴스 생성
        //inst는 정적(staic) 변수로 한 번 생성되면 모든 인
          스턴스가 공유
        //따라서 두 번째 호출부터는 처음 생성된 인스턴스
          를 반환
        if(inst == null) {
            inst = new Connection();
            return inst;
        }
        return inst;
    }
    //conn1~3 모두 하나의 인스턴스에서 count 수행
    public void count(){
        count++;
    }
    public int getCount(){
        return count;
    }
}

public class Main{
    public static void main(String[] args) {
        //3개의 객체변수 생성 후 get 메소드 호출(인스턴
          스 생성이 아님)
        //일반 생성자가 아닌 get 메소드가 호출되는 것에
          주의
        Connection conn1 = Connection.get();
        conn1.count();
        Connection conn2 = Connection.get();
        conn2.count();
        Connection conn3 = Connection.get();
        conn3.count();
        //getCount 메소드 호출
        System.out.print(conn1.getCount());
    }
}
```

17번 해설

```
a = 3, b = 4, c = 3, d = 5;
(a == 2 | a == c) & !(c > d) & (1 == b ^ c != d)
```

변수를 숫자로 치환하면,

```
(3 == 2 | 3 == 3) & !(3 > 5) & (1 == 4 ^ 3 ! = 5)
```

괄호 안의 최우선순위 조건식을 비교하면,

```
(false | true) & !(false) & (false ^ true)
```

다음 우선순위 조건식을 비교하면, true & true & true의 결과는 true이므로 if 파트의 코드를 진행한다.

```
a = b + c; //7
//7 == b는 false
//c != a는 true
//false ^ true는 true
if(7 == b ^ c != a) {
    System.out.println(a); //7 출력
} else {
    System.out.println(b);
}
```

18번 해설

- 100, 200 : 100과 200이 튜플 형태로 패킹된다.
- a, b = (패킹 데이터) : 패킹된 데이터를 언패킹하여 각각 a, b에 할당한다.

19번 해설

- *arr[1] : arr[1]에 저장된 주소값(&b)을 참조 = 24
- **arr : arr(배열주소)를 참조(arr[0])하여 그 곳에 저장된 주소값 (&a)을 참조 = 12

20번 해설

- st 배열 초기화 → 포인터 p로 참조(p = &st[0])

p 연산	name	os	db	hab	hhab
(p+0)->	데이터1	95	88		
(p+1)->	데이터2	84	91		
(p+2)->	데이터3	86	75		

- (p+1)->hab = (p+1)->os + (p+2)->db = 84 + 75 = 159
- (p+1)->hhab = (p+1)->hab + p->os + p->db = 159 + 95 + 88 = 342

최신 기출문제 2021년 02회

274P

01 애드혹 네트워크 또는 Ad-hoc network
02 로킹 또는 Locking
03 제2정규형 또는 2nd Normal Form 또는 2NF
04 AES
05 행위 또는 Behavioral
06 테스트 스텁 또는 Test Stub
07 ㄱ : UX 또는 User eXperience
　ㄴ : UI 또는 User Interface
08 ㄱ : 가상 회선(Virtual Circuit) 방식
　ㄴ : 데이터그램(Datagram) 방식
09 ㄱ : 구문(문장)
　ㄴ : 결정(분기)
　ㄷ : 조건
10 ㄱ : 절차적
　ㄴ : 교환적
　ㄷ : 기능적
11 ㄱ : Function
　ㄴ : Dynamic
　ㄷ : Information
12 트랜잭션을 구성하는 연산들이 모두 정상적으로 실행되거나 하나도 실행되지 않아야 한다는 특성
13 ㄱ : UPDATE
　ㄴ : SET
14 ㄱ : ON
　ㄴ : 학과
15 ㄱ : 이%
　ㄴ : DESC
16 26
17 1024
18 8
19 static
20 11

14번 해설

서로 일치하는 필드명을 기준으로 조인이 수행되도록 SQL을 작성한다.

15번 해설

like 이% : '이'로 시작하는 문자열 패턴을 검색한다.

16번 해설

i in range(1, 3)	result = a >> i	result = result + 1
1	100 >> 1 = 50	51
2	100 >> 2 = 25	26

17번 해설

변수 base는 2, exp는 10, res는 1에서 반복 시작한다.

i	i < exp	res *= base	i++
0	true	2	1
1	true	4	2
2	true	8	3
3	true	16	4
4	true	32	5
5	true	64	6
6	true	128	7
7	true	256	8
8	true	512	9
9	true	1024	10
10	false		

18번 해설

```c
int main() {
    int ary[3];
    int s = 0;
    //ary[0]=1과 같은 의미
    *(ary + 0) = 1;
    //ary[0]+2와 같은 의미
    ary[1] = *(ary + 0) + 2;
    //ary[0]+3과 같은 의미
    ary[2] = *ary + 3;
    //모든 배열값 누적(1+3+4)
    for(int i = 0; i < 3; i++) {
        s = s + ary[i];
    }
    printf("%d", s);
}
```

19번 해설

메소드 실행을 위해서는 클래스를 통해 인스턴스를 생성해야 한다. 문제의 코드처럼 인스턴스의 생성 없이 메소드를 실행하기 위해서는 static 키워드를 통해 정적 메소드로 선언해야 한다.

20번 해설

```java
public class ovr{
    public static void main(String[] args) {
        ovr a = new ovr();
        ovr2 b = new ovr2();
        //a.san(3,2) : ovr 클래스의 san 호출
        //b.san(3,2) : ovr2 클래스의 san 호출
            System.out.println(a.san(3,2) + b.san(3,2));
    }
    int san(int x, int y) {
        return x + y;   //3+2=5
    }
}
class ovr2 extends ovr{
    //상위 클래스(ovr)의 san 메소드 오버라이딩
    int san(int x, int y) {
        //3-2+상위 클래스의 san 메소드 호출(5)
        return x - y + super.san(x, y);
    }
}
```

실전 모의고사 정답 & 해설

실전 모의고사 01회
284P

01 취약점 또는 Vulnerability
02 Equivalence Partitioning Testing
03 SELECT 주민등록번호 FROM WORKS WHERE PNO IN (1, 2, 3);
04 183
05 웜 또는 Worm
06 스트림 암호 또는 Stream Cipher
07 8
08 string.h
09 4
10 super
11 60 <= val <= 80
12 ㄱ : Swap Out
　　ㄴ : Swap In
13 위치 투명성 또는 Location Transparency
14 개념 데이터 모델링
15 Physical
16 하드 코드
17 디지털 서명 또는 Digital Signature
18 랜섬웨어 또는 Ransomware
19 BaaS 또는 Blockchain as a Service
20 위상 편이 변조 또는 PSK 또는 Phase Shift Keying

04번 해설

SQL문의 결과는 학생명이 오미르가 아닌 튜플들의 수학점수 합계(93+90=183)이다.

07번 해설

1 1 2 3 5 <u>8</u> 13 21 34 55 89 144

09번 해설

	..[0]	..[1]
ar[0]	1	0
ar[1]	2	3
ar[2]	4	0
ar[3]	0	0

10번 해설

매개변수(name)를 통해 넘겨받은 GilDong을 할당할 곳(name)이 상위 클래스에 있으므로 상위 클래스(super) 생성자로 전달한다.

11번 해설

파이썬은 변수에 대해 범위 비교가 가능하다.

실전 모의고사 02회

01 ㄱ : 단방향
   ㄴ : 양방향
02 O(logN)
03 ÷
04 CREATE VIEW 3학년연락처(학번, 이름, 전화번호) AS SELECT 학번, 성명, 연락처 FROM 학생 WHERE 성별='남';
05 복제, 은폐, 파괴
06 break
07 2
08 p+7
09 (메소드) 오버라이딩
10 _ _init_ _
11 우선순위, 진행률, 자원 사용률이 낮고 기아 상태인 프로세스
12 오버레이 기법
13 데이터의 중복 및 종속성으로 인한 이상(Anomaly) 현상의 제거
14 NFC 또는 Near Field Communication
15 원자성 또는 Atomicity
16 전송 계층 또는 Transport Layer
17 반정규화
18 ETL
19 프로시저, 사용자 정의 함수, 트리거
20 MQTT 또는 Message Queuing Telemetry Transport

06번 해설

약수가 존재하면 소수가 아니므로 해당 단계의 반복을 종료한다.

07번 해설

	..[0]	..[1]	..[2]
ar[0]	1	2	3
ar[1]	4	5	6

08번 해설

	..[0]	..[1]
ar[0]	*(p+0) → 1	*(p+1) → 2
ar[1]	*(p+2) → 3	*(p+3) → 4
ar[2]	*(p+4) → 5	*(p+5) → 6
ar[3]	*(p+6) → 7	*(p+7) → 8

18번 해설

- ETL은 추출(Extract), 변환(Transform), 로드(Load)를 의미한다.
- 조직에서 여러 시스템의 데이터를 단일 데이터베이스, 데이터 저장소, 데이터 웨어하우스 또는 데이터 레이크에 결합하기 위해 일반적으로 허용되는 방법이다.
- 기존 데이터를 저장하거나 집계하여 분석하고 이를 비즈니스 결정에 활용할 수 있다.

실전 모의고사 03회

297P

01 인스펙션 또는 Inspection
02 ㄱ : Stub
   ㄴ : Driver
03 DML
04 INSERT INTO 학생 VALUES('1234', '길동', '정보처리');
05 import
06 침입 차단 시스템 또는 IPS 또는 Intrusion Prevention System
07 75
08 2
09 int *p=a
10 (메소드) 오버로딩
11 들여쓰기
12 Avoidance
13 ㄱ : 최초 적합 또는 First Fit
   ㄴ : 최적 적합 또는 Best Fit
14 파레토 법칙 또는 Pareto principle
15 파티셔닝 또는 Partitioning
16 SSTF 또는 Shortest Seek Time First
17 워킹 셋 또는 Working Set
18 while True:
19 블루투스 또는 Bluetooth
20 Mesh Network

04번 해설

전체 속성에 값을 삽입하는 경우에는 속성명을 생략할 수 있다.

07번 해설

```
int main() {
  int a=5, r=2, total=a, n=2;
  for(int i=0; i<3; i++) {
    a*=r;     //같은 값(r)을 누승(*=)하여 누적(+=) → 등비수열
    total+=a;  //total의 초기값(5)을 고려하여 패턴 파악
  }            //5 + 5*2 + (5*2)*2 + ((5*2)*2)*2
  printf("%d", total);
}
```

08번 해설

포인터 변수의 크기가 아닌 포인트 변수가 가리키는 변수(char)의 크기가 출력된다.

09번 해설

배열명은 주소 상수이므로 &를 붙이지 않는다.

18번 해설

대소문자와 콜론(:)에 주의해야 한다.

실전 모의고사 04회

303P

01 ㄱ : 기능
   ㄴ : 구조
02 ㄱ : 깊이
   ㄴ : 너비
03 ALTER, CREATE
04 CREATE INDEX 학생_인덱스 ON 학생(학과 ASC);
05 소유 기반 인증 또는 Something You Have
06 koreapure
07 &n
08 4, 33, 1,
09 0 9 8 7
10 self.color
11 FIFO, SJF, HRN
12 ㄱ : 상호 배제 또는 Mutual exclusion
   ㄴ : 점유와 대기 또는 Hold and wait
   ㄷ : 환형 대기 또는 Circular wait
13 도메인이 원자값만 가질 수 있도록 릴레이션을 분해하는 과정이다.
14 ㄱ : 증가
   ㄴ : 감소
15 Network, Datalink, Physical
16 POP3
17 세션 또는 Session
18 제로데이 공격 또는 Zero Day Attack
19 배스천 호스트 또는 Bastion Host
20 데이터 웨어하우스 또는 Data Warehouse

06번 해설

strcat(s, p); : 문자열 p를 s에 이어붙인다.

08번 해설

마지막 쉼표까지 포함하여 작성해야 정답으로 처리된다.

```c
int main() {
  int a=10, b=5;
  // 우선순위가 같은 경우 우측 방향으로 연산
  printf("%d, ", a / b * 2);
  // 단항 연산이 이항 연산보다 우선
  printf("%d, ", ++a * 3);
  // 비교 연산 후에 논리 연산(&&) 진행
  printf("%d, ", a>b && a != 5);
}
```

09번 해설

```java
public class Main {
  public static int[] makeArray(int n) {
    // 4칸의 정수 배열 생성 후 반복문으로 순회
    int[] t = new int[n];
    for(int i = 0; i < n; i++) {
      // 반복용 변수(i)에 9를 곱한 값 중 1의 자리(%10) 할당
      // t[0] = (0*9)%10 → 0
      // t[1] = (1*9)%10 → 9
      // t[2] = (2*9)%10 → 18
      // t[3] = (3*9)%10 → 27
      t[i] = (i*9)%10;
    }
    return t;
  }
  public static void main(String[] atgs) {
    // 인수 4를 이용하여 makeArray메소드 호출
    int[] a = makeArray(4);
    for(int i = 0; i < a.length; i++)
      System.out.print(a[i] + " ");
  }
}
```

10번 해설

메소드 내부에서 self를 통해 클래스의 변수나 다른 메소드에 접근할 수 있다.

실전 모의고사 05회

311P

01 가독성, 중복성 제거
02 명세 기반 테스트
03 REVOKE, COMMIT, ROLLBACK, GRANT
04 6
05 클락-윌슨 모델 또는 Clark-Wilson Model
06 버퍼 오버플로우 공격
07 2020
08 1+2-3+4-5
09 int i
10 ㄱ : this.name = name;
   ㄴ : this.author = author;
11 P thon
12 esac
13 스레드 또는 Thread
14 부분 함수 종속을 제거한 릴레이션 스키마이다.
15 ㄱ, ㄷ
16 ASCII(TEXT), Binary
17 3-way 핸드셰이킹
18 Broad Data
19 문맥 교환 또는 Context Switching
20 디지털 아카이빙 또는 Digital Archiving

04번 해설

곱집합의 기수는 각 릴레이션 튜플의 곱이다.

05번 해설

벨-라파듈라 모델 (BLP)	• 국가적인 보안 모델에서 많이 사용 • 정보의 기밀성에 따라 상하 관계가 구분된 정보를 보호하기 위함
비바 모델(Biba)	• 무결성 통제를 위해 개발된 모델 • BLP 모델에서 불법 수정 방지 내용을 추가로 정의
클락-윌슨 모델 (Clark-Wilson)	• 상업적 환경에 적합하도록 개발 • 기밀성보다 무결성에 초점을 둠 • 객체는 프로그램을 통해서만 접근 가능

07번 해설

```
int main() {
  int a = (21 / 4) * 4; //정수 나누기 정수의 결과는 정수
  int b = (a * a) / a;
  printf("%d%d", a, b); //띄어쓰기가 없는 것에 주의
}
```

08번 해설

```
int main() {
  int sw=1, n=2;           //sw 최초값은 1
  printf("1");
  for(int i=1; i<5; i++) {
    if(sw==1)              //sw가 1이면 더하기 출력
      printf("+");
    printf("%d", n++*sw);
    //n값 출력 후 1 증가(sw가 -1인 경우 음수 출력)
    sw *= -1;              //sw 부호 변경
  }
}
```

09번 해설

switch문은 정수 비교만 가능하므로 score를 int형으로 변환해야 한다.

10번 해설

```
class Book{
  #1 private 지정된 멤버는 클래스 내부에서만 접근 가능
  private String name;
  private String author;

  #2 매개변수(name)를 통해 넘겨받은 값을 클래스(this)의 name
     으로 할당
  public void setName(String name){ this.name
  = name; }
  #3 매개변수(author)를 통해 넘겨받은 값을 클래스(this)의 author
     로 할당
  public void setAuthor(String author){ this.
  author = author; }
  public String getName(){ return name; }
  public String getAuthor(){ return author; }
}
```

11번 해설

인덱스	0	1	2	3	4	5	6	7	8	9	10	11
문자열	H	e	l	l	o		P	y	t	h	o	n
역인덱스	-12	-11	-10	-9	-8	-7	-6	-5	-4	-3	-2	-1

실전 모의고사 06회

01 Clean Code
02 경계값 분석 또는 Boundary Value Analysis
03 GRANT SELECT ON STUDENT TO Jane;
04 BETWEEN 170 OR 180 → BETWEEN 170 AND 179
05 ㄱ : MAC
   ㄴ : RBAC
   ㄷ : DAC
06 7
07 ㄱ : a-b
   ㄴ : b-a
08 2
09 Encapsulation
10 ['A', 'G', 'C']
11 ㄱ : 모놀리식 커널 또는 Monolithic Kernel
   ㄴ : 마이크로 커널 또는 Micro Kernel
12 ㄱ : Time Run Out
   ㄴ : Block
13 제3정규형
14 조인 종속 또는 Join Dependency
15 SNMP 또는 Simple Network Management Protocol
16 IP 또는 Internet Protocol
17 Data Diet
18 블루투스 또는 Bluetooth
19 Baseline
20 트로이 목마 또는 Trojan Horse

04번 해설

BETWEEN A AND B : A에서 B 사이의 값을 나타낸다.

06번 해설

```
int main() {
  int data[5] = {10, 6, 7, 9, 3};
  int temp;
  for (int i = 0; i < 4; i++)
    for (int j = i + 1; j < 5; j++)
      //j가 i보다 크므로 오른쪽 요소이다.
      if (data[i] < data[j]) {
        //오른쪽 요소가 크면 스왑 = 내림차순 정렬
        temp = data[i];
        data[i] = data[j];
        data[j] = temp;
      }
  printf("%d", data[2]);    //내림차순 정렬 후, 2번째 요소 출력
}
```

08번 해설

① b/2 = 2
② 1*2 = 2
③ ①-② = 0
④ ++a = 11
⑤ ④/5 = 2
⑥ ⑤<<③ = 2

10번 해설

리스트 자체를 출력하므로 대괄호가 반드시 포함되어야 한다.

실전 모의고사 07회

01 테스트 자동화 도구
02 조건, 루프, 데이터 흐름
03 SELECT 지점명, 판매액 FROM 판매실적 WHERE 도시='서울' ORDER BY 판매액 DESC;
04 RESTRICT
05 DAC, MAC, RBAC
06 피싱 또는 Phishing
07 score[i]%3 == 0 && score[i]%5 == 0
또는
score[i]%3 + score[i]%5 == 0
08 0
09 ㄱ : %d
ㄴ : %d
10 무결성 또는 Integrity
11 정보처리 : 고소현
정보보안 : 강사 미정
12 110
13 ㄱ : 커널 또는 Kernel
ㄴ : 쉘 또는 Shell
ㄷ : 유틸리티 또는 Utility
14 프로세스의 특정 작업을 진행하기 위해 입출력 작업 등을 기다리는 상태이다.
15 Boyce-Codd 정규형 또는 BCNF
16 BCNF, 4NF, 5NF
17 SYN
18 ARP
19 RAID-0
20 N-Screen

07번 해설

score[i]%3 == 0 : score[i]가 3의 배수인지 판단
score[i]%5 == 0 : score[i]가 5의 배수인지 판단

08번 해설

- sizeof 연산자는 변수 타입에 따라 결과가 달라지지만 포인터 변수는 4바이트로 고정이기 때문에 문자형 변수 사이즈(1)와 포인터 변수 사이즈(4)는 같지 않다.
- 이 외에도 다양한 조건식이 가능하다.

09번 해설

두 정수에 대한 나누기, 나머지 연산의 결과는 정수이므로 %d로 표현한다.

11번 해설

```
class Lecture {
  String title;
  String lecturer;
  Lecture(String title) {
  //인수가 하나만 전달될 경우 수행
    this(title, "강사 미정");
    //인수를 추가하여 다른 생성자 호출
  }
  Lecture(String title, String lecturer) {
  //인수가 둘 전달될 경우 수행
    this.title = title;
    this.lecturer = lecturer;
  }
}
```

12번 해설

파이썬은 작은 따옴표와 큰 따옴표 모두 문자열을 표현할 때 사용되므로, "귤"과 '귤'은 같은 key로 인식된다.

15번 해설

{학번, 과목} → 교수 : 과목은 결정자이지만 후보키가 아니다.

실전 모의고사 08회

01 참, 샘플링, 휴리스틱, 일관성 검사
02 테스트 케이스 및 시나리오 작성
03 SELECT * FROM 성적 WHERE (점수 BETWEEN 80 AND 89) AND 학과 = "정보통신"
04 CASCADE
05 시큐어 코딩 또는 Secure Coding
06 평문을 일정한 블록으로 나누어 블록마다 암호화 과정을 수행하여 암호문을 얻는 방법이다.
07 3
08 ㄱ : st
   ㄴ : ed
09 ㄱ : 7
   ㄴ : 9
10 상위 클래스의 인스턴스는 하위 클래스의 메소드를 호출할 수 없다.
11 aerok
12 ㄱ : 프로세스
   ㄴ : 주변장치
   ㄷ : 파일
13 유닉스 또는 Unix
14 종속자가 기본키에만 종속되는 함수 종속이다.
15 데이터 종속성 또는 Data Dependency
16 IPSec 또는 Internet Protocol Security
17 IPv4
18 디지털 저작권 관리 또는 DRM 또는 Digital Rights Management
19 유니캐스트, 멀티캐스트, 애니캐스트 또는 Unicast, Multicast, Anycast
20 Thin Client PC

03번 해설

BETWEEN A AND B : A에서 B 사이의 값을 나타낸다.

07번 해설

score[i]가 2와 3의 공배수라면 2와 3으로 나누었을 때 나머지는 0이다.

08번 해설

작은 값에서 큰 값으로 증가하며 반복되어야 한다.

09번 해설

구구단의 시작은 2×1이므로 2부터 반복하는 바깥쪽 반복문이 2~7단에 해당한다.

11번 해설

[::-1] : 요소를 역순으로 탐색한다.

실전 모의고사 09회

01 기초 경로 테스트 또는 Basic Path Test
02 Heuristic
03 SELECT 학생명 FROM 학적 WHERE 전화번호 IS NULL;
04 SELECT 성명, 점수 FROM 성적 WHERE 성명 LIKE '%길%'
05 기밀성, 무결성, 가용성 또는 Confidentiality, Integrity, Availability
06 위조 또는 Fabrication
07 score/10
08 ㄱ : &&
　 ㄴ : ||
09 4, 90
10 수학공부/인생공부
11 [10, True]
12 주소 버스
13 시간 간격 또는 Time Slice 또는 Quantum
14 다치 종속성을 가진 속성을 제거하는 단계이다.
15 제3정규형 또는 3NF
16 CIDR 또는 Classless Inter Domain Routing
17 DHCP 또는 Dynamic Host Configuration Protocol
18 블록체인 또는 Blockchain
19 그레이웨어 또는 Grayware
20 SAN 또는 Storage Area Network

03번 해설

- NULL값을 찾을 때 : IS NULL
- NULL값이 아닌 값을 찾을 때 : IS NOT NULL

04번 해설

- '길'로 시작 : 길%
- '길'로 끝남 : %길
- '길'을 포함 : %길%

07번 해설

- 정수 나누기 정수의 결과는 정수이다.
- 90~99를 10으로 나누면 9.0~9.9(실수)가 아닌 9(정수)이다.

08번 해설

A % B == 0 : A는 B의 배수, B는 A의 약수

09번 해설

```c
int main() {
  int score[5] = {70, 80, 75, 60, 90};
  int up=0, m=0;
  for(int i=0; i<5; i++) {  //배열 전체 순회
    if(score[i]>=70) up++;  //70 이상인 경우 up 증가
    if(m<score[i]) m=score[i];  //최대값 갱신 코드
  }
  printf("%d, %d", up, m);
}
```

10번 해설

```java
class Person {
  void study(){
    System.out.println("인생공부");
  }
}
class Student extends Person {
  // study 메소드는 상속을 통해 오버로딩 되어 있다.
  void study(String sub){
    System.out.print(sub + "공부/");
  }
}
public class Main {
  public static void main(String[] args) {
    Student a = new Student();
    // 문자열을 인수로 받는 Student 클래스의 study 메소드 호출
    a.study("수학");
    // 매개변수가 없는 Person 클래스의 study 메소드 호출
    a.study();
  }
}
```

11번 해설

- [:2] : 첫 요소부터 2번째 요소 전까지 슬라이싱

	[0]	[1]	[2]	[3]					[4]	[5]		
list_a	라면	김밥	제육	[0]	[1]	[2]	[3]	[4]	50	[0]	[1]	[2]
				F	a	l	s	e		10	True	30

- 대괄호 '출력'에 주의해야 한다.

실전 모의고사 10회

343P

01 블랙박스 테스트 또는 Black Box Test
02 알파 테스트 또는 Alpha Test
03 SELECT 성명, MAX(점수) FROM 성적 GROUP BY 성명;
04 SELECT AVG(점수) FROM 성적 WHERE 과목 = '국어';
05 부인 방지성 또는 Non-Repudiation
06 17 20 23 29 35
07 위치 : ㄱ
  코드 : break
08 57
09 취미생활
  학교생활
  학교생활
10 s
11 레지스터 또는 Register
12 제어장치 또는 CU 또는 Control Unit, 연산장치 또는 ALU 또는 Arithmetic Logic Unit
13 제1정규형
14 부분 함수 종속을 제거한 릴레이션 스키마이다.
15 ㄱ : VLSM 또는 Variable Length Subnet Mask
  ㄴ : FLSM 또는 Fixed Length Subnet Mask
16 ㄱ : 16
  ㄴ : 콜론 또는 :
17 딥 러닝 또는 Deep Learning
18 키오스크 또는 Kiosk
19 ㄱ : π
  ㄴ : ⋈
20 관계 대수

03번 해설

학생별로 최대 점수를 구분해야 하므로 성명 속성이 반드시 필요하다.

06번 해설

```
int main() {
  int data[5] = {20, 35, 17, 29, 23};
  //2중 반복+대소 비교+스왑 = 정렬
  int temp;
  for (int i = 0; i < 4; i++) {
    //j의 시작 값이 i보다 크므로
    for (int j = i + 1; j < 5; j++) {
    //i가 왼쪽 값, j가 오른쪽 값
      if (data[i] < data[j]) {
      //오른쪽 값이 클 때 스왑 → 오름차순
        temp = data[i];
        data[i] = data[j];
        data[j] = temp;
      }
    }
  }
  for(int i = 0; i < 5; i++) {
    printf("%d ", data[i]);
  }
}
```

07번 해설

case문 진행을 멈추기 위해서는 break문이 필요하다.

08번 해설

초기값	i=0	i<5	total+=a+(n-1)*d	n++	i++
a=2 d=3 n=2 total=2	0	true	2+5	3	1
	1	true	2+5+8	4	2
	2	true	2+5+8+11	5	3
	3	true	2+5+8+11+14	6	4
	4	true	2+5+8+11+14+17	7	5
	5	false			

09번 해설

```
class Person {
  void study(){
    System.out.println("취미생활");
    ⑥-① 업캐스팅 되었어도 메소드 오버라이딩 되었다면 하위
    클래스 메소드를 자동으로 호출
  }
}
class Student extends Person {
  void study(){
    System.out.println("학교생활");
    ⑥-② 오버라이딩 된 메소드 호출
  }
}
public class Main {
  public static void main() {
    Person a = new Person();
    ① 상위 인스턴스 생성
    Student b = new Student();
    ② 하위 인스턴스 생성
    Person c = new Student();
    ③ 하위 인스턴스 생성 후 업캐스팅
    a.study(); ④ 상위 클래스의 study 호출
    b.study(); ⑤ 하위 클래스의 study 호출
    c.study(); ⑥ 상위 클래스의 study 호출(업캐스팅 영향)
  }
}
```

10번 해설

list_a	[0]				[1]				[2]					[3]		
	[0]	[1]	[2]	[3]	[0]	[1]	[2]	[3]	[0]	[1]	[2]	[3]	[4]	[0]	[1]	[2]
	T	r	u	e	5	.		8	F	a	l	s	e	[50]	30	20

한 번에 합격,
자격증은 이기적

이렇게
기막힌
적중률

함께 공부하고 특별한 혜택까지!
이기적 스터디 카페

구독자 13만 명, 전강 무료!
이기적 유튜브

자격증 독학, 어렵지 않다!
수험생 합격 전담마크

이기적 스터디 카페

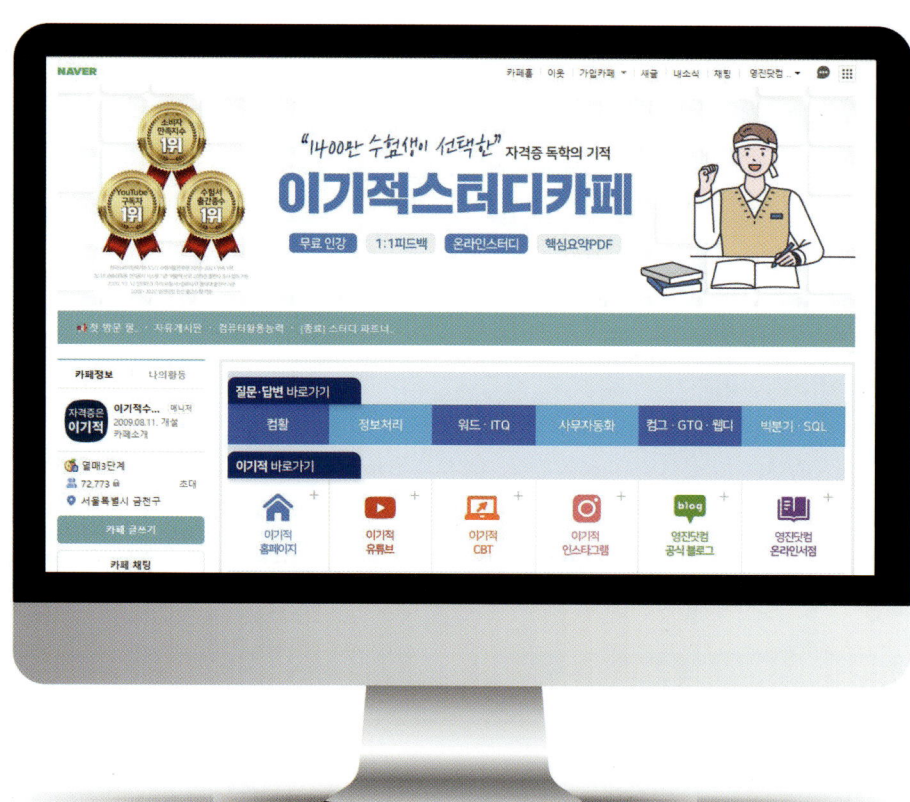

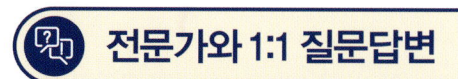
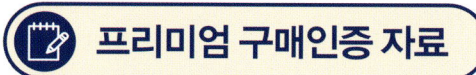

인증만 하면, **고퀄리티 강의**가 **무료!**
100% 무료 강의

STEP 1
이기적
홈페이지
접속하기

STEP 2
무료동영상
게시판에서
과목 선택하기

STEP 3
ISBN 코드
입력 & 단어
인증하기

STEP 4
이기적이 준비한
명품 강의로
본격 학습하기

영진닷컴 이기적

1년 365일 이기적이 쏜다!

365일 진행되는 이벤트에 참여하고 다양한 혜택을 누리세요.

EVENT ❶ 기출문제 복원

- 이기적 독자 수험생 대상
- 응시일로부터 7일 이내 시험만 가능
- 스터디 카페의 링크 클릭하여 제보

이벤트 자세히 보기 ▶

EVENT ❷ 합격 후기 작성

- 이기적 스터디 카페의 가이드 준수
- 네이버 카페 또는 개인 SNS에 등록 후 이기적 스터디 카페에 인증

이벤트 자세히 보기 ▶

EVENT ❸ 온라인 서점 리뷰

- 온라인 서점 구매자 대상
- 한줄평 또는 텍스트 & 포토리뷰 작성 후 이기적 스터디 카페에 인증

이벤트 자세히 보기 ▶

EVENT ❹ 정오표 제보

- 이름, 연락처 필수 기재
- 도서명, 페이지, 수정사항 작성
- book2@youngjin.com으로 제보

이벤트 자세히 보기 ▶

N Pay 20,000원
네이버페이 포인트 쿠폰

영진닷컴 쇼핑몰 30,000원

- N페이 포인트 5,000~20,000원 지급
- 영진닷컴 쇼핑몰 30,000원 적립
- 30,000원 미만의 영진닷컴 도서 증정

※이벤트별 혜택은 변경될 수 있으므로 자세한 내용은 해당 QR을 참고하세요.